"十二五"江苏省高等学校重点教材（编号：2014-1-145）
江苏高校品牌专业教材
江苏高校品牌专业建设工程资助项目
高等院校经济管理类专业"互联网+"创新规划教材

管理学原理与实务(第3版)

主　编　陈嘉莉
副主编　马慧敏　谢丽丽　陈　扬

北京大学出版社
PEKING UNIVERSITY PRESS

内 容 简 介

本书系统阐述了管理学原理理论，详细介绍了管理学的发展，大量结合国内外管理实践，从指导思想、内容选择到编写形式都力求服务于应用型人才培养模式。本书除基本理论、基本概念阐释外，编入了较多的史料和国内外案例，内容丰富，可读性强。全书共分为 8 章，内容包括：导论、管理思想与理论的形成和发展、管理决策、计划、组织、领导、控制、管理创新。

本书可作为高等院校本科相关专业的管理学课程通用教材，也可作为企事业单位管理人员培训教材，还适用于其他学习管理学的读者作为参考书。

图书在版编目(CIP)数据

管理学原理与实务/陈嘉莉主编. —3 版. —北京：北京大学出版社，2016.6
（高等院校经济管理类专业"互联网+"创新规划教材）
ISBN 978-7-301-27175-9

Ⅰ.①管… Ⅱ.①陈… Ⅲ.①管理学—高等学校—教材 Ⅳ.①C93

中国版本图书馆CIP 数据核字（2016）第 121548 号

书　　　名	管理学原理与实务（第 3 版）
	GUANLIXUE YUANLI YU SHIWU
著作责任者	陈嘉莉　主编
策划编辑	李　虎　王显超
责任编辑	王显超　刘　丽
标准书号	ISBN 978-7-301-27175-9
出版发行	北京大学出版社
地　　址	北京市海淀区成府路 205 号　100871
网　　址	http://www.pup.cn　新浪微博:@北京大学出版社
电子信箱	pup_6@163.com
电　　话	邮购部 62752015　发行部 62750672　编辑部 62750667
印刷者	北京虎彩文化传播有限公司
经销者	新华书店
	787 毫米×1092 毫米　16 开本　18.5 印张　429 千字
	2008 年 9 月第 1 版　2012 年 8 月第 2 版
	2016 年 6 月第 3 版　2020 年 8 月第 4 次印刷
定　　价	42.00 元

未经许可，不得以任何方式复制或抄袭本书之部分或全部内容。
版权所有，侵权必究
举报电话: 010-62752024　电子信箱: fd@pup.pku.edu.cn
图书如有印装质量问题，请与出版部联系，电话: 010-62756370

第 3 版前言

本书第 1 版于 2008 年 9 月由北京大学出版社发行，2010 年被评为江苏省高校精品教材、北京大学出版社优秀教材一等奖；2012 年 8 月第 2 版发行，2014 年被江苏省立项高校重点教材、江苏省高校品牌专业建设工程资助项目。本书发行后，使用效果很好、征订踊跃并多次印刷。为了不断完善和提高，现再次修订为第 3 版。

1. 指导思想

本次修订更加满足应用型人才培养模式。在教材定位、内容体系和编写特点上，既不同于学术型本科教材，又不同于高职院校教材；不但要重视管理基本理论知识的系统性，而且更要突出应用型人才的应用实践能力和创业创新能力培养的要求。

2. 修订原则

(1) 本书修订根据应用型本科院校学生的培养目标和培养方案的定位，以理论够用适度、实务案例丰富为原则。在第 2 版基础上，进一步精炼理论基础和专业知识，梳理各章节实务内容，扩展理论联系实际的内容，突出其实践性、实用性。

(2) 参考国内外管理学科理论发展的新动向、管理领域实践的新成果，对比最新出版的国内外管理学科方面的教材、著作，广泛收集研究现代管理的最新信息，对教材进行调整和补充，淘汰陈旧案例，增添经典、实时、有创新性的案例，突出其前沿性、科学性。

(3) 根据近几年本书使用情况的调查，教师与学生提出了一些宝贵的建议，教师要求配备完整的多媒体电子课件；学生要求提供自我检测题和论述题参考答案；这两方面此次修订都有所增加，更加突出其引导性、互动性。

3. 修订后主要特点

(1) 立足服务教与学，满足应用型人才培养模式。从指导思想、内容选择到编写形式都立足服务教师和学生。配有完整的多媒体教学参考课件，有利于教师的备课和教学；每章开篇设置"学习目的"，章末设置"本章小结"，有利于学生明确学习要点和归纳学习内容；章后设置"自我检测题"、和"知识拓展"，书末设置"模拟试题"，有利于学生自我检查学习效果、拓宽思维空间。力求满足应用型人才培养模式。

(2) 理论体系结构紧凑，案例教学贯穿始终。除基本概念、基本理论阐述简练清晰外，为使学生理解和应用管理学原理理论，本书每章前安排导入案例，章节中插入案例，章后编入案例讨论，其内容丰富，可读性强，达到教学效果生动、有效、有趣。为学生提高分析和解决实际问题的能力提供了基本条件。

(3) 与时俱进,编入"管理创新"一章。 这是其他同类教材所没有的,管理创新是为实现组织目标和有目的实践活动,本章的编入为培养学生的管理创新思维、创新能力有重要的启迪作用。

(4) 嵌入"互联网+"元素,延伸拓展相关知识。 本书正文中,嵌入二维码扫描点,利用互联网技术,一是提供管理学理论和实践知识点延伸的学术理论观点、图片、视频、文章链接、知识拓展链接等形式多样的相关内容,扩大了学生知识面的深度和广度;二是将自我检测题和模拟试题的参考答案置于扫描点中,可供学生自我检查学习效果。

本书可作为高等院校本科相关专业的管理学课程通用教材,也可作为企事业单位管理人员培训教材,还适用于其他学习管理学的读者作为参考书。

本书由陈嘉莉教授主编,马慧敏、谢丽丽、陈扬、朱鹏羽、牛鸿蕾、杨文超、侯佩全、时吉光、赵红梅等老师参与编写和工作。

随着社会经济的发展,管理学理论和实践的发展速度、广度、深度加快加大,由于编者水平有限,书中难免存在不足不妥和失误疏漏之处,敬请读者批评指正。

编　者

2016 年 5 月

【精彩汇总】

第 2 版前言

随着我国高等教育进入大众化阶段，应用型本科教育作为一种教育类型已具有相当的规模，其目标为培养一批能适应生产、建设、管理、服务第一线岗位需求，具有一定专业理论基础和创业创新能力、应用能力、实践能力的高级应用型人才，以适应我国现代化建设的需要。为实现此培养目标，在课程改革的基础上加强教材建设迫在眉睫。

管理学原理是经济与管理类各专业的一门十分重要的专业基础课程。许多本科院校过去大多采用研究型大学的管理学教材，这对实现应用型本科培养目标来说是不适合的。为编写一本既有一定理论水平，同时又能突出原理和理论应用的管理学原理教材，编者专门组织多年从事管理学原理教学，具有较强的研究及应用能力和丰富的教学经验的教师成立了教材编写组，经过近几年的研究和编写，于 2008 年 9 月出版了《管理学原理与实务》，并被江苏省教育厅评为省级精品教材。同时，被北京大学出版社评为优秀教材一等奖，并被评定为"十二五"规划建设教材。此后，又经过深入的调查和研究，在分析对比国内外知名的管理学和管理学原理教材的基础上，收集和研究了现代管理原理的最新资料，经编写组充分讨论，严格按照"十二五"规划高等院校财经管理实用教材的要求，重新确定了全书的纲要和内容体系。

本书具有以下特点。

(1) 从指导思想、内容选择到编写形式都力求服务于应用型人才培养。

(2) 理论体系结构完整、新颖，除基本概念、基本理论阐释清晰外，还编入了较多的史料和国内外新的案例，内容丰富、可读性强，使广大读者能从中感知管理发展的过程和管理思想的精髓。

(3) 为便于学生理解和应用管理学原理和理论，本书每章开篇安排了"导入案例"，章节中插入了"案例"；为提高学生分析和解决实际问题的能力，每章后面编入了"案例讨论"和"讨论题"，此举也为教师的教学工作带来趣味性、生动性和有效性。

(4) 为便于读者抓住重点、明晰难点、提高归纳总结能力，本书在每章开篇提出了"学习目的"，结尾有"本章小结""自我检测题"。这些模块设置能让读者明确要点，自我检查学习效果。

(5) 为提高学生运用管理学原理和方法的能力，本书在某些章节中安排了"实训"，体现了教学的实用性。

(6) 本书重点突出了管理学原理与方法及其应用，为拓展学生的知识面，本书中的若干章节后面编入了"知识拓展"，介绍某些管理应用学科的基本知识和最新发展。

本书适用于应用型本科相关专业的管理学教学，还可供渴望更深入学习管理学原理和管理理论及应用的读者学习参考。

在本书的编写过程中，编写组借鉴、吸收并引用了国内外管理专家、学者的大量理论成果，被引用的文献列于书后，在此向被引用资料的作者表示衷心感谢！

本书由徐州工程学院管理学院院长陈嘉莉教授担任主编，伍硕教授和马慧敏副教授担任副主编。主讲教师胡继华、杨文超、牛鸿蕾、陈扬、朱鹏羽在本书编写的过程中也做了许多出色的工作。

由于编者水平有限，书中难免存在疏漏和不妥之处，敬请读者批评指正。

编　者

2012年5月

第1版前言

随着我国高等教育进入大众化阶段，应用型本科教育作为一种教育类型已具有相当的规模，其培养目标为培养一批能适应生产、建设、管理、服务第一线岗位需求，具有一定专业理论基础和创业创新能力、应用能力、实践能力的高级应用型人才，以适应我国现代化建设的需要。为实现这一培养目标，在课程改革的基础上加强教材建设迫在眉睫。

管理学是经济与管理类各专业的一门十分重要的专业基础课程。应用型本科院校过去大多采用研究型大学的管理学教材，这对实现应用型本科培养目标来说是不适合的。为编出一本有一定理论水平，同时又能突出原理和理论应用的管理学教材，我们专门组织多年从事管理学教学，具有较强研究及应用能力和丰富教学经验的教师成立了教材编写组。经过深入的调查和研究，在分析对比国内外知名的管理学教材，收集和研究现代管理最新资料的基础上，编写组充分讨论，从而确定了全书的纲要和内容体系。

本书具有以下特点。

(1) 从指导思想、内容选择到编写形式都力求服务于应用型人才培养模式。

(2) 理论体系结构完整、新颖，除基本概念、基本理论阐释清晰外，还编入了较多的史料和国内外案例，内容丰富、可读性强，使广大读者能从中感知管理发展的过程和管理思想的精髓。

(3) 为便于读者抓住重点、明晰难点，提高归纳总结能力，本书在每章开篇提出了"学习目的""导入案例"，结尾有"本章小结""自我检测题"和"案例讨论"及"讨论题"。这些模块设置能让读者明确要点，自我检查学习效果，拓宽思维空间，从而提高分析和解决实际问题的能力。

本书除适用于应用型本科相关专业的管理学教学外，还可供要求更深入学习管理原理和管理理论的读者学习参考。

在本书编写过程中，编写组借鉴、吸收并引用了国内外管理专家学者的大量理论成果，被引用的文献列于书后，在此向被引用资料的作者表示衷心感谢！

本书编写组成员：陈嘉莉、伍硕、滕为、马慧敏、胡继华、杨文超、牛鸿蕾、侯佩全、陈扬。

由于编者水平有限，书中难免存在疏漏之处，敬请读者批评指正。

编　者
2008 年 9 月

目　　录

第 1 章　导论 ... 1

- 1.1 管理的概念、特征与性质 ... 2
  - 1.1.1 人类社会与管理 ... 2
  - 1.1.2 管理的概念 ... 3
  - 1.1.3 管理的特征 ... 5
  - 1.1.4 管理的性质 ... 6
- 1.2 管理的职能 ... 7
  - 1.2.1 管理职能的概念 ... 7
  - 1.2.2 管理职能划分的演变 ... 7
  - 1.2.3 现代管理基本职能的内涵 ... 9
- 1.3 管理者与管理对象 ... 10
  - 1.3.1 管理者的概念与分类 ... 10
  - 1.3.2 管理者的角色 ... 12
  - 1.3.3 管理者的素质与技能 ... 14
  - 1.3.4 管理的对象 ... 15
- 1.4 管理学及其研究内容与研究方法 ... 15
  - 1.4.1 管理学的概念 ... 15
  - 1.4.2 管理学的研究内容 ... 17
  - 1.4.3 管理学的研究方法 ... 18
- 1.5 管理的基本前提 ... 19
  - 1.5.1 管理伦理 ... 19
  - 1.5.2 组织文化 ... 21
  - 1.5.3 管理信息 ... 23
  - 1.5.4 管理环境 ... 25
- 1.6 科学发展观指导下的管理基本原理 ... 26
  - 1.6.1 科学发展观的提出 ... 27
  - 1.6.2 人本原理 ... 28
  - 1.6.3 系统原理 ... 29
  - 1.6.4 责任原理 ... 30
  - 1.6.5 效益原理 ... 31
- 本章小结 ... 32
- 自我检测题 ... 33

第 2 章　管理思想与理论的形成和发展 ... 35

- 2.1 中外早期管理实践与管理思想 ... 36
  - 2.1.1 中国早期管理实践与管理思想 ... 36
  - 2.1.2 西方早期的管理思想 ... 38
  - 2.1.3 管理实践、思想与理论之间的关系 ... 42
- 2.2 古典管理理论 ... 42
  - 2.2.1 泰勒的科学管理理论 ... 42
  - 2.2.2 法约尔的一般管理理论 ... 46
  - 2.2.3 韦伯的行政组织体系理论 ... 48
  - 2.2.4 其他人的贡献 ... 49
- 2.3 行为管理理论 ... 50
  - 2.3.1 霍桑试验 ... 51
  - 2.3.2 行为科学 ... 52
- 2.4 现代管理理论 ... 52
  - 2.4.1 经验管理学派 ... 53
  - 2.4.2 人际关系学派 ... 53
  - 2.4.3 行为科学学派 ... 54
  - 2.4.4 社会协作系统学派 ... 54
  - 2.4.5 社会技术系统学派 ... 54
  - 2.4.6 决策理论学派 ... 54
  - 2.4.7 系统管理学派 ... 55
  - 2.4.8 管理科学学派/数量管理学派 ... 56
  - 2.4.9 权变管理学派 ... 57
  - 2.4.10 管理角色学派 ... 57
  - 2.4.11 经营管理学派 ... 57
- 2.5 管理变革的新趋势 ... 59
  - 2.5.1 全球化 ... 59
  - 2.5.2 劳动力多元化 ... 59
  - 2.5.3 创业创新精神 ... 60
  - 2.5.4 电子企业 ... 61

2.5.5　学习型组织 61
　　2.5.6　工作场所精神境界 62
本章小结 63
自我检测题 65

第3章　管理决策 67

3.1　决策概述 68
　　3.1.1　决策的概念 69
　　3.1.2　决策的类型 69
　　3.1.3　决策的特点 71
　　3.1.4　决策与管理的关系 73
　　3.1.5　决策理论类型 75
3.2　决策的基本程序及影响因素 76
　　3.2.1　决策的基本程序 76
　　3.2.2　决策的影响因素 79
3.3　决策方法 80
　　3.3.1　常见的群体决策方法 80
　　3.3.2　三种典型状态下的决策技术 82
3.4　最新决策思想 90
　　3.4.1　群体决策支持系统 90
　　3.4.2　前景理论 90
本章小结 91
自我检测题 93

第4章　计划 96

4.1　计划概述 97
　　4.1.1　计划的含义与性质 98
　　4.1.2　计划的意义 99
　　4.1.3　计划的类型 100
　　4.1.4　计划的层次体系 101
　　4.1.5　影响计划的权变因素 102
4.2　计划编制过程 103
　　4.2.1　计划编制步骤 103
　　4.2.2　计划编制实例 104
4.3　计划的原理与方法 106
　　4.3.1　计划工作的原理 106
　　4.3.2　滚动计划法 107
　　4.3.3　主要计划技术 109
4.4　战略性计划 114

　　4.4.1　战略计划与战略管理 114
　　4.4.2　企业经营战略层次 117
　　4.4.3　战略管理过程 118
　　4.4.4　战略规划 119
本章小结 123
自我检测题 125

第5章　组织 127

5.1　组织概述 128
　　5.1.1　组织和组织理论 128
　　5.1.2　组织的分类 131
　　5.1.3　组织素质 132
5.2　组织设计 134
　　5.2.1　组织设计的基本概念 134
　　5.2.2　组织设计的基本维度 135
　　5.2.3　组织设计的权变因素 139
　　5.2.4　组织设计的程序与内容 142
　　5.2.5　组织设计的原则 145
5.3　组织结构 146
　　5.3.1　组织结构的基本概念 146
　　5.3.2　组织结构的基本类型 147
　　5.3.3　新型组织形态 153
5.4　人员配备 155
　　5.4.1　人员配备概述 155
　　5.4.2　管理人员的选聘 156
　　5.4.3　管理人员的培训 158
　　5.4.4　管理人员的考评 159
5.5　组织变革 160
　　5.5.1　组织变革的概念 160
　　5.5.2　组织变革的动因 160
　　5.5.3　组织变革的阻力及对策 162
　　5.5.4　组织变革的层次与
　　　　　　实施模式 163
本章小结 166
自我检测题 167

第6章　领导 169

6.1　领导与领导者概述 170
　　6.1.1　领导与领导者的内涵 170

6.1.2 领导者的作用 171
  6.1.3 领导者的权力 171
  6.1.4 领导者的类型 173
 6.2 领导行为 176
  6.2.1 领导理论 176
  6.2.2 领导艺术 184
 6.3 激励 188
  6.3.1 激励概述 188
  6.3.2 激励理论 192
  6.3.3 激励艺术 199
 6.4 沟通 203
  6.4.1 沟通概述 203
  6.4.2 沟通的类别 208
  6.4.3 沟通的障碍 213
  6.4.4 有效沟通的实现 215
 本章小结 218
 自我检测题 220

第 7 章 控制 222

 7.1 控制概述 223
  7.1.1 控制与管理控制的概念 223
  7.1.2 控制的重要性 224
  7.1.3 控制的类型 226
  7.1.4 管理控制的基本过程 228
  7.1.5 有效控制的原则 230
 7.2 控制方法 233
  7.2.1 预算控制 233
  7.2.2 非预算控制方法 237
 7.3 典型管理控制方法 240
  7.3.1 质量控制 240
  7.3.2 信息控制 245

  7.3.3 库存控制 247
 本章小结 249
 自我检测题 251

第 8 章 管理创新 253

 8.1 创新和管理创新 254
  8.1.1 创新的概念 254
  8.1.2 管理创新的概念 255
  8.1.3 管理创新的特征 256
 8.2 管理创新的内容体系 258
  8.2.1 管理观念创新 259
  8.2.2 管理组织创新 259
  8.2.3 管理目标创新 260
  8.2.4 管理方式创新 261
  8.2.5 管理模式创新 261
  8.2.6 管理环境创新 262
 8.3 管理创新的基本条件和基本过程 264
  8.3.1 管理创新的基本条件 264
  8.3.2 管理创新的基本过程 266
 8.4 管理创新思维 267
  8.4.1 管理创新思维的特征 267
  8.4.2 管理创新思维形成的过程 269
  8.4.3 管理创新思维的基本方法 270
 本章小结 273
 自我检测题 274

模拟试题 276

 模拟试题一 276
 模拟试题二 278
 模拟试题三 281

参考文献 285

第1章 导论

学习目的

- 理解管理的概念,管理者和管理对象
- 了解管理的特征和性质
- 掌握管理四大职能的内涵
- 了解管理学研究内容和研究方法
- 理解管理的基本前提
- 掌握管理基本原理

德国 MBB 公司的灵活上下班制度

在德国的航空和宇航企业 MBB 公司，可以看到这样一种情景：上下班的时候，职工们把自己的身份卡放入电子计算器，马上就显示到当时为止该职工在本星期已经工作了多少小时。原来该公司实行了灵活上下班制度。公司对职工的劳动只考核其成果，不规定具体时间，只要在所要求的期间内按质量完成工作任务就照付薪金，并按工作质量发放奖金。由于工作时间有了一定的机动，职工不仅免受交通拥挤之苦，而且可以根据工作任务和本人方便，与企业共同商定上下班时间。这样，职工感到个人的权益得到尊重，因而产生责任感，提高了工作热情。同时企业也受益。

思考：1. 德国 MBB 公司为什么采用灵活上下班制度？
2. 德国 MBB 公司的灵活上下班制度说明了哪些管理原则的应用？

1.1 管理的概念、特征与性质

管理学家彼得·德鲁克曾经说过："在人类历史上，还很少有什么事比管理的出现和发展更为迅猛，对人类具有更为重大和更为激烈的影响。"人类历史的进程完全证实了德鲁克对管理的发展和作用给予的总结和评价。

1.1.1 人类社会与管理

人类社会的发展进步得益于管理。人类社会五千年以上的发展史证明，生产的发展、国家的繁荣、科学的进步、人民生活的富足都离不开卓越的管理实践。如文明古国巴比伦、罗马建立了庞大的组织，实现了对国家的有效管理；中国汉朝的文景之治、唐朝的贞观之治、清朝的康乾盛世等都是对国家卓越管理的范例。又如中国的万里长城、秦兵马俑、都江堰水利工程、埃及的金字塔等都已证实，在二千多年前，古代国家就能组织、指挥数万乃至几十万人的劳动，完成浩大而艰巨的工程建设，其组织管理的水平是何等高超。现代，美国的曼哈顿工程和阿波罗工程，中国的青藏铁路、南水北调工程等，更是大规模、高效率、组织周密、创新超越的伟大创举，其系统管理工程的卓越实践使人类的管理达到了前所未有的境界。

古今中外的管理实践告诉人们，人类所从事的生产等社会活动都是群体活动，要组织和协调群体活动离不开管理。许多人集合于一个组织内，大的组织包含许多小组织，共同的目标把组织内的成员维系在一起，需要建立一定的组织结构和科学的管理制度，按照事先制订的计划，经过卓越的领导，为实现组织目标而进行控制和协调，从而形成动态的管理过程。不仅国家、企业、军队、医院、学校、社会团体需要管理，就是千千万万个家庭也需要管理，因此管理是普遍存在的社会活动。

人类社会组织的实力和竞争力在一定程度上也取决于管理。企业拥有的资源、品牌、商誉、开发能力等是企业的实力和竞争力的重要因素,但对这些要素的管理是这些要素发挥作用的关键。有人把科学技术和科学管理比作现代社会的两大支柱,主张三分靠技术、七分靠管理,也是不无道理的。

一个国家的兴旺发达也在一定程度上取决于管理。发达国家的经济繁荣、技术先进、人民富足都离不开先进的管理。日本、德国在第二次世界大战后的复苏和经济奇迹离不开独具特色的管理。我国改革开放30多年来,社会的全面进步、经济高速发展的奇迹让全世界为之惊叹和称颂,这其中独具特色、适合中国国情的管理思想和理论起着十分重要的作用。值得回顾的是中国自20世纪70年代以来,掀起了学习国外先进管理思想、理论、方法和技术的热潮,大多数高等院校都相继开设了管理专业,不少重点大学设立了管理专业的硕士、博士点,以及博士后流动站。至今,管理学已成为我国公认的一级学科。管理学科的发展如此迅猛与深远,究其原因,大致有以下几方面。

第一,经历文化大革命的十年,中国的经济面临彻底的崩溃,此时正处于经济全球化的浪潮席卷各国的关键时期,中国向何处去?以邓小平为首的党中央第二代集体制定了改革开放的伟大方针,确立以经济建设为中心,高举建设中国特色的社会主义大旗,将全体中国人民引向复兴强国之路。国家的管理、各级政府的管理、企业的管理、军队的管理、学校的管理甚至家庭的管理都成为人们普遍关注、深入研究和创新实践的重大课题。

第二,中国是世界上最大的发展中国家,资源短缺现象会长期存在,将有限的资源进行合理而有效的配置和利用,使其最大可能地形成社会生产力,这是管理实践需要解决的突出问题。同时,科学技术的落后阻碍生产力的发展,如何组织自主创新,如何将科研成果尽快转化为生产力,众多的问题都需要加快管理研究和提高管理水平。

第三,中国要建设现代化国家和现代企业,如何把不同行业、不同专业、不同分工的各种人员组织起来,协调他们的行动和利益关系,协调社会各种组织之间的关系,协调组织与资源的关系,充分调动各方面的积极性,为实现社会发展、企业或其他任何社会组织发展的预期目标,只能依靠有效的管理,只有这样,才能又快又好地建成高度发达的现代化国家。

总结近二百年来社会变革和发展的状况,可以清晰地认识到,生产力的发展孕育了管理的发展,而管理的发展又极大地推动了生产力的发展。英国学者斯图尔特·克雷纳在他的《管理百年》著作中引用德鲁克的论述:"本世纪管理学的最大贡献在于,它让体力劳动者的劳动生产率提高了50倍,下个世纪(21世纪)最大的挑战在于如何提高知识工人的劳动生产率。"管理与人类社会的关系正如美国管理学家奥唐奈指出的:"管理是与经济发展有关的唯一最重要的社会活动,是一种国家最重要的经济资源,是第二生产力。"由此可以引申,管理是推动社会发展的重要动力。

1.1.2 管理的概念

一切有组织的活动中必然贯穿着管理,人们越来越清楚地认识到,管理学作为一门科学,只有确立专门的研究对象和研究内容,运用和创立科学的研究方法,形成一系列的概念体系,才能矗立于学科之林。在这些概念体系中首要的是管理的概念。

中外学者对管理的定义不胜枚举，比较有代表性的有以下几个。

科学管理之父泰勒认为，管理就是"确切地知道你要别人去干什么，并使他用最好的方法去干"。泰勒的科学管理的实质就是指挥他人用最好的工作方法获得最大的工作业绩。

对管理的定义打下基础的应该是法国管理学家亨利·法约尔，他认为管理是所有人类组织(不论是政府、企业或家庭)都有的一种活动，这种活动是由五项要素：计划、组织、指挥、协调和控制所组成的过程。法约尔所说的管理的五项要素，后来的学者称之为五项职能。

获得诺贝尔经济学奖的美国学者赫伯特·西蒙强调决策在管理中的重要性，提出了"管理即制定决策"的著名论断。

美国学者斯蒂芬·P·罗宾斯和大卫·A·德森佐在他们出版的《管理学原理》第三版中指出：所谓管理，是指通过与其他人的共同努力，既有效率又有效果地把工作做好的过程。他们在这里强调的是效率、效果和过程。

【名人简介】

我国学者周三多在分析和归纳中外学者、专家和领导人对管理的论述后，给管理下的定义是："管理是社会组织中，为了实现预期的目标，以人为中心进行的协调活动。"

复旦大学芮明杰教授对西方学者所下的管理的定义做了评析，同时给出定义："管理是对组织的资源进行有效整合以达成组织既定目标与责任的动态创造性活动。"芮明杰教授的这一定义，是近几年来国内诸多学者所下的定义中比较新颖的，且在某种程度上抓住了管理的本质。

上面列举并简要地点评了中外著名学者对管理所下的定义，使人们对管理的概念有了清晰的认识。展望 21 世纪管理学的发展，管理的定义理应具有继承性和前瞻性。因此，管理的定义缺少不了 5 个方面的内容：①实现组织的既定目标；②以人为本；③驾驭计划、组织、领导、控制等主要职能；④有效整合组织的各种资源；⑤创造效益的活动。把这 5 个要素综合为图 1.1 所示的状态。归纳出管理的定义如下所述。

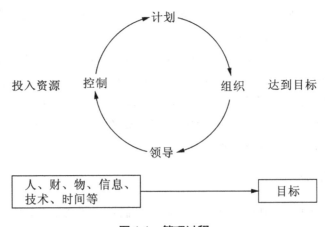

图 1.1　管理过程

管理是指为了实现组织的既定目标，以人为本，驾驭计划、组织、领导和控制等主要职能，有效整合组织的各种资源，创造效益的动态过程。

1.1.3 管理的特征

为了更深刻地理解科学管理的概念，应了解管理的本质特征。

1. 管理的目的性

人类在为实现预期目的的活动中，设计和建立各种组织，进行周密的谋划、辛勤劳动和运作，人类活动的目的性非常明确。基于此，一切组织管理的最终目的是实现组织的目标。组织的目标是一个组织管理的出发点和归宿，也是评价管理活动成效的基本依据。为此，任何管理活动必须把制订组织的目标作为首要任务。同时，驾驭计划、组织、领导、控制等职能，有效地实现组织目标，如人力资源管理是为了优化人力资源配置，调动员工的工作积极性；质量管理是为了在控制成本的同时保障产品和服务的质量；生产管理是为了科学合理地组织符合市场需求的产品和服务的生产和运作过程；财务管理是为了降低资金的筹资成本和提高资金的使用效率。所有管理活动的目的是合理、合法、明确且体现组织成员的共同愿望。

2. 管理的人本性

管理活动应以人为根本，因为人是管理活动的主体。不仅要把理解人、尊重人、调动人的积极性和创造性作为管理活动的首要任务，而且最重要的是管理活动的最终目的是为了使人得到全面而自由的发展，这就是管理的人本性的实质。

3. 管理的组织性

组织是管理的载体。组织的形式是多样的，国家、军队、企业、学校、医院、家庭等是一种组织。一个社会团体也是社会组织。从系统论的角度认识，组织性就是组织的结构性，系统的结构是系统中各要素的有机联系，由于有了这种有机联系，才能使系统产生各种功能。管理系统的要素一般是人、财、物、时间、信息，还有技术等无形资源。这些资源的有效整合是管理的组织性所应体现的。

4. 管理的有效性

美国著名管理学家罗宾斯在对管理的定义中把效率和效果放在十分重要的地位，以体现管理的有效性。效率是以正确的方式做事，将投入转换为产出。资源有限，要想获得更多的产品，就必须提高效率，追求资源成本最小化。效果是通过做正确的事，为组织达成既定的目标。管理最终追求的应当是效益，这是产出与投入之间的比例关系，是对社会和经济两方面的贡献。如果管理不追求效益，虽然有效率，但是生产成本大于收益，是得不偿失的；若只有效果，产品积压，或者没有可观的利润，都是人们所不能接受的。

5. 管理的创新性

管理所面临的是不断变化的组织环境，要实现既定的目标，就必须适应环境和创造条件，采取灵活的管理方式和方法；环境的变化有时甚至要求调整计划、变革组织、加强领导、强化控制，以至可能对目标进行调整。19 世纪末 20 世纪初，管理学家泰勒对管理制度和方法进行的创新完成了由经验管理向科学管理的转变，使美国劳动生产率提高了 3～4 倍。很多管理创新的事实证明，管理离开创新将一事无成，创新成就了管理的发展与光荣。

6. 管理的科学性与艺术性

管理学是一门科学已无争议，因此管理的科学性体现在管理的思想、理论和方法上，是管理活动客观规律的反映、总结和升华。人类的管理活动不仅是一种重要的社会实践活动，而且越来越明显地受到管理理论和方法的指导。认识管理的科学性就是要求人们在管理工作中按客观规律去做，遵循管理的原理和原则，熟练地运用管理的方法，制定适应各种组织实际状况的制度，使管理工作减少随意性，提高可靠性和效益性。

管理是一种实践性很强的社会活动，影响管理成效的因素是多种多样的。决策方案设计及其选择，计划方法的选择和实施，组织的设计、组织力量的整合和组织的变革，领导方式的选取，组织成员的激励与沟通，有效的控制措施和方法的制定等都不能简单地"按图索骥"，必须因人、因时、因事、因地制宜，创造性地运用和发展管理理论和方法解决实际问题，在实践中展现管理的艺术、技巧和经验，这就是管理的艺术性之所在。

管理的科学性和艺术性是不可分离的。管理的科学性强调管理要按科学规律办事，要用科学的理论和方法指导实践，在管理实践中遵循管理的原理与原则，不能盲目的实践，以免走弯路，甚至导致失败；管理的艺术性则强调灵活性和创造性，重视经验的积累。要做好管理工作，必须将科学性和艺术性有机地统一起来，才能展现有声有色的管理活动。

1.1.4 管理的性质

管理具有二重性，即管理的自然属性和社会属性。马克思在《资本论》中最早阐述了管理的二重性。马克思指出："凡是直接生产过程具有社会结合过程的形态，而不是表现为独立生产者的孤立劳动的地方，都必然会产生监督和指挥劳动。不过它具有二重性。一方面，凡是有许多个人进行协作的劳动，过程的联系和统一都必然要表现在一个指挥的意志上，表现在各种与局部劳动无关而与工厂全部活动有关的职能上，就像一个乐队要有一个指挥一样。……另一方面，……在一切以作为直接生产者的劳动者和生产资料所有者之间的对立为基础的生产方式中，都必然会产生这种监督劳动。"马克思分析了资本主义社会的管理后又指出："……因为它所管理的生产过程本身具有二重性：一方面是制造产品的社会劳动过程，另一方面是资本的价值增殖过程……"

从马克思的论述中可以领悟管理的自然属性是与生产力相联系的属性，是由共同劳动的社会化性质产生的，是进行社会化大生产的一般要求和组织劳动协作过程的必要条件，体现为指挥劳动。在管理过程中，只有对人、财、物、信息、时间等资源进行合理配置和有效利用，对产、供、销等环节进行协调，完成对生产力的科学组织，才能有效地实现既定目标。这种组织生产力的管理是生产力发展的必然要求，而与社会制度、生产关系无关。

同时，从马克思的论述中还可以领悟管理的社会属性是与生产关系相关的属性，这一属性主要取决于生产关系的性质。管理是人类目的性很强的社会活动，社会制度不同，生产关系的变化，使管理的目的、手段和方式也随之改变。国家的管理、企业的管理以及其他各种社会组织的管理，一概如此。值得注意的是与管理的社会属性相关的全球环境已发生了较大变化，具体表现在：①随着科学技术的飞速进步，信息网络的广泛应用，经济的快速发展，带来了政治多极化、经济全球化、文化多元化，管理的复杂性、随机性和不稳定性大大增加；②中国等发展中国家采取了市场经济体制，多种所有制共存，企业普遍实行股份制，企业资本的所有者(股东)不再直接管理企业，国家在完善市场经济体制的同时，积极加强调控，使生产关系不断适应生产力的发展；③西方发达国家对经济采取不同程度的政府干预，使经济保持较稳定的发展，发达国家普遍出现了中产阶级，拥有企业所有权的人数达到了较高的比例。如此种种，社会属性的多样化给管理工作带来了新的挑战。

马克思对管理二重性的论断深刻地揭示了管理的根本属性和重要职能。管理的自然属性告诉人们，任何社会制度下的管理理论和经验都有反映社会化大生产客观规律的成分，值得人们去学习和借鉴；同时，管理的社会属性告诉人们，在学习和借鉴西方资本主义国家的管理理论和经验的过程中，不能全盘照搬，要以批判的态度去审视，取其精华，去其糟粕；更为重要的是创立适合中国国情的管理理论和经验，建立具有中国特色的社会主义管理思想体系和方法体系。

1.2 管理的职能

1.2.1 管理职能的概念

管理职能是指管理过程中各项管理活动的功能。从系统论的观点来讲，管理职能是指管理系统具有的功能。我国有学者认为，管理职能是管理者为了有效管理必须具备的功能。人类对管理职能的研究已有近百年的历史，对管理职能的认识也在逐步深入。早在1916年，法国著名管理学家法约尔出版了《工业管理与一般管理》一书，提出了企业经营的六项职能；其中的一项就是管理，而且把管理划分为5个要素；后人将计划、组织、指挥、控制、协调5个要素称为五项职能。法约尔认为，管理职能只是作为社会组织的手段和工具，其他职能涉及原料和机器，而管理职能只对人起作用。于是，以后的学者都认为协调是管理的本质，因为协调好人的行为和利益关系，管理才能取得成效。法约尔在五项职能的论述中重点强调计划职能的重要性，他认为组织职能是为实现组织的既定目标提供一切所需条件的过程；指挥职能是管理者对下属给予指导的过程；控制职能是为了实现计划而对实际工作进行控制和调整的过程；协调职能是为实现组织目标而协调人的行为和利益关系以及一切工作的过程。

1.2.2 管理职能划分的演变

法约尔概括和论述管理的五项职能之后的80余年内，一些学者给出的管理职能的划分有多种变化，但其含义和主要职能的划分没有根本变化，出现次数最多的是计划、组织、领导和控制4种。值得一提的是这一时期大多数学者没有把协调作为一项独立的职能，认为协调贯穿在所有职能中，管理的本质是协调；再者是当出现人际关系学说后，管理把重视人的因素放在了首位，有学者把人事、激励、沟通作为管理职能；在西蒙的决策理论诞生后，有学者把决策从计划职能中分出来，成为单列的职能。20 世纪 90 年代以来，由于新技术革命浪潮的影响，创新成为新时代的特征，有的学者把创新列为管理职能。根据国外学者的研究，上级领导人的职权只能使员工的才智和积极性的 60%得到发挥，主管人员的领导力强能使员工的才智和积极性得到 90%的发挥，因此，斯多基尔指出，领导是对组织内团体和个人施加影响的作用过程。人们已认识到领导是一种社会活动，领导的本质是一种影响力，领导是组织实现目标的重要职能。

为更清楚地了解管理主要职能的划分，表 1-1 列举了西方比较有名的学者对管理职能的划分状况。从表 1-1 可以看出，管理职能的划分随着管理理论和管理实践的进展而发生变化，至今被公认的是计划、组织和控制 3 种职能，如果把指挥、协调、激励和人事等纳入领导的职能内，那么领导职能也是十分重要的职能，因此本书把计划、组织、领导和控制作为管理的四大职能，而把决策归属在计划内。根据决策在管理中的关键地位，本书将管理决策列为单独篇章加以叙述。以下叙述计划、组织、领导、控制职能的内涵。

表 1-1 西方管理学家对管理职能的划分

年 份	管理学家	计划	组织	指挥	协调	控制	激励	人事	资源	决策	创新	领导的努力
1916	法约尔	√	√	√	√	√						
1934	戴维斯	√	√			√						
1937	吉利克	√	√	√	√			√				
1947	布 朗	√										
1949	厄威克	√	√			√						
1951	纽 曼	√	√	√		√				√		
1953	特 里	√	√		√	√						√
1955	孔茨和唐奥奈	√	√			√		√				
1956	特 里	√	√		√	√	√					
1958	麦克法兰	√	√	√								
1964	梅 西	√	√			√		√		√		
1964	孔茨和唐奥奈	√	√	√		√						
1970	海曼和斯科特	√	√			√	√					
1972	特 里	√	√			√	√					
1979	梅 西		√	√	√		√			√	√	
1982	唐纳利、吉布森、伊凡塞维奇	√	√			√						

1.2.3 现代管理基本职能的内涵

1. 计划

所谓计划是指制定目标并为实现目标所必需的行动。计划职能是管理的首位职能,任何组织及其管理者都必须进行制订计划,从事计划等活动。为奠定管理工作的基础,计划工作必须进行如下活动。

首先对未来事件作出预测,推断未来的活动,再制订出行动方案。计划职能重点解决两个基本问题:一是目标的确定;二是工作进程的安排,即先做什么,后做什么,可以同时做什么,是一种有序的安排。计划与决策有着十分密切的关系,确定目标,设计行动方案,选择最优方案等,都是共同的工作内容,同时,决策是计划的核心。

计划中必须有考虑组织长远发展的总体谋划,即战略规划。计划编制是制订计划的过程中必不可少的工作。总之,计划职能为管理提供依据,为控制提出标准。

2. 组织

管理的组织职能是管理者为实现组织目标而建立有效的有机系统的过程。组织职能包括设计和建立组织结构,合理分配职权和职责,选拔与配备各岗位的人员,进行组织的协调与变革。为做好这些工作,要求按目标设置机构、明确岗位、配备人员,规定权限、赋予职责,建立一个统一的组织系统,同时要求按计划和进程合理组织人、财、物,并进行合理匹配,以保证管理取得效益。组织职能是管理活动的根本职能,是其他一切管理活动的保证和依托。

3. 领导

管理的领导职能是管理者指挥、激励下属,并积极开展沟通,而使组织目标得到有效实现的活动过程。

领导职能包括的内容有:选择正确的领导方式,运用权威,实施指挥;激励下属,充分调动其积极性;积极而有效地开展沟通等,管理的领导职能是一门科学,也是一门奥妙的艺术,贯穿于整个管理活动过程中。一般认为,不管是高层管理者、中层管理者,还是基层管理者,都需要实施领导职能,因为领导职能的重心是做人的工作。

4. 控制

管理的控制职能就是监视管理的各项活动,以保证按计划进行并不断纠正重要偏差的过程,因此,计划就是控制的标准。管理者必须及时获取计划执行情况的信息,并将已获得的信息与计划进行比较,发现执行过程中存在的问题或偏差,及时分析偏差产生的原因,找到问题的症结所在,并及时采取纠偏措施。

管理的控制职能是为实现组织目标而必须实施的职能,环境的变化、人员素质和能力的差异,各种随机或突然因素的影响都会给计划的实施带来偏差,如果不及时发现和纠偏,计划就会落空,目标就难以实现,因此控制职能是管理活动取得成效的保障。各个层次的管理者都必须重视控制职能。高层管理者对控制的时效性要求相对较弱，综合性较强；基层管理者对控制的时效性要求较强，定量化程度较高。

以上叙述了管理过程中的四项重要职能，它们之间的关系可用图 1.2 表示。

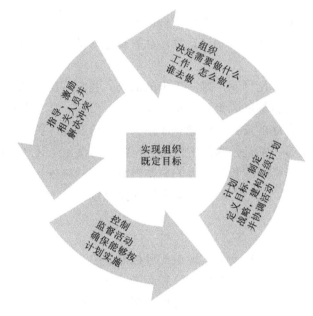

图 1.2　管理过程职能相互关系

1.3　管理者与管理对象

1.3.1　管理者的概念与分类

关于管理者的概念，传统观点认为，管理者是指在一个组织中主要从事指挥别人工作的人，即对组织中其他人有监督责任的人。他们在组织中的地位和作用与直接从事具体操作业务的人不同，有些管理者也做一些具体事务性的工作，但他们的主要工作是指挥他人完成具体工作。这一概念特指组织中有正式职位和职权的人，他们拥有下属。

现代社会的组织中，一些有职位、有专业知识的业务技术干部，如公司的高级会计师、高级经济师、高级工程师等，他们以自己的职位和知识影响着组织的决策和经营成果，对组织负有贡献的责任，这些人也是管理者。这一关于管理者的现代观点被管理学家德鲁克做了较明确的阐释，德鲁克在他的《管理：任务、责任与实践》一书中指出，在确定的一个组织中，谁是负有管理责任的人，最首要的标志并不是谁有权命令别人，管理人员的责任在于有贡献和职能，而不是权力，这就是所谓管理者的明确标志。简而言之，是否为管理者的最重要标志是对组织目标负有责任，即对组织作出贡献的责任。德鲁克的关于管理者概念的现代观点既抓住了现代管理者的核心价值，又对现代管理者提出了根本要求。

【名人简介】

依据不同的标准可以对管理者做不同的划分。

1. 依据管理者在组织中所处的地位不同划分

依据管理者在组织中所处的地位不同划分为高层管理者、中层管理者和基层管理者。

(1) 高层管理者是那些对组织的管理负有全面责任,负责制定组织发展战略和行动计划,有权分配组织拥有的一切资源的管理人员,如企业中的首席执行官(CEO)、经理、厂长,医院的院长,学校的校长等都属于高层管理者,他们对目标的确定和资源配置的决策,对环境的分析和判断直接关系到组织的生存与发展,他们代表组织与其他组织和个人进行协调与沟通,他们是组织的主心骨和利益的代表者。

(2) 中层管理者是那些按照高层管理者作出的决策和计划,结合所在部门和岗位负责执行具体计划和工作程序的管理者,他们是指挥基层管理者的人。中层管理者起着承上启下的作用,对上、下级信息沟通或同级信息沟通负有重要责任,他们是高层与基层管理者之间的桥梁和纽带,如大公司的地区经理、事业部负责人、部门负责人,政府中的厅长、处长等,他们不是指挥一线操作人员的人,而是负责协调和控制基层管理与生产活动的人。

(3) 基层管理者是那些直接指挥和监督现场操作人员的管理者,直接带领具体操作人员完成上级下达的具体任务,如工厂中的工长、班组长,他们具有协调操作人员的能力和较高的技术操作能力。

上述 3 个层次的划分可以用图 1.3 表示。

图 1.3　管理者 3 个层次的划分

不同层次管理者的时间分配由(美)罗宾斯作出以下统计,如图 1.4 所示,可以看出不同层次管理者的工作时间分配比例不同,工作内容的着重点有较明显的差异。

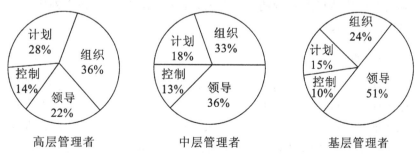

图 1.4　不同层次管理者工作时间分配比例

2. 依据管理者的工作性质和负责范围划分

依据管理者的工作性质和负责范围将管理者划分为综合管理者和职能管理者。
(1) 综合管理者是整个组织或所属单位的全面工作管理者，即主管。
(2) 职能管理者是组织内负责某种职能的管理者，即业务管理人员。

有的学者依据管理者的职权关系划分直线管理人员和参谋人员。直线管理人员是对下属进行直接指挥的管理者；参谋人员是那些对上级提供咨询、建议，对下级进行专业指导的管理者。直线管理者与参谋人员有时在实际工作中会发生转换。

1.3.2 管理者的角色

管理学家亨利·明茨伯格(Henry Mintzberg)调查了 5 位总经理的工作，对他们扮演的几种角色进行了归纳和分类，如图 1.5 所示。

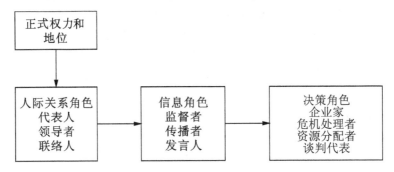

图 1.5 管理者的角色分类图

1. 人际关系角色

有"管理学大师"之誉的加拿大麦吉尔大学明茨伯格教授划分的人际关系角色来自于正式权力并必须处理与组织成员和其他利益相关者的关系，这些关系角色是代表人角色、领导者角色和联络者角色。

管理者在担当代表人角色时，他行使一些具有礼仪性质的职责，例如，参加社会活动(包括公众聚会)或宴请重要客户等。

管理者在担当领导角色时，他对所在组织目标的实现负有重要责任，他必须带领员工不遗余力地去完成计划。

管理者在担当联络者的角色时，他要负责建立与外部利益相关者的关系，同时还必须与组织内成员进行沟通，建立密切的关系，即在组织内外建立关系网，以保证各项职能的行使。

2. 信息角色

依靠建立起来的组织内外的关系网，管理者成为组织的神经中枢，他所获得的信息比下属多，传递的信息也比下属多。在明茨伯格的研究中，首席执行官 40%的时间花在信息角色里，这种信息角色又包括监督者、传播者和发言人 3 种角色。

监督者角色要求管理者不断获取组织内外环境变化的信息，不断审视自己所处的环境，及时发现组织发展的机会和存在的威胁。

传播者角色要求管理者把获得的信息传播出去，保证组织成员得到利于工作和调动积极性的足够信息，同时必须隐藏那些不利于工作和影响组织成员情绪的信息。

发言人角色要求管理者把信息传递给组织和组织之外的相关的人，如向董事和股东公布财务状况和发展战略方向，向政府官员说明公司遵守法律的状况，让消费者了解企业履行社会义务的行为等。

3. 决策角色

明茨伯格确定的第三类管理者角色就是决策者。管理者在组织决策的制定和实施中起着主要作用，管理者拥有全面信息，可作出正确决策，组织成员按计划行事，分配资源，保证计划的实施和完成。

管理者扮演的决策角色首先是一个企业家的角色。作为企业家必须密切关注组织内外环境的变化和组织的发展，发现机会并及时投资开发新产品、提供新服务、发明新工艺或开辟新的市场。

管理者还必须扮演一个危机处理者的角色。一个组织在成长发展的过程中总会遇到各种各样的矛盾和问题，管理者必须善于处理，如平息客户的怒气、与供应商谈判、调解员工的冲突等。

管理者还是一个有权力的资源分配者。管理者不仅给下属分配人、财、物资源，而且给自己和下属分配时间资源，更不用说分配信息和技术资源了。

管理者扮演的谈判代表角色也是一种决策者的角色，对各层次管理工作的研究表明，管理者把大量的时间和精力用在了谈判上。市场经济是一种契约经济，一切有目的的经济活动，一切有意义的经济关系都要通过谈判来建立。管理者经常要与员工、供应商、客户和各部门、单位进行谈判，确保组织目标的实现。

不难发现，不同层次的管理者所扮演的三类角色中的侧重点是不一样的，如基层管理者扮演领导者的角色多，而高层管理者扮演传播者、发言人、代表人等角色较多。

人们还会发现，组织规模对角色的重要性有着一定的影响，如图 1.6 所示。

小组织管理者角色	角色的重要性	大组织管理者角色
发言人 企业家	高 ↑	资源分配者 联络者
代表人 领导者	中 ↓	监督者 危机处理者 谈判者
传播者	低	企业家

图 1.6　组织规模与管理者角色的重要性

从图 1.6 可以看出，小组织与大组织管理者扮演的角色侧重点是不相同的，小组织管理者是多面手，经常扮演发言人的角色或做一个企业家；而大组织的管理者扮演更多的是资源分配者和联络者。

1.3.3 管理者的素质与技能

1. 管理者的素质

管理者的素质是指管理者与管理相关的基本属性和内在心理特征。管理者素质一般包括思想品德、心理素质、身体素质和信息素质,这些是做好管理工作的先决条件。

(1) 管理者应具有良好的思想品德,必须德才兼备,具有强烈的事业心和工作责任感,为人正直,作风正派,公正廉明,以身作则,率先垂范,让大家感到可以信赖和依靠。

【相关视频】

(2) <u>管理者应具有良好的心理素质</u>。管理者要开创前所未有的事业,要靠自信的心理和超人的胆魄;管理者要将自己的公司做大做强,要靠自强不息、不畏艰险的精神;管理者要面对不断变化的内外环境,甚至遇到各种挫折和失败,要求管理者具有百折不挠、不达目的不罢休的心理品质,因此,管理者应具有良好的、全面的心理素质。

(3) 管理者应具有良好的身体素质。管理者要面对是繁重而艰苦的工作,要在心理和精神上承受来自各方面的压力,因此,管理者必须有强健的体魄和充沛的精力,这需要管理者具有良好的身体素质。

(4) 管理者应具有良好的信息素质。在信息化浪潮席卷全球的当今社会,任何组织的管理者必须具有良好的信息素质。1989 年,美国图书馆学会(ALA)把信息素质定义为管理者能够判断什么时候需要信息,懂得如何去获取信息,如何去评价和有效利用信息,因为信息是思维的材料、组织的资源和管理的基础,所以信息素质是管理者必须具备的素质。

美国管理学者 W·H·纽曼认为,一个管理者应具有的素质包括职位要求的知识,决策需要的才干,自信与自持的心理品质,特殊的社会敏感性,超常的情感稳定性,善于运用下属的个性优势等。

2. 管理者的技能

根据管理学者 R·L·卡兹的研究,管理者必须具备技术技能、人际技能和概念技能 3 种技能。

(1) 技术技能:是指管理者应具有的解决专业技术问题的能力。管理者不可能都是技术专家,但他必须具备足够的技术知识和技能,包括掌握专业领域内的工作程序、专门技术、业务规范和使用的工具,以便卓有成效地指导员工、组织任务、业务沟通。

(2) 人际技能:指的是管理者处理人际关系的技能,即理解、激励并与他人共事的能力。人际技能包括观察人、理解人、掌握人的心理规律的能力,即善解人意的本领;人际交往、和谐共处、与人沟通的能力;了解并满足下属需要,进行有效激励的能力;善于团结他人,不断增进向心力、凝聚力的能力等。同时这种技能还应包括与上级和同级同事打交道的能力。人际技能对每一个层次的管理者都尤为重要,所谓要学会做事必先学会做人,可见人际技能的重要性。

(3) 概念技能：是指管理者观察、理解和处理各种全局性的复杂关系的抽象能力。概念技能包括对管理问题和复杂环境的洞察和综合分析能力；概念、推理能力；对全局性、战略性、长远性的重大问题的处理和决断能力，对突发事件的应变能力等。观察力和思维力是核心能力，对于高层管理者来说，概念技能尤为重要。

上述 3 种技能对不同层次管理者的要求是有差别的，如图 1.7 所示。

由图 1.7 可以看出，对基层管理者的技术技能要求较高，概念技能要求较低；对高层管理者的技术技能要求较低，概念技能要求较高；对每个层次的管理者的人际技能都有比较高的要求。

【知识链接】

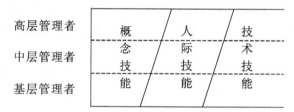

图 1.7　不同层次管理者所具有技能比例图

1.3.4　管理的对象

管理的对象是指管理者为实现组织目标而实施管理的客体。这种客体可以是一个群体或者是一个组织，也可以是组织中的各种资源或要素。通过对组织内的人、财、物、时间、信息、知识和各种无形资产的配置、调度、组织，同时开展有效的职能活动，形成一系列工作或活动环节才能保证组织目标的实现。总之，用于开展管理活动的组织和各种资源或要素及职能活动构成了管理的直接对象。

对组织的管理包括组织发展战略、组织目标和组织决策。对人的管理主要是人力资源管理，包括人员的招聘与配备、工作内容设计与工作评价、人才培训与教育、人才选拔以及激励机制的建立等；对财的管理包括财务管理、成本管理、资金使用效果分析等各种价值形态的管理；对物的管理范围比较宽，所有物质形态的资源都是组织管理的内容；对时间的管理体现在组织人、财、物、信息和职能的活动中，如管理人员的时间管理、工作时间设计、工作进度管理等；对信息的管理应包含信息的收集、处理、存储、传递等环节，也包含管理信息系统的设计、运行和维护等；对无形资产的管理包括品牌管理、形象设计、公共关系、组织文化建设等。建立有效的知识管理机制是知识管理的主要内容，职能活动的管理主要是对计划、组织、领导、控制职能等各种工作环节的有效管理。

1.4　管理学及其研究内容与研究方法

1.4.1　管理学的概念

管理学作为一门独立的学科诞生于发达的资本主义国家，它的诞生是有其社会历史背景的。早在 20 世纪初，资本主义经济从自由竞争阶段发展到垄断阶段，科学技术和社会化大生产的发展客观要求管理与资本所有权分离，实现管理职能化；要求解决劳资矛盾，提高劳动生产率，必须运用科学的作业方式和管理方法。例如，1911年泰勒创立了科学管理原理，从此管理从经验管理跃升为科学管理，诞生了一门影响遍及全世界的管理学。

管理学是一门系统地研究管理活动的基本规律、基本关系和一般方法的科学。管理活动的基本规律包括计划、组织、领导、控制的4个基本规律，如人的行为规律，管理信息运动规律，资金流、物流规律等。在管理活动中有效地掌握这些规律，有利于组织目标的实现。管理的基本关系包括管理者与管理对象的关系，管理的隶属关系、协作关系，人、财、物、信息和技术之间的关系。在管理活动中正确处理这些关系，统筹兼顾，发挥各种要素的作用有助于取得管理成效。管理的一般方法包括人们在管理活动中所采取的管理方式、程序和手段的总和。

管理学的特点是它既不是社会科学，也不是自然科学，而是社会科学与自然科学之间的边缘科学，其主要表现在以下3个方面。

(1) 综合性。由于管理学研究对象的复杂性和多样性，决定了管理学研究内容的综合性。管理者只有具有广博的知识、综合素质和能力，才能有效地进行管理工作。

(2) 实践性。管理的理论、原则和方法是从管理实践经验中归纳、总结、升华出来的，同时，这些理论、原则和方法只有用于实践才能有生命力。要创立适合中国的管理理论，必须学习国内外的管理思想和理论，并运用到中国的管理实践中去，只有这样才能总结出新经验、新理论。

(3) 管理学是一门软科学。管理学研究的基本规律、基本关系和一般方法都是如计算机软件一样，因此称为"软科学"。

管理学不同于管理，管理是指管理活动的实践过程，而管理学从学科体系的角度研究管理活动的基本规律、基本关系和一般方法，具有明显的理论性和系统性。管理学面对管理的不同领域、不同问题，形成不同特点的原理和方法，由此形成不同门类的管理学，如企业管理学、行政管理学、军队管理学、教育管理学等。这些门类管理学中，根据不同的管理对象，可更进一步分为某些分支学科，如工业企业管理学、银行管理学、旅游饭店管理学等。

管理学科分类体系见表1-2。

表1-2 管理学科分类体系

按学科层次划分	哲　　学	管理哲学
	基础科学	管理学
	应用科学	企业管理学、行政管理学、商业管理学、医院管理学、计划管理学、人力资源管理学、财务管理学等
按是否是物质部门划分	物质部门	工业管理学、农业管理学、冶金管理学、建筑管理学、运输管理学等
	非物质部门	医院管理学、图书馆管理学、文艺管理学、体育管理学、大学管理学等

续表

按资源对象划分	人　力	领导科学、人才学、管理心理学等
	物　力	物资经济管理、设备管理等
	财　力	财务管理、会计管理、成本管理、资金管理等
按管理职能划分	计划职能	决策学、预测学、国民经济计划管理、企业计划管理、车间计划管理等
	组织职能	组织管理学、组织结构学、组织行为学等
	指挥职能	领导科学、管理艺术等
	控制职能	统计学、会计学、管理控制学等
	协调职能	和谐论
按发展成熟程度划分	成　熟	企业管理学、行政管理学等
	不成熟	发展管理学、管理创新学等
按学科性质划分	综合性	管理哲学、管理学、战略管理学、管理经济学等
	史学性	管理学史
	工具性	统计学、会计学、审计学等
	比较性	比较管理学等
	行为性	行为科学等

1.4.2 管理学的研究内容

管理学的研究对象是管理活动的基本规律、基本关系和一般方法，但其研究内容涉及本学科的各个方面，归纳为以下几点。

(1) 管理的概念体系、原理和原则的研究。界定一门学科的各个基本概念的内涵和外延，建立完整的概念体系，是一门学科发展的基础性工作。对管理学而言，归纳和提炼具有普适意义的原理和原则，对指导管理实践具有重要作用。

(2) 管理思想和理论的研究。在研究人类已积累和创立的管理经验、思想和理论的基础上，结合现实的管理实践和问题总结新鲜的管理经验，提炼出新的管理思想，创新管理理论，这是管理学最核心的研究内容。

(3) 管理方法的研究。管理方法的研究对指导管理实践有着特殊的意义，它涉及管理的某个领域的具体方法，对取得管理效果，提高管理效率也是十分重要的，必须加强研究。

(4) 管理技术的研究。管理技术的更新与运用，对取得管理成效至关重要，发明和创造新的技术能够使管理工作走上新的台阶。

(5) 管理绩效的诊断与评价研究。管理的目的是实现组织目标，绩效就是管理实现组织目标的程度。绩效的诊断与评价是为了正确衡量绩效，总结经验，发现问题，提出整改措施，对组织目标的实现来说是必不可少的工作。

管理学的研究内容十分广泛，涉及人类活动的各个方面，上述内容是管理学界至今研究的主要内容。

1.4.3 管理学的研究方法

管理学创立的过程中形成了科学的思维方式和一系列科学的研究方法。

1. 管理学的思维方式

(1) 归纳法是管理学的重要思维方式。通过对客观存在的一系列典型事物(或经验)进行分析和归纳，从中找出事物变化发展的一般规律，这种从典型到一般的思维方式称为归纳法，有的学者称之为实证研究。归纳法简述为从典型到一般的思考方法。

在管理学研究中，归纳法应用最广。但是，如果调查对象没有代表性，或代表性不够，归纳的结论就存在片面性；如果得出的结论不能通过实验证明，也不能重复再现，这种结论的可靠性就值得怀疑。

(2) 演绎法是管理学中又一重要的思维方式。对于复杂的管理问题，可以从某种概念或统计规律出发，或从由归纳法得到的一般规律性出发，建立起能反映某种逻辑关系的管理模型(或模式)，这是一种合乎逻辑的推理。演绎法简述为从一般到典型的思考方式。从理论概念出发建立的模型称为解释性模型，如投入产出模型，企业系统动力学模型。从统计规律出发建立的模型称为经济计量模型，如柯布-道格拉斯生产函数模型。建立在经济归纳法基础上的模型称为描述性模型，如现金流量模型、库存储蓄量模型等。

(3) 系统法是管理中十分重要的思维方法。管理是一种综合性很强的系统活动；任何组织都是一个管理系统。无论是古代还是现代，系统思维都是一种重要思维。自从20世纪40年代奥地利理论生物学家贝塔朗菲创立系统论以来，人们普遍认为，系统思维成为思维范式。系统法把系统看成由相互联系、相互制约的若干要素结合而成的有特定功能的有机整体。为实现组织目标而有效地整合各种资源，这就是从管理系统整体性原理出发而提出的管理的本质特征。巴纳德、卡斯特等管理学家在创立现代管理理论时是以系统论作为理论基础的，系统思维应成为管理的指导性思维方式。

2. 管理学的一般研究方法

(1) 观察研究法。为了解管理中某一事物的特征及变化规律采取实地观察的方法。不只是观察事物变化的现象，而主要是透过现象看到本质。观察前，可先提出假设，用观察的结果去验证假设，如美国哈佛大学心理病理学教授梅奥观察电器生产车间照明状况对产量的影响，结论是照明强度对产量没有决定性的影响。

(2) 比较研究法。对不同的或类似的事物进行比较，用以鉴别事物之间的异同，分辨出一般性和特殊性，可以发现先进的东西，能够为我们所用；同时鉴别出那些不适合本组织的东西，可以弃之不用。这就是人们常常采用的对待国外或别人经验的态度，都必须运用比较研究法。

(3) 历史研究法。对从管理实践中得出的管理经验或已形成的管理理论加以系统研究，找出规律性的东西，这就是历史研究法的实质。

(4) 调查研究法。通过访谈、问卷调查、开座谈会和观察等方法，了解管理的成功经验、做法和存在的主要问题，分析其原因，咨询对策，这是调查法应达到的目的。调查研究法是管理中常用的、最重要的方法。

(5) 实验研究法。为检验某一理论的正确性、某一方法的可行性和验证某一假设的正确性，采用实验法是可行的。通过实验资料的分析、综合和归纳，总结出经验，以利推广。

(6) <u>案例研究法</u>。案例研究法是管理学中一种较特殊的研究方法，已被管理学界普遍采用。案例研究法就是通过对典型管理案例进行分析，从而总结管理的经验和方法，如管理学家德鲁克通过对企业管理的典型案例分析，提出了目标管理的重要思想。

【知识链接】

1.5 管理的基本前提

管理的直接目的就是要高效率地实现组织的既定目标，为此，必须具备基本的先决条件。这些先决条件就是管理的基本前提，最早论述前提管理的是美国管理学家赫伯特·西蒙，他在研究管理决策时指出：决策以价值和事实为前提，我国学者周三多在《管理学——原理与方法》第四版中把管理伦理、组织文化、管理信息作为管理前提的研究内容，其中管理伦理和组织文化与西蒙的决策价值前提有联系，与事实前提相联系的管理环境应属于管理的重要前提。中国传统管理思想中有一条著名的论断，即任何人要成其事业，必须有"天时、地利、人和"。当今要实现组织目标，管理工作也必须具有"天时、地利、人和"，三者缺一不可。天时就是机遇，地利就是组织应具有各种条件，人和就是组织的凝聚力，这些条件就是所叙述管理的前提。本节将阐述管理伦理、组织文化、管理信息和管理环境四项管理的基本前提。

1.5.1 管理伦理

西方发达国家的企业管理将管理与伦理密切结合在一起，这是管理发展的新特点。美国本莱特学院的伦理研究中心在 20 世纪 80 年代做了一项调查，《幸福》杂志排名前 100 家企业中，80%的企业把伦理价值观融入企业日常管理活动中，93%的企业用文件形式把规范员工的伦理行为的制度固定了下来。据统计，美国制造业和服务业前 100 家企业中，有 20%的企业聘有伦理主管，他的任务是训练员工遵守伦理行为准则。欧洲约有 50%的企业设有专门的伦理机构，主要负责企业的伦理管理。

1. 管理的伦理观

什么是伦理？现代汉语词典解释为"人与人相处的各种道德准则"，如尊老爱幼、尊师重教等。管理伦理是指在管理中处理各种关系的道德准则。个人或组织的行为与伦理密切相关。决策的价值取向取决于伦理标准。当个体或组织的行为有可能伤害或有益于他人或组织时，伦理问题就会显现出来。伦理行为是道德约束的行为，不是以法典的形式出现的，往往容易产生"伦理困境"。

管理与伦理有着密切的关系。如果说管理的本质是协调，那么管理活动离不开伦理准则，企业与利益相关者有密切的联系，企业的利益与社会的利益是一致的，企业内个人目标与企业目标也应当是一致的，这就是协调各种关系的基础。同时，伦理具有特殊的管理功能。伦理作为一种社会规范，不仅从主观上控制和引导人们的行为，使其自觉或不自觉地遵守伦理道德，而且在客观上制约着人们的行为，并往往受到社会公众的衡量与评判，因此管理伦理是通过社会舆论、习惯、良心、理想等发挥管理作用，即通过对人的深层心理渗透而体现管理功能的。

2. 伦理管理的特征

伦理管理的主要特征是：遵守伦理规范是组织获取利益的手段，同时也是组织的一项责任；伦理管理不仅要顾及本组织的利益，而且要照顾社会的整体利益；伦理管理要尊重和顾及利益相关者的利益；伦理管理把依靠人看成是手段，为了人的发展作为目的；伦理管理超越法律的作用，让组织获得卓越成就，伦理管理促进管理者的自律性；伦理管理以组织的价值观作为行动导向。

3. 提高伦理管理水平的措施和改进伦理行为的途径

(1) 管理者要明确伦理准则。管理者要向员工阐明伦理管理的立场和观点；伦理准则包括组织基本价值观，组织的社会责任、产品质量、员工的待遇等和在营销活动、利益冲突、守法、专利信息和机会均等一系列问题的处理方法和政策为基准的伦理准则。

(2) 建设伦理型组织。为强化伦理管理所设计的各种体制、职位和方案。设立道德委员会，专门监督组织的不符合伦理的行为。

(3) 发挥领导的表率作用。管理者在言行方面给员工起表率作用，同时通过奖惩机制影响员工的伦理行为。

(4) 挑选高道德素质的员工，使整个组织保持高道德素质，并鼓励员工敢于与不道德和违法的行为作斗争，成为"道德警卫"。

(5) 在进行绩效评价时，要把伦理方面的要求包括进去，坚持高的伦理标准。

(6) 对伦理行为提供正式的保护机制，使揭露违法和不道德行为的人受到必要的保护。

4. 企业的社会责任

企业的社会责任是西方社会对企业进行业绩评估时的一项重要指标。《财富》和《福布斯》杂志在进行企业排名时也加上了"社会责任"的标准。何谓企业的社会责任？从宏观上分析，企业社会责任包括经济责任和非经济责任，是企业必须承担的一切社会责任的总和；从微观上分析，企业社会责任是对社会风气、慈善事业、环境保护、公共服务等企业以外的社会环境层面上应负的责任。因此，企业社会责任可以定义为：企业社会责任是指企业在追求利润最大化的同时，或在经营过程中，对社会承担责任和应尽的义务，以实现企业的可持续发展。

企业社会责任具体包括以下主要内容。

企业对在经营过程中要注意环境的保护，要积极治理污染，要加快"绿色产品"的研究与开发。企业对待员工要一视同仁，不区别对待员工，定期培训，提高其素质和能力，提供良好的工作环境，避免员工的身心健康受到损害，善待每一位员工，尊重其人格。企业对顾客要提供安全产品、正确的产品信息和周到的售后服务，同时为顾客提供使用指导。在提供产品和服务时，要赋予顾客自由选择的权利。企业对竞争对手和供应商，做法要公平,实行双赢竞争。企业对投资者的利益要给予保护。企业对社区要尽可能提供更多的服务,把企业利润的一部分回报给社区,为社区的业主增加就业机会和创造财富,凡此种种,企业只有处理好与社会的关系才能可持续发展。

案例 1-1

社会责任促进企业发展的例证

早在一个世纪以前,默克公司的创始人乔治·默克就明确指出:默克的第一目的是用医学上的创新造福人类,赚取丰厚的利润只是圆满完成使命的附带结果。"链霉素"的故事就是实践这一理念的佐证。日本在第二次世界大战后曾经遭受肺结核的侵袭,当时没有药能有效对抗这种病,肺结核几乎成了死亡的同义词。默克公司把链霉素引进到日本,并主动放弃了该药的专利权。虽然没有赚到一分钱,但得到的回报远远超过经济上的报酬。数年后,当默克的总裁魏吉罗第一次到日本,日本人仍然记得默克在第二次世界大战后把链霉素带到日本,消灭了可怕的肺结核。现在默克已经成为日本最大的美国制药公司。2002年《财富》杂志评出的500家美国最大企业中,默克以477亿美元的销售收入名列第24位,而其利润收入排名第15位,比销售收入排名高出许多。乔治·默克二世这样解释公司经营业绩与社会责任的联系:"本公司同仁所必须遵循的原则,简要地说就是我们要牢记药品旨在治病救人。我们要始终不忘药品旨在救人,不在求利,但利润会随之而来。如果我们记住这一点,就绝对不会没有利润;我们记得越清楚,利润就越大。"

1.5.2 组织文化

1. 组织文化的概念

人们普遍认识到,组织文化是文化这个大概念中的小概念,因此,组织文化是指组织在建设和发展中形成的物质文明和精神文明的总和。组织是按照一定的目的和形式建立起来的社会集团,为增强组织的凝聚力,必须有一种协调力和凝合剂,组织文化就是这种协调力和凝合剂,它以无形的"软约束"力构成组织有效运行的内在驱动力,因此组织文化被称为管理之魂。对特定组织而言:"组织文化是指组织在长期的实践活动中所形成的并且为组织成员普遍认可和遵循的具有本组织特色的价值观念、团体意识、行为规范和思维模式的总和。"企业有企业文化、军队有部队文化、学校有校园文化、社区有社区文化等。

2. 组织文化的特征

组织文化是整个社会文化的重要组成部分,它不但有自己的特点,而且具有社会文化和民族文化的共同属性,其主要特征如下。

(1) 组织文化的核心是组织价值观。组织的最高目标是组织存在的最高价值,应该成为统一本组织成员行为的共同价值观,成为统领组织成员共同遵守的行动指南。组织价值观制约和支配组织的宗旨、信念、行为规范和追求目标。因此,组织价值观是组织文化的核心。

【知识链接】

(2) 组织文化是以人为本的文化。人是组织中的主体，必须充分重视人的价值。要最大限度地调动人的积极性，发挥人的主观能动性，就必须尊重人、关心人、依靠人、理解人、培养人、全面发展人，提高组织成员的使命感和社会责任感，这样才能使组织具有凝聚力、才能实现组织的既定目标。

(3) 组织文化的管理方式以柔性管理为主。组织文化通过柔性的而非刚性的文化引导，建立组织内部合作、友爱、奋进的文化心理环境以及和谐的关系氛围，调节组织成员的心态和行动，使组织的目标转化为成员的自觉行动，使组织形成群体合力，这是一种以文化形式出现的现代管理方式。

3. 组织文化的组成要素

组织文化作为一个体系，它具有的结构应由物质层、精神层和制度层3个层面组成。

(1) 物质层：包括组织的整体面貌，如建筑、绿化、环境布置等，还包括产品的外观与包装、技术工艺设备与纪念品等。

(2) 精神层：这是组织文化的深层文化，它包括组织价值观、组织精神和组织形象。这是组织评判事物和指导行为的基本信念、价值标准；全体组织成员认同的思想境界、价值取向和主导意识；社会公众和组织成员对组织、组织行为和工作成果的总印象和总评价，如美国西点军校校训："责任、荣誉、国家"就是这所军校校园文化的核心。

(3) 制度层：这是组织文化的中间层文化，它包括工作制度、责任制度、特殊制度(非程序化制度)、特殊风俗，组织特有的典礼、仪式等特色活动。这是组织成员应共同遵守的行动准则，是对组织行为产生规范性、约束性影响的文化层。

4. 组织文化的功能

从系统科学原理来认识、组织文化属于自组织系统，这种系统的功能表现为一种影响或改变其他系统、接受或抵抗其他系统的影响与作用的能力。组织文化具有的主要功能有以下几点。

(1) 组织文化的导向功能。组织文化能够通过渗透和内化将组织和全体成员的价值取向和行为引导到组织的既定目标上来，改变与组织目标相背离的思想和行为。

(2) 组织文化的规范功能。组织文化通过建立共同的价值体系，规范组织和组织成员的行为；又通过协调和自我控制来实现，形成有效的"软约束力"。

(3) 组织文化的内聚功能。组织文化通过培育组织成员的认同感和归属感，建立起组织与成员之间的依存关系，使每个成员的行为、感情、思想、信念、习惯与组织结成统一的整体，齐心协力为实现组织目标而奋斗。只有建设好组织文化，才能形成内聚力和奔向目标的合力。

(4) 组织文化的自我完善功能。组织文化通过改造、教化和约束，使组织成员与实现组织目标不协调的价值观念、心理习惯、思维和行为方式得到纠正；同时通过辐射、反馈和强化，使组织文化不断深化和完善，不断更新和优化，促使组织兴旺发达。

(5) 组织文化的创新功能。组织文化通过创新形成自己的风格和个性特色，不仅能进一步凝聚人心，而且能够激发组织成员的积极性和创造性，使整个组织的创新精神不断发扬光大。

 案例 1-2

万科的企业文化

万科企业股份有限公司成立于1984年5月,是目前中国最大的专业住宅开发企业。2010年公司完成新开工面积1 248万平方米,实现销售面积897.7万平方米,销售金额1 081.6亿元。营业收入507.1亿元,净利润72.8亿元。这意味着,万科率先成为全国第一个年销售额超过千亿元的房地产公司。这个数字,是一个让同行眼红、让外行震惊的数字,相当于美国四大住宅公司高峰时的总和。万科通过专注于住宅开发行业,建立起内部完善的制度体系,组建专业化团队,树立专业品牌,以所谓"万科化"的企业文化享誉业内。

万科公司给自己的定位是:做中国地产行业的领跑者。万科对内平等,对外开放,致力于建设"阳光照亮的体制",坚持规范、诚信、进取的经营之道,是万科基本的价值理念。当别的开发商提出少于40%的利润不做时,万科却明确提出高于25%的利润不赚。万科不以赢利为唯一目标,不是单纯为客户提供住所,而是参与城市生长和城市文化建设的进程,坚持对城市负责、对后代负责的使命和理想。

万科的文化一直坚持简单、规范、透明。万科绝不会要求员工在公司内外采用不同的价值标准和行为准则。万科秉承"人才是万科的资本"的用人理念,使员工和公司、客户、合作伙伴之间一直保持平等、双赢的关系。万科的核心价值观是创造健康丰盛的人生。核心价值观包括以下内容。

(1) 客户是万科永远的伙伴,客户是最稀缺的资源,是万科存在的全部理由。

(2) 人才是万科的资本,尊重人,为优秀的人才创造一个和谐、富有激情的环境,是万科成功的首要因素。

(3) "阳光照亮的体制",专业化+规范化+透明度=万科化。

(4) 持续的增长和领跑,通过市场创新、产品创新、服务创新和制度创新,追求有质量、有效率的持续增长,是万科实现行业领跑、创造丰盛人生的唯一途径。

万科成立三十多年来,其独特的企业文化是它一直保持行业领跑者的地位,实现稳定发展的有力支持因素。

1.5.3 管理信息

在管理活动中,无论是作出决策、制订计划、建立组织、实施领导和控制,还是创新过程,都离不开获取信息、加工处理信息和利用信息。因此,管理过程是信息流动的过程,有效地获取、处理和利用信息是有效实现组织既定目标的前提。

在管理科学中,可以把信息理解为实现组织目标所需要的知识、技术、消息、情报、资料、计划、指令等的总称。管理者借助于信息来消除或减少管理过程中的不定度、未知度、疑义度和无序度,通过信息的有序流动来达到管理的目标。

管理与信息的关系模型，如图 1.8 所示。

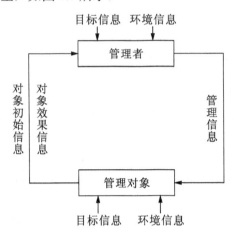

图 1.8　管理与信息的关系模型

1. 管理信息的处理

管理过程中包含了大量的信息处理。管理学家西蒙在研究管理的决策时，概括为四项活动，首要的活动就是信息活动。事实上，管理者在做决策时从发现和界定问题和机会开始，确定目标、设计方案、方案分析、选择方案到实施方案和监督、评价，每一步都需要收集和处理信息。在拟订计划的过程中，除决策需要处理大量信息外，在拟订派生计划和编制预算时也需要处理大量信息。同样，在组织工作、领导工作、控制工作和创新过程中都离不开信息处理。

对不同层次的管理，所需要信息的特征和信息处理的特点是有较大区别的，分析和认识这些特征和特点对人们利用信息是有益的。不同层次管理者所需信息的特征和信息处理的特点见表 1-3。

表 1-3 列出了高层管理者、中层管理者和基层管理者所需信息特征与信息处理的不同特点。这是因为高层管理者担负的是决策和组织的发展战略管理，所需信息大部分来自组织外部环境，随机性大，是一种复杂的用脑过程。中层管理者是职能管理和学术管理的执行层，他们的工作大部分是程序性的工作，信息处理量较大，有时也要处理来自外部环境的信息。基层管理者全部获取和处理的是程序化的、大量的、常规且简单的信息。

表 1-3　不同层次管理者所需信息的特征和信息处理的特点

比较内容	管理层次	高层管理者	中层管理者	基层管理者
所需信息特征	信息来源	主要来自组织外部	主要来自组织内部	全部来自组织内部
	结构化程度	较低	较高	高
	信息量	较小	较大	大
	精确度	较低	较高	高
信息处理特点	处理特征	非程序性	大部分程序性	完全程序性
	处理过程	复杂	较复杂	简单
	处理方式	不固定	较固定	固定
	处理速度	较慢	较快	快

管理信息处理基本程序是：①信息收集，包括收集、验收、汇总和整理；②信息加工，包括信息的交换、排序、核对、合并、更新、摘出、分筛和生成；③信息传输，尽量采用通信手段和计算机系统；④信息存储，将各种信息有序且安全地进行存储，建立"信息库"和"数据库"。

管理信息处理的基本要求是及时、准确、适用、经济。

2. 管理信息系统(MIS)

管理信息系统是指为实现组织既定目标，对管理信息进行系统化综合处理，并辅助各层次管理者进行有效管理的信息系统。

管理信息系统创立于 30 多年前，是至今仍在应用和发展的信息系统，它的结构如图 1.9 所示。

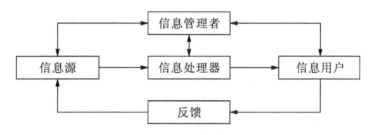

图 1.9 管理信息系统的结构

图 1.9 中的信息源是信息输入端，信息处理器担负信息的加工、处理、保存等任务，信息用户是信息输出端，将信息用于管理活动，信息管理者负责信息系统的设计和维护、运行和协调，反馈是任何智能化的系统所必须的部分，可及时纠偏与纠错。

1.5.4 管理环境

任何组织都处在一定的环境中，环境为组织的管理活动提供必要的资源，又对管理活动起制约作用，因此，了解环境，把握环境的变化趋势，利用环境给予的发展机会，避免环境给予的威胁是管理取得成效的前提。

1. 管理环境的概念

管理环境是指存在于一个组织内部和外部影响组织业绩的各种力量和各种因素的总和。这一概念表明，管理环境不仅包括组织外部环境，而且包括组织内部环境。管理者要取得管理的业绩，即管理的效率、效果和效益，必须了解政治、经济、文化、竞争者、科学技术等外部环境因素，同时更要掌握组织的资源、员工的价值观等内部环境因素。

2. 管理环境的分类及内容

根据各种因素对组织业绩的影响程度的不同，组织外部环境又可分为一般环境和任务环境。组织内部环境主要包括组织文化和内部资源状况两大方面。

1) 组织外部环境

(1) 一般环境因素，又称为宏观环境因素，是指可能对组织管理活动有影响，但这些影响的相关性和强度不大确定或不太清楚的各种因素，一般包括组织外部的政治、经济、法律、社会文化、科学技术等。这些因素对组织管理的影响不是直接的，但有时可能产生很大的影响，如东南亚金融危机对香港经济的巨大冲击就是明显的例证。因此，认真分析和研究一般环境因素，对管理者来说是完全必要的。

(2) 任务环境因素，又称为微观环境因素，是指对某一组织实现既定目标有直接影响的组织外部因素。这些外部因素包括竞争者、资源供应者、服务对象(顾客)、潜在竞争对手、替代品生产者、政府部门及社会上各种利益的代表组织等。

2) 组织内部环境

组织内部环境因素，包括组织文化，在前面已将有关概念和基本内容做了较详尽的叙述，在此只对组织内部环境因素中的内部资源状况，包括组织拥有的各种资源的数量和质量，如人力资源、资金、设备、能源、信息资源、知识、技术等。企业组织的经营条件如图1.10所示。

图 1.10　企业组织的经营条件

从图1.10可以看出，企业经营的基本活动由5个部分组成，即内部后勤、生产作业、外部后勤、市场营销和销售、服务；企业经营的辅助活动有四项内容，即企业基本管理、人力资源管理、技术开发和采购，具体介绍如下。

基本活动：①内部后勤是指与接收、存储和分配相关联的各种活动，考察物资和库存控制系统的完备性以及原材料入库工作的效率等条件；②生产作业是与由投入转化为最终产品的相关活动，它主要考察设备的生产效率，生产过程的自动化程度，提高质量和降低成本的效果，工厂、车间和工作流程设计水平等；③外部后勤包括考察产成品交货和服务的及时性和效率，产成品入库的效率等；④市场营销和销售包括考察用以识别目标顾客及其需求的市场研究情况，促销手段的创新，分销渠道的评价，顾客对品牌的忠诚度，还有销售队伍的能力等；⑤服务项目包括考察对顾客意见反馈的及时性，提供零部件和维修服务的能力等，服务项目是为保持和增加产品的价值。

辅助活动：①企业基本管理包括总体管理、计划、财务、会计、法律、信息系统等价值活动；②人力资源管理包括各级员工的招聘、培训、开发和激励等价值活动；③技术开发包括基础研究、产品设计、工艺与装备设计、技术创新等价值活动；④采购包括原材料采购，设备、建筑设施等物品采购。

1.6　科学发展观指导下的管理基本原理

管理原理是现实管理现象的一种抽象，是大量管理实践经验的升华，是管理思想和管理理论的精髓，对做好管理工作具有普遍的指导意义。管理原理的定义为：管理领域内管理活动的实质及运动的基本规律。因此，管理原理是原理学的重要组成部分。

由于管理是综合性的实践活动，管理原理涉及的内容相当广泛，本章只涉及一些基本原理。在研究和总结这些基本原理时，必须把握以下几点。

(1) 管理具有典型的实践性特征，管理原理应以大量的管理实践为基础，管理实践是检验原理正确性的唯一标准。

(2) 管理学中常常涉及不少管理原则，它是管理活动的行动准则，是根据对客观事物的基本原理的认识而引申出来的。管理原则的确定以客观真理为依据，是管理者为加强其约束作用而规定的组织成员共同遵守的行为规范。管理原则与管理原理既有区别又有联系，管理学界对此的研究不够深入。

(3) 管理活动是动态发展的活动，管理的基本原理将随管理实践、管理思想和理论的发展而发展，一成不变的管理原理和原则是不存在的。

(4) 管理实践的发展是随着社会经济的发展而发展的。从古代管理思想、古典管理理论到现代管理理论都离不开管理实践的发展。管理思想和管理理论的创新变革都离不开管理观念的创新与变革，观念创新是管理创新的先导。英国学者斯图尔特·克雷纳在他的名著《管理百年》的前言中指出："当观念在实践中得到应用，就能够改变数百万人的生活。"这是对 20 世纪管理观念变革带来深远影响的一种评价。回顾我国 30 多年来的改革开放，观念的创新使 13 亿多人的生活发生了翻天覆地的变化，由此可见观念创新的伟力。因此，在总结管理原理时，必须以先进的观念作指导，才能紧跟时代的步伐。

1.6.1 科学发展观的提出

邓小平指出："发展是硬道理。"科学发展观的产生是世界经济和社会发展的必然产物。要研究经济社会管理的原理，必须用科学发展观来指导。科学发展观的要点是"以人为本，全面、协调、可持续的发展"。科学发展观的内涵可归纳为以下几点。

(1) 坚持速度与效益的有机统一，切实提高经济增长质量。要求正确处理好经济增长的数量与质量、速度与效益的关系，必须坚持以高效益作为发展的前提。经济的发展应将速度、质量、效益三者作为一个统一的整体考虑，效益是永恒的主题。

(2) 以经济发展为基础，实现经济、政治、文化和人本身的全面发展。经济发展是国家发展的基础，各项发展互相制约、互相促进、相辅相成，最终实现社会的全面发展。

(3) 当代人的发展不影响下代人发展的可持续发展。科学发展的实质是可持续发展，可持续发展的实质是"这一部分人的发展不能影响另一部分人的发展；这一代人的发展不能影响下一代人的发展；经济的发展不能影响自然环境和生态的健康发展"。因此，要把控制人口、节约资源、保护环境放在重要位置，实现生产力发展与人口的增长，资源的开发利用，生态环境的优化相协调。

(4) 坚持以人为本，大力促进人的全面而自由的发展。科学发展的价值观是注重人类发展指数(HDI)的发展价值观，即发展要以人为本，努力实现人在物质和精神方面的发展，努力满足人的基本需要和高级追求，努力满足自己的需要，同时也要兼顾他人的需要，努力实现当代人的发展，同时要考虑下代人的发展。

1.6.2 人本原理

以人为本是科学发展观的核心观念,管理的首要原理是人本原理。世界上一切社会生产力的发展,一切社会经济系统的运行,一切物质财富和精神财富的创造,一切科学技术的进步都离不开人的劳动、人的管理、人的服务和人的创造。人是管理的主体,是管理系统中最重要、最活跃、最有价值、最具有决定意义的因素。20世纪中叶以来,全世界的国家领导者和管理学家普遍把以人为中心的思想作为管理的主导思想。经过众多学者的归纳,人本原理的主要观点是:人是组织的主体;组织成员的参与是有效管理的关键;满足组织成员和社会公众的合理需求,服务于人是管理的根本目的;使组织成员得到全面而自由的发展是现代管理的核心。

1. 人是组织的主体

对人在管理中的地位的研究可分为三个阶段:第一阶段,管理科学的奠基人泰勒和他之前的管理思想家把作为劳动力的人视为机器的附属物,即经济人,此后若干年,不少管理者还未脱离这种观念的束缚。第二阶段,第二次世界大战前到战后,梅奥等管理学家和心理学家开始认识劳动者的行为决定了企业的生产效率、质量和成本。西方管理学家研究发现,人的行为动机是需要产生的,而动机又支配着人的行为,人的需要是多方面、多层次的。要取得管理的效率和效果,就要从各方面去激励劳动者,引导他们的行为。这一阶段仍然把劳动者作为管理的客体。第三阶段,20世纪70年代以后,日本企业管理取得卓越成就,总结日本企业管理成功的经验,发现以人为主体的思想成为企业管理的主导思想。中国管理学家蒋一苇在1980年年末发表《职工主体论》中明确提出"职工是社会主义企业的主体"的观点,从根本上把职工的客体地位转变为主体地位。党的十六大明确阐述了全面、协调、可持续的发展观,归根结底是为了人的全面发展,完全确立了以人为主体的管理思想。

2. 组织成员的参与是有效管理的关键

管理专家和企业家认为,企业实现有效管理有两条思路:一是高度集权、依靠严格的管理和铁的纪律,重奖重罚,统一目标、统一行动,实现高效率;二是适度分权,依靠科学管理和职工的广泛参与,把职工的利益与企业的利益紧密结合,使全体员工自觉为企业目标而奋斗,也能实现高效率。前者把职工作为企业管理的客体,而后者把职工视为企业管理的主体。民主参与式的管理已成为现代企业管理的主流,何况是社会主义制度下的企业。不管是国营企业还是私营企业,使职工以主人翁的态度对待工作,就必须把企业和职工结合成命运共同体,企业在激烈的市场竞争中才可能赢得"人和"的优势。

3. 满足组织成员和社会公众的合理需求,服务于人是管理的根本目的

党的十一届三中全会早已将我国落后的生产力与广大人民群众日益增长的物质和文化需要的矛盾界定为社会的主要矛盾,确立以经济建设为中心,实行改革开放和四项基本原则就是为了改善人民群众的生活条件,增强综合国力。管理的人本原理表明,管理的目的

就是为了解决社会最主要的矛盾，把为人民服务作为根本宗旨。管理不仅要为组织内成员的需要与发展服务，而且要为组织外部的广大人民群众服务。企业生产的产品为用户服务，学校培养的人才为社会各行各业服务。

4. 使人得到全面而自由的发展是现代管理的核心

科学发展观非常明确地表明，在社会主义条件下，一切发展都是为了满足人的生存和发展的需要，始终以促进人的全面发展为宗旨。管理的价值取向与科学发展观的价值取向应是一致的，使人得到全面而自由的发展是管理的最终目标。

总之，尊重人、依靠人、发展人、为了人是管理的人本原理的基本内容和价值取向。尊重人、依靠人是手段，发展人、为了人是目的。手段与目的是完全统一的。

1.6.3 系统原理

任何管理系统都是由人、财、物、时间、信息等要素组成的系统，任何管理都是社会组织系统的管理，科学发展观的内涵中"坚持速度与效益的统一""实现经济、政治、文化和人本身的全面发展""不同地域、城乡、产业、社会群体以及人与自然等统筹兼顾"都包含着非常深刻的系统整体性原理，系统原理为认识管理的本质和方法提供了新的视角，同时它所提供的观点和方法广泛渗透到了人本原理、责任原理、效益原理之中，系统思维应该作为管理的思维范式。

1. 系统的概念

所谓系统，是指由相互联系相互作用的若干要素组成的具有特定功能的有机整体。现代社会组织可看成一个系统或一个大系统中的子系统，现代社会组织的管理也可作为一个系统管理。管理系统是为实现组织目标而建立起来的人造系统，根据20世纪40年代贝塔朗菲创立的系统论的基本观点，管理系统应该具有整体性、层次性、相关性、动态性、开放性、目的性等特征，由此可以总结出相关的系统原理。

2. 系统原理的主要内容

(1) 整体性原理。根据一般系统论的观点，系统的整体性是最核心的观点。要使系统输出达到组织目标，并把整体目标优化作为根本的出发点，使管理系统的总目标与各子系统的分目标相互协调，以使整体功能大于各子系统的功能之和，体现倍增效应，这就是中国俗语称为"三个臭皮匠，抵个诸葛亮"的道理。根据整体性原理要求，一方面，从决策方案的选择到组织、领导、控制等具体管理过程都要运用系统整体性原理和系统分析方法，正确处理整体与局部、局部与局部以及要素之间的关系。把整体观念，全局利益放在首位，统筹兼顾、精心运筹、全面安排，实现系统的整体优化，避免孤立片面地处理局部问题。另一方面，要安排好各部门、各单位的合理分工与协作，使之充分发挥各自的职能和作用，力求管理全局的最佳效能，必须对人、财、物、信息等要素，科学组织、调节和使用，得到"人尽其才，物尽其用，财尽其利，信息尽其能"的优良效果。再者就是要做好组织与环境的协调统一，使管理系统自身的调节功能与一般环境相适应，与任务环境相契合，才能为管理取得效益创造条件。

(2) 开放性原理。系统的开放性是系统不断与环境进行物质、能量和信息交换的特性。管理系统有输入与输出，属于开放系统，应遵循开放性原理。开放性原理表明，管理系统是由人、财、物、信息组成的有机系统，开放性是这个系统走向有序状态(结构有序和功能有序)的必要条件，即要求这个系统吐故纳新，不断从环境输入需要的人、财、物和信息，才能有效地输出产品和服务，才能实现管理系统的有效运转。

(3) 层次性原理(又称有序性原理)。系统的结构是系统中各要素之间的稳定联系，系统的层次性是系统结构有序性的表现，若系统结构有序，那么系统的功能就会有序，即系统对环境的影响和作用的效能较强。层次性原理要求建立适应系统有效运行的层次结构。纵向上划清管理的层次，横向上划分管理部门，理清各子系统之间的相互关系。分级管理、责权明确，部门之间分工协作，形成具有特定功能的有机系统。

(4) 动态性原理。一个有机系统，稳定状态是相对的，运动状态是绝对的。系统的生命在于运动。有机系统作为功能实体而存在，其奥妙之处也在于运动，功能是运动的结果。系统内部会不断变化，系统与环境的联系也在不断变化。动态性原理表明，管理系统处在不断变化之中，内因是变化的根据，外因是变化的条件，外因只有通过内因才能起作用。因此，在管理工作中，要将组织内部的资源准备好、整合好，组织文化建设好，将实现组织目标的内因创建好；同时要抓住环境给予的机会，适应环境的变化，只有这样才能有效地实现组织目标。运用动态性原理，还要掌握管理工作的时限性。加强对组织内外环境的调查研究，分析、预测管理系统的发展趋势。树立超前意识，抓住机遇，掌握主动。因时、因地、因人制宜，不断调整，使管理系统向期望的目标顺利运行。

上述涉及系统原理的整体性原理、开放性原理、层次性原理、动态性原理，只是运用系统科学中的部分理论和观点而形成的，值得进一步研究。

1.6.4 责任原理

责任原理是指管理工作在合理分工的基础上，明确规定组织各级部门和个人应该完成的工作任务和担负的相应责任。这一原理表明，只有明确职责，才能正确考核和评价组织成员的工作业绩，才能挖掘人的潜能，才能实现组织目标。

1. 明确职责

分工是社会生产力发展的必然要求，亚当·斯密最早研究分工的作用，有了合理分工才有每个人的职位，有了职位就有了职位应担负的责任，这就是职责。职责是组织整体赋予个体的任务，也是维护组织正常秩序的一种约束力。它是以行政性规定来体现的客观规律性的要求，绝不是随心所欲的产物。职责是严格规定的完成任务的数量、质量、时间和效果，具体形式有规程、条例、范围、目标、计划等。在明确职责时，要求：①职责界限要清楚；②对协作者要求要明确；③要将职责落实到人。

2. 强调职责、权限、利益和能力的协调和统一

明确了个人的职责，就应该授予履行职责的权力(主要包括配置和利用人、财、物等各种资源的权力)，并通过给予相应的利益来体现对个人完成工作任务和创造业绩的补偿。责、

权、利是一致的,不保持这三者的协调一致性,挖掘人的潜能和保证组织任务的完成就是一句空话。

履行职责要以人的能力作保证,这种能力是以知识、素质和技能为基础的,在管理工作中,常常能够认识到,能力与职责、权限、利益三者有着密切的关系,如图1.11所示。

图1.11中把职责、权限、利益组成了一个等边三角形的3个边,具有同等作用,而个人的能力是等边三角形的高。个人能力以小于职责为宜,可以给个人施加工作压力,有利于挖掘人的潜能,有利于培养人和锻炼人。

图 1.11 职责权限、利益和能力的关系

3. 奖惩要分明和公平,注意公正和及时

对每一个组织成员的业绩进行考核和评价,要以职责规定的任务为依据,要客观和公正,奖励和惩罚要以科学准确的考核为前提,严格按公平原则办事。只有这样,才能对每个人的行为起到强化作用,才能调动组织成员的积极性。

在科学发展观中,明确指出的"当代人的发展不影响下代人的发展的可持续发展"体现了中华民族对后代人负责的高度责任感。

1.6.5 效益原理

任何组织的管理都是为了追求和获得某种效益,因此,效益和对效益的追求便成为管理活动的永恒主题。

1. 效率、效果和效益的概念及其相互关系

效率是指单位时间所取得成果的数量,反映了劳动时间的利用率。效果是指由投入转换为产出的成果。效益是指有效产出与投入之间的一种比例关系,包括经济效益和社会效益两个方面。

效率、效果和效益是相互联系又相互区别的概念。企业生产有效率不一定有效益,例如,企业花巨资购买技术设备用来提高生产效率,假若单位产品生产的物化劳动消耗的增量超过活劳动的减量将导致生产成本增加,生产率提高而效益反而下降。有效果的生产也不一定有效益,若企业生产了合格的产品,但销售不出去,效益就成了问题。因此,提高效率、扩大效果必须以增大效益为原则。

经济效益可以用经济指标来计算和考核,而社会效益具有间接性,较难以量化,定性的考核较多。

2. 管理活动如何运用效益原理

(1) 正确处理组织管理工作中的效率、效果和效益之间的关系。在管理工作中，效率经常用来衡量管理水平的标准，例如，在经济管理中，投入的资金、技术、人力和物力与获得的利润之间的比率；在行政管理中，人的劳动消耗与产生的社会效果之间的比率等；在管理学中，效果、效率和效益都是对投入与产出之间的关系的一种评价，效果的概念侧重于主观方面，强调合乎目的的程度，效率的概念侧重于客观方面，判断投入与产出的比率，而效益的概念则要求从主观与客观两方面的统一中进行判断。如果从组织外部评价组织管理的效益，则强调的是对环境的有益程度；当处在组织内部来评价组织管理的效益时，应该是效果与效率的统一。

(2) 在管理工作中树立正确的效益观。现代企业管理应该抛弃以生产为中心的传统管理思想，转变为以效益为中心的观念。追求效益应当成为管理活动的出发点和归宿。

(3) 在管理工作中不断追求效益。企业管理首先要追求经济效益。综合评价管理效益时，必须从管理者的劳动效益及所创造的价值来考虑。追求局部效益与追求全局效益相一致，必须把全局效益放在首位，局部服从全局。特别是要追求长期稳定的高效益，以战略的眼光去追求效益，并遵循客观规律增大效益。

在科学发展观的内涵中，"坚持速度与效益的有机统一，切实提高经济增长质量"一条就表明，经济增长的速度即 GDP 的增长率，也就是生产效率的增长率，科学发展观表明，必须坚持生产率的增长与效益的统一，把效益放在首位，既要速度又要效益，这才是经济增长质量高的体现。只讲速度不讲效益，经济增长质量低，是一种粗放型的增长，是一种劳民伤财的增长，于国于民都是有害的。

本 章 小 结

管理是为了实现组织目标而进行的活动，管理必须以人为本。管理具有目的性、组织性、有效性、科学性与艺术性。管理具有自然属性和社会属性的二重性。现代管理有计划、组织、领导、控制4项不可缺少的职能。决策是管理的核心，是计划的一部分，管理创新是管理发展的不竭动力，管理者可分为高层管理者、中层管理者和基层管理者3个层次。管理者扮演人际关系角色、信息角色和决策角色。管理者应具有良好的思想品德素质、良好的心理素质、健康的身体素质和良好的信息素质，同时管理者还需具备技术技能、人际技能和概念技能。管理的对象是管理系统的要素和各种资源。管理学的研究对象是管理活动的基本规律、基本关系和一般方法。管理学的思维方法有归纳法、系统法和演绎法，管理学的研究方法有观察研究法、比较研究法、历史研究法、调查研究法、实验研究法和案例研究法。

管理应该具备的前提：①管理伦理，管理的伦理观，管理伦理是指在管理中处理各种关系的道德准则，管理伦理的特征，改进组织伦理行为的途径和企业的社会责任；②组织文化的含义和特征，组织文化的组成要素和功能；③管理信息的处理，管理信息系统(MIS)；④管理环境的概念、分类及内容。

科学发展观指导下的管理的基本原理：①系统原理，系统的概念，系统的整体性、开放性、层次性、动态性原理；②责任原理，明确职责，责、权、利统一，能力大小与职责的关系，在管理工作中运用责任原理；③效益原理，效率、效果、效益的概念及其相互关系，在管理工作中运用效益原理。

 案例讨论

什么是管理

李叶和王斌是大学同学，学的都是管理科学与工程专业。毕业后，李叶去了深圳一家著名的外资企业从事管理工作，而王斌却被学校免试推荐为该校的硕士研究生。一晃3年过去了，王斌又以优异的成绩考入北京某名牌大学攻读管理科学与工程博士学位。李叶在当上部门经理后也来到该校攻读MBA。王斌在办理报到手续时与李叶不期而遇，他们就关于"什么是管理"的话题聊开了。

王斌非常谦虚地问："李兄，我虽然读了许多有关管理方面的著作，但对于什么是管理还是心存疑虑，管理学家西蒙说'管理就是决策'，有的管理学家却说'管理是协调他人的活动'，如此等等。你是从事管理工作的，那你认为到底什么是管理？"

李叶略为思索了一会儿，说道："你读的书比我多，思考问题也比我深，对于什么是管理，过去我从来没有认真去想过，不过从我工作的经验来看，管理其实就是管人，人管好了，什么都好。"

"那么依你看，善于交际、会拍'马屁'的人就是最好的管理者了？"王斌追问道。

"那也不能这么说。"李叶连忙回答："虽然管人非常重要，但管理也不仅仅是管人，正如你所说的，管理者还必须做决策，组织和协调各部门的工作等。"

"你说得对，管理不仅要管人，还要从事做计划、定目标、选人才、做决策、组织实施和控制等活动。"王斌继续发表自己的见解。

"可以这么说，我们搞管理的差不多啥都得做，今天开会，明天制定规则，后天拟订方案等，所以说，搞好管理可真不容易。"李叶深有感触。

"那你怎么解释'管理就是通过其他人来完成工作'，难道在现实中这种说法本身就是虚假的吗？"王斌显得有点激动。

李叶想了一会才回答道："我个人认为，'管理就是通过其他人来完成工作'这句话有失偏颇，管理的确要协调和控制其他人的活动，使之符合企业制定的目标和发展方向。但管理者绝不是我们有些人所理解的单纯的发号施令者，其实管理者的工作量非常大，在很多方面，他们还必须起到带头和表率的作用。"

"我同意你的观点，管理者不是发号施令者，管理也并不就是叫别人帮他做事。管理者是'舵手'，是'领航员'，他必须带领其他人一起为组织目标的实现而奋斗。不过在咱们中国，听说在一些国有企业，只要你能吃、能喝、会拍'马屁'，你就是一个好管理者，就会受到上级的器重，对此你有何高见？"

"在咱们中国，的确存在着一些官僚主义、拉关系的现象，这恐怕是我们传统体制留下的弊端，但这不是说管理就是陪人吃饭、喝酒、拍领导'马屁'，在外资企业，这种现象几乎不存在，只要你有本事，能干出成绩，用不着你去拍马屁送礼，上级也一样器重你，你就能获得提拔，得到加薪。因此，从某种意义上来说，管理就是管理者带领组织成员一起去实现组织的目标。"

【讨论题】

1. 管理就是做领导吗？
2. 管理者应承担哪些角色？
3. 管理究竟是什么？

自我检测题

一、单项选择题

1. 管理学形成的标志是(　　)。
   A. 泰勒科学管理理论　　　　　　　　B. 法约尔的管理过程理论
   C. 巴纳德系统管理理论　　　　　　　D. 马斯洛需要层次理论

2. 中层管理者比基层管理者更多地需要的技能是(   )。
   A. 人际技能和技术技能   B. 人际技能和概念技能
   C. 概念技能和技术技能   D. 概念技能
3. 美国梅奥教授观察电气生产车间照明状况对产量影响的这一实验采用的是(   )。
   A. 比较研究法   B. 调查研究法
   C. 观察研究法   D. 案例研究法
4. 管理系统有序运动的必要条件是(   )。
   A. 具有动态性   B. 具有层次性
   C. 具有开放性   D. 具有目的性
5. 组织文化的核心是(   )。
   A. 团体意识   B. 行为规范
   C. 价值观念   D. 思维模式
6. 管理永恒的主题是(   )。
   A. 效率   B. 效益
   C. 效果   D. 效能
7. 根据明茨伯格的调查，管理者在实际工作中不扮演的角色有(   )。
   A. 人际角色   B. 决策角色
   C. 信息角色   D. 指挥角色
8. 管理的特征不包括(   )。
   A. 管理的主动性   B. 管理的有效性
   C. 管理的科学性与艺术性   D. 管理的创新性

二、简答题

1. 管理者需要哪些素质和技能？
2. 企业的社会责任是什么？
3. 组织文化有哪些特征？组织文化的功能有哪些？
4. 如何处理管理信息？管理信息系统的含义和作用是什么？
5. 明确职责的意义是什么？职责、权限、利益和能力四者的关系应如何处理？

三、论述题

1. 试述管理四大基本职能的内涵。
2. 结合课中案例试论效益是管理的永恒主题。

【问卷调查的知识与技巧训练】

第 2 章

管理思想与理论的形成和发展

学习目的

- 了解中外早期管理实践与管理思想
- 掌握泰勒科学管理原理及其应用
- 理解法约尔一般管理原理
- 了解韦伯的行政组织体系理论
- 掌握行为科学理论及其应用
- 理解现代管理理论各学派的主要观点
- 了解现代管理科学发展的新趋势

UPS(联合邮包服务)公司的科学管理

联合邮包服务公司(UPS)雇用了 15 万员工，平均每天将 900 万个包裹发送到美国各地和 180 个国家。为了实现他们的宗旨："在邮运业中办理最快捷的运送"，UPS 的管理者系统地培训他们的员工，使他们以尽可能高的效率从事工作。让我们以送货司机的工作为例，介绍一下他们的管理风格。

UPS 的工业工程师们对每一位司机的行驶路线进行了时间研究，并对每种送货、暂停和取货活动都设立了标准。这些工程师们记录了红灯、通行、按门铃、穿院子、上楼梯、中间休息喝咖啡时间，甚至上厕所时间，将这些数据输入计算机中，从而给出每一位司机每天中工作的详细时间标准。

为了完成每天取送 130 件包裹的目标，司机们必须严格遵循工程师设定的程序。当他们接近发送站时，他们松开安全带，按喇叭，关发动机，拉起紧急制动，把变速器推到 1 挡上，为送货完毕的启动离开做好准备，这一系列动作严丝合缝。然后，司机从驾驶室出来，右臂夹着文件夹，左手拿着包裹，右手拿着车钥匙。他们看一眼包裹上的地址把它记在脑子里，然后以每秒 3 英尺的速度快步跑到顾客的门前，先敲一下门以免浪费时间找门铃。送完货后，他们回到卡车上的路途中完成登录工作。

这种刻板的时间表是不是看起来有点烦琐？也许是。它真能带来高效率吗？毫无疑问！生产率专家公认，UPS 是世界上效率最高的公司之一。举例来说吧，联邦捷运公司平均每人每天不过取送 80 件包裹，而 UPS 却是 130 件。在提高效率方面的不懈努力，看来对 UPS 的净利润产生发积极的影响。虽然这是一家未上市的公司，但人们普遍认为它是一家获利丰厚的公司。

思考：联合邮包服务公司(UPS)是如何做到最佳效率的？以上案例说明了什么问题？

【期刊推荐】

2.1 中外早期管理实践与管理思想

在人类历史上，自从有了有组织的活动，就有了管理活动。管理活动的出现促使一些人对来自这种活动的经验加以总结，形成了一些朴素、零散的管理思想。可以从已有的文字记载中寻觅到中外思想家所提出的丰富管理思想。但遗憾的是，到了 19 世纪末，管理理论才得以出现，而且出现在西方。管理理论是对管理思想的提炼与概括。

回顾管理思想的起源及其发展过程，从中得到比较和借鉴，对提高管理的认识能力和判别能力是十分有益的。管理者不应当只忙于日常事务，把思维局限在狭窄的视野内，更不能漠视历史的经验与教训。研究管理的发展历史，目的在于吸收经验教训，创造管理学理论和实践的更好的未来。

【知识链接】

2.1.1 中国早期管理实践与管理思想

中国是世界四大文明古国之一，曾为人类文明的发展做出过重要贡献。长城、

第 2 章 管理思想与理论的形成和发展

大运河、都江堰等伟大工程都是古代管理实践的典范,中国古代劳动人民在劳动和生活中发现并总结了许多管理问题,这些古代的管理思想散见于一部分代表人物的著作中,有些管理思想是先于西方几千年提出来的,有些管理思想至今还具有借鉴意义。摘要归纳为组织、经营、用人、理财和管物。

1. 组织

早在两千多年前的春秋战国时期,杰出的军事家孙武就著有《孙子兵法》一书,该书总计十三篇,篇篇闪烁着智慧的光芒。"知己知彼,百战不殆"这句名言就是一例,其含义是,只有摸清敌我双方的情况并分析客观规律才能克敌制胜,这种辩证的策略思想在书中比比皆是。孙武的策略思想不仅在军事上而且在管理上也具有指导意义和参考价值。日本和美国的一些大公司甚至把《孙子兵法》作为培训经理的必用书籍。

战国时期周公所著的《周礼》一书,对封建国家的管理体制进行了理想化的设计,内容涉及政治、经济、财政、教育、军事、司法和工程等方面,为周朝制定了一套官僚组织制度,封官定职,层次分明,职责清楚。该书对封建国家经济管理的论述和设计都达到了相当高的水平。

战国时代,墨翟提出了劳动过程分工的思想,他说:"譬如筑墙然,能筑者筑,能实壤者实壤,能掀者掀,然后墙成。"

元代董博霄曾提出"百里一日运粮术"的具体做法,即"每人行十步……三千六百人可行百里,每人负米四升,以夹布囊盛之,用印封识,人不息肩,米不着地,排列成行,日行五百回,计路二十八里,轻行一十四里,日可运米千百石,每运给米十升,可供二万人。"这里讲的"米不着地"可减少不必要的停滞时间,"排列成行""人不息肩"可缩短操作过程,提高工作效率,符合科学管理原则。

2. 经营

中国历史上著名的经营理论有范蠡、计然的待乏原则和积著之理。待乏原则提到的"水则资车,旱则资舟,夏则资裘,冬则资稀"是指市场上的物资应预测未来的需要方有利可图。水灾时制作车,因为灾后车将成为短缺急需商品,价格将上涨;天旱经营舟船,夏天贩运皮货,冬天销售葛麻都是预测将来的需求,道理相同。"积著之理"是指获取利润的方式,《史记·货殖列传》载"务完物,无息布,以物相贸易,腐败而食之货勿留,无敢居贵。论其有余不足,则知贵贱。贵上极则反贱,贱下极则反贵。贵出如粪土,贱取如珠玉,财币欲其行如流水。"这是指所经营的物品必须质量完好,货币不能停滞不用;对易腐烂的食物,切勿长期存储、贪图高价。通过商品数量的多寡预测其价格贵贱。其商品价太贵必转而下跌,太贱则又会回涨。货物和货币要像流水一样经常流动和运行才能得到经济效益。

3. 用人

中国古代用人,素有"选贤任能""任人唯贤"的主张。据《尧典》记载,尧在选拔贤能委以重任这一问题上与氏族首领进行讨论,主张凡担任职务且有功绩的人都作为委以重任的条件;而品德恶劣,不能采纳善言、违抗命令、残害好人的人都不能重用。《尧典》还记载了人员任用中试用和考绩的制度,对于已经任用的,有"三载考绩"的规定,经过 3

次考核，昏庸的降职，勤恳的升级。

4. 理财

中国古代曾实行会计制度和审计制度。在会计方面，南宋郑伯谦在《太平经国之书》中提出会计原则："出纳移用之权"(主管财务行政官吏的职能)和"纠察钩考之权"(主管会计官吏的职能)要分别由不同的"官司"掌管，就是主张出纳和会计分离，还主张将司会和司书(掌管簿书图籍)分开，便于实行会计监督。在成本核算方面，清代魏源(1794—1857年)在他的改革建议中提出，在盐务、漕运、造船和外贸等方面要降低成本；在资金流转和利润方面，汉代司马迁在《史记·货殖列传》中指出，一定数量的经营资金可获得一定数量的合理利润，年利润可达20%，若低于此数，则认为没有得到合理利润；在统计分析方面，明代邱浚(1420—1495年)曾将元朝从至元二十年(1283年)到天历二年(1329年)共47年的海运、漕运记录逐年按起运实收和损失数量做了详细的统计，从而得出了海运损耗较河运为小的结论。

5. 管物

古代对财物的保管和收纳支出早有制度，并有专门的官员分类管理。周代设有内府、大府、王府、外府，管理府库财物。汉代设少府管钱，司农管物。宋代规定，通判官到任，必须亲阅账籍所列财物，属吏不得作弊，主库吏3年一换。库藏收进的财物由监临官监督，私藏者斩首，监临官也要重罪处罚。出入库手续都比较严格，请领物资，规定有预报制度。对于粮食仓储，历代王朝都有比较严密的制度。汉武帝时，贾寿昌曾建议设立常平仓，谷贱时收购，谷贵时卖出。宋朱熹提倡设社仓，并制定有一套完善的制度。

2.1.2　西方早期的管理思想

外国的管理实践和思想主要体现在指挥军队作战、治国施政和管理教会等活动之中。《圣经》、古巴比伦人、古埃及人及古罗马人在这些方面都有过重要贡献。

例如，《圣经》解释了希伯来人的领袖摩西在领导他的人民时所遇到的组织问题。据文献记载，摩西的岳父耶特鲁曾批评摩西处理政务事必躬亲的做法，并提出3点建议：首先，制定法令，昭告民众；其次，建立等级，分权而治；最后，最重要的政务由摩西亲自处理。这些原则符合现代管理组织程序的基础。

古巴比伦在汉谟拉比的统治下，建起了强大的中央集权国家。为了治理国家，从中央到地方设立一系列法庭，设置官吏管辖行政、税收和水利灌溉，国王总揽国家的全部司法、行政和军事权力。在汉谟拉比统治时期，《汉谟拉比法典》的编纂是一件大事，这部法典共282条，较全面地反映了当时的社会情况，并以法律形式来调节全社会的商业交往、个人行为、人际关系、工薪、惩罚以及其他社会问题。在汉谟拉比之后也出现了许多有效管理的实例，如被誉为古代世界七大奇观之一的"空中花园"和高650英尺的"巴比伦塔"。

在古埃及，值得称道的管理实例是其金字塔式的管理机构。在法老之下设置了各级官吏，最高为宰相，辅助法老处理全国政务，总管王室农庄、司法、国家档案，监督公共工程的兴建。宰相之下设有一大批大臣，分别管理财政、水利建设以及各地方事务。上自宰相，下至书吏、监工，各有专职，形成了以法老为最高统治者的金字塔式的管理机构。为了强化法老专制政权的统治，埃及法老为自己修建了被后世称为世界七大奇观之一的金字塔，其工程之浩大、技术之复杂，至今仍被视为难以想象的奇迹，以至被蒙上许多神秘的色彩。仅从管理角度来看，成千上万人的共同劳动就需要严密的组织和管理。

在古希腊，当时的思想家们对管理有许多精辟的见解。苏格拉底曾提出管理的普遍性，认为管理技能在公共事务和私人事务之间是相通的。亚里士多德不仅指出了管理一个家庭和管理一个国家的相似之处，而且研究了国家制度的问题，提出了国家制度的各种形式以及采取各种形式的国家制度的原则，描绘了以奴隶制为基础的"理想城邦"的轮廓。

另一著名希腊哲学家色诺芬，还专门写了一本《家庭经济》，主要研究家务管理和农业。他对劳动分工也有精辟的论述，认为一个人只做一种最简单的工作就会把工作做得更好。继色诺芬之后，柏拉图对劳动分工原理作了进一步阐述，他认为，分工的产生是由于人的需要是多方面的，而人的天赋却是单方面的。他指出，如果一个人不做其他任何工作，只做适合其天才的一种工作，而且在恰当的时机去做，他就能做得更多、更好而且更容易。

古罗马在征服了希腊后逐渐成为一个庞大的帝国。罗马共和时期，在管理体制上，已体现了行政、立法和司法的分离。在法律方面，罗马人大约在公元前450年制定了有名的《十二铜表法》。该法在私有财产的保护、债务、奴隶制度、财产继承、刑法和诉讼等方面都做了规定。古罗马人最有效的管理实例是当时统治者戴克里先(284年)对罗马帝国的重组。他重新设计了帝国的组织结构，把军队和政府分为不同的权力层次，对每一层次规定了严明的纪律以保证组织职能的发挥。他把帝国分为100个郡，归为13个省，进一步把省组成4个道，从而建立起专制的组织结构。

在13世纪和14世纪，意大利的大贸易商号需要一种记录商业交易的方法，为了满足这种需要，帕西奥利在1494年最先描述了复式簿记的技术。因此，会计学成为现代管理人员的一门重要知识。

在欧洲文艺复兴时期，也有许多管理思想的出现。例如，16世纪托马斯·莫尔的《乌托邦》和尼科罗·马基雅维利的《君主论》。新的宗教伦理观、市场伦理观和个人自由伦理观的建立有助于管理思想的发展，然而，外国管理实践和思想的变革是在工厂制度产生之后发生的。

18世纪60年代开始的工业革命使西方世界不仅在工业技术上而且在社会关系上出现了巨大的变化，它加速了资本主义生产的发展。小手工业受到大机器生产的排挤，社会的基本生产组织形式迅速从以家庭为单位转向以工厂为单位。在新的社会生产组织形式下，效率和效益问题、协作劳动之间的组织和配合问题、在机器生产条件下人和机、机和机之间的协调运转问题使传统的军队式、教会式的管理方式和手段遇到了前所未有的挑战。许多新的管理问题需要人们去回答、去解决。在这种情况下，随着资本主义工厂制度的建立和发展，不少对管理理论的建立和发展具有重大影响的管理实践和思想应运而生。

1. 理查·阿克莱特的科学管理实践

理查·阿克莱特是工业革命时期的企业家，他于1769年和1771年建立了两个在英国最早使用机械的工厂。从建厂的厂址计划到生产、机器、材料、人员和资本的协调以及工厂纪律、劳动分工等方面都做了合理的安排，显示了他的组织、协调和计划才能。在一个雇用了5 000名工人的大企业中，能做好组织和协调工作说明理查·阿克莱特不愧为有效管理的先驱者。

2. 亚当·斯密的劳动分工观点和经济人观点

亚当·斯密是英国古典政治经济学家，他的劳动分工观点是对管理理论发展的一项贡献。他在1776年出版的《国民财富的性质和原因的研究》中提出了劳动分工是增进生产率的重要因素，原因是：①分工可以使劳动者专门从事一种单纯的操作，从而提高熟练程度、增进技能；②分工可以减少劳动者的工作转换，节约通常由一种工作转到另一种工作时所损失的时间；③分工可以使劳动简化，让劳动者的注意力集中在一种特定的对象上，有利于发现比较方便的工作方法，促进工具的改良和机器的发明。亚当·斯密的劳动分工观点适应了当时社会对迅速扩大劳动分工以促进工业革命发展的要求，成为资本主义管理的一条基本原理。

亚当·斯密的另一项贡献是他的经济人观点。他认为，经济现象是由具有利己主义的人们的活动产生的。人们在经济行为中追求的完全是私人利益。"请给我以我所要的东西吧，同时，你也可以获得你所要的东西。"

3. 小瓦特和博尔顿的科学管理制度

小瓦特和博尔顿分别是蒸汽机发明者瓦特和其合作者马修·博尔顿的儿子。1800年，他们接管了一家铸造工厂后，小瓦特就着手改革该厂的组织和管理，建立起许多管理制度，例如：①在生产管理和销售方面，根据生产流程的要求配置机器设备，编制生产计划，制定生产作业标准，实行零部件生产标准化，研究市场动态，进行预测；②在会计的成本管理方面，建立起详细的记录和先进的监督制度；③在人事管理方面，制订工人和管理人员的培训和发展规划；④实行工作研究，并按工作研究结果确定工资的支付办法；⑤实行由职工选举的委员会来管理医疗福利费等福利制度。

4. 马萨诸塞车祸与所有权和管理权的分离

1841年10月5日，在美国马萨诸塞至纽约的西部铁路上，两列火车迎头相撞，造成近20人伤亡。事件发生后，舆论哗然，对铁路公司老板低劣的管理工作进行了猛烈的抨击。为了平息公众的怒气，在马萨诸塞州议会的推动下，这个铁路公司不得不进行管理改革。老板交出了企业管理权，只拿红利，另聘具有管理才能的人员担任企业领导。这是历史上第一次在企业管理中实行所有权和管理权的分离。这种分离对管理有重要的意义：①独立的管理职能和专业的管理人员正式得到承认，管理不仅是一种活动，还是一种职业；②随着所有权和管理权的分离，横向的管理分工开始出现，这不仅提高了管理效率，也为企业组织形式的进一步发展奠定了基础；③具有管理才能的人员掌握了管理权，为科学管理理论的产生创造了条件，为管理学的创立和发展准备了前提。

5. 欧文的人事管理

罗伯特·欧文是19世纪初英国著名的空想社会主义者，他曾在其经营的一家大纺织厂中做过试验，试验主要是针对当时工厂制度下工人劳动条件和生活水平都相当低下的情况而进行的,主要包括改善工作条件、缩短工作日、提高工资、改善生活条件、发放抚恤金等。试验的目的是探索对工人和工厂所有者双方都有利的方法和制度。欧文开创了在企业中重视人的地位和作用的先河,有人因此称他为人事管理之父。

6. 巴贝奇的作业研究和报酬制度

查尔斯·巴贝奇是英国著名的数学家和机械工程师,出版了《论机器和制造业的经济》一书,他对管理的贡献主要有以下两方面:①对工作方法的研究。他认为,对一个体质较弱的人来说,如果其所使用的铲在形状、重量、大小等方面都比较适宜,那么他一定能胜过体质较强的人,因此,要提高工作效率,必须仔细研究工作方法;②对报酬制度的研究。他主张按照对生产率贡献的大小来确定工人的报酬。工人的收入应由三部分组成:按照工作性质所确定的固定工资;按照对生产率所作出的贡献分得的利润;为增进生产率提出建议而应得的奖金。

7. 尤尔的工厂秩序和法典

安德鲁·尤尔是英国的化学家和经济学家,1835年他编写了《工厂哲学:或论大不列颠工厂制度的科学、道德和商业经济》一书。在该书中,他主张建立工厂手工业的秩序和工厂必要的纪律和法典。他认为,工人由熟练而产生的"不驯服的脾气"给整个工厂手工业造成了巨大的损害,因此,必须建立"秩序",必须建立与机器生产体系的需要和速度相适应的"纪律法典"。他认为,只有有效地实行这种"纪律法典",才能使工人抛弃无规则的劳动习惯,使他们与整个自动体系始终如一的规律性活动协调一致。可以说尤尔是第一个明确提出在工厂中建立必要规章制度的人。

8. 汤尼的收益分享制度与哈尔西的奖金方案

亨利·汤尼是当时美国耶鲁-汤尼制造公司的总经理。他在1889年发表的《收益分享》一文中提出对职工的报酬应采取收益分享制度才能克服由利润分享制度带来的不公平。收益分享,实质上是按某一部门的业绩来支付该部门职工的收益。这样就可避免某一部门业绩好而另一部门业绩差时,实行利润分享制度使前者受损所产生的不合理现象。他提出的具体办法是:每个职工享有一种"保证工资",然后每个部门按科学方法制定工作标准,并确定生产成本,该部门超过定额时,由该部门职工和管理阶层各得一半,定额应在3~5年内维持不变,以免降低工资。

弗雷德里克·哈尔西对管理的贡献也体现在工资制度方面。1891年,他向美国机械工程学会提交了一篇题为"劳动报酬的奖金方案"的论文。论文指出了当时普遍使用的3种报酬制度的弊端:①计时制对员工积极性的发挥无刺激作用;②计件制常因雇主不能降低工资率而"宰杀生金蛋的鹅";③利润分享导致部门间良莠不分,有失公允。他认为,汤尼的收益分享虽有改进,但在同一部门中问题依然存在。因而,他提出了自己的奖金方案。该方案是按每个工人来设计的:①给予每个工人每天的保证工资;②以该工人过去的业绩为基础,超额者发给约为正常工资率1/3的奖金。

哈尔西认为他所提出的制度与其他当时所见的工资制度相比有许多优点：①不管工人业绩如何，均可获得一定数额的计日工资；工人增加生产就可得到奖金，从而消除了因工资而引起的劳资纠纷；②工人奖金仅为超出部分的 1/3，即使工人增产一倍也不致太高，雇主从中获益 2/3，因而也不会总想削减工资率；③以工人过去的业绩为基础，旨在鼓励工人比过去进步；工人所要超越的是他本人过去的业绩，而不是根据动作和时间研究制定出来的标准。

从 18 世纪末到 19 世纪末这段时间里，管理学基本上处于积累实际经验的阶段。工厂由创业者所统治，企业的业绩主要决定于这些领导者个人的经验和气质，还没有摆脱小生产经营方式的影响，尚未出现专门论述管理原理的著作。因此，这个阶段称为经验管理阶段。这一阶段的末期，随着资本主义生产的发展，原有的小生产管理的传统方法已远不能适应社会化大生产进一步发展的需要，而该阶段管理方法及实践的成功又为后来泰勒等人创立科学管理理论打下了良好的基础，从而开始了从经验管理向科学管理的过渡。

2.1.3 管理实践、思想与理论之间的关系

随着社会的发展，科学技术的进步，一些人又对管理思想加以提炼和概括，找出了管理中带有规律性的东西，并将其作为一种假设，结合科学技术的发展，在管理活动中进行检验，继而对检验结果加以分析研究，从中找出属于管理活动普遍原理的东西。这些原理经过抽象和综合就形成了管理理论。这些理论又被应用于管理实践，指导管理实践，同时对这些理论进行实践检验，这就是管理理论的形成过程。从中可以看出管理实践、管理思想和管理理论这三者之间的关系：管理实践是管理思想的根基，管理思想来自管理实践中的经验；管理理论是管理思想的提炼、概括和升华；管理理论对管理实践有指导意义，同时又要经受管理实践的检验。

2.2 古典管理理论

18 世纪至 19 世纪工业革命后，自动化和计算技术的应用是对人类产生重大影响的一次变革，人们称之为第二次工业革命。从 20 世纪初开始，资本主义的生产力和生产关系都发生了重大的变化，企业规模不断扩大，生产技术更加复杂，竞争空前激烈，资本主义的发展迫切要求提高企业的管理水平，要求把过去积累起来的管理经验进一步标准化、制度化和科学化，用科学的管理理论代替传统的经验管理，伴随着资本主义从自由竞争阶段向垄断阶段的过渡，古典管理理论逐渐形成。

古典管理理论以泰勒的"科学管理理论"、法约尔的"一般管理理论"、韦伯的"行政组织理论"为代表。

【知识链接】

2.2.1 泰勒的科学管理理论

泰勒被称为"科学管理之父"，他出生于美国费城一个富有的律师家庭，中学毕业后考上哈佛大学法律系，但不幸因眼疾而被迫辍学。1875 年，泰勒进入费城的一

家机械厂当学徒工，1878年转入费城的米德维尔钢铁公司当技工，1884年升任总工程师。1898—1901年泰勒受雇于宾夕法尼亚的伯利恒钢铁公司。1901年以后，他把大部分时间用在了写作和演讲上。1906年担任美国机械工程师学会主席职务。泰勒的代表著作有：《计件工资制》(1895年)、《车间管理》(1903)、《论成功之道》(1909)和《科学管理原理》(1911)等。其中，《科学管理原理》一书的出版代表管理科学的形成，泰勒被誉为"科学管理之父"。

1. 科学管理理论的内容

泰勒的科学管理理论主要包括以下几个方面。

1) 制定科学的工作定额

要制定出有科学依据的工人的"合理的日工作量"就必须进行时间和动作研究。方法是把工人的操作分解为基本动作，再对尽可能多的工人测定完成这些基本动作所需的时间。同时选择最适用的工具、机器，确定最适当的操作程序，消除错误的和不必要的动作，得出最有效的操作方法作为标准。然后，累计完成这些基本动作的时间，加上必要的休息时间和其他延误时间，就可以得到完成这些操作的标准时间，据此制定一个工人的"合理的日工作量"，这就是所谓的工作定额原理。

泰勒在伯利恒钢铁公司进行了有名的搬运生铁块试验。该公司有75名工人负责把92磅重的生铁块搬运30米的距离装到铁路货车上，他们每人每天平均搬运12.5吨，日工资1.15美元。泰勒找了一名工人进行试验，试验搬运的姿势、行走的速度、持握的位置对搬运量的影响以及多长的休息时间为好。经过分析确定了装运生铁块的最佳方法和57%的时间用于休息，可使每个工人的日搬运量达到47~48吨，同时使工人的日工资提高到1.85美元。

2) 实施标准化

要使工人掌握标准化的操作方法，使用标准化的工具、机器和材料，并使作业环境标准化，这就是所谓的标准化原理。泰勒在伯利恒钢铁公司做过有名的铁锹试验。当时公司的铲运工人拿着自家的铁锹上班，这些铁锹各式各样、大小不等。堆料场中的物料有铁矿石、煤粉、焦炭等，每个工人的日工作量为16吨。泰勒经过观察发现，由于物料的比重不一样，一铁锹的负载大不一样。如果是铁矿石，一铁锹有38磅；如果是煤粉，一铁锹只有3.5磅。那么，一铁锹到底负载多大才合适呢？经过试验，最后确定一铁锹21磅对于工人是最适合的。根据试验的结果，泰勒针对不同的物料设计不同形状和规格的铁锹，以后工人上班时都不再自带铁锹，而是根据物料情况从公司领取特制的标准铁锹，工作效率大大提高。堆料场的工人从400~600名降为140名，平均每人每天的操作量提高到59吨，工人的日工资从1.15美元提高到1.88美元。

3) 挑选第一流的工人

为了提高劳动生产率，必须为工作挑选第一流的工人。第一流的工人是指这样的工人：他的能力最适合做这种工作而且他愿意去做。要根据能力把他们分配到相应的工作岗位上并进行培训，教会他们科学的工作方法，使他们成为第一流的工人，鼓励他们努力工作。

4) 差别计件工资制

在当时的企业中，普遍存在着令人头痛的"磨洋工"现象。泰勒认为，工人磨洋工的一个重要原因是报酬制度不合理。计时工资不能体现劳动的数量。计件工资虽能体现劳动的数量，但工人担心劳动效率提高后雇主会降低工资率，从而等同于劳动强度的加大。针对这些情况，泰勒提出了一种新的报酬制度——差别计件工资制，其内容包括：①通过时间和动作研究来制定有科学依据的工作定额；②实行差别计件工资制来鼓励工人完成或超额完成工作定额。所谓"差别计件工资制"，是指计件工资率随完成定额的程度而上下浮动，如果工人完成或超额完成定额，则定额内的部分连同超额部分都按比正常单价高25%计酬；如果工人完不成定额，则按比正常单价低20%计酬；③工资支付的对象是工人而不是职位，即根据工人的实际工作表现而不是根据工作类别来支付工资。泰勒认为，实行差别计件工资制会大大提高工人的积极性，从而大大提高劳动生产率。

5) 计划职能与执行职能相分离

泰勒认为应该用科学的工作方法取代经验工作方法。所谓经验工作方法，是指每个工人采用什么操作方法、使用什么工具等都根据个人经验来决定。因此，工人工作效率的高低取决于他们的操作方法和使用的工具是否恰当以及个人的熟练程度和努力程度。所谓科学工作方法，是指每个工人采用什么操作方法、使用什么工具等，都根据试验和研究来决定。为了采用科学的工作方法，泰勒主张把计划职能同执行职能分开，由专门的计划部门承担计划职能，由所有的工人和部分工长承担执行职能。计划部门的具体工作包括：①进行时间和动作研究；②制定科学的工作定额和标准化的操作方法，选用标准化的工具；③拟订计划，发布指示和命令；④比较标准和实际的执行情况，进行有效的控制等。

6) 实行"职能工长制"

将整个管理工作细分成许多范围较小的具体职能，每个管理者只承担一两种管理职能；废除军队式的组织结构形式(直线制或称全能工长制)，实行"职能工长制"，以8个职能工长来代替原来的一个工长，在其职能范围内直接同工人发生联系。

泰勒认为，实行"职能工长制"，由于管理人员只需掌握某一方面的技能，可以在较短的时间内能训练出一批工长；由于管理人员的职责明确，可以提高管理效率；由于计划已由计划部门拟订，工具和操作方法都已标准化，低工资的工人也可以从事比较繁杂的工作，从而可以降低成本。

泰勒的这种职能管理思想对以后管理的专业化和职能部门的建立产生了重大影响。

7) 实行例外原则

泰勒等人认为，规模较大的企业组织和管理必须应用例外原则，即企业的高级管理人员把例行的一般日常事务授权给下级管理人员去处理，自己只保留对例外事项的决定和监督权。这种以例外原则为依据的管理控制原理后来发展成为管理上的分权化原则和实行事业部制管理体制。

8) 劳资双方的"精神革命"

泰勒认为科学管理的关键是工人和雇主都必须进行一场精神革命，要相互协作，努力提高生产效率。当然，雇主关心的是低成本，工人关心的是高工资，关键是要使双方认识到提高劳动生产率对双方都是有利的。泰勒对此有这样的论述："劳资双方在科学管理中所发生的精神革命是，双方都不把盈余的分配看成头等大事，而把注意力转移到增加盈余的量上来，直到盈余大到一定的程度，以致不必为如何分配而进行争吵。……他们共同努力所创造的盈余，足够给工人大量增加工资，并同样给雇主大量增加利润。"这就是泰勒所说的精神革命，遗憾的是泰勒所希望的这种精神革命一直没有出现。

一个味道的麦当劳

对于麦当劳而言,其每一片汉堡肉厚度、重量都是一定的,即便是生产一万个汉堡都是相同的品质。

前麦当劳亚太、中东及非洲地区副总裁马子义博士笑着对记者说道,他痛恨那个说麦当劳"全世界都是一个味道"的人。

作为负责供应链管理的副总裁,"一个味道"给他造成了很大麻烦,"中国和美国的牛吃的东西不一样,"味道怎么可能一样。

但麦当劳偏偏就是要做成"一个味道"。

在中欧国际工商学院高层管理论坛上,当马子义向台下MBA说道,他发觉将中国的瘦牛肉和澳洲的肥牛肉形成一定的配比,味道有点像美国的一般牛肉时,台下哄堂大笑。而马子义却严肃说道,"你们不要笑,这是我的血汗,很辛苦做成功的。"

又比如为炸制出符合质量要求的薯条,麦当劳要求供应商提供的土豆要有较长的果型,芽眼不能太深,同时淀粉和糖分的含量必须控制在一定范围之内。而且,麦当劳对薯条的规格都有量化的要求,长度为5英寸的要达到20%左右,3～5英寸的达到50%左右,3英寸以下的比例在20%～30%。而中国的土豆一般都是拳头大小,做成薯条明显不符合长度标准。为此,早在1983年,麦当劳便来中国培育适合的马铃薯苗,而麦当劳在国内第一家店到1990年才开张。

在麦当劳"一个味道"的背后,是其严格的标准化流程操作。即便是刷大便池和小便池,也分为严格的四步流程,首先是拿清水刷,然后是清洁液刷,然后是消毒液消毒,然后再用清水刷,甚至连消毒粉使用的温度都有严格规定。

以汉堡中的生菜为例,在麦当劳的《全面供应链管理》手册中,规定从源头步骤选土开始,详细记录地段和土壤的资料,其后每一环节——养土、选种、播种、种植、灌溉、施肥、防虫也一一详细记录,再加上完善的产品回收计划,包括定期模拟测试,万一有问题,可用最短的时间有效找到每一颗菜的来源并及时解决。

麦当劳的标准化除了体现在食品加工上以外,麦当劳还有专用的餐厅厨房设备供应商、餐厅桌椅供应商、冷气设备和制冰机器供应商、专用招牌供应商等,他们都应麦当劳的要求在中国设厂。

2. 对科学管理理论的评价

泰勒冲破了产业革命开始以来一直沿袭的传统的经验管理的方法,将科学管理引进了管理领域,并且创立了一套具体的管理方法,这在管理理论发展史上具有划时代的意义,为管理理论的系统形成奠定了基础。

泰勒主张将管理职能从企业生产职能中独立出来,使得有人开始从事专职的管理工作,这就进一步促进了人们对管理实践的思考,从而有利于管理理论的发展。

泰勒制适应了当时生产力发展的要求,由于采用了科学的作业程序和管理方法,推动了生产的发展,使得企业的生产效率提高了2～3倍。因此,泰勒的科学管理方法在20世纪初的美国和西欧受到了普遍欢迎。

但是，在当时特定条件下产生的科学管理理论也不免有其自身的局限性。首先，科学管理理论主要局限于工厂内部，特别是车间一级来研究劳动组织和生产管理问题，属于作业管理的范畴，而没有涉及组织全面发展及组织目标的管理问题，也忽视了企业整体以及上层管理问题。其次，科学管理理论是建立在"经济人"假设基础之上的，认为人们工作的唯一动机是经济利益，没能充分注意到社会因素对管理的影响，这显然违背了正常的人性。

2.2.2 法约尔的一般管理理论

法约尔，法国人，1860年从圣艾帝安国立矿业学院毕业后进入康门塔里-福尔香堡采矿冶金公司，成为一名采矿工程师，不久被提升为该公司的一个矿井的经理，1888年出任该公司总经理。1916年法国矿业协会的年报公开发表了他的著作《工业管理与一般管理》，这本著作是他一生管理经验和管理思想的总结，他认为他的管理理论虽以大企业为研究对象，但除了可应用于工商企业外，还可应用于政府、教会、慈善机构、军事组织和其他各种事业。因此，法约尔被公认为是第一位概括和阐述一般管理理论的管理学家，他的理论贡献主要体现在他对管理职能的划分和管理原则的归纳上。

1. 一般管理理论的主要内容

1) 企业的基本活动和管理的5种职能

法约尔指出，任何企业都存在着6种基本活动，管理只是其中的一种。这6种基本活动是：①技术活动，指生产、制造和加工；②商业活动，指采购、销售和交换；③财务活动，指资金的筹措、运用和控制；④安全活动，指设备的维护和人员的保护；⑤会计活动，指货物盘点、成本统计和核算；⑥管理活动，指计划、组织、指挥、协调和控制(管理的5种职能)。

法约尔对管理的上述定义便于明确管理与经营的关系。法约尔在《工业管理与一般管理》一书中写到"所谓经营，就是努力确保6种固有活动的顺利运转，以便把企业拥有的资源变成最大的成果，从而导致企业实现目标。"而管理只是6种活动中的一种，具有五项职能，即计划、组织、指挥、协调和控制。法约尔认为："计划是探索未来和制订行动方案；组织就是建立企业和社会的双重结构；指挥就是使其成员发挥作用；协调就是连接、联合、调和所有的活动和力量；控制就是注意一切是否按已制定的规章和下达的命令进行。"

2) 管理的14条原则

法约尔在其《工业管理与一般管理》一书中首次提出一般管理的14条原则。

(1) 分工。实行劳动的专业化分工可以提高效率。这种分工不仅限于技术工作，也适用于管理工作，但专业化分工要适度，不是越细越好。

(2) 权力与责任。权力是指"指挥他人的权以及促使他人服从的力"。在行使权力的同时，必须承担相应的责任，不能出现有权无责和有责无权的情况。更为重要的是法约尔区分了管理者的职位权力和个人权力，前者来自个人的职位高低，后者是由个人的品德、智慧和能力等个人特性形成的。一个优秀的领导人必须两者兼备，避免滥用权力的最好办法是提高个人的素质，尤其是要提高其道德方面的素质。

(3) 纪律。纪律是企业领导人同下属人员之间在服从、勤勉、积极、举止和尊敬等方面所达成的一种协议。组织内所有成员都要通过各方达成的协议对自己在组织内的行为进行控制。法约尔还认为，纪律是领导人创造的，无论哪种社会组织，其纪律状况均取决于领导人的道德状况。

(4) 统一指挥。无论什么时候，组织内每一个人只能服从一个上级并接受他的命令。法约尔认为，这不仅是一条管理原则，而且是一条定律。双重命令对于权威、纪律和稳定性都是一种威胁。

(5) 统一领导。凡目标相同的活动只能有一个领导，一个计划，只有这样，资源的利用与协调才能指向同一目标。

(6) 个人利益服从集体利益。集体的目标必须包含员工个人的目标，但个人和小集体的利益不能超越组织的利益。当两者产生矛盾时，领导人要以身作则，使其一致。

(7) 报酬合理。报酬制度应当公平，对工作成绩和工作效率优良者给予奖励，但奖励应以激起职工的工作热情为限，否则将会产生副作用。法约尔认为，任何优良的报酬制度都无法取代优良的管理。

(8) 集权与分权。提高下属积极性的做法是分权，降低这种积极性的做法是集权。要根据企业的性质、条件和环境、人员的素质来恰当地决定集权和分权的程度。当企业的实际情况发生变化时，要适时改变集权和分权的程度。

(9) 等级链与跳板。等级链是指从最高的权威者到最低层管理人员的等级系列。它表明权力等级的顺序和信息传递的途径。为了保证命令的统一，不能轻易违背等级链，请示要逐级进行，指令也要逐级下达。有时这样做会延误信息传递的时间，鉴于此，法约尔设计了一种"跳板"，便于同级之间的横向沟通，但在横向沟通前要征求各自上级的意见，并且事后要立即向各自的上级汇报，从而维护了统一指挥的原则。

(10) 秩序。秩序是指有地方放置每件东西，而每件东西都放在该放置的地方；有职位安排每个人，而每个人都安排在应安排的职位上，即秩序包括了"人的秩序"和"物的秩序"。他认为要做到这一点，不仅有赖于有效的组织，而且也有赖于审慎的选人。

(11) 公平。在待人上，管理者必须做到"善意与公道结合"，即以亲切、友好、公正的态度严格执行规章制度。雇员们受到平等地对待后，才会以忠诚和献身的精神去完成他们的任务。

(12) 人员稳定。把一个人培养成胜任目前的工作需要花费时间和金钱，因此，人员特别是管理人员的经常变动对企业很不利，保持组织内人员的相对稳定是组织长期稳定发展的前提，管理者要努力做到有秩序地安排和补充人员。

(13) 首创精神。首创精神是创立和推行一项计划的动力，领导者本人不仅要有首创精神，还要鼓励全体成员发挥他们的首创精神。

(14) 集体精神。全体人员的和谐、团结是组织活动的巨大力量，因此，在组织内部要形成团结、和谐和协作的气氛。

法约尔的14条管理原则包含了许多成功的经验和失败的教训，为后人的管理研究与实践指明了方向，但是它所提出的管理原则缺乏弹性，要真正使管理有效，还必须积累自己的经验，并掌握住使用这些原则的尺度。

2. 对一般管理理论的评价

法约尔首次概括和阐述了一般管理理论，他对管理职能的划分以及管理原则的描述对后来的管理理论研究具有非常深远的影响。法约尔对管理的 5 大职能的分析为管理科学提供了一套科学的理论架构，后人根据这种架构建立了管理学并把它引入了课堂。

法约尔一般管理理论的主要不足之处是他的管理原则缺乏弹性。正如他自己所说，这些原则并不完整，也不是一成不变的，并且不能回答特殊的问题。

2.2.3 韦伯的行政组织体系理论

马克斯·韦伯是德国著名的社会学家，他曾 3 次参加军事训练，因而对军事生活和组织制度有了相当的了解，这对他后来提出的组织理论有较大影响。他在其代表作《社会组织与经济组织理论》一书中提出了"理想的行政组织体系"，因此，人们称他为"组织理论之父"。

1. 理想的行政组织体系的主要内容

1) 权力论

韦伯认为，任何一种组织的管理都必须以某种形式的权力为基础，如果没有某种形式的权力来指导组织就不可能实现组织的目标，权力能消除混乱、维持秩序。韦伯把社会所接受的权力分为以下 3 类。

(1) 法定权力：即法律所规定的权力。
(2) 传统权力：由传统惯例或世袭得来。
(3) 超凡权力：来源于别人的崇拜与追随。

在这 3 种权力中，传统权力是世袭得来而不是按能力挑选的，其管理单纯是为了保存过去的传统；超凡权力则过于带感情色彩并且是非理性的，不是依据规章制度而是依据神秘或神圣的启示，只有法定权力才宜于作为理想行政组织体系的基础。

2) 理想行政组织体系模式

韦伯认为，行政组织机构不是通过"世袭"或"个人魅力"，而是通过"公职"或"职位"来管理的理想组织制度，这个理想的行政组织机构是进行理论分析的一种标准模式，它具有以下特点。

(1) 存在明确的分工。把组织内的工作分解，按职业专业化对成员进行分工，明文规定每个成员的权力和责任。

(2) 按等级原则对各种公职或职位进行法定安排，形成一个自上而下的指挥链或等级体系，每个下级都处在一个上级的控制和监督下。每个管理者不仅要对自己的决定和行动负责，而且要对下级的决定和行动负责。

(3) 根据经过正式考试或教育培训而获得的技术资格来选拔员工，并完全根据职务的要求来任用。

(4) 除个别需要通过选举产生的公职以外，所有担任公职的人都是任命的。
(5) 行政管理人员是专职的，领取固定的"薪金"，有明文规定的升迁制度。
(6) 行政管理人员不是他所管辖的那个企业的所有者，只是其中的工作人员。

(7) 行政管理人员必须严格遵守组织中规定的规则、纪律和办事程序。

(8) 组织中成员之间的关系以理性准则为指导，不受个人情感的影响。组织与外界的关系也是这样。

韦伯认为，这种高度结构化的、正式的、非人格化的理想行政组织体系是强制控制的合理手段，是达到目标、提高效率的最有效形式。这种组织形式在精确性、稳定性、纪律性和可靠性等方面都优于其他形式，能适用于各种行政管理工作及当时日益增多的各种大型组织，例如，教会、国家机构、军队、政党、经济组织和社会团体。韦伯的这一理论是对泰勒、法约尔的理论的一种补充，对后来的管理学家、特别是组织理论家产生了很大影响。

2. 对韦伯的组织理论的评价

理想行政组织体系理论为分析实际生活中的各组织形态提供了一种规范典型，对后来的管理学者们，特别是组织理论学家们有很大影响。同时，这种理论的产生是德国从封建社会向资本主义社会过渡的要求，它为新兴的资本主义制度提供了一种效率高、理性化的组织管理体系。

但是，这种行政组织体系是一种理想的组织结构，与实际问题有一定的距离。同时，组织原则过于笼统抽象，不太适用于管理实践，忽略了对人性的深入研究，并且着重研究正式组织而未涉及非正式组织。

2.2.4 其他人的贡献

1. 吉尔布雷斯夫妇的贡献

科学管理理论是管理学的创建阶段，泰勒所倡导的科学管理理论是在许多人研究的基础上提出的，后来又被许多人所研究和发展。与泰勒同时代的人，如吉尔布雷斯夫妇和甘特等也为科学管理作出了贡献。美国工程师弗兰克·吉尔布雷斯及其夫人心理学博士莉莲·吉尔布雷斯在动作研究和工作简化方面作出了突出贡献。他们的研究步骤是：①通过拍摄相片来记录工人的操作动作；②分析哪些动作是合理的、应该保留的，哪些动作是多余的、可以省掉的，哪些动作需要加快速度，哪些动作应该改变次序；③制定标准的操作程序。与泰勒相比，吉尔布雷斯夫妇的动作研究更加细致、广泛，他们的研究成果反映在1911年出版的《动作研究》中。

2. 甘特的贡献

美国管理学家、机械工程师甘特的最重要贡献是创造了"甘特图"，这是一种用线条表示的计划图表，这种图现在常被用来编制进度计划。甘特的另一贡献是提出了"计件奖励工资制"，即除了支付日工资外，超额完成定额的超额部分以计件方式发给奖金；完不成定额的只支付日工资。这种制度比泰勒的"差别计件工资制"好，可使工人感到收入有保证，劳动积极性因而提高，这说明工资收入有保证也是一种工作动力。甘特的代表著作是《工业的领导》(1916)和《工作组织》(1919)。

3. 福特的贡献

创办福特汽车公司的亨利·福特是福特制科学管理方法的创始人，对提高生产力作出了很大贡献。福特于1908年生产出了廉价的老型汽车，接着建立起一个世界性的销售组织，销售其耐用、可靠、便宜的汽车，马上出现了持续的供不应求的现象，为了扩大生产能力，福特实行了"生产线制度"，后来称之为"福特制"，即：①把机器和操作人员按详细规划的作业顺序排列；②每个工人被指定只做一种高度专业化的工作。生产线制度的效果"立竿见影"，制造出一辆车的时间从1908年的12小时8分钟降到了1913年的2小时35分钟，1914年又降到了1小时33分钟。福特制对提高生产力起了很大作用。

然而，科学管理带来的失业影响很快就成为社会性的问题。

纽曼公司的故事

纽曼公司的利润在过去的一年一直在下降，尽管在同一时期，同行们的利润在不断上升。公司总裁杰克先生非常关注这一问题，为了找出利润下降的原因，他花了几周的时间考察公司的各个方面。然后，他决定召开各部门经理会议，把他的调查结果和他得出的结论连同一些可能的解决方案告诉他们。

杰克说："我们的利润一直在下降，我们正在进行的工作大多数看来也都是正确的。比方说，推销策略帮助公司保持住在同行中应有的份额。我们的产品和竞争对手的一样好，我们的价格也不高，公司的推销工作看来是有成效的，我认为还没必要改进什么。"他继续评论道："公司有健全的组织结构、良好的产品研究和发展规划，公司的生产工艺在同行中也占领先地位。可以说，我们的处境良好。然而，我们的公司却面临严重问题。"

室内的每一个人都有所期待地倾听着。杰克开始讲到了劳工关系："像你们所知道的那样，几年前，在全国劳工关系局选举中工会没有取得谈判的权利。一个重要的原因是，我们支付的工资一直至少和工会提出的工资率一样高。从那以后，我们继续给员工提高工资。问题在于没有维持相应的生产率。车间工人一直没能生产足够的产量，可以把利润维持在原有的水平上。"杰克喝了点水，继续说道："我的意见是要回到第一个原则。近几年来，我们对工人的需求注意得太多，而对生产率的需要却注意得不够。我们的公司是为股东创造财富的，不是工人的俱乐部。公司要生存下去就必须创造利润。我在上大学时，管理学教授们十分注意科学管理先驱们为获得更高的生产率所使用的方法，这就是为了提高生产率广泛地采用了刺激性的工资制度。在我看来，我们可以回到管理学的第一个原则去，如果我们的工人的工资取决于他们的生产率，那么工人就应该生产更多。管理学先辈们的理论在今天也一样可以指导我们。"

2.3 行为管理理论

行为管理理论始于20世纪20年代，早期被称为人际关系学说，后来发展为行为科学，即组织行为理论。行为管理理论的诞生是从著名的霍桑实验开始的，其最重要的代表人物是美籍澳大利亚裔著名的工业问题研究专家乔治·埃尔顿·梅奥(1880—1949)，他于1927年冬开始参与霍桑实验。梅奥的主要著作有《工业文明中的人的问题》(1933)、《工业文明中的社会问题》(1945)等。

2.3.1 霍桑试验

【知识链接】

管理学发展史上著名的霍桑试验是从 1924 年开始，在美国芝加哥郊外的西方电气公司下属的霍桑工厂里进行的，整个试验过程历时 8 年，在美国国家研究委员会的帮助下，西方电气公司邀请了哈佛大学的研究人员来进行试验和研究。霍桑实验的初衷是试图通过研究工作条件与环境找到提高劳动生产率的途径，但试验的结果却出人意料地把这项研究引入了一个新的领域，最终导致了对当时许多管理观念的挑战。该试验分以下 4 个阶段。

第一阶段：工作场所照明试验(1924—1927 年)。研究人员选择一批工人，并把他们分成两组：一组是试验组，变换工作场所的照明强度，从而使工人在不同照明强度下工作；另一组是控制组，工人在照明强度保持不变的条件下工作。研究人员希望通过试验得出照明强度对生产率的影响，但试验结果却发现，照明强度的变化对生产率几乎没有什么影响。

第二阶段：继电器装配室试验(1927 年 8 月—1928 年 4 月)。从这一阶段起，梅奥参加了试验，研究人员选择了 5 名女装配工和一名画线工在单独的一间工作室内工作(一名观察员被指派加入这个工人小组，以记录室内发生的一切)，以便对影响工作效果的因素进行控制。在试验中分期改善工作条件，如改进材料供应方式、增加工间休息、供应午餐和茶点、缩短工作时间、实行集体计件工资制等。女工们在工作时间可以自由交谈，观察员对她们的态度也很和蔼，这些条件的变化使产量上升，但一年半后，取消了工间休息和供应的午餐和茶点，恢复每周工作 6 天，产量仍维持在高水平上。经过研究，发现其他因素对产量无多大影响，而监督和指导方式的改善能促使工人改变工作态度、增加产量，于是决定进一步研究工人的工作态度和可能影响工人工作态度的其他因素，这成为霍桑试验的一个转折点。

第三阶段：大规模访谈(1928—1931 年)。研究人员在上述试验的基础上进一步在全公司范围内进行访问和调查，达两万多人次。结果发现，影响生产力的最重要因素是工作中发展起来的人群关系，而不是待遇和工作环境。每个工人的工作效率的高低，不仅取决于他们自身的情况，还与其所在小组中的同事有关，任何一个人的工作效率都受他的同事们的影响。

第四阶段：接线板接线工作室试验(1931—1932 年)。该室有 9 名接线工、3 名焊接工和 2 名检查员。在这一阶段有许多重要发现：①大部分成员都自行限制产量：公司规定的工作定额为每天焊接 7 312 个接点，但工人们只完成 6 000～6 600 个接点，原因是怕公司再提高工作定额，怕因此造成一部分人失业，要保护工作速度较慢的同事；②工人对不同级别的上级持不同态度：把小组长看做小组的成员，对于小组长以上的上级，级别越高越受工人的尊敬，工人对他的顾忌心理也越强；③成员中存在小派系：工作室存在派系，每个派系都有自己的一套行为规范，谁要加入这个派系，就必须遵守这些规范。派系中的成员如果违反这些规范就要受到惩罚。

梅奥对其领导的霍桑试验进行了总结，成就了《工业文明中人的问题》一书，该书于 1933 年出版。在书中，梅奥阐述了与古典管理理论不同的观点——人际关系学说，该学说主要包括以下内容。

1. 工人是社会人，而不只是经济人

科学管理学派认为金钱是刺激人们工作积极性的唯一动力，把人看做经济人。梅奥认为，工人是社会人，除了物质方面的条件外，他们还有社会、心理方面的需求，因此，不能忽视社会和心理因素对积极性的影响。

2. 企业中存在着非正式组织

企业成员在共同工作的过程中，相互间必然产生共同的感情、态度和倾向，形成共同的行为准则和惯例，要求个人服从，这就构成一个体系，即"非正式组织"。非正式组织以它独特的感情、规范和倾向左右着成员的行为。古典管理理论仅注重正式组织的作用是很不够的。非正式组织不仅存在，而且与正式组织相互依存，对生产率有重大影响。

3. 生产率的提高主要取决于工人的工作态度以及他和周围人的关系

梅奥认为提高生产率的主要途径是提高工人的满意度，即工人对社会因素，特别是人际关系的满意程度。在员工所要满足的需要中，金钱只是一部分，更多的是感情、安全感、归属感等社会、心理方面的需要。企业中新型的领导能力在于创造良好的人际关系，提高员工的满意度，以激励员工的士气，从而达到提高生产效率的目的。

2.3.2 行为科学

1949 年在美国芝加哥大学召开了一次有哲学家、精神病学家、心理学家、生物学家和社会学家等参加的跨学科的科学会议，讨论了<u>应用现代科学知识来研究人类行为</u>的一般理论，会议给这门综合性的学科定名为"行为科学"。行为科学蓬勃发展，产生了一大批影响力很大的行为科学家及其理论，主要有马斯洛及其需要理论、麦克雷戈的 XY 理论、赫茨伯格的双因素理论、弗鲁姆的期望理论等。

【相关案例】

2.4 现代管理理论

现代管理思想和理论的形成和发展是以下因素作用的结果。

(1) 20 世纪 40 年代，由于工业生产的机械化、自动化水平不断提高以及电子计算机进入工业领域，在工业生产集中化、大型化、标准化的基础上也出现了工业生产多样化、小型化、精密化的趋势。另外，工业生产的专业化协作和联合化不断发展，工业生产对连续性、均衡性的要求提高，市场竞争日趋激烈，变幻莫测，即社会化大生产要求管理改变孤立的、单因素的、片面的研究方式，而形成全过程、全因素、全方位、全员式的系统化管理。

(2) 第二次世界大战期间,交战双方提出了许多亟待解决的问题,如运输问题、机场和港口的调度、如何对大量的军火进行迅速的检查等都涉及管理的方法。

(3) 科学技术发展迅猛,现代科学技术的新成果层出不穷。

(4) 资本主义生产关系出现了一些新变化,由于工人运动的发展,赤裸裸的剥削方式逐渐被新的、更隐蔽、更巧妙的剥削方式所掩盖。新的剥削方式着重从人的心理需要、感情方面等着手,形成处理人际关系和人的行为问题的管理。

(5) 管理理论的发展越来越借助于多学科交叉作用。经济学、数学、统计学、社会学、人类学、心理学、法学、计算机科学等各学科的研究成果越来越多地应用于企业管理。

如果说古典管理理论当初对管理学而言尚处萌芽状态,那么现在这些萌芽已茁壮成长,并发展成为一片茂密的丛林。尤其是在第二次世界大战之后,管理掀起了热潮,许多学者和管理学家提出了各自的理论和新学说,并形成各种不同的学派,这些大大小小的理论流派加起来可有百余个之多。各种新兴学派的理论倾向大致上是由两大主流派别延伸而来的:一是泰勒的科学管理和法约尔的职能管理的发展,它是运用现代自然科学,特别是技术学科的新成就而形成的学派;二是以梅奥的人际关系为基点的行为学学派,它的特点是结合现代社会科学而展开的,以对"人"的研究为主要对象。

美国著名管理学教授哈罗德·孔茨(1908—1984年)在20世纪60年代和20世纪80年代对现代管理理论中的各种学派进行了分类,先后发表了论文《管理理论的丛林》和《再论管理理论丛林》。他把当时管理思想的不同观点以及这些观点对管理的性质和内容所做的不同解释概括成了11个有代表性的学派。

2.4.1 经验管理学派

代表人物有美国的彼得·德鲁克和戴尔等人。德鲁克的代表作有《管理、任务、责任和实践》《管理实践》《有效的管理者》等;戴尔的代表作有《伟大的组织者》《企业管理的理论与实践》等。

经验管理学派认为,古典管理理论和行为科学都不能完全适应企业管理的实际需要,有关企业管理的科学应该从企业管理的实际出发,以大企业的管理经验为主要研究对象,加以概括和理论化,向企业管理人员提供实际的建议。他们主张通过案例研究经验,不必企图去确定一些原则,只要通过研究分析一些经理人员的各种成功与失败的管理案例和他们解决特殊问题的方法就能理解管理问题,就可以在相仿的情况下进行有效的管理。德鲁克最早提出了目标管理思路,经后人补充和发展形成了至今仍被管理学界所重视和使用的目标管理方法。

但是,未来肯定不同于过去,过去的具体经验未必能解决未来的问题。对过去经验的研究,如果不从根本上搞清楚事物的起因,那就不可靠,甚至是危险的。因此,只有以探求基本规律为目的去总结经验才有助于某些管理原则的提出和论证。

2.4.2 人际关系学派

人际关系学派认为,既然管理就是通过他人来完成某些事情,研究管理必须注重人际间的关系。这个学派把社会科学中的许多理论、方法和技术应用于研究管理中人际间及个人的各种现象上,其中多数学者受过心理学方面的训练。他们强调职工是由不同的个人所组成的,是群体中的一分子,他们有各种需要需由组织来加以满足。他们把人的动机看成是一种社会心理学现象。甚至有人强调,处理人际关系是管理者能理解和掌握的一种技巧,但研究与实践也证明,光有人际关系远不足以建立一种完整的管理学科。

2.4.3 行为科学学派

所谓行为科学,就是对员工在工作中的行为以及这些行为产生的原因进行分析研究,以便调节企业中的人际关系,提高生产率。它在早期被称为人际关系学说,1949年由美国芝加哥大学的一些教授商议改称行为科学。

梅奥等人奠定了行为科学的基础以后,西方从事这方面研究的人大量出现。行为科学后来的发展主要集中在4个领域:①有关人的需要、动机和激励的问题;②有关"人性"假设的问题;③有关组织中的群体行为问题,包括群体的文化、行为方式和行为特点等;④有关企业管理中的领导行为问题。

2.4.4 社会协作系统学派

主要代表人物是美国的巴纳德,其代表作为《经理的职能》,主要观点如下:社会的各级组织都是一个由有意识进行相互协调的个人组成的协作系统。正式组织的协作基础是成员相互协作的意愿、共同的目标和相对稳定的信息联系。一个组织中不仅有正式组织,也有非正式组织。它与正式组织相互创造条件,在某些方面和时刻能对正式组织的目标产生积极的影响。经理人员是协作系统因素中的关键因素,经理在系统中的作用就是对协作进行有效的协调,以便协作系统能够维持运转。组织作为一个社会协作系统,其存在取决于:协作效果,即组织目标的达成;协作效率,即在实现目标的过程中,协作的成员损失最小而心理满足较高;组织目标应和环境相适应,显然此学派研究的领域很宽,有的已超出了管理范围。

2.4.5 社会技术系统学派

社会技术系统学派的创立归功于英国的特里司特,他通过长壁采煤法生产问题的研究,认为在管理中只分析社会系统是不够的,还需研究技术系统对人的影响,必须把社会系统和技术系统结合起来考虑,而管理者的一项主要任务就是要确保这两个系统相互协调。此学派的大部分著作集于生产和办公室工作等研究上,分析技术系统与人以及与人的工作紧密联系,因此它也特别注意工业工程、人-机系统问题的研究。

2.4.6 决策理论学派

【知识链接】

决策理论学派的代表人物是著名的诺贝尔经济学奖获得者——美国教授西蒙。

该学派认为决策是管理者的主要任务，因而应集中研究决策问题。尤其是西蒙提出的行为决策观对现代管理理论作出了卓越的贡献，其主要观点包括：①"有限的理性"和"满意准则"，即认为管理者的理性是有局限的，由于实际中的决策情况非常复杂，而管理者的判断力又受各种主客观条件的限制，不可能预知在给定的情形下所有备择方案的各种可能结果，因此，管理人员应寻求简单的、尚"满意"的结果，而非"最佳方案"；②决策科学化，指决策时要以充足的事实为依据，采取严密的逻辑思维方式，按照事物的内在联系对大量的资料和数据进行系统分析和计算，遵循科学程序，作出正确决策。同时，该理论所使用的先进工具——电子计算机和管理信息系统，也为决策科学化提供了可能和依据。

许多学者和理论家认为，管理是以决策为特征的，所以管理理论应围绕决策这个核心来建立。可是应看到管理的内容要比决策丰富得多，而且只要具备一定的条件，决策对管理者而言就会是一件相当容易的事情。这些条件是：目标明确；能较准确地预测决策环境；能获得充分的信息；组织结构能使决策者职责分明；拥有胜任决策的人员以及其他进行有效管理的必要条件。

2.4.7 系统管理学派

一般系统理论建立之后，有些学者把它应用于工商企业的管理，因而形成了系统管理学派，其代表人物有约翰逊、卡斯特等。系统理论学派认为，一个组织的管理人员必须理解构成整个运作的每个系统。所谓系统即由相互联系或相互依存的一组事物组成，其各部分在运作时像一个整体一样来达成特定的目标，或按计划与设计发挥其功能。组织也有其子系统，执行着其生存所必需的各项关联的任务。要理解一个系统是如何工作的，首先要懂得其各子系统是如何发挥作用的以及每一个子系统对整个系统的贡献。当任何一个子系统发生变化时，通常会对其他子系统产生影响。对于管理者而言，尤其是工商组织中的管理者，必须要有一个系统观念，当他们决定改变某一子系统时，将会对其他子系统乃至整个系统产生怎样的影响。组织中整体的或部门的运作要防止因局部的优化而造成对其他领域的负面影响。

系统在一定的环境中生存，与环境进行物质、能量和信息的交换(图 2.1)，从这种意义上讲，系统是开放的。系统从环境输入资源，通过转换过程把资源转换为产出物，一部分产出物为维持系统而消耗，其余部分则输出到环境中。系统在投入—转换—产出的过程中不断进行自我调节，以获得自身的发展。运用系统观点来考察管理的基本职能，可以提高组织的整体效率，使管理人员不至于因只重视某些与自己有关的特殊职能而忽视了大目标，也不至于忽视自己在组织中的地位和作用。

系统管理和系统分析早已在自然科学中应用，并形成了很值得重视的系统知识体系。系统分析这一概念最初由美国兰德公司于 1949 年提出，运用科学和数学的方法对系统中的事件进行研究和分析。其特点是，解决管理问题时要从全局出发，进行分析和研究，以制定出正确的决策。

系统理论同样已成为管理科学的理论基础。一些精明老练的管理人员和有实际经验的管理学家都习惯于把他们的问题和业务看成是一个由相互联系的因素所构成的网络，该网络与组织的内外环境每日每时都在互相作用。对系统的自觉研究和强调的确提高了管理人员和学者们对影响管理理论与实践的各种相关因素的洞察力。系统方法是管理学研究的基本方法，图 2.1 表示系统方法的特点。

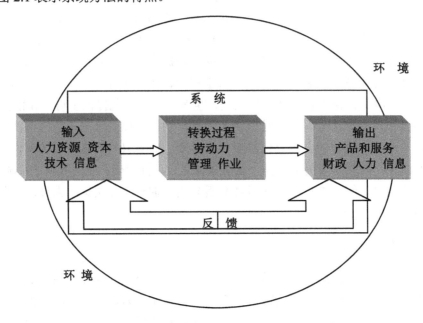

图 2.1　系统方法的特点

2.4.8　管理科学学派/数量管理学派

定量管理思想是在第二次世界大战中产生和发展起来的。当时，英美军队为了解决战争中的一些问题，建立了由各种专家组成的运筹研究小组，取得了巨大的成功。例如，英国通过数学家建立的资源最优分配模型有效地解决了如何以有限的皇家空军力量来抵抗庞大的德国空军的问题。定量研究所取得的成效在战后引起了企业界的关注，特别是当运筹学研究专家在战后纷纷到公司就业以后，定量研究方法便日益在企业管理中得到推广应用。在第二次世界大战期间，为了调动巨大的资源，保证战争后勤工作的秩序和合理性，英国首先建立了由各种专家组成的第一批"运筹学小组"，以便用他们的知识解决以下一些问题：雷达系统、防空射击、反潜艇战以及民防事务。美国也十分重视运筹学的研究，美国陆军成立了一个运筹处，海军成立了一个运筹评价小组，而空军则成立了运筹分析科。

战后大规模的经济增长使工业组织也开始认识到运筹学的方法可用于解决非军事性质的问题，运筹学开始很自然地应用于生产管理领域。在这个领域中存在着较为固定的问题，例如，存储恰当水平的存货、安排生产日程、按经济批量进行生产、质量控制、资金筹集等。

管理科学学派的代表人是布莱克特、丹齐克、丘奇曼、阿考夫、贝尔曼、康托洛维奇、伯法等，主要代表作有布莱克特的《运筹学方法论上的某些方面》、康托洛维奇的《生产组织与计划中的数学方法》、爱德华和鲍曼合著的《生产管理分析》、里奇蒙的《用于管理决策的运筹学》、伯法的《生产管理基础》等。

这个学派把过多的注意力放在了建立某些类型问题的数学模型，并精致地进行模拟和求解上。许多批评者认为，光狭隘地注重数学，够不上一个完整的、真正的管理学派。任何关心科学的人都承认数学模型和数学分析的巨大作用，但正如数学不能成为化学、物理学和生物学中的一个独立学派一样，也很难把数学看成一个管理的学派。数学和数学模型只是管理者从事分析的一种工具而已。同时也应当注意到，数量方法从来没有达到人力资源方法对管理实践的那种影响程度。这无疑是由于多种因素造成的：许多管理者不熟悉数量工具；行为问题涉及面太广而又很直观；绝大多数管理者可以直接了解组织中现实的、每天发生的人的问题，诸如激励下级和减少冲突等，而无须借助建立定量模型这种更抽象的活动。

2.4.9 权变管理学派

权变管理理论是 20 世纪 70 年代在美国形成的一种管理理论。这一理论的核心是力图研究组织的各子系统内部和各子系统之间的相互联系以及组织和其所处的环境之间的联系，并确定各种变数的关系类型和结构类型。它强调在管理中要根据组织所处的内外部环境随机应变，针对不同的具体条件寻求不同的、最合适的管理模式、方案或方法。

美国内布拉斯加大学教授卢桑斯在 1976 年出版的《管理导论：一种权变学》中系统地概括了权变管理理论。他认为：过去的管理理论没有把管理和环境很好地联系起来，造成管理观念和技术与实际脱节，不能使管理有效地进行。而权变管理理论则把环境对管理的作用具体化，并使管理理论与管理实践紧密地联系起来。权变理论家们广泛地应用了古典理论、管理科学和系统观念来分析解决问题。有人甚至认为真正的权变学派是一个综合各家理论的学派，在有的情形中需要"人治"（由人来寻求答案）；换种情形则可能需要"法治"（按逻辑程序解决问题）。他们既吸取在某种情景中行为学家的经验，也学习在另一种形势下数量学派所用的知识。

权变管理理论着重考察有关环境的变数与相应的管理观念和技术之间的关系，以使采用的管理观念和技术有效地达到目标。在通常情况下，环境是自变量，而管理观念和技术是因变量，这就是说，组织所处的环境决定着何种管理观念和技术更适合组织。例如，在经济衰退时期，由于企业面临的市场环境是供大于求，集权的组织结构可能更为适合；在经济繁荣时期，由于企业面临的市场环境是供不应求，分权的组织结构可能更为适合。环境变量与管理变量之间的函数关系就是权变关系，这是权变管理理论的核心内容。

2.4.10 管理角色学派

20 世纪 60 年代末期，亨利·明茨伯格对 5 位总经理的工作进行了仔细的研究，他所观察的经理们陷入了大量变化的、无一定模式的和短期的活动中，他们几乎没有时间静下心来思考，因为他们的工作经常被打断。有半数的管理者活动持续时间少于 9 分钟。在大量观察的基础上，明茨伯格的结论是，管理者扮演着 10 种不同的但高度相关的角色。管理者角色指的是特定的管理行为范畴，这 10 种角色可以进一步组合成 3 个方面：人际关系、信息传递和决策制定。

2.4.11 经营管理学派

经营管理学派(亦称管理过程学派)这个术语是从 P·W·布里曼的著作里借用而来的，

这个学派想通过与管理者职能相联系的办法把有关管理的知识汇集起来，力图把用于管理实践的概念、原则、理论和方法糅合到一起，以形成一个管理学科。此外，也从其他学科吸取有关的知识，如对管理活动、问题和方案的实况研究，系统工程理论、决策理论、有关激励和领导问题的调研结果和理论，个人及群体行为理论，数学模型及数学方法的应用等，所有这些知识在一定程度上也适用于其他学科领域，但他们只是关心那些对管理最有用、关系最为密切的东西。因此，在一定程度上它是一种兼收并蓄的科学理论。

从为管理知识作出合适的分类来看，管理者每天做什么和怎么做是次要的。要提出有效的管理理论和科学，首先必须具备有关管理的知识，这样才能把用于管理的科学和方法同用于营销、会计、制造和工程等非管理活动的科学和方法区别开来，使人们有可能去注意那些普遍存在于各种组织和文化中的基本管理问题。可以将管理职能的划分作为对管理知识进行有效分类的第一步，就每个职能提出一些基本问题作为组织管理知识的第二步。这样做的目的就是要提出和确定一种能在管理实践中应用的科学理论的范围，使它不包罗万象，把同管理工作关系很疏远的知识也包括进来，像管理这样一个复杂的领域，绝不可能同它的物理的、技术的、生物的或文化的环境割裂开来，但要在管理知识的概括和分类上取得进展，就必须把它们同其他科学的知识区别开来，并给它们划定界限。当然，就像在系统分析中给系统划定界限时那样，千万不要忘记，完全封闭的系统是没有的，任何系统都要受到许多环境变量的侵入和影响。

案例 2-3

不该发生的血案

某省著名女企业家，B 公司总经理王女士，被该企业工人李某杀害，血案引起很大震动。

材料一：李某，21 岁，B 公司员工。记者在案发后采访时十分惊讶：该人一米八的个子，五官端正，衣冠楚楚，哪像个杀人犯！那他为何对总经理起杀机呢？李某，单身，急于交女朋友，但由于企业内部引入竞争机制，重奖重罚，优胜劣汰，李某因竞争不利，被挤到车间搬运工的岗位，报酬少，地位低，自觉没有面子。他多次申请调换工种被拒绝。后来直接找到王总经理也被断然拒绝。他意志消沉并染上了酗酒的恶习。某日，在企业的舞会上借酒壮胆，对某女工说脏话还动手动脚，受到扣发一个月奖金的处罚。此后，李某工作不守规章，装卸物料乱扔，严重影响了生产秩序，车间主任要其整理好混乱的现场，他便说："给多少奖金，人家领班一个月数千元奖金，我怎么没奖金？"严主任说："清洁现场是你分内工作，要什么奖金？"李某大骂："放屁。"严主任说："你敢骂人？"李某说："骂你算什么，我还揍你呢。"抓起茶杯向严头上砸去，严主任闪过，茶杯打在墙上反弹回来的碎片却将其头部划出一道口子鲜血直流。为此，王总决定扣李某三个月奖金以示惩处。此后，李某又找到王总要求调到有面子、奖金高的岗位。王总以企业的有关规定予以拒绝。案发当天，李某与几个朋友喝酒，边喝边发泄怨气，喝到几分醉，竟冲进企业办公室找正在开会的王总经理等领导理论。"王头，给不给我调工作？"王总说："现在正研究重大问题，今天不谈。"几位到会的领导七手八脚将李某赶出办公室。李某气愤不过，跑去抓来一把刀，硬闯进办公室："姓王的，今天不给我调工作，就叫你白刀子进，红刀子出！"王总还是那句话："今天不谈。"叫大家进去继续开会。大家软硬兼施又把李某赶出办公室。为防万一，报告了派出所。派出所迅速采取措施，将李某拘留。李某不服，提出申诉。于是派出所按法律规定，限他第二天把申诉书和保金送来，李某被放回后即直奔经理室，乘机抽刀向王总猛砍九刀，当场致死。

材料二：王总曾就读于某大学企业管理系，受过西方管理学理论系统教育，对西方管理十分偏爱，特别是泰勒的"胡萝卜+大棒"的名言常不离口，王总相信，"管理必须是非分明，黑是黑，白是白，该奖的奖，该罚的罚，严格管理是不能让步，不能退步的"。王总对下属不但要求很严，而且对下属一视同仁，依章办事，从不徇私，人称"铁女人"。

材料三：B公司是生产某种工业零部件的企业，引进了国外先进的技术，多年来生产、销售均比较顺利，王总认为成功的主要经验是对生产主要操作者按生产数量和质量科学计算奖金，主工序奖金与次工序的奖金，生产好的班次与差的班次的奖金额拉开了很大的差距，管理人员的奖金也远低于主工序工人的奖金，真正做到了"向第一线倾斜"，同时保持了激烈的竞争机制，生产线的领班或操作工，生产效绩最后一名者要降职，并提升效绩最好的操作者取而代之，真正做到了"优胜劣汰"，竞争上岗。

材料四：案发之时，企业正面临一个意外的危机，由于韩国的同类产品大量涌入市场(据说是走私入境)，价格十分低廉，许多老主顾相继失去，出现突发性的销售危机，当时厂领导正日夜研究对策，但一时尚无有效的对策。近期来，管理层内部的摩擦时有发生，工人脱班现象也不断出现，由于订单减少，存货量迅速上升，如果减少产量，工人奖金必然大幅度下降，企业已处于进退两难的境地。

2.5 管理变革的新趋势

近几十年来，管理理论发展的主流是管理的变革与创新。当前的问题是人们今天处在什么位置上？当前的管理概念和实践将对明天的历史产生什么样的影响？本节通过介绍几种管理变革趋势和问题，使人们相信，这些趋势和问题正在改变管理者履行职责的方式。这些趋势是全球化、劳动力多元化、创业创新精神、电子企业、学习型组织、工作场所精神境界等。

2.5.1 全球化

【知识链接】

管理不再局限于某个国家的边界，各种规模、各种类型组织中的管理者在世界范围内都面临全球市场经营的机会和挑战。德国的宝马公司在南卡罗来纳州生产轿车；麦当劳作为一家美国公司在中国销售汉堡包；丰田这家日本公司在美国肯塔基州生产轿车；澳大利亚领先的房地产企业租约公司在英格兰肯特郡建立了大型的蓝水购物中心，并且与美国可口可乐公司签订合同，在东南亚建立瓶装厂；瑞士的ABB公司在马来西亚、韩国、中国和印度尼西亚建设了大型的发电设备工厂；当今的世界显然已经成了一个全球村。

2.5.2 劳动力多元化

21世纪管理者面临的一个重要挑战是协调多元化的员工队伍以实现组织的目标。今天的组织的主要特征是劳动力多元化(Workforce Diversity)，即员工队伍在性别、种族、民族、年龄和其他特征方面更加多样化。劳动力的多元化达到什么程度，21世纪一份关于工人和工作的报告——《劳动力2020》(Workforce 2020)指出，美国劳动力队伍将持续它的民族多元化趋势。虽然这种趋势进展的速度并不快,但整个21世纪前期,少数民族在美国劳动力中新增部分的比例将超过1/2,增长最快的将是来自亚洲和拉丁美洲的工人。这份报告还指出,下一个10年中,对劳动力多元化最重要的影响将是人口的老龄化,这种趋势将以3种方式严重地影响美国的劳动力:第一,这些上了年纪的工人将选择继续从事全日制工作、兼职工作或完全退休,设想一下他们对组织意味着什么,当长期供职的、具有丰富的知识、经验和技能的员工一旦选择了退休,公司将会失去很大一部分人力资源;或者想象一下如果工人们拒绝退休,继续占据着职位,从而将会阻碍更年轻的和更具有潜力的员工的成长。第二,这些上了年纪的员工通常已经获得了某些公共权利,主要是社会保障和医疗保障方面的权利,要维持这个群体的权利需要足够高的费用,这会对组织和年青一代的工人造成严重的问题。第三,老龄化的人口将成为一种巨大的消费力量,它会驱动某些类型的产品和服务的需求(如娱乐、旅游、休闲、专业保健、住宅维修以及其他的专业化服务等),巨大的市场需求需要更多的劳动力来满足这些需求。

不仅仅是美国,劳动力的多元化是许多国家的企业面临的问题,管理者需要更有效地解决劳动力多元化问题。人们已经认识到,雇员是不会将他们的文化价值观和生活方式偏好在工作时撇在一边不顾的,这对管理者来说是个挑战,即怎么处理不同的生活方式、家庭需求和工作方式,使组织更适合多元化的员工群体。聪明的管理者认识到多元化是一种资产,因为它带来了更宽广的视野和解决问题的多种技能,一个组织如果能够充分利用它所有的人力资源财富,将会享有强大的竞争优势。许多公司,如利维·斯特劳斯公司、都乐食品公司、SBS通信公司、雅芳产品公司和施乐公司都设有多元化管理项目来专门处理这类问题。

2.5.3 创业创新精神

实际上,在每天的生活中,你都会读到和听说关于企业家的故事,如果你阅读当天的报纸或者是新出版的杂志,或者是在某个新闻网站上,你都会发现至少一个或多个关于创业者或者创业型企业的故事,创业者精神已成为一个日益普遍的话题,它的含义究竟是什么呢?

创业精神(Entrepreneurship)是一个过程,即某个人或者某个群体通过有组织的努力,以创新的和独特的方式追求机会、创造价值和谋求增长。创业精神包括发现机会和调动资源去开发这些机会。关于创业精神的定义包括3个重要的主题:一是对机会的追求,创业精神是追求环境的趋势和变化而且往往是尚未被人们注意的趋势和变化。例如,杰夫·贝索斯是亚马逊公司的创始人,他曾经是一个成功的程序员,在20世纪90年代中期供职于华尔街的一家投资企业。他注意到,统计表明利用万维网(World Wide Web)和互联网的用户数在呈现爆炸性的增长,他决定放弃他的工作而去追求他认为将出现巨大机会的互联网零售市场,历史表明他的选择是正确的。今天亚马逊公司通过它的知名网站销售书籍、音像制品、家庭装修产品、照相机、轿车、家具、珠宝以及大量的其他商品。

关于创业精神的第二个重要的主题是创新。创业精神包含了变革、革新、转换和引入新方法,即新产品、新服务或者是做生意的新方式。黛娜·莫哈哲就是一个创业精神的典型例子,作为一位对时装和流行款式很敏感的年轻女人,她不喜欢商店里出售的亮丽鲜艳的口红，她想要的是柔和的口红，当她发现她在商店里找不到这种颜色的口红时就决定自己配制它。当她听到朋友们热烈地评论她自制的颜色时，她决定制作一些口红的样品在洛杉矶的高档商店出售，正如事前预料到的，她的产品立刻销售一空。今天她的公司在全美国的时尚和新潮商店中销售完整系列的化妆品，所有这些产品都来自莫哈哲的创意。

关于创业精神的最后一个主题是增长。创业者追求增长，他们不满足于停留在小规模或现有的规模上，创业者希望他的企业能够尽可能地增长，员工能够拼命工作。因为他们在不断地寻找新趋势和机会，不断地创新，不断地推出新产品和新的经营方式。

创业精神在全世界范围内将始终是一股重要的社会力量，无论是营利性组织还是非营利性组织都需要创业精神，也就是说都需要追求机会、创新和成长。

2.5.4 电子企业

电子企业(E-business)是一个含义广泛的术语，它描述了一个组织通过电子联结与它的关键利益相关者开展工作的方式，以便更有效率和更有效果地实现其目标。这些利益相关者包括雇员、管理者、顾客、供应商和合作者。虽然电子企业包含了电子商务，但电子企业的含义远远超出了电子商务(E-commerce)的范畴，电子商务是企业与其利益方通过电子方式进行交换与交易的任何形式。

并不是每一个组织都是或者都需要成为完全的电子企业，电子企业的介入有3个类型。

第一种类型为电子企业增强型(Enhanced)组织，即传统的组织一方面建立电子企业能力，通常是电子商务能力，同时还维持它的传统结构。许多《财富》500强组织都是通过这种方式介入电子企业的，它们利用互联网来增强而不是取代它们传统的做生意的方式。

第二种类型为电子企业使能型(Enabled)组织，在这种类型的电子企业中，组织采用互联网来更好地完成它的一些传统的业务功能，但不销售任何东西。换言之，互联网使组织成员能够更有效率和更有效果地从事工作，组织采用电子联结来与雇员、顾客和供应商进行交流，以向他们提供信息的方式支持他们。

第三种类型是全部电子化的企业。许多企业，如亚马逊、雅虎(Yahoo)和电子港湾(eBay)公司，从一开始就是一个完全的电子企业组织，它们的全部活动都是基于互联网的，当一个组织成为一个完全的电子企业时，它们从事工作的方式会发生彻底的改变。

2.5.5 学习型组织

今天的管理者所面对的环境正在以前所未有的速度发生着变革，信息和计算机技术方面的不断创新结合市场的全球化正在创造出一个更加混乱的世界，结果许多过去的管理指南和原则，包括建立更加稳定的和可预测的环境的原则都不再适用了。在21世纪，要取得成功必须能够快速学习和响应，成功的组织将被能更有效地挑战传统智慧的管理者所领导，将被具备管理组织的知识以及能作出必要变革的管理者所领导。换言之，这些组织需要成为学习型组织。一个学习型组织(Learning Organization)应该具有发展持续学习和适应变革的能力，表2-1区分了传统组织与学习型组织的差异。

表 2-1　传统组织与学习型组织

区　　别	传　统　组　织	学　习　型　组　织
对变革的态度	只要事情还能运转就不要改变它	如果不改变它就运转不了多久
对新思想的态度	如果不能付诸实践，就不要理它	如果一再为实践所证明，就算不上什么新思想
谁对创新负责	研究与开发部门	组织中的每一个人
主要的担心	犯错误	不学习、不改进
竞争优势	产品和服务	学习能力、知识和专业技能
管理者的职责	控制其他人	推动和支持其他人

　　管理者的一个主要责任就是培育学习的环境，以建立整个组织的学习能力，包括从组织的最底层到组织的最高层和组织的所有领域。管理者如何完成这个任务，一个重要的步骤是理解知识作为一种重要资源的价值，正如现金、原材料或其他设备一样。为了说明知识的价值，设想一下如何在学院中注册课程，你与其他曾选择该课程的同学讨论过吗？你听取过他们对该教授的评价吗？在作出决定时考虑了他们的意见没有？如果你这样做了，你就是在重视知识的价值，但是在一个组织中仅仅认识到积累知识和智慧的价值是不够的，管理者必须仔细地进行知识管理。知识管理(Knowledge Management)包括培育一种学习文化，在这种文化中组织成员能够系统地收集知识并与其他组织成员共享，以便取得更好的绩效。例如，在最大的专业服务企业之一——安永公司(Ernst & Young)中，会计和顾问们将他们开发的最佳实践文档化，将他们处理过的不寻常的问题以及相关信息文档化，然后将这些知识与公司所有的员工共享。通过基于计算机的应用程序以及兴趣团体 COIN (Community of Interest)来共事，这些团体定期在全公司范围内举行会议。许多组织，像通用电气、丰田、惠普公司，已经认识到知识管理对于一个学习型组织的重要性。

　　一个持续改进的组织经常面临对从事工作的方式进行改进和变革的要求。管理者在计划、组织、领导、变革方面发挥着重要的作用，同时管理者也应该不断地改进自己的管理方式，他们应将自己的角色从上司转变为团队的领导者；不仅要告诉人们做什么和怎么做，管理者还应该发现更有效的工作方式，就是倾听、激励、指导和培养。

2.5.6　工作场所精神境界

　　什么是工作场所精神境界(Workplace Spirituality)呢？它不是一种有组织的宗教活动，而是一种对生命内在意义的认识，这种认识培育了团体环境下工作的意义，同时也受到后者的滋养。雇员通过工作和工作场所寻求存在的意义、目的和社会群体的归属感，为什么会这样？这种趋势从何而来？

　　从某种意义上说，周围发生的一切不过是更广泛的社会趋势的反映。人们希望更深刻地理解他们是什么以及他们为什么处于这个位置。他们希望从生活中得到更多的东西，而不仅仅是稳定的工作和工资支票，他们希望感受到在生活中存在某种意义以及他们是某种比自身更伟大的事物的一部分。由于这种对意义、对相互联系以及对成就的感觉不再来自家庭和社区结构，因为人们的流动性更大以及工作的时间更长，因此他们希望能够从工作场所中获得这一切，因为他们在工作场所中度过了每天除睡觉以外的大部分时间。另一种要求对日益增长的工作场所精神境界作出贡献的因素显然来自今天的组织所面对的变化和不确定性的环境。不确定性使人感到焦虑,故而他们选择从事一些精神或信仰活动。不管以什么方式,只要是人们愿意接受的方式都能够为雇员带来宁静、归属、联系、成就以及意义感。

工作场所精神境界问题对管理者意味着什么?它只是另一种风行一时的管理狂热吗?这是一个很难回答的问题,但是对工作场所精神境界与生产率关系的研究表明了一些有意义的结果,这些结果更可能使你相信,工作场所精神境界问题不会是一种一时的狂热。一项研究表明,当公司对它的雇员实施某种精神诱导项目时,生产率得到改进,雇员的流动率大幅下降。另一项研究表明,具有信仰的雇员更少会恐惧,更不太容易在价值观上作出妥协,也更能够对他的职责作出承诺。

作为一种影响管理者的现实问题,工作场所精神境界问题更可能表明管理者是如何对待雇员的以及是如何尊重和评价雇员的贡献的。它或许可以被看做是组织在处理各种事务中表现出的信任程度以及组织如何对待它的合作者的。它还可以被看做一个有道德和有责任感的管理者是怎么制定决策和采取行动的。

本 章 小 结

> 本章主要研究了我国及西方管理理论的发展历程,管理理论是一个不断发展、检验、修正、再检验的过程。
>
> 早期管理实践与管理思想。中国早期管理实践与管理思想可归纳为组织、经营、用人、理财和管物等方面。外国的管理实践和思想主要体现在指挥军队作战、治国施政和管理教会等活动之中。《圣经》、古巴比伦人、古埃及人以及古罗马人在这些方面都作出过重要贡献。
>
> 20世纪前在管理方面的主要贡献包括:阿克莱特的管理实践,亚当·斯密的劳动分工论,实行所有权与经营权的分离以及产业革命等。
>
> 19世纪末至20世纪前半期是一个管理思想多样化的时期。用科学的管理理论代替传统的经验管理,伴随着资本主义从自由竞争阶段向垄断阶段的过渡,古典管理理论逐渐形成。古典管理理论以泰勒的"科学管理理论"、法约尔的"一般管理理论"、韦伯的"行政组织理论"为代表。
>
> 泰勒的"科学管理理论"冲破了产业革命以来一直沿袭的传统的经验管理方法,将科学管理引进了管理领域,并且创立了一套具体的管理方法,这在管理理论发展史上具有划时代的意义。

江淮汽车公司的学习型组织建设

江淮汽车从 1996 年开始进行学习型组织的创建,从那个时候就提出了核心理念:系统思考、团队学习。要永远保持企业的发展,就必须走创建学习型组织这一条路。建立科学的体制和管理方法固然是关键,但一个企业无论引入了多少现代的体制和管理方法,也无论这个企业如何仿效最先进的行政管理制度;如果执行这些制度并使之付诸实践的人没有从心理、思想和行动方式上实现由传统人到现代人的转变真正能顺应和推动现代经济制度的健康发展，那么，这个企业的可持续性发展就只能是徒有虚名。所以 JAC 首先是从人的方面入手，提出了大人才观。

(1) 人才和资讯才能决定企业的未来。企业的领导只有认识到人才的战略作用，才能切实采取措施去培养、造就人才，人才才有发挥作用的场所和机会。在江淮公司中，每一个员工心目中都有一个战略模型，它是由技术创新、管理创新和制度创新构成。这三个创新互为关系，相辅相成，支撑江淮汽车公司，而作为这个大厦的基础就是金字塔式的全员的培训工程。江淮公司多年的企业文化建设和学习力的培育使得企业始终保持一种活力，能不断地克服成长的瓶颈，达到永远发展的目的。

(2) 每一个岗位上有造诣有贡献的人都是人才。对不同的企业而言，由于企业文化、经营理念等差异，外来的和尚未必会念经，这也是不少大公司花大量的精力培养内部人才的原因。提出对企业有贡献的人都是人才，从而全面调动公司员工的积极性和创造性，促进企业自有人才的培养和产生。

(3) 品德永远第一。人才的首要条件是有健康的品格、扎实的工作作风、正确的价值观、积极的人生态度。只有，品格好就会产生信任。一个有着优良合作气氛、积极向上态度的团队才能创造品质和利润。即：品德好——产生信任——信任产生合作——合作形成团队——团队创造品质和利润。

在提出了自己的人才观后，怎样才能指导每个员工通过自身的学习和努力成长为人才呢？为此，JAC 相应地提出了自己的学习观。

(1) 向一切可以学习的人学习、向一切可以学习的事学习。学习就是提高创新能力的过程，学习不仅是学知识，更是学习运用知识的能力。如果需要重新就不是真正意义上的学习。江淮人提倡："学习无处不在，学习无时不有"的学习态度，事实上是提倡一种开放接纳包容之心。有了这种心态就会消除人与人之间的防备心里，促成人与人之间的合作。JAC 董事长左延安经常说："让员工学会用心做事，才是管理的最高境界。"

(2) 学习是最大的福利，是对员工最高的奖励。伴随着知识经济和信息时代的到来，学习已经成为每一个人人生阶段不可缺少的一种成长手段，是"从摇篮到坟墓"一生不断的持续过程。但由于种种原因，企业的培训工作往往得不到认可，员工大半是被迫、被动地接受培训，结果是出力不讨好。而 JAC 则认为，培训是对员工的最大福利，对员工的最高奖励就是提供一次免费的外出学习机会。为了给大家提供这样的机会，江淮公司培训是采取竞培的方式，尤其是研究生这级的培训和境外培训。受训人员自己报名，然后进行考试，同时对绩效进行考核，最后选拔确定人员。不论资排辈，极大地促进了年轻员工的成长，同时也让老员工感到一定的压力和危机感。

(3) 学习是一项回报颇丰的投入，提倡终身学习当今，学习被视为一种投资而不只是单纯的花钱。如果说企业在员工培训上每投入 1 美元便可以在未来获得数倍的回报缺乏足够的说服力和可信度的话，那么，世界上的优强企业在培训上的大量投入从侧面也折射出这个道理。美国通用(GE)将公司销售收入中的 7%投于职工培训，每名职工的年培训费为 1 万美元。但由于种种原因，长期以来很多企业都不能把这种回报颇丰但不一定马上见效的投入落到实处。JAC 的领导者则以自己的战略眼光、胆识和责任，坚持不懈地对学习和培训实施战略性投资。在 JAC，培训被当作是压倒一切的"一把手"工程，他们建有自己的培训中心，中心主任相当于副总经理层级。有专门的教学大楼和实训大楼，制定了严格的培训制度。中心许多设施都是全公司最好的。江淮汽车有限公司培训副总、培训中心主任属易成说，过去作为培训师，她主要是调动自己知识来教学员，而现在是让学员参与到学习中来，形成一种互动的全新的培训模式。江淮公司的目标是把企业变为一所学校。

(4) 学习的最主要任务之一是学会学习。21 世纪的文盲就是那些不会学习或者说没有学习能力的人，当今世界，一方面知识总量成倍增长，另一方面知识又变得十分脆弱，更新速度加快。因此，学会学习，防止知识陈腐，必然成为当今学习的最主要任务之一，而学习力则成为企业新的核心竞争力。彼得·圣吉称未来成功企业必将是"学习型组织",变动时代唯一的竞争力,是有能力比你的竞争对手学习得更快更好。为了顺应组织变革的需要,JAC 对施训者提出了转变观念上的要求:过去是"我能教他们什么",老师有什么知识,就传授什么知识。现在,则是"我怎么促成他们进行学习"。老师由知识的传授者变为引导者、激发者,目的是促使学习的产生,让别人学会学习。

【讨论题】

1. 江淮汽车的人才观和学习观的特色是什么?
2. 通过本案例你有什么启示?

自我检测题

一、单项选择题

1. 管理学理论的构建者法约尔是(　　)。
    A. 美国人　　　　B. 法国人　　　　C. 英国人　　　　D. 德国人
2. 泰勒对管理理论的最大贡献是(　　)。
    A. 创建了管理理论
    B. 进行了动作研究
    C. 提出了科学管理是管理双方的一次思想革命
    D. 使美国的工厂生产效率大幅度上升
3. 管理理论中有一种理论称为"权变理论",你认为该理论是(　　)。
    A. 权宜相变的理论　　　　　　　B. 关于权力的理论
    C. 关于领导的理论　　　　　　　D. 关于权力变化的理论
4. 在非正式组织中,以(　　)为重要标准。
    A. "效率的逻辑"　　　　　　　B. "感情的逻辑"
    C. "工人的逻辑"　　　　　　　D. "管理人员的逻辑"
5. 决策论学派认为,管理就是(　　)。
    A. 计划　　　　B. 组织　　　　C. 协调　　　　D. 决策
6. 系统管理学派的管理思想基础是(　　)。
    A. 运筹学理论　　　　　　　　B. 经济学理论
    C. 一般系统理论　　　　　　　D. 管理过程理论
7. 现代管理理论将人看做是(　　),认为人是怀着不同需要加入组织的。
    A. 经济人　　　　B. 社会人　　　　C. 复杂人　　　　D. 系统人
8. "组织的目标、工作的性质、职工的素质等对组织结构和管理方式有很大的影响。"这一观点是(　　)理论中提及的。
    A. X 理论　　　　B. Y 理论　　　　C. Z 理论　　　　D. 超 Y 理论

二、简答题

1. 简述泰勒科学管理的主要内容。
2. 法约尔对管理理论的创新表现在哪些方面?
3. 经验管理学派的主要观点是什么?
4. 决策理论学派的只要观点是什么?
5. 简述系统理论学派的主要观点。

三、论述题

1. 试评价泰勒科学管理理论对企业管理的贡献以及其局限性。
2. 论述行为科学理论及其在我国企业管理中的应用。

【人力资源管理】

第 3 章

管理决策

学习目的

- 理解决策的概念与特点
- 掌握决策的分类和过程
- 了解决策与管理的关系
- 理解决策的影响因素
- 掌握决策的一般方法及具体运用
- 了解最新决策思想、理论和方法

被困的老虎

有这样一个寓言。山间的小路上，老虎踏进了猎人设置的锁套之中，挣扎了很长时间后，都没有能使自己的脚掌从锁套中解脱出来，眼见猎人一步一步逼近，老虎一怒之下，奋力挣断了这条被套住的脚掌，忍痛离开了危险地带。老虎断了一只脚自然是很痛苦的，但是保存了性命则是一个聪明的选择，所谓"断尾求生"，就是这个道理。美国奇异公司的前执行长威尔逊曾把许多业绩不在业界前两名的事业部关闭，某银行把700多亿元的不良资产出售给资产管理公司，这些都是痛苦的决定，但是为了整体的利益，经营者须当机立断，拿出勇气和魄力作出决定；同样，美国美林证券公司的创始人查尔斯·梅里尔对股票投资有着惊人的洞察力，在1929年美国大萧条来临之前他预测到股市将会遭受重创，因此早在1928年梅里尔就开始提醒他的顾客出售手中的股票，几乎所有的人都对他的意见嗤之以鼻。但是梅里尔相信自己的判断，及时将公司的大部分股票兑成现款，从而让美林证券公司逃过了那场大劫难，他也由于这一明智之举而永载美国金融界史册。

思考： 根据上述寓言，你认为什么是决策？

3.1 决策概述

人类的实践活动是在理想和意图的支配下，为达到一定目的而进行的。决策是"人"对未来实践活动的理想、意图、目标、方向和达到理想、意图、目标和方向的原则、方法和手段所做的决定。决策的本质及其哲学意义是在主观与客观、理论与实践这个矛盾对立统一体的不断运动、变化和发展过程中，主观或理论对客观世界的认识和对未来实践的驾驭能力。

在日益复杂多变的经营环境中，现代企业要始终立于不败之地，必须认识到：决策指导管理，而非取代管理；同样，管理辅助决策，也无法代替决策。必须能把正确的决策和有效的管理有机结合起来，并且相互制约，才能实现持续、稳定和健康的发展。1978年度诺贝尔经济学奖金获得者赫伯特·西蒙提出：决策贯穿管理的全过程。决策是管理的核心，组织中，管理人员的重要职能就是做决策。企业组织中的高层管理者制定关于整个组织发展的决策，例如，研究开发新的市场、选择厂房的地点、提供产品与服务的类型等；中层和基层管理者负责制定季度、月份和每周的生产、销售进度决策，处理一般事务以及薪酬水平的调整、员工的招募、选择和培训等。但制定决策这一活动并不仅限于组织中的管理者，可以说，组织中的每一个人都会作出各种各样的决策，决策的技术高低对于决策者本人的工作以及所处的团体、组织都会产生决定性的影响。

总之，在任何组织中，所有的管理者都必须进行决策，而这些决策的影响最终将不仅仅局限在组织绩效的某个方面，有时甚至会关系到组织的生存与发展，特别是在竞争日益激烈、竞争焦点日益集中到争夺信息资源的今天，情况更是如此。因此，作为管理者，必须掌握决策的基本知识，认识和重视决策，并不断提高决策技能，这是组织发展的客观要求。

3.1.1 决策的概念

决策活动是管理活动的重要组成部分。作为管理学的一个特定术语，决策这一概念的含义要广泛得多。凡是根据预定目标作出行动的决定都可称为决策。

广义的决策是指为了达到某个行为目标，在占有一定信息的基础上，借助于科学的理论、方法和工具，对影响目标的各种因素进行分析、计算和评价，结合决策者的经验，从两个以上的可行方案中选择一个最优的方案。

由此可见，决策并不是一个瞬间做决定的问题，因为人们对行动方案的确定并不是突然做出的，要经过提出问题、收集资料、确定目标、拟订方案、分析评价、最终选定等一系列活动环节，而在方案选定之后，还要检查和监督它的执行情况，以便发现偏差，加以纠正。其中任何一个环节出了毛病都会影响决策的效果。因此，一个好的决策者必然要懂得正确的决策程序，知道其中每个环节应当如何去做和要注意什么。

决策的狭义解释是把决策仅仅理解为行动方案的最后选择，如人们常说的"拍板"。其实，判断、选择或"拍板"仅仅是决策全过程中的一个环节，如果没有"拍板"前的许多活动，"拍板"必然会成为主观武断的行为。

对决策这个概念还有一种最狭义的解释，即仅指在不确定条件下的方案选择。这类决策由于要面对客观环境中的不可控因素，故要冒一定风险，所以，有人认为，这种要承担风险因而要靠决策者的个人态度和决心来进行的抉择才是决策。

案例 3-1

马云：领导者的决策就是"舍"和"得"

马云 2005 年在东莞网商论坛上的演讲：容易做的决策一定是个臭决策，好决策往往在取舍之间，你都不知道是对还是错。领导者的决策就是"舍"和"得"，阿里巴巴犯过很多错误，但是在取舍方面却能看出决策好坏的分别。1999 年我提出一个口号，做 80 年的企业，这个 80 年是如何定出来的？我是拍脑袋说出来的。1999 年的中国很多互联网企业上市 8 个月后，就跑掉了。后来，全中国人民都在讲互联网上市圈钱后就跑。所以，我们在公司提出，我们要做 80 年的企业，反正你们待多久我不担心，我肯定要办 80 年。直到今天我还在说我不上市，所以很多为了上市而来的人，就撤出去了。其实很多人关心说，阿里巴巴的业绩很好，为什么不上市？我提出 80 年的目标，让那些心浮气躁的人离开。

背景分析：马云的"舍"和"得"理念背后，是他颇为强调的"务实"精神。在他看来，做企业一定要务实，要收益必须要先投资，这个逻辑是不容置疑的。在"舍"方面，马云曾抵挡过很多诱惑，比如短信、游戏、房地产等。在"得"方面，比如毫不手软，巨资打造淘宝。推出淘宝，马云有着非常务实的理念，2003 年的非典唤醒了人们网上购物的意识，调查显示，有超过 68%的网民表示会在未来一年尝试进行网络购物，这完全能够支撑起大型电子商务网站。马云表示，阿里巴巴进入淘宝不是为了搅局，而是为了做大做好这个市场，因为市场靠一家是做不好的，以后会有更多类似于淘宝及易趣的网站进入 C2C 这个领域。

3.1.2 决策的类型

1. 按决策的层次划分

(1) 战略决策：指与发展方向和远景规划等有关的决策，即重大方针、目标，为适应环境发展变化所做的高层次决策。通常包括组织目标、方针的确定，组织机构的调整，企业产品的更新换代、技术改造等，这些决策牵涉组织的方方面面，具有长期性和方向性，其特点是：影响的时间长，范围广，较多地注意外部环境的影响，如国家有关的政策法令、科学技术的发展、物资供应及市场销售条件等。

(2) 组织内管理决策：是在组织内贯彻的决策，属于战略决策执行过程中的具体决策。管理性决策旨在实现组织中各环节的高度协调和资源的合理使用，如企业生产计划、营销计划、人员选聘、财务预算等。它是执行战略性决策时，在组织和管理上合理选择和使用人力、物力、财力等方面的决策，其特点是：执行性的、影响的时间段短，范围小，较多注意内部环境各因素间的关系。

(3) 业务决策：也称日常管理决策，是日常工作中为提高生产效率、工作效率而做出的决策，牵涉范围较窄，只对组织产生局部影响。以生产性企业为例，属于业务决策范畴的主要有：工作任务的日常分配和检查、工作日程(生产进度)的安排和监督、岗位责任制的制定和执行、库存的控制以及材料的采购等。

2. 按决策的重复性划分

从决策涉及问题的重复性来看，可把决策分为程序化决策与非程序化决策。

组织中的问题可分为两类：一类是例行问题；另一类是例外问题。例行问题是指那些重复出现的、日常的管理问题，如管理者日常遇到的产品质量、设备故障、现金短缺、供货单位未按时履行合同等问题；例外问题则是指那些偶然发生的、新颖的、性质和结构不明的、具有重大影响的问题，如组织结构变化、重大投资、开发新产品或开拓新市场、长期存在的产品质量隐患、重要的人事任免以及重大政策的制定等问题。

程序化决策涉及的是例行问题，而非程序化决策涉及的是例外问题。

3. 按参与决策的人数划分

按照参与决策的人数划分，可把决策分为个人决策与群体决策。

(1) 个人决策。个人决策是指决策过程中，最终方案的选择仅仅由一个人决定，即决策的主体是一个人，也称作独裁决策。在独裁决策中，常常要运用直觉决策，即从经验中提取精华的无意识过程。在独裁决策中，管理者运用专业知识和过去已习得的与情境相关的经验，在信息非常有限的条件下迅速做出决策选择。

(2) 群体决策。决策是在一定历史阶段产生并发展起来的，体现着时代的特征。随着环境的变化，决策也日益呈现出一些新的特点，其中最典型的就是群体决策受到重视并迅速发展。群体决策是为充分发挥集体的智慧，由多人共同参与决策分析并制定决策的整体过程。其中，参与决策的人组成了决策群体。

那些复杂的决策问题往往涉及目标的多重性、时间的动态性和状态的不确定性，这是单凭个人的能力远远不能驾驭的。为此，群体决策因其特有的优势得到了越来越多的决策者的认同并日益受到重视。

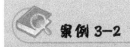

群体决策的优势

中国东部地区某个工业城市，随着经济保持高速发展，汽车拥有量不断攀升，空气质量急剧下降，污染日益严重。在国家提倡低碳发展的背景下，该市政府计划每年从市财政中拨出 8 000 万元专门用于防治污染和支持低碳产业发展。为此，市政府首先进行了一项民意调查。调查显示，绝大多数的市民对政府的该项决定持赞成态度，市人民代表大会常委会也以 2/3 的票数通过了该决议。于是，政府决定执行这项决议，并向相关部门广泛的征集实施方案，接着经过多方反复的论证，最终确定了一个具体方案。此后几年的实施过程中，该市的污染情况得到明显改善，工业经济走上了可持续发展的道路。

本案例中采用的决策方式属于群体决策，具有以下优点：①能够集思广益，群策群力集中更多、更全面的知识、技能和信息，为解决问题提供较多的处理意见和可供选择的决策方案；②群体成员在决策过程中，伴随着满意度的增加会表现出对决策的支持，从而使之易于执行；③群体决策是组织中很重要的沟通形式，通过群体决策可以加强组织中不同水平的沟通，促进人际关系的发展，增强组织的凝聚力。

4．按决策的自然状态划分

(1) 确定型决策：是指在稳定(可控)条件下进行的决策。在确定型决策中，决策者确切知道自然状态的发生，每个方案只有一个确定的结果，最终选择哪个方案取决于对各个方案结果的直接比较。

(2) 风险型决策：也称随机决策。在这类决策中，自然状态不止一种，决策者不能知道哪种自然状态会发生，但能知道有多少种自然状态以及每种自然状态发生的概率。

(3) 不确定性决策：是指在不稳定条件下进行的决策。在不确定性决策中，决策者可能不知道有多少种自然状态，即便知道，也不能知道每种自然状态发生的概率。

5．其他若干划分方式

按照时间长短划分，决策可分为长期决策和短期决策。

按照决策的目标划分，决策可分为单目标决策和多目标决策。单目标决策是指对某事物进行决策时只有一个目标；多目标决策是指对某事物进行决策时有两个或两个以上的目标。

按照决策方式划分，决策可分为定性决策和定量决策。定性决策通常指决策目标难以用数量来表示，主要靠决策者的判断来决策；定量决策则是指决策目标可以用数量来表示，并使用数量模型方法来决策。

按照决策需要解决的问题划分，决策可分成初始决策与追踪决策。初始决策是指组织对从事某种或某个活动方案所进行的初次选择；追踪决策是由于环境变化或组织对环境特点认识的变化，而在初始决策的基础上对活动方向、内容或方式进行的重新调整，显然，组织中的大部分决策当属追踪决策。

3.1.3 决策的特点

决策作为一项重要的管理活动，其特点主要表现在以下几个方面。

1. 决策的普遍存在性

决策是日常组织活动的重要内容，对于管理者或一般组织成员，无论在生产、营销或是财务领域，都不可避免地面临着新问题或出现的新机会，需要科学地解决问题或利用机会做出决策。即使是进行旨在避免做出决策的活动本身也是一种决策。可以说，时时有决策，事事有决策。另外，进行一项特定决策的过程本身是一个更复杂的决策过程。例如，制订行动方案阶段之前需要调查信息，对所需调查的信息内容及其获取途径进行决策；某些阶段中的问题或机会可能会产生出若干次要问题，这些次要问题又各有其特定的决策过程。

2. 决策的时效性

决策是在特定的情况下，把组织的当前情况与使得组织步入未来的行动联系起来，并旨在解决问题或把握机会的管理活动。这就决定了决策必然要受时间的制约，一旦超出了时间的限制，情况发生了变化，再好的决策也不可能达到预期目标。

3. 决策的满意性

即使按照最优化准则，决策的完全合理性是难以达到的。首先，信息的不完全性和未来的不确定性，使得不可能拟定出全部方案，也很难从中选择最优的一个；其次，决策过程中需要支付的"机会成本"同时包括所需信息的收集与处理费用等，"最满意收益"的本性和决策的价值决定了决策者必然会在收益与费用、成本之间做出权衡，在时间和环境的限制下，利用适量但充分的信息合理地选择并执行某一行动方案；再次，即使用了最先进的决策分析手段，也不可能对各种可能结果形成一个完全而一贯的优先顺序；最后，由于参与决策者的偏好不同，对"完全合理"决策的理解和要求也不相同，即据此进行决策并选择行动方案的"标准"可能不同。结果，不同的人或群体针对同一问题进行决策，所得到的结果很难达到统一，只能是分别遵循各自的满意性原则。

4. 决策的内部性和外部性

一方面，任何决策都不可能脱离特定的环境而独立存在，因而必然受环境的影响；另一方面，任何决策者进行决策的过程都不是孤立的，在他们进行决策的同时，组织内部或外部的其他人员也在做着各式各样的决策，这些决策必将在受到特定环境制约的同时对环境产生一定的影响，甚至会改变环境，这些决策不可避免地以特定的环境为中介而相互发生作用。因此，在决策者进行决策前，必须首先把握其他人的决策可能会同自己的决策发生的矛盾或影响。例如，竞争对手对自己的降价决策会做出什么反应等。

5. 决策的动态性

决策目标的制定以过去的经验和组织当前的状况为基础，决策的实施将使组织步入不断发展变化的未来。在此过程中，任何可能对决策条件产生影响的因素的变化都要求在一定程度上修正决策，甚至重新决策以适应变化了的决策条件。另外，决策活动的相互关联性也要求决策者必须根据对其决策结果产生重大影响的其他人的决策，灵活调整自己的决策方案。这一特性在经济学的博弈论中体现的尤为明显。

案例 3-3

贝尔长盛的四大决策

美国贝尔电话公司为什么能长盛不衰？

尽管电话系统是一项典型的公用事业，但在 20 世纪初到 20 年代中期，贝尔担任该公司总裁的这 20 多年时间里，他创造了一家世界上最具规模、发展得最快、最大的私营企业。原因主要在于他当时做出了以下"四大决策"。

(1) 满足社会大众的服务要求。美国的贝尔电话公司是家私营企业，要想保持它的自主经营而不被国家接管，必须预测和满足社会大众服务的需求，所以他提出了一个"本公司以服务为目的"的口号。根据这一口号的精神，他认为应该树立一个全新的标准：衡量一个经理的工作成绩，应该是服务的程度，而不是盈利的程度。

(2) 实行"公众管制"。不能把一项全国性的电信事业看成一种传统的"自由企业"。他认为要想避免政府的接管，在管理上唯一的办法就是实行"公众管制"。所谓"公众管制"，就是坚持"有效、诚实、服务"的原则，这是符合公司利益而且事关公司生死存亡的关键所在。他把这一目标交付给各地子公司总经理，使公司从高层领导到普通员工，都能朝着这一目标共同努力。

(3) 建立"贝尔研究所"。电信事业的生存与发展，领先技术具有决定性意义。为此必须建立一个专门从事电信技术研究的"贝尔研究所"。目的是为了摧毁"今天"，创造一个美好的"明天"。

(4) 发行股票开拓大众资金市场。贝尔设想发行了一种 AT&T(美国电话电报公司)股票，来开拓着眼于社会大众的资金市场，以避免通货膨胀的威胁。正是得益于他的建设性计划，贝尔公司长期以来始终保持着源源不断的资金来源。

3.1.4 决策与管理的关系

决策是"做正确的事"，而管理是"正确的做事"。现代企业必须做到决策、管理和监督三位一体，才可能生存和发展。同时，从企业内部来看，决策和管理又是相辅相成的两套职能系统，甚至是发展的"双翼"，缺一不可，否则只能是停滞不前。此外，决策和管理之间的具体关系可以归纳为以下几点。

1. 决策是管理的核心

美国学者孔茨认为"拟定决策，即从行为过程的各个抉择方案中作出选择"是计划工作的核心。决策是管理的基础和起点，决策的优劣直接制约着管理的好坏。管理的计划、组织、指挥、协调和控制等职能活动的中心工作就是进行各种各样的决策。在实施组织职能时，机构设置、人员配备、权责划分等都是需要决策的重大问题；在指挥职能中，怎样使人力、财力和物力按照预期的目标有效地运转起来，需要大量的决策，例如，建立什么模式的行政指挥体系、资源的调配、领导方式以及人员激励等决策；在履行监督和调节职能时，建立信息反馈系统、建立调节监督制度、对监督结果的处理等都需要管理者作出科学合理的决策。在一定程度上可以说，管理职能活动是由一系列的决策构成的。可见，管理决策不仅仅是计划的核心，而且也是其他管理职能工作的中心任务。

【名人简介】

2. 决策贯穿于管理始终

决策是管理的主要内容，贯穿于管理的全过程。决策是管理的基础，并非只是对目标的确定。管理是一个过程，是计划、组织、领导、控制的过程。而计划、组织、控制等每一个步骤都离不开决策。确定了目标只是管理的开始，为了达到目标，必须拟订一个计划，将实现目标的过程分为一个个阶段和步骤，预先确定先做什么，如何做，由谁去做。计划是对实现目标的各种未来行为过程作出安排，为通向目标架设桥梁。

3. 管理与决策相互制约

决策与管理，作为人类一种最基本的实践活动，两者关系密不可分，相互制约。

管理的成败在很大程度上体现了决策的有效性。在当代社会经济生活中，企业面临的外部环境变化剧烈，企业的生存和发展并不完全取决于运营活动本身，而在更大程度上取决于决策的正确性。决策失败的损失是惨重的，而且在短期内是无法挽回的。

管理离不开决策，决策中有管理。人们逼近目标靠的是决策，而决策的有效实施依靠的又是管理。决策水平不同会导致不同的管理效果，管理的效能反映了决策的水平。在条件既定的情况下，有利的客观条件可能因决策失误而丧失殆尽，而不利的客观条件却因决策成功而获得转变。决策正确与否会直接关系到组织的生存与发展。

4. 正确决策源自管理理论与实践的完美结合

正确的决策来源于丰富的管理实践经验和管理理论的指导。管理实践是管理理论的基础，管理理论反映并指导管理实践的发展。管理的理论、方法来自实践，一定时期的管理理论，既是适应这一时期管理实践的要求而产生的，又是对这一时期管理实践的一定程度的客观反映。然而，正如世间万物都是有其内在的规律性，但并非人人都能掌握它，并非参与管理的人都懂得管理理论，因为管理理论不是管理实践的自发产物，它是管理活动和过程的自觉总结。因此，管理者只有在管理实践中善于思考、学习和总结，不断积累知识，才能将实践经验上升为理论，从而反过来指导实践。对于整个管理过程来说，决策是一项创造性的思维活动，体现了高度的科学性和艺术性。

案例 3-4

经营决策案例给我们的启示

在棋界有句话："一着不慎，满盘皆输；一着占先，全盘皆活。"它喻示一个道理，无论做什么事情，成功与失败取决于决策的正确与否。科学的经营决策能使企业充满活力，兴旺发达，而错误的经营决策会使企业陷入被动，濒临险境。纵观世界各国，经营决策失败的有之，当然，也不乏成功的案例。从以下的案例中可以得到许多有益的启示。

案例一：1985 年，由马来西亚国营重工业公司和日本"三菱"汽车公司合资 2.8 亿美元生产的新款汽车"沙格型"隆重推向市场。马来西亚政府视之为马来西亚工业的"光荣产品"，产品在推出后，销售量很快跌至低潮。经济学家们经过研究，认为"沙格型"汽车的一切配件都是从日本运来的，由于日元升值，使它的生产成本急涨，再加上马来西亚本身的经济不景气，所以汽车的销售量很少。此外，最重要的因素是政府在决定引进这种车型时，主要考虑的是满足国内的需要。因此，技术上未达到先进国家的标准，无法出口。由于在目标市场决策中出现失误，"沙格型"汽车为马来西亚工业带来的好梦只是昙花一现而已。

此例说明，科学经营决策的前提是确定决策目标。它作为评价和监测整个决策行动的准则，不断地影响、调整和控制着决策活动的过程，一旦目标错了就会导致决策失败。

案例二：1962 年，英法航空公司开始合作研制"协和"式超音速民航客机，其特点是快速、豪华、舒适。经过 10 多年的研制，耗资上亿英镑，终于在 1975 年研制成功。随着时间的流逝，能源危机、生态危机威胁着西方世界，乘客和许多航空公司都因此改变了对航空客机的要求。乘客的要求是票价不要太贵，航空公司的要求是节省能源，多载乘客，噪声小，但"协和"式飞机却不能满足消费者的这些要求。首先是噪声大，飞行时会产生极大的声响，有时甚至会震碎建筑物上的玻璃。再就是由于燃料价格增长快，运行费用也相应大大提高。这些情况表明，消费者对这种飞机的需求量不会很大。因此，不应大批量投入生产，但是，由于公司没有决策运行控制计划，也没有重新进行评审，而且，飞机是由两国合作研制的，雇佣了大量人员参加这项工作，如果中途下马，就要大量雇遣人员。上述情况使得飞机的研制生产决策不易中断，后来两国对是否要继续协作研制生产这种飞机发生了争论，但由于缺乏决策运行控制机制，只能勉强将决策继续实施下去。结果，飞机生产出来后卖不出去，原来的宠儿变成了弃儿。

此例说明，一项决策能否最后取得成功，除了决策本身的优劣外，还要依靠对决策运行的控制与调整，包括在决策执行过程中的控制，以及在决策确定过程中各阶段的控制。

3.1.5 决策理论类型

1. 古典决策理论

古典决策理论主要盛行于 1950 年以前。基于"经济人"假设的古典决策理论又称规范决策理论，其核心思想是应该从经济的角度来看待决策问题，即决策的目的在于为组织获取最大的经济利益。古典决策理论的假设条件：决策环境条件的稳定性可以改变，作为决策者的管理者在完全理性且充分了解有关信息情报的情况下，是完全可以做出完成组织目标的最佳决策的。由于古典决策理论模型忽视了某些重要非经济因素在决策中的作用，虽然描述了决策者应该怎样做出决策，但不能告诉管理者实际上是如何制定决策的。这种理论无法指导实际的决策活动，从而逐渐被更为全面的行为决策理论代替。作为一种理想的决策模型，古典模型的价值在于它促使管理者在制定决策时具有理性，在程序化决策、确定性决策与风险性决策中，古典模型具有很强的应用价值。例如，过去许多高级管理人员仅仅依靠个人的知觉和偏好来制定决策。近年来，由于定量决策技术的发展，古典模型得到了广泛应用。

2. 行为决策理论

行为决策理论发展的第三个阶段从 20 世纪 80 年代中后期开始至今。行为决策理论中讨论的偏离传统最优行为的"决策偏差"绝大部分是在这个时期研究发现的。值得注意的是，该理论在这个阶段已经开始建立基于人们实际决策行为的描述行为决策模型，其主要内容包括：①人的理性是有限的，介于完全理性和非理性之间；②决策者在识别和发现问题时容易受知觉偏差的干扰，作出判断的过程中直觉的运用往往多于逻辑分析方法的运用，所谓知觉上的偏差，是指由于认知能有限，决策者仅仅把问题的部分信息当作认知对象；③由于时间和可获资源的限制，决策者的选择是相对理性的，即使充分了解和掌握有关信息，也只能做到尽可能了解各种备选方案的信息，而不能了解全部；④在风险型决策中，与经济利益的考虑相比，决策者对待风险的态度起着更为重要的作用。尽管风险较大的方案可能会带来较为可观的收益,但决策者一般厌恶风险,偏爱风险较小的方案,倾向于规避风险;⑤决策者在决策中往往遵循"最满意原则",而不愿费力寻求最佳方案。

3. 其他几种决策理论

决策理论的种类较多,不同学者阐述问题的角度也各不相同,现归纳为以下几种决策论。

(1) 完全理性决策论。完全理性决策论又称客观理性决策论。代表人物有英国经济学家杰里米·边沁、美国科学管理学家弗雷德里克·泰罗等。该理论认为,人是坚持寻求最大价值的经济人,即人具有最大限度的理性,能为实现组织和个人目标做出最优的选择。因此,根据完全理性决策论,决策者在决策前能全盘考虑一切行动,以及这些行动所产生的影响,并且按照自身的价值标准,选择最大价值的行动为对策。显然,这种理论只是假设人在完全理性下决策,而不是在实际决策中的状态。

(2) 连续有限比较决策论。连续有限比较决策论的代表人物是赫伯特·西蒙。该理论认为,对于具有有限理性的行政人,预见一切结果是不可能的,人的实际行动不可能完全合乎理性,只能在供选择的方案中选出一个"满意的"方案。事实上,理性程度对决策者有很大影响。由于"行政人"对行政环境的看法的简化,往往抓不住决策环境中的各种复杂因素,而只看到几个有限方案及其部分结果。

(3) 理性、组织决策论。理性、组织决策论的代表人物有美国组织学者詹姆斯·马奇。他承认个人理性的存在,并认为由于人的理性受个人智慧与能力所限,必须借助组织的作用。通过组织分工,每个决策者可以明确自己的工作,了解较多的行动方案和行动结果。组织提供给个人以一定的引导,使决策有明确的方向。组织运用权力和沟通的方法,使决策者便于选择有利的行动方案,进而增加决策的理性,而衡量决策者理性的根据是组织目标而不是个人目标。

(4) 现实渐进决策论。现实渐进决策论的代表人物是美国的政治经济学者查尔斯·林德布洛姆。这种理论强调现实和渐进改变,受到了行政决策者的重视。与其他理论不同,该理论的基点不是人的理性,而是人所面临的现实,并对现实做渐进改变。决策的时间、费用是有限的,而且决策者不可能拥有人类的全部智慧和有关决策的全部信息,故只能采用应付局面的办法,在"有偏袒的相互调整"中做出决策,即决策程序要简化,决策要实用、可行并符合利益集团的要求,才有利于解决现实问题。

(5) 非理性决策论。非理性决策论的代表人物有奥地利心理学家弗洛伊德和意大利社会学家帕累托等。该理论从人的情欲作为基点。认为人的行为在很大程度上受潜意识的支配,在不自觉、不理性的情欲控制下,决策者在处理问题时常常感情用事,做出不够理智的选择。

3.2 决策的基本程序及影响因素

3.2.1 决策的基本程序

由于决策所要解决的问题复杂多样,决策的程序也不尽相同,管理者只能结合自己的能力选择相适应的问题进行决策,但一般都遵循一些基本程序。管理决策的过程可分为问题识别、确定目标、拟定备选方案、评估和优选方案、贯彻实施、反馈及控制 6 个阶段(图 3.1),这种划分是相对的,既可简化步骤,也可具体细分,有的分 3 大步骤,有的分 8 个阶段,但其逻辑顺序和科学要求基本上是一致的。每个步骤都可能是向前一个或前几个步骤反馈的循环过程。

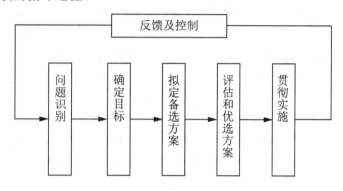

图 3.1 决策的基本程序

1. 问题识别

任何决策都是从发现和提出问题开始的。大多数时候,识别决策问题、明确决策的需要并不简单,往往会有多种因素在起着重要的作用。作为管理者,需要在管理活动中对现状与理想状况自觉地进行比较。管理者在识别某一决策需要的时候,可能是主动去识别,也可能是被动地去识别,重要的问题在于,管理者必须识别决策的需要,并且要以及时和正确的方式作出反应。

所谓问题,是指应该或可能达到的状况同现实状况之间的差距,也表现为需求、机会、挑战、竞争、愿望等,是一个矛盾群,是客观存在的矛盾在主观世界中的反映。矛盾的复杂性决定着决策中问题的复杂程度。矛盾群是决策的问题源,但并非任何问题都要决策,面对纷繁复杂的问题,要经过一系列思维活动,对问题进行归纳、筛选和提炼,善于抓住有价值的问题,把握其关键和实质。如果主要的问题没有抓住,或者抓得不准,决策就很盲目了。

管理决策的问题识别包括两个方面:一是要弄清问题的性质、范围、程度以及价值和影响。不能停留在表面现象和笼统的感觉上,要分析问题的各种表现、同未来需要的不适应状况。区分问题的不同类型,诸如全局性的或局部性的、战略性的或战术性的、长远性的或暂时性的、已经显现的或潜在的、能够解决的或暂时无条件解决的等。要搞清问题之间的相关性、层次性、历时性,认识其状态趋势和特点。没有对问题本质的、整体的认识,没有把握客观事物的运动规律,就没有决策的正确方向和前提。为能抓准问题,必须进行深入的调查研究,搞清事实,明确问题。二是要找出问题产生的原因,分析其主观原因与客观原因、主要因素与次要因素、直接原因与间接原因等。对问题产生的原因做纵向和横向分析。纵向解剖是指从问题的表面开始进行分析,层层深入,究其根底。横向分析是指将同一层次的原因及其相互关系搞清楚,从而找出主要原因。

2. 确定目标

识别出管理决策问题后,需要确定目标。所谓目标,是指在一定条件下,根据需要和可能，在预测的基础上的终极要求，或决策所要获得的结果。有的企业需要解决扭亏为盈问题，有的企业需要解决微利问题，而有的企业需要解决因产品质量下降带来的困境等。需要解决的问题各种各样，而这些需要解决的问题又都是非程序化的新问题；或者虽已程序化，但由于情况发生变化，需要重新识别问题，这些问题都可以作为管理决策的目标。因此，确定决策目标是整个决策过程的出发点，是科学决策的重要一步。

竞争条件下企业产品市场销售期望利润、期望收入、市场占有率及设备投资期望达到的产品生产增长量等都可作为企业的决策目标。决策目标应当符合先进性、合理性和可能性要求，即技术上的先进性、经济上的合理性和客观条件的可能性相结合，并尽量做到定量化，避免出现由于模糊不清的目标所造成的混乱。

具体来说，确定目标时要考虑以下几个问题。

(1) 目标要可以计量，限定完成的时间及主要负责人。决策最终是为了达到最初确定的决策目标，对于目标成果的计量可使决策工作的方向性更为明确，时间的有限性提高了工作效率。

(2) 目标要确定约束条件。约束条件主要有资源条件、质量规格、时间要求及法律、制度、政策等限制性规定，例如，生产企业把产值、利润增长一倍作为目标，同时要规定在产品的品种、结构、质量、规格符合一定的前提下来完成。执行的结果如不符合这些条件，那么即使产值、利润的计划已经完成也不算达到了目标。

(3) 建立目标体系要有层次结构。目标是由总目标、子目标、二级子目标等从上到下组成的一个有层次的目标体系，是一个动态的复杂系统。决策目标必须有总有分，目标之间相互衔接，体现目标体系的整体性。

(4) 目标的确定要经过专家与领导的集体论证。科学、合理和明确的确定目标关系到整个决策工作的成败，是决策顺利完成的基本保证，因而在下结论之前，专家和领导的集体论证是非常必要的。

3. 拟定备选方案

拟定备选方案就是针对已确定的决策目标制订出多套可能的方案，以供选择。这些方案都务必使现有的人力、物力和财力资源得到最合理、最充分的使用。同时，每一种方案又都要有一些重要的区别。例如，若确定的决策目标是要获得一定的市场销售收入和市场占有率，而在市场经济条件下，影响企业市场销售的主要因素通常为市场需求、社会购买力、竞争企业营销策略及其促销手段和本企业的市场营销策略及促销手段等，在测算出产品市场需求量，分析出竞争企业可能采取的营销策略和促销手段后，企业即可拟定出多套不同的经营方案：如给定较高的产品销售价格，同时辅以较高的广告费用投入、较好的产品质量和较多的销售网点予以支持，以较少的产品数量就可获得一定的销售收入和市场占有率；或给定较低的产品销售价格，薄利多销，同时适当降低广告费用、产品质量改进费用和销售网点配置费用，以较少的经营费用获得相应的产品销售收入和市场占有率等。不同的营销策略和促销手段的运用形成了不同的经营方案，还可进一步拟定出其他多种不同的方案。当然，各种备选方案的成本、效益也将是不同的。

4. 评估和优选方案

在方案选择之前，先要对各种备选方案进行评估。选择满意方案是决策的关键一环，也是领导的至关重要的职能。做好方案优选需要满足两个条件：一是要有合理的选择标准；二是要有科学的选择方法。要尽可能采用现代科学的评估方法和决策技术，对预选方案进行综合评价。这项工作主要由智囊机构的高级研究人员、政策研究人员及外聘的专家小组来承担。其主要内容是：通过定性、定量、定时的分析，评估各预选方案的近期、中期、远期效能价值，分析方案的后果及其影响。在评估的基础上权衡各个方案的利弊得失，并将各个方案按优先顺序排列，提出取舍意见，交由决策机构定夺。

5. 贯彻实施

方案的实施是决策过程中至关重要的一步，在方案选定以后，管理者就要制订实施方案的具体措施和步骤。实施过程中通常要注意做好以下工作。

(1) 制定相应的具体措施，保证方案的正确实施。
(2) 确保与方案有关的各种指令能被所有有关人员充分接受并彻底了解。
(3) 应用目标管理方法把决策目标层层分解，落实到每一个执行单位和个人。
(4) 建立重要的工作报告制度，以便及时了解方案进展情况，及时进行调整。

6. 反馈及控制

一个方案可能涉及较长的时间，在这段时间，环境可能发生变化，对问题或机会必须有初步估计，因此，管理者要不断对方案进行修改和完善，以适应变化了的环境。同时，连续性活动因涉及多阶段控制而需要定期进行科学分析。

由于组织内部条件和外部环境的不断变化，管理者要不断修正方案来减少或消除不确定性，识别新的情况，建立新的分析程序。具体来说，职能部门应对各层次、各岗位履行职责情况进行检查和监督，及时掌握执行进度，检查有无偏离目标，及时将信息反馈给决策者。决策者则根据职能部门反馈的信息，及时追踪方案实施情况，对与既定目标发生部分偏离的，应采取有效措施加以纠正，以确保既定目标的顺利实现；若客观情况发生重大变化，原定目标无法实现时，则要重新寻找问题或机会，确定新的目标，重新拟订可行的方案，并进行评估、选择和实施。

任何一个科学的决策过程都是一个动态的过程，往往不可能一次就完成，而是需要在各个阶段之间进行多次循环才能达到较为理想的决策效果。

3.2.2 决策的影响因素

在决策时如果可以收集到制订行动方案所需的全部信息且具备必需能力，决策者就能提出一切备选方案并对每一方案的结果作出科学、准确的预见和判断，选择并实施"最佳"行动方案，达到"最优化"。但在现实决策中，实际存在着众多的彼此相互作用且对决策产生影响的因素，出于各方面的原因，决策者往往不得不接受能够发现的"最满意"的行动方案，即以"最满意"作为决策的基本准则。这些因素主要涉及环境、技术、机会成本和决策者能力等方面，如图 3.2 所示。

第一，环境因素对决策的影响是双重的，环境的特点以及组织对环境习惯的反应模式很大程度上影响活动的选择和方案的确定；第二，社会科技发展水平现状、发展动向以及本组织的技术水平和潜在能力等方面的因素,影响着决策的科学性和有效性;第三,在决策分析中,必须把已放弃方案可能获得的潜在收益,作为被选取方案的机会成本,才能对该方案的经济效益做出正确的评价,这是方案选择的重要依据;第四,大多数情况下,组织决策不是初始决策,而更多是对其的完善、调整或改革。"非零起点"的目前决策不能不受到过去决策的影响;第五,多数决策的制定和实施是对过去某种程度的否定,会给组织带来一定的变化,而组织文化制约组织及其成员行为以及行为方式,抵御或欢迎两种截然不同的态度在决策层会发生不同的作用;第六,任何决策都要承担一定的风险,特别是决策者的责任更为重大,对待风险的不同态度会影响决策方案的选择。同等情形下,倾向于偏好风险和倾向于规避风险的组织或决策者很可能做出不同的选择;第七,在决策活动过程中,决策者必须具备一定的思想、观念、知识、能力、法纪、道德、体魄等方面的基本条件,才可能胜任决策工作。

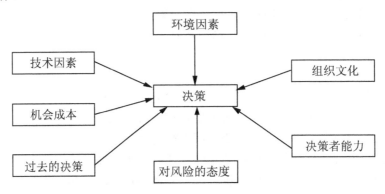

图 3.2　决策的影响因素

3.3　决策方法

【相关案例】

决策学是在一定历史阶段产生并发展起来的,体现着时代的特征。随着环境的变化,决策也日益呈现出一些新的特点,其中最典型的就是群体决策受到重视并获得迅速发展。鉴于决策的普遍性和问题的复杂性,群体决策的技术方法具有一定的多样性和灵活性。

3.3.1　常见的群体决策方法

群体决策方法也称定性决策方法、决策"软"方法。

【期刊推荐】

1. 头脑风暴法

头脑风暴法是比较常用的群体决策方法,便于发表创造性意见,因此主要用于收集新设想。通常是将对解决某一问题有兴趣的人集合在一起,在完全不受约束的条件下,广开思路,畅所欲言。头脑风暴法实施的四项要求如下所述。

(1) 对别人的建议不做任何评价,将相互讨论限制在最低限度内。

(2) 建议越多越好,在这个阶段,参与者不要考虑自己建议的质量,想到什么就应该说出来。

(3) 鼓励每个人独立思考,广开思路,想法越新颖、越奇特越好。

(4) 可以补充和完善已有的建议以使它更具说服力。

头脑风暴法的目的在于创造一种畅所欲言、自由思考的氛围,诱发创造性思维的共振和连锁反应,产生更多的创造性思维。这种方法的时间安排应在1~2小时,参加者以5~6人为宜。

2. 德尔菲法

这是兰德公司提出的,被用来听取有关专家对某一问题或机会的意见。如果管理者面临着一个有关用煤发电的重大技术问题时,运用这种方法的第一步是要设法取得有关专家(包括大学教授、研究人员以及能源方面有经验的管理者)的合作,然后,把要解决的关键问题(如把煤变成电能的重大技术问题)分别告诉专家们,请他们单独发表自己的意见并对实现新技术突破所需的时间作出估计。在此基础上,管理者收集并综合各位专家的意见,再把综合后的意见反馈给各位专家,让他们再次进行分析并发表意见。在此过程中,如遇到差别很大的意见,则把提供这些意见的专家集中起来进行讨论并综合。如此反复多次,最终形成代表专家组意见的方案。运用该技术的关键如下:

(1) 选择好专家,这主要取决于决策所涉及的问题或机会的性质。

(2) 决定适当的专家人数,一般10~50人较好。

(3) 拟好意见征询表,因为它的质量直接关系到决策的有效性。

3. 专家会议法

据规定的原则选定一定数量的专家,按照一定的方式组织专家会议,发挥专家集体的智能结构效应,对决策对象未来的发展趋势及状况做出判断的方法。

专家会议有助于专家们交换意见,通过互相启发,可以弥补个人意见的不足;通过内外信息的交流与反馈,产生"思维共振",进而将产生的创造性思维活动集中于决策对象,在较短时间内得到富有成效的创造性成果,为决策提供依据。但是,专家会议也有不足之处,有时心理因素影响较大,如易屈服于权威或大多数人的意见;易受劝说性意见的影响;不愿意轻易改变自己已经发表过的意见,等等。

专家会议的人选应按3个原则选取:①如果参加者相互认识,要从同一职位(职称或级别)的人员中选取,领导人员不应参加,否则可能会对参加者造成某种压力;②如果参加者互不认识,可从不同职位(职称或级别)的人员中选取,这时,不论成员的职称或级别的高低,都应同等对待;③参加者的专业应力求与所论及的预测对象的问题一致。

运用专家会议法,必须确定专家会议的最佳人数和会议进行的时间。专家小组规模以10~15人为宜,会议时间一般以进行20~60min效果最佳。会议提出的设想由分析组进行系统化处理,以便在后继阶段对提出的所有设想进行评估。

专家会议法也有一些弊端:①由于参加会议的人数有限,因此代表性不充分;②受权威的影响较大,容易压制不同意见的发表;③易受表达能力的影响,而使一些有价值的意见未能得到重视；④由于自尊心等因素的影响，使会议出现僵局；⑤易受潮流思想的影响等。

4. 电子会议法

最新的群体决策方法是将名义群体法与尖端的计算机技术相结合的电子会议。会议所需的技术一旦成熟，概念就简单了。多达50人围坐在一张马蹄形的桌子旁，这张桌子上除了一系列的计算机终端外别无他物。将问题显示给决策参与者，他们把自己的回答打在计算机屏幕上，个人评论和标数统计都投影在会议室内的屏幕上。

电子会议的主要优点是匿名、诚实和快速。决策参与者能不透露姓名地打出自己所要表达的任何信息，一敲键盘即显示在屏幕上，使所有人都能看到，它使人们充分地表达想法而不会受到责难；它消除了闲聊和偏题讨论，且不必担心打断别人的"讲话"。

专家们声称电子会议比传统的面对面会议快一倍以上，但是电子会议也有缺点。那些打字快的人使得那些口才虽好但打字慢的人相形见绌；再有，这一过程缺乏面对面的口头交流所传递的丰富信息。

案例 3-5

市场智慧来自分权决策

人们总是希望市场持续不断的增长，但是经济规律和市场周期一再告诉我们，永远没有一成不变的市场和顾客，要想驾驭市场就需要拥有市场智慧。在2011年致股东信中，美国著名投资人沃伦·巴菲特信心满满地表示，房地产市场将在下一个年度回暖。而2012年，巴菲特在写给伯克希尔-哈撒韦公司股东的年度信件中承认，自己对美国房地产市场的预测"大错特错"。

可见，商业人士也像其他人一样，是容易做出错误的预测。中国消费者变化得非常快，类别复杂，要想搞懂不是易事。如果企业对市场实行集中决策，那就要求集中监控，这样容易造成企业发育不良的命运。市场集中决策的另一个更大的成本是它会阻碍创新。过于集权的体系存在一个重要的缺陷，就是它不能动员所有的局部信息。来源于直接操作者的创新思想绝不会比中央决策者想出的少，而中央权威通常不能很好地开发这种想象力的力量。事实上，在基层的市场营销人员对于该如何改进系统往往有好的见解，但在一个中央集权体系里，基层营销工作者们知道，他们想出的好方法会被采纳和实施的概率不大，因此他们懒得去绞尽脑汁去想办法，以免自寻烦恼。可如果不寻求基层营销工作者的智慧，决策者们往往会陷入想促进创新却苦于找不到好办法的尴尬境地。

在分权决策上，华为就是一个成功的例子。从过去的集权管理过渡到分权制衡管理后，华为的一线人员拥有了更多决策权，以适应千变万化的市场情况。这一改变的最终结果是让华为业绩逆势飘红，完成了300亿美元的销售。

当然，企业不可避免要实行集权管理，但公司内部的机构设置可以把一部分市场决策权下放，让企业的"神经末梢"能灵动地发展，所谓"市场智慧"往往是来自分权决策的结果。

3.3.2 三种典型状态下的决策技术

1. 决策面临的三种典型状态

一项决策所产生的后果取决于两方面的因素，即除了取决于决策者所选择的行动方案外，还取决于决策者无法控制(或无法完全控制)的客观因素，前者通常称为决策变量，后者称为自然状态。一般认为，决策面临 3 种典型的自然状态：①确定型状态，即未来环境完全可预测，人们知道将来会发生什么情况，可以获得精确、可靠的数据作为决策依据；②风险型决策，即未来环境有几种可能的状态和相应后果，人们得不到充分可靠的有关未来环境的信息，但可以预测每种状态和后果出现的概率；③不确定型决策，即未来环境出现某种状态的概率难以估计，甚至连可能出现的状态和相应的后果都不知道，如开发尚未经过用户考验的全新产品往往属于这种环境。与之相对应，决策方法也可分为确定型、风险型和不确定型三大类。这些决策方法也称定量决策方法、决策的"硬"方法。

2．确定型决策技术

1) 线性规划法

线性规划法是解决多变量最优决策的方法，是在各种相互关联的多变量约束条件下，解决或规划一个对象的线性目标函数最优的问题，即给予一定数量的人力、物力、财力、信息等，如何获得更多的成果；或要获得的成果一定，力求用最少的资源。其中目标函数是决策者要求达到目标的数学表达式，用一个极大或极小值表示。约束条件是指实现目标的能力资源和内部条件的限制因素，用一组等式或不等式来表示。

【例题 3-1】 某工厂拥有 A、B、C 共 3 种类型的设备，生产甲、乙两种产品，每件产品在生产中需要占用的设备机时数，每件产品可以获得的利润以及 3 种设备可利用的时数见表 3-1。工厂应如何安排生产可获得最大的总利润？

表 3-1 某工厂的有关资料

	产 品 甲	产 品 乙	设备能力/h
设备 A	3	2	65
设备 B	2	1	40
设备 C	0	3	75
利润(元/件)	1 500	2 500	

解：设变量 x_i 为第 i 种(甲、乙)产品的生产件数($i=1$，2)。根据题意可知，两种产品的生产受到设备能力(机时数)的限制。对设备 A，两种产品生产所占用的机时数不能超过 65，可得 $3x_1+2x_2 \leqslant 65$。

对设备 B，两种产品生产所占用的机时数不能超过 40，可得 $2x_1+x_2 \leqslant 40$。

对设备 C，两种产品生产所占用的机时数不能超过 75，可得 $3x_2 \leqslant 75$；另外，产品数不可能为负，即 x_1, $x_2 \geqslant 0$。同时，企业的目标是利润最大化，而目标函数 z 为相应的生产计划可以获得的总利润：$z=1\ 500x_1+2\ 500x_2$。综上所述，在加工时间以及利润与产品产量呈线性关系的假设下，根据目标函数和约束条件建立的线性规划模型为：

目标函数 　　　　　　　　Max $z = 1\,500x_1 + 2\,500x_2$
约束条件 　　　　　　　　s.t. $3x_1 + 2x_2 \leqslant 65$
　　　　　　　　　　　　　　$2x_1 + x_2 \leqslant 40$
　　　　　　　　　　　　　　$3x_2 \leqslant 75$
　　　　　　　　　　　　　　$x_1, x_2 \geqslant 0$

这是一个典型的利润最大化的生产计划问题。其中，Max 是英文单词 Maximize 的缩写，含义为"最大化"；"s.t." 是 subject to 的缩写，表示"满足于……"。因此，上述模型的含义是：在给定条件限制下，求使目标函数 z 达到最大的 x_1, x_2 的取值。

按照图解法的步骤在以决策变量 x_1, x_2 为坐标向量的平面直角坐标系上对每个约束(包括非负约束)条件作出直线，并通过判断确定不等式所决定的半平面。各约束半平面相交得出的区域即可行集或可行域，如图 3.3 的阴影所示。

2) 盈亏平衡法(量本利法)

盈亏平衡分析的基本模型，它是研究生产、经营一种产品达到不盈不亏时的产量或收入的一种分析模型(图 3.4)。

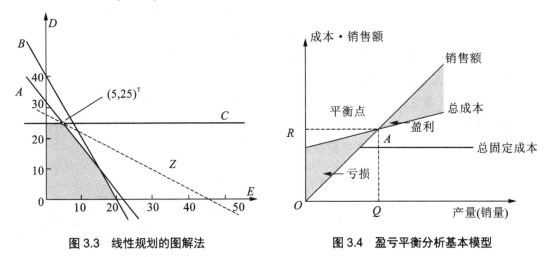

图 3.3　线性规划的图解法　　　　图 3.4　盈亏平衡分析基本模型

盈亏平衡点产量(销量)法是以盈亏平衡点产量或销量作为依据进行分析的方法，其基本公式为：

$$Q = \frac{C}{P - V}$$

式中：Q 为盈亏平衡点产量(销量)；C 为总固定成本；P 为产品价格；V 为单位变动成本。

当要获得一定的目标利润时，其公式为：

$$Q = \frac{C + B}{P - V}$$

式中：B 为预期的目标利润额；Q 为实现目标利润 B 时的产量或销量；其余变量同前式。

盈亏平衡点销售额法是以盈亏平衡点销售额作为依据进行分析的方法，其基本公式为：

$$R = \frac{C}{1 - \dfrac{V}{P}}$$

式中：R 为盈亏平衡点销售额；其余变量同前式。

当要获得一定的目标利润时，公式为：

$$R = \frac{C+B}{1-\frac{V}{P}}$$

式中：B 为预期的目标利润额；R 为获得目标利润 B 时的销售额；其余变量同前式。

【例题 3-2】 某企业固定费用为 2 700 万元，产品单价为 800 元/台，单位变动成本 600 元/台。计算其盈亏平衡点；当年产量在 12 万台时，为实现目标利润 40 万元，最低销售单价应定在多少？

盈亏平衡点：$Q_0 = \dfrac{C}{P-V} = \dfrac{2\,700}{800-600} = 13.5$ 万台

最低销售单价：当由 $12 = \dfrac{2\,700+40}{P_{\min}-600}$ 时，$P_{\min} = 828.33$ 元/台

3．风险型决策技术

风险型决策是决策者根据几种不同自然状态可能发生的概率所进行的决策。决策者所采用的任何一个行动方案都会遇到一个以上自然状态所引起的不同结果，这些结果出现的机会是用各种自然状态出现的概率来表示的。不论决策者采用何种方案都要承担一定的风险，因此，这种决策属于风险型决策。

1）风险型决策问题的特征

风险型决策所处理的决策问题一般需具备以下基本要素。

(1) 存在着决策者希望达到的一个(或一个以上)明确的决策目标，如利益较大，损失较小等。

(2) 存在着决策者可以主动选择的两个或两个以上的行动方案，即存在两个以上决策变量。

(3) 存在着不以(或不全以)决策者的主观意志为转移的两种或两种以上的自然状态，即存在着两种或两种以上状态变量。

(4) 不同行动方案在不同自然状态下的损益值可以预先确定出来。

(5) 各种自然状态的出现的概率可根据有关资料预先计算或估计出来，具体可区分为主观概率和客观概率。主观概率是指根据市场趋势分析者的主观判断而确定的事件的可能性的大小，反映个人对某件事的信念程度，因此主观概率是对经验结果所做主观判断的度量，即可能性大小的确定，也是个人信念的度量。在大量的试验和统计观察中，某一随机事件在一定条件下相对出现的频率是一种客观存在，这个频率就称为客观概率。

2）期望收益值准则

一个决策变量的期望值就是它在不同自然状态下的损益值(或机会损益值)乘上相对应的发生概率之和，即：

$$E(\alpha_j) = \sum_{i=1}^{m} P(\theta_i) \times V_{ij}$$

式中：$E(\alpha_j)$ 表示变量 α_j 的期望值；V_{ij} 表示变量 α_j 在自然状态 θ_i 的损益值(或机会损益值)，

$P(\theta_i)$ 表示自然状态的 θ_i 发生概率。

期望收益决策是以不同方案的期望收益作为择优的标准，选出期望收益最大的方案为最优方案。

【例题 3-3】 表 3-2 所示的是某企业要从甲、乙、丙 3 种产品中选择一种来进行生产，而决策依据就是表中可能的损益情况。

表 3-2　损益值表

单位：万元

自然状态 概　率 方　案	Q_1(畅销) $P(Q_1)=0.5$	Q_2(一般) $P(Q_2)=0.2$	Q_3(滞销) $P(Q_3)=0.3$
甲产品	20	18	−15
乙产品	18	10	−10
丙产品	16	7	−8

根据期望值的计算方法可以得到以下结论，见表 3-3 损益值与期望值。

表 3-3　损益值与期望值表

单位：万元

自然状态 概　率 方　案	Q_1(畅销) $P(Q_1)=0.5$	Q_2(一般) $P(Q_2)=0.2$	Q_3(滞销) $P(Q_3)=0.3$	期望值 $E(S_i)$
甲产品	20	18	−15	9.1
乙产品	18	10	−10	8
丙产品	16	7	−8	7

显然，期望值是以概率为权数，表示各不同自然状态下的加权平均值的和(表 3-3)，故选择期望值最大的生产甲产品方案。

3) 风险决策方法——决策树法

风险型决策最常用的方法是决策树法。决策树法是指借助树形分析图，根据各种自然状态出现的概率及方案预期损益，计算与比较各方案的期望值，从而选择最优方案的方法，即用树状图来描述各种方案在不同情况(或自然状态)下的收益，据此计算每种方案的期望收益从而作出决策的方法。构成决策树的基本要素有：决策节点、方案枝、状态节点、状态枝、结果节点。与单阶段决策和多阶段决策对应的，分别有单级决策树和多级决策树。如果一个决策树只在根部有一个决策节点，则称为单级决策树；而多级决策树实际上是单级决策的复合，即把第一阶段决策树(单级决策树)的某个末梢作为下一阶段决策树(下一单级决策树)的根部，下一阶段依此类推，从而形成多级决策树。

如图 3.5 所示，矩形节点称为决策节点，从该点引出的若干条树枝表示若干种方案，称为方案枝；圆形节点称为状态节点；从状态节点引出的若干条树枝表示若干种自然状态，称为状态枝；状态枝末端的三角形节点称为结果节点，通常这个位置要标出各方案不同状态所对应的收益或损失。

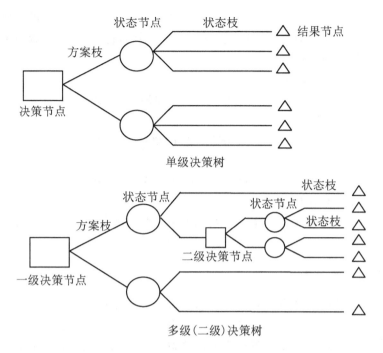

图 3.5　单级决策树与多级决策树

【例题 3-4】　一家公司正策划扩大生产能力，面临 4 个选择：①不建厂；②建一个小型厂；③建一个中型厂；④建一个大型厂。新增加的设备将生产一种新型的产品，目前该产品的潜力或市场还是未知数，如果建一个大型厂，当市场有利时就可实现 100 000 元的利润，当市场不利时则会导致 90 000 元的损失；如果建一个中型厂且市场有利时就可实现 60 000 元的利润，若市场不利则会导致 10 000 元的损失；如果建一个小型厂，当市场有利时将会获得 40 000 元的利润，当市场不利时则损失 50 000 元。当然，还有一个选择就是不建厂。最近的市场研究表明市场有利的概率是 0.4，也就是说市场不利的概率是 0.6。

根据决策树法，绘制决策树如图 3.6 所示。

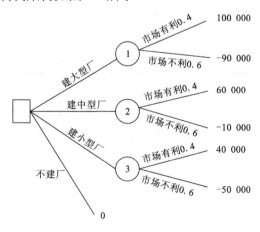

图 3.6　决策树

图 3.6 中有两种自然状态：市场有利和市场不利，自然状态后面的数字表示该种自然状态出现的概率。位于状态枝末端的是各种方案在不同自然状态下的收益或损失。据此可以算出各种方案的期望收益。

方案一(节点①)的期望收益为：
$$0.4 \times 100\,000 + 0.6 \times (-90\,000) = -14\,000$$
方案二(节点②)的期望收益为：
$$0.4 \times 60\,000 + 0.6 \times (-10\,000) = 18\,000$$
方案三(节点③)的期望收益为：
$$0.4 \times 40\,000 + 0.6 \times (-50\,000) = -14\,000$$
方案四的期望收益为 0。

计算结果表明，在 4 种方案中，方案二的期望收益值最大，因此选择建中型厂为最佳选择。

4. 不确定型决策技术

不确定型决策是指未来事件的自然状态是否发生不能肯定，而且未来事件发生的概率也是未知情况下的决策，即它是一种没有先例的，没有固定处理程序的决策。

不确定型决策一般要依靠决策者的个人经验、分析判断能力和创造能力，借助于经验方法进行决策。常用的不确定型决策方法有悲观准则、乐观准则、最小最大后悔值法和等可能性准则等。下面通过举例来介绍这些方法。

【例题 3-5】 某厂准备生产一种新产品，有 3 个可行方案供选择，即新建一个车间、扩建原有车间、改造原有车间生产线。今后市场销售状况出现销路好、销路一般、销路差的概率都不能预知。3 个方案在 5 年内的收益或损失见表 3-4，请为该企业作出决策。

表 3-4 损益值表

单位：万元

自然状态 收益 方案	销 路 好	销 路 一 般	销 路 差
方案一：新建	60	20	-25
方案二：扩建	40	25	0
方案三：改造	20	15	10

1) 悲观准则

悲观的管理者常采用这种方法，认为未来会出现最差的自然状态，因此不论采取哪种方案都只能获取该方案的最小收益。计算步骤：①计算各方案在不同状态下的收益；②找出各方案所带来的最小收益，即在最差自然状态下的收益；③比较后选择在最差自然状态下收益最大或损失最小的方案。

在本例中，方案一的最小收益为-25 万元，方案二的最小收益为 0 万元，方案三的最小收益为 10 万元，经过比较，方案三的最小收益最大，因此选择改造原有车间生产线。

2) 乐观准则

对未来持乐观态度的管理者常采取这种方法，认为未来会出现最好的自然状态，因此不论采取哪种方案都能获取该方案的最大收益。计算步骤：①计算各方案在不同自然状态下的收益；②找出各方案所带来的最大收益，即在最好自然状态下的收益；③比较后选择在最好自然状态下收益最大的方案。

在本例中，方案一的最大收益为 60 万元，方案二的最大收益为 40 万元，方案三的最大收益为 20 万元，经过比较，方案一的最大收益最大，因此选择新建一个车间。

3) 最小最大后悔值法

管理者在选择了某方案后，如果将来发生的自然状态表明其他方案的收益更大，那么他会为自己的选择而后悔。最小最大后悔值法就是使后悔值最小的方法。计算步骤：①计算各方案在各自然状态下的后悔值(即最大收益与在某自然状态下收益的差值)；②找出各方案的最大后悔值；③比较后选择最大后悔值中最小的方案。

在本例中，在销路好这一自然状态下，方案一(新建一个车间)的收益最大，为 60 万元。在将来发生的自然状态是销路好的情况下，如果管理者恰好选择了这一方案，他就不会后悔，即后悔值为 0。如果选择其他方案就会后悔(后悔没有选择方案一)。例如，他选择的是方案三(改造原有车间生产线)，该方案在销路好时带来的收益是 20 万元，比选择方案三少带来 40 万元的收益，即后悔值为 40 万元。各个后悔值的计算结果见表 3-5。

表 3-5 后悔值表

单位：万元

自然状态 后悔值 方案	销 路 好	销 路 一 般	销 路 差
方案一：新建	0	5	35
方案二：扩建	20	0	10
方案三：改造	40	10	0

由表 3-5 可以看出，方案一的最大后悔值为 35 万元，方案二的最大后悔值为 20 万元，方案三的最大后悔值为 40 万元，经过比较，方案二的最大后悔值最小，因此选择扩建原有车间。

4) 等可能性准则

等可能性准则即决策者认为各个可行方案的各种可能结果发生的概率相同，进而选择期望值最大的行动方案的准则，见表 3-6。

表 3-6 损益值表

单位：万元

自然状态 收益 方案	销 路 好	销 路 一 般	销 路 差	期 望 值
方案一：新建	60	20	−25	18.3
方案二：扩建	40	25	0	21.7
方案三：改造	20	15	10	15

按照等可能性准则，决策者将计算出各个可行方案的期望值，然后选出最大的期望值，

它所对应的方案即是最满意的方案。进行比较后，发现方案二的期望收益值最大，则选择扩建原有车间。

3.4 最新决策思想

3.4.1 群体决策支持系统

20世纪70年代中期，美国麻省理工学院的米切尔·S. 斯科特(Michael S. Scott)和彼德 G. W. 基恩(Peter G. W. Keen)最先提出"决策支持系统"一词，这标志着利用计算机与信息技术支持决策的相关研究进入一个新的发展阶段，决策支持系统这一新兴学科诞生。决策支持系统(Decision Support System，DSS)是一种应用决策科学及有关学科的理论和方法，辅助决策者通过数据、模型和知识，以人机交互方式进行半结构化或非结构化决策的计算机应用系统，包括三部件结构：对话部件、数据部件和模型部件。技术上来说，就是为了支持决策和组织控制而收集(或获取)、处理、存储、分配信息的一组相互关联的组件。

近些年，随着网络技术和电子商务的发展，网络信息技术已经成为有助于提高企业竞争优势的竞争工具，在制定、执行组织决策方面发挥越来越重要的作用。DSS与计算机网络技术结合构成了新型的能供异地决策者共同参与进行决策的群体决策支持系统(GDSS)。该系统利用便捷的网络通信技术提供良好的协商与综合决策环境，多个决策参与者共同进行思想和信息的交流，群策群力，寻找一个令人满意和可行的方案，但在决策过程中只由某个特定的人作出最终决策，并对决策结果负责。群体决策支持系统从DSS发展而来，通过决策过程中参与者的增加，使得信息的来源更加广泛；通过大家的交流、磋商、讨论而有效地避免了个体决策的片面性和可能出现的独断专行等弊端，以支持需要集体作出决定的重要决策；不受到时间和空间限制；有利于决策者交流和共享信息，并帮助他们克服消极心理，发表意见时能毫无保留；能集思广益，充分讨论方案，尽可能完善；提高决策者对决策结果的满意度和置信度。

总之，GDSS涉及的面非常广泛，是保证群体决策顺利开展的一项非常有用的手段，但目前国内外能投入实际运行的GDSS很少见，因为要面对不同风格与偏好的个人，要综合决策科学、人工智能、计算机网络、运筹学、数据库技术、心理学及行为科学等多种学科的理论、方法与技术，实用系统研究与开发的难度非常大。

3.4.2 前景理论

20世纪70年代以来，大量的实证研究充分展示了人的决策行为的复杂性，迫切需要新的理论分析、指导人的行为决策。国外心理学家丹尼尔·卡尼曼(Daniel Kahneman)和阿莫斯·特沃斯基(Amos Tversky)在期望值理论和期望效用理论的基础上结合自己的大量心理学实证研究于1979年正式提出了新的关于风险决策的前景理论。该理论用于解释不符合理性模型的决策是如何出现的，并作为描述性范式的决策模型被广泛引用，因为前景理论卡尼曼获得2002年诺贝尔经济学奖。瑞典皇家科学院认为，卡尼曼"将来自心理研究领域的综合洞察力应用在了经济学当中，尤其是在不确定情况下的人为判断和决策方面作出了突出贡献"。

前景理论是心理学及行为科学的研究成果，通过修正最大主观期望效用理论发展而来的，主要观点是：个人对一项决策带来的损益赋予不同的主观价值(如图 3.7 所示)。根据这一理论，在评价方案的潜在收益和损失之前，要先建立一个参照点，通常是指目前的状况，例如，目前企业自资本回报率为 15%，这也就是与赢利能力有关决策的参照点，其可能受到如何构思问题或决策的影响，导致构思偏差。前景理论预测，决策者将主观高估潜在损失的价值，低估潜在收益的价值，即决策者厌恶损失，避免采取有潜在消极结果的行动。

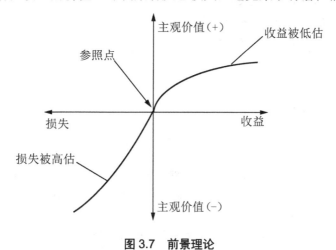

图 3.7 前景理论

作为一个描述性的模型，前景理论和规范模型(主要指具有严格数学推导的模型)相比，缺乏严格的理论和数学推导，只能进行行为描述，并通过该理论研究的深入逐渐完善这一描述性，其最明显的不足之处是：只说明人们会怎么做而无法告知应该怎样做。作为风险决策下的描述性模型在我国的应用还很不充分，而实际上，它确实具有非常大的应用价值和范围，但是目前的应用研究主要集中在金融市场上，其他方面的应用还有待于拓展。

本 章 小 结

决策活动广泛存在于诸如计划、组织、领导、控制等各项管理职能中，在管理中处于极其重要的地位。广义的决策指为了达到某个行为目标，在占有一定信息的基础上，借助于科学的理论、方法和工具，对影响目标的各种因素进行分析、计算和评价，结合决策者的经验，从两个以上的可行方案中选择一个最优的方案。

现代企业经营管理活动的复杂性、多样性，决定了经营管理决策有多种不同的类型。从不同角度出发，有不同的决策分类方法。例如，按决策的影响范围和重要程度不同，可分为战略决策和战术决策；按决策的主体不同，则分为个人决策和集体决策；而从决策涉及问题的重复性来看，可把决策分为程序化决策和非程序化决策。

在现实决策中，实际存在着众多的彼此相互作用且对决策产生影响的因素，主要涉及环境、技术、机会成本和决策者能力等方面，因而决策者往往不得不接受所能够发现的"最满意"的行动方案而非"最佳"的决策。

尽管决策的程序不尽相同,但一般都遵循一些基本程序。管理决策的过程可分为问题识别、确定目标、拟定备选方案、评估和优选方案、贯彻实施、反馈及控制 6 个阶段决策。

现代决策方法可划分为"软""硬"两种方法,即定性决策方法和定量决策方法。头脑风暴法、专家会议和德尔菲法是最常见的 3 种定性决策方法;定量决策方法主要包括风险型决策、确定型决策和非确定型决策 3 种。

随着网络技术和电子商务的发展,网络信息技术已经成为有助于提高企业竞争优势的竞争工具,在制定、执行组织决策方面发挥越来越重要的作用。

四川长虹在坚定中前行

2008 年 5 月 12 日下午 14:28,在距离绵阳市直线距离仅 180 公里的四川汶川县突发 8.0 级强烈地震。作为一家具有世界影响的企业,身处重灾区的长虹集团公司走过怎样的历程?

1. "5·12"回眸

5 月 12 日下午 14:28,突如其来的大地震让所有人都猝不及防,剧烈摇晃还未结束,各值守人员就已经奋不顾身扑向各安全门开锁,扑向水、电、气闸拉闸,"快跑""到对面去",人员的叫喊声不断。短短两三分钟之内,总部 3 万多名员工,包括有上千人办公的商贸和技术中心两栋高层建筑内所有人员安全撤离到空旷的安全地带,没有发生一起人员踩踏事故。

地震发生后,长虹的管理者迅速意识到,面临对这样一场特大自然灾害,必须要发挥长虹作为一个大型企业组织的作用,与社会携手,共赴国难,公司立即成立了抗震救灾临时指挥部,进入有序的自救阶段。

为确保安全,指挥部决定长虹公司总部生产暂停,并立即安排处于广东、江苏、长春等地的生产基地调整生产计划,增加产量,以充分满足市场需求。同时指挥部决定,待地震灾害警报解除后,在确保安全的前提下,公司总部将尽快组织恢复生产。5 月 16 日下午 4 点,长虹公司在绵阳长虹家电城 601 厂房的彩电生产线复工,两天后,经过近 50 名抢险队员的日夜奋战,公司主要生产经营的动力恢复了 90%以上。最新的年报显示,四川长虹 2008 年营业收入达到 279.3 亿元,同比增 20.14%;利润总额为 2.9 亿元。

5 月 12 日下午,得知绵阳市辖的北川县在地震中发生惨重的人员和财产损失后,长虹人主动向绵阳市抗震救灾指挥中心提出要组织了一支抢险队去北川。得到批准后,总经理刘体斌和副总经理郭德轩提着音箱、拿着话筒,在长虹各生活区的临时居住点迅速招募了 500 多名青年志愿者。500 多名长虹志愿者 5 月 13 日凌晨零点左右全部到达北川县,成为第一支成建制到达北川的营救队伍,并迅速对北川中学的学生实施救援。13 日上午赶到现场的长虹吊车,成为最早到达北川中学震灾现场的重型机械。此外,长虹集团公司主动腾出职工活动中心等场地,将 1 300 多名北川中学师生安置在那里,为师生们提供统一的换洗衣物和生活用品,还给学生们购置了《读者》《青年文摘》等一大批杂志以及励志类书籍,调节师生们的心情。针对北川中学面临高考的 580 多名高三学生,长虹贡献公司的培训中心为北川高三学生复习备考。在复课仪式上,长虹集团董事长赵勇将长虹赴北川抢险公队队员连夜从废墟中寻回的标有"四川省北川中学"的校牌送给了师生们,挂在了培训中心的教学楼门口。

2. 自主创新:"等离子屏"有了长虹造

2009年4月22日长虹欧宝丽等离子电视正式上市——标志着拥有自主知识产权、国际领先的中国第一条离子显示屏生产线进入量产阶段,长虹凭借600多项核心技术,实现中国平板显示产业发展瓶颈的重大突破。这是长虹在金融危机、汶川特大地震等不利因素压力下,创造出的一个自主创新奇迹,中国彩电制造业实现重要升级转型,中国平板电视厂商不再是"简单的组装工厂"。

长虹欧宝丽等离子电视上市,表明长虹在屏、模组及整机一体化设计研制方面实现了关键技术的突破,长虹已经走上了一条着眼于高附加值产业的全球化竞争的道路,成为全球等离子产业链的重要组成部分。

按照长虹等离子屏基础上产业发展规划,通过一期技改扩能和二期后续项目建设,2011年长虹将具备年产能600万片(以42英寸计)以上的新型等离子显示屏及模组制造能力,进入全球行业前三。

3. 应对金融危机:"猪坚强"给长虹的启示

在全球金融危机对实体经济的巨大冲击下,长虹积极谋划实施二次转型。"健康、积膘、蓄势"成为长虹应对危机的指导方针。"健康"就是保证长虹现有业务健康发展,改善主要核心业务,使其成为企业发展的基石,"积膘"是要像"猪坚强"那样积膘应对危急时刻,对于长虹来说"积膘"就是要在未来1~2年内,将现金储备从目前的50亿元增加100亿元。目前,长虹正在积极谋划实施二次转型,制定"二次创业"战略,公司在"健康、积膘、蓄势"的发展策略下,通过产业聚焦、根据地聚焦、资源聚焦,进行管理蓄势和资金蓄势,进一步优化产业结构,加大技术创新力度,整合内部资源,持续提升核心竞争力,将这次金融危机转变为长虹发展的新机会,推动企业又好又快发展。

【讨论题】

1. 长虹公司为应对地震作出哪些决策?是否与公司的发展战略有关系?请说明理由。
2. 在自主创新和应对金融危机方面,长虹公司所作的决策对你有哪些启示?

自我检测题

一、单项选择题

1. 关于决策与管理的关系,以下说法错误的是(   )。
   A. 对于整个管理过程来说,决策是一项创造性的思维活动
   B. 管理是决策的核心
   C. 决策贯穿于管理的全过程
   D. 管理的成败在很大程度上体现了决策的有效性
2. 下列选项中属于企业的短期决策的是(   )。
   A. 投资方向的选择   B. 人力资源的开发
   C. 组织规模的确定   D. 企业日常营销
3. 群体决策的缺点不包括(   )。
   A. 花费较多的时间   B. 产生群体思维
   C. 产生的备选方案较少   D. 责任不明
4. 通过(   )方法可以提出富有创造性的方案。
   A. 头脑风暴法   B. 专家会议法
   C. 德尔菲法   D. A、B和C

5. 爱冒险的人往往会选取风险程度( )而收益( )的行动方案。
   A. 较高，较高　　B. 较高，较低　　C. 较低，较低　　D. 不确定
6. 不属于头脑风暴法实施的原则有( )。
   A. 对别人的建议做评价
   B. 建议越多越好，想到什么就说什么
   C. 鼓励每个人独立思考
   D. 可以补充和完善已有的建议使它更具说服力
7. 保本产量是( )和( )交点所对应的产量。
   A. 总固定成本曲线，总成本曲线　　B. 总收入曲线，总成本曲线
   C. 总固定成本曲线，总收入曲线　　D. 总变动成本，总收入曲线
8. 关于决策支持系统，以下说法错误的是( )。
   A. 决策支持系统是一种应用决策科学及有关学科的理论和方法来辅助决策的计算机应用系统
   B. 决策支持系统与计算机网络技术结合构成了新型的能供异地决策者共同参与进行决策的群体决策支持系统
   C. 决策支持系统从群体决策支持系统发展而来
   D. 决策支持系统简称 DDS，群体决策支持系统简称 GDDS

二、简答题

1. 如何理解决策的定义？
2. 群体决策的优点有哪些？
3. 决策的影响因素有哪些？
4. 什么是盈亏平衡法？
5. 德尔菲法运用的关键是什么？

三、计算题

1. 某企业生产一种产品，市场预测结果表明有3种可能：销路好，销路一般，销路差。备选方案有3个：一是扩建，二是技术改造，三是维持现状。扩建需投资25万元，技术改造需投资15万元。各方案在不同自然状态下的损益值见表3-7。
   (1) 试用乐观决策法、悲观决策法、最小后悔值法进行决策。
   (2) 若知销路好的概率为0.5，销路一般为0.3，销路差为0.2，试根据期望收益大小进行决策。

表 3-7　损益值表

单位：万元

方案	损益值		
	销路好	销路一般	销路差
扩建	210	100	-60
技术改造	160	80	-40
维持现状	90	40	-20

2．某地为满足某种产品的市场需求，拟规划建厂，提出以下3个方案。

方案一：新建大型厂，需投资300万元。销路好时每年可获利100万元，销路不好时每年亏损20万元，经营期限为10年。

方案二：新建中型厂，需投资140万元。销路好时每年可获利40万元，销路不好时每年仍可获利30万元，经营期限为10年。

方案三：新建小型厂，需投资100万元。销路好时每年可获利50万元，销路不好时每年亏损10万元，经营期限为10年。

其中，市场销售形势预测是产品销路好的概率为0.7，销路不好的概率为0.3。

根据上述情况要求使用决策树法进行决策。

四、论述题

1．论述为什么决策时通常采用满意准则而不是最优准则。

2．收集查阅国内知名企业近三年内某一重大经营管理决策资料，以此论述该决策可能经历的主要程序。

【领导决策失误】

第 4 章

计 划

学习目的

- 了解计划工作的含义
- 掌握计划的一般分类方法
- 理解计划工作的意义
- 掌握计划编制的步骤
- 理解网络计划技术
- 了解战略性计划及其制订

神州数码公司软件服务战略

1. 公司背景

神州数码控股有限公司原属联想集团，于2001年6月1日在中国香港联合交易所主板上市。集团成立于2000年，由原联想科技发展有限公司、联想集成系统有限公司和联想网络有限公司整合而成。

2002年神州数码提出"IT服务中国"，将旗下三大业务全面实施以IT服务为核心的战略转型。神州数码将成为涵盖网络基础建设、应用软件和相关IT服务以及供应链管理的一体化IT服务提供商。公司使命：集合全球资源，立足中国市场，以负责任和持续创新的精神，全方位提供第一流的电子商务基础建设产品、解决方案及服务，推动中国电子商务进程，以实现数字化中国之理想。

2. 远景目标

做一个长久的、有规模的高科技企业。

3. 战略路线

立足国内市场，围绕以电子商务为核心的IT服务，充分利用现有管理优势和资本杠杆，以IT产品分销为基础，重点发展网络、应用软件及相关服务。

4. 产品

在分析了国内外环境和自身的现状后，结合已有的业务基础，神州数码选择了以服务为主导，发展行业应用软件与软件代工相结合的战略路线，以系统集成为战略突破口，一方面进军海外市场，走软件外包路线；另一方面立足国内需求，主做行业应用软件和服务。2002年神州数码在软件领域连布数棋：第一，进军海外市场，成立软件外包事业部，开始经营软件出口加工业务；第二，立足内需，在国内最大的四大行业用户金融、电信、政府、制造业四棋并列，分别成立神州数码软件有限公司、神州数码管理系统有限公司和北京神州数码易政信息系统有限公司，同时利用资本杠杆收购了新龙科技产业有限公司。这四大软件公司中，神州数码软件有限公司面向金融、电信和税务三大行业提供应用软件产品，神州数码管理系统有限公司面向制造、流通业提供ERP等管理软件产品，北京神州数码易政信息系统有限公司面向政务信息化提供软件及相关服务。至此，神州数码的软件服务战略清晰地浮出了水面。

产品主要为应用软件，包括易飞ERP、易拓ERP、SAP、E-Bridge、OA办公自动化、电子商务、Callcenter等。

思考：神州数码公司的软件服务战略有什么特点？

4.1 计划概述

计划过程是决策的组织落实过程。决策是计划的前提，计划是决策的逻辑延续。计划通过将组织在一定时期内的活动任务分解给组织的每个部门、环节和个人，从而不仅为这些部门、环节和个人在该时期的工作提供具体的依据，还为决策目标的实现提供了保证。

4.1.1 计划的含义与性质

1. 计划的含义

"计划"一词既可以是名词,也可以是动词。从名词意义上说,计划是指用文字和指标等形式所表述的、组织以及组织内不同部门和不同成员在未来一定时期内关于行动方向、内容和方式安排的管理文件。计划既是决策所确定的组织在未来一定时期内的行动目标和方式在时间和空间的进一步展开,又是组织、领导、控制和创新等管理活动的基础。从动词意义上说,计划是指为了实现决策所确定的目标预先进行的行动安排。这项行动安排工作包括:在时间和空间两个维度上进一步分解任务和目标,选择任务和目标的实现方式,进度规定,行动结果的检查与控制等。我们有时用"计划工作"表示动词意义上的计划内涵。

无论在名词意义上还是在动词意义上,计划内容都包括"5W1H",即计划必须清楚地确定和描述下述内容。

What——做什么?目标与内容。Why——为什么做?原因。

Who——谁去做?人员。Where——何地做?地点。

When——何时做?时间。How——怎样做?达到目标的方式、手段。

计划工作具有承上启下的作用。一方面,计划工作是决策的逻辑延续,为决策所选择的目标活动的实施提供了组织实施保证;另一方面,计划工作又是组织、领导、控制和创新等管理活动的基础,是组织内不同部门、不同成员行动的依据。

2. 计划的性质

计划工作具有承上启下的作用,可以从以下4个方面来考察计划的性质。

(1) 计划工作的目的是为实现组织目标服务。计划工作是对决策工作在时间和空间两个维度上进一步的展开和细化。前者是指计划工作把决策所确立的组织目标及其行动方式分解为不同时间段(如长期、中期、短期等)的目标及其行动安排;后者是指计划工作把决策所确立的组织目标及其行动方式分解为组织内不同层次(如高层、中层、基层)、不同部门(如生产、人事、销售、财务等)、不同成员的目标及其行动安排。组织的各种计划及其各项计划工作都必须有助于完成组织的目标。

(2) 计划工作是管理活动的桥梁,是组织、领导和控制等管理活动的基础。如果说决策工作确立了组织生存的使命和目标,描绘了组织的未来,那么计划工作就是一座桥梁,它把人们所处的此岸和人们要去的彼岸连接起来,为组织提供了通向未来目标的明确道路,给组织、领导和控制等一系列管理工作提供了基础。

(3) 计划工作具有普遍性和秩序性。所有管理人员,从最高管理人员到第一线的基层管理人员都要定计划,做计划工作。计划工作的普遍性中蕴含着一定的秩序,这种秩序随着组织的性质不同而有所不同。最主要的秩序表现为计划工作的纵向层次性和横向协作性。在高级管理人员计划组织的总方向时,各级管理人员必须随后据此拟订各自的计划,从而保证实现组织的总目标。另外,实现组织的总目标不可能仅通过某一类型的活动(如仅销售活动),而需要多种多样的活动相互协作和相互补充。在高级管理层计划组织的总方向时,各层级的管理人员必须随后制订相互协作的计划。

(4) 计划工作要追求效率。可以用计划对组织目标的贡献来衡量一个计划的效率。贡献是指扣除制订和实施这个计划所需要的费用和其他因素后能得到的剩余。特别要注意的是,在衡量代价时,不仅要用时间或金钱来衡量,而且还要衡量个人和集体的满意程度。

实现目标有许多途径,必须从中选择尽可能好的方法,以最低的费用取得预期的成果,保持较高的效率,避免不必要的损失。计划工作强调协调、强调节约,其重大安排都经过经济和技术的可行性分析,可以使付出的代价尽可能合算。

4.1.2 计划的意义

计划的意义在于它能够给出方向,减小变化的冲击,使浪费和冗余减至最少以及设立标准以利于控制。具体地说,计划具有以下意义。

1. 计划是一种协调过程,它给管理者和非管理者指明方向

当所有有关人员了解了组织的目标和为达到目标必须作出什么贡献时,他们就能开始协调活动,互相合作并结成团队;而缺乏计划则会走许多弯路,从而使实现目标的过程失去效率。

2. 计划通过促使管理者展望未来

计划可以预见变化,考虑变化的冲击,可以减少不确定性,使管理者能够预见到行动的结果。

3. 计划可以减少重叠性和浪费性的活动

在实施之前的协调过程中可以发现浪费和冗余,进一步说,当手段和结果清楚时,低效率的问题也就暴露出来了。

4. 计划设立目标和标准以便于进行控制

如果不清楚要达到什么目标,怎么判断是否已经达到了目标呢?在计划中人们设立目标,而在控制职能中,人们将实际的绩效与目标进行比较,发现可能发生的重大偏差,采取必要的校正行动。没有计划就没有控制。

案例 4-1

计划的重要性

作为一个电子消费品企业,始终坚持不变的是满足消费者的体验需求,有计划地不断推出能更好满足消费者体验的产品,因此,即使在产品非常畅销的时候苹果也依然推陈出新。这种战略思想,使得苹

果几乎每年都有新的产品问世。苹果推出的几乎每一款产品，都带给客户最新的体验，引领着时代的潮流。1978年4月推出的苹果II是当时最先进的电脑；1983年推出的丽萨(Lisa)电脑也是当时世界上最先进的；1984年推出的麦金托什电脑(Macintosh)，设计精美、技术领先，是当时最容易使用的电脑。乔布斯回归苹果之后，先于2001年1月份发布了用于播放、编码和转换MP3文件的工具软件：iTunes，改变了流行音乐世界；2001年11月推出了引领音乐播放器革命的iPod，以及用于将MP3文件从Mac上传输到iPod上的工具软件iTunes2；2007年6月推出了改变智能手机市场格局的iPhone；2010年4月发布的iPad则让平板电脑成为一种潮流，极有可能改变PC行业的未来发展。

4.1.3 计划的类型

计划可以依据时间和空间，计划的明确程度以及计划的程序化程度进行分类。

1. 长期计划和短期计划

长期计划描述了组织在较长时期(通常为5年以上)的发展方向和方针，规定了组织的各个部门在较长时期内从事某种活动应达到的目标和要求，绘制了组织长期发展的蓝图。短期计划具体地规定了组织的各个部门在目前到未来的各个较短的时期阶段，特别是最近的时段中应该从事何种活动，从事该种活动应达到何种要求，因而为各组织成员在近期内的行动提供依据。

2. 业务计划、财务计划和人事计划

从职能空间分类，可以将计划分为业务计划、财务计划及人事计划。组织是通过从事一定业务活动立身于社会的，业务计划是组织的主要计划。通常用"人、财、物、供、产、销"6个字来描述一个企业所需的要素和企业的主要活动。业务计划的内容涉及"物、供、产、销"，财务计划的内容涉及"财"，人事计划的内容涉及"人"。

财务计划与人事计划是为业务计划服务的，围绕着业务计划而展开。财务计划研究如何从资本的提供和利用上促进业务活动的有效进行，人事计划则分析如何为业务规模的维持或扩大提供人力资源的保证。

3. 战略性计划与战术性计划

根据涉及时间长短及其范围广狭的综合性程度，可以将计划分为战略性计划与战术性计划。战略性计划是指应用于整体组织的、为组织未来较长时期(通常为5年以上)设立总体目标和寻求组织在环境中的地位的计划。<u>战术性计划</u>是指规定总体目标如何实现的细节的计划，其需要解决的是组织的具体部门或职能在未来各个较短时期内的行动方案。

【知识链接】

4. 具体性计划与指导性计划

根据计划内容的明确性标准，可以将计划分为具体性计划和指导性计划。具体性计划具有明确规定的目标,不模棱两可。指导性计划只规定某些一般的方针和行动原则,给予行动者较大的自由处置权,它指出重点但不把行动者限定在具体的目标上或特定的行动方案上。例如,一个增加销售额的具体计划可能规定未来 6 个月内销售额要增加 15%,而指导性计划则可能只规定未来 6 个月内销售额要增加 12%~16%。

5. 程序性计划与非程序性计划

西蒙把组织活动分为两类:一类是例行活动,指一些重复出现的工作,如订货、材料的出入库等。有关这类活动的决策是经常反复的,而且具有一定的结构,因此可以建立一定的决策程序。每当出现这类工作或问题时,可利用既定的程序来解决,而不需要重新研究。这类决策叫程序化决策,与此对应的计划是程序性计划。另一类活动是非例行活动,不重复出现,处理这类问题没有一成不变的方法和程序,例如,新产品的开发、生产规模的扩大、品种结构的调整、工资制度的改变等。解决这类问题的决策叫做非程序化决策,与此对应的计划是非程序性计划。

4.1.4 计划的层次体系

上面根据不同的标准来划分计划的类型。由上文讨论可知,一个计划包含组织将来行动的目标和方式。计划与未来有关,是面向未来的,而不是过去的总结,也不是现状的描述;计划与行动有关,是面向行动的,而不是空泛的议论,也不是学术的见解。面向未来和面向行动是计划的两大显著特征。认识这一点,能够理解计划是多种多样的。美国著名管理学家哈罗德·孔茨和海因·韦里克从抽象到具体,把计划分为一种层次体系:①目的或使命;②目标;③战略;④政策;⑤程序;⑥规则;⑦方案;⑧预算。

1. 目的或使命

它指明一定的组织机构在社会上应起的作用,所处的地位;它决定组织的性质,决定此组织区别于其他组织的标志。

2. 目标

组织的使命支配着组织各个时期的目标和各部门的目标,而且组织各个时期的目标和各部门的目标是围绕组织存在的使命所制定的,并为完成组织使命而努力的。

3. 战略

战略是为了达到组织总目标而采取的行动和利用资源的总计划,其目的是通过一系列的主要目标和政策去决定和传达一个组织期望自己成为什么样的组织。

4. 政策

政策允许对某些事情有酌情处理的自由,一方面切不可把政策当做规则,另一方面又必须把这种自由限制在一定的范围内。自由处理的权限大小一方面取决于政策自身,另一方面取决于主管人员的管理艺术。

5. 程序

程序是制订处理未来活动的一种必需方法的计划，它详细列出了完成某类活动的切实方式，并按时间顺序对必要的活动进行排列。

6. 规则

规则没有酌情处理的余地，它详细、明确地阐明必须行动或无须行动，其本质是一种管理决策。规则通常是最简单形式的计划。

7. 方案(或规划)

方案是一个综合性的计划，它包括目标、政策、程序、规则、任务分配、要采取的步骤、要使用的资源以及为完成既定行动方针所需的其他因素。一项方案可能很大，也可能很小。通常情况下，一个主要方案(规划)可能需要很多支持计划。在主要方案进行之前，必须把这些支持计划制订出来并付诸实施，所有这些计划都必须加以协调和安排相应时间。

8. 预算

预算是一份用数字表示预期结果的报表。预算通常是为规划服务的，其本身可能也是一项规划。

4.1.5 影响计划的权变因素

在有些情况下，长期计划可能更重要，而在其他情况下可能正相反。类似的，在有些情况下指导性计划比具体计划更有效，而换一种情况就未必如此。那么决定不同类型计划有效性的都是些什么情况呢？下面将识别几种影响计划有效性的权变因素。

1. 组织的层次

图 4.1 表明了组织的管理层次与计划类型之间的一般关系。在大多数情况下，基层管理者的计划活动主要是制订作业计划，当管理者在组织中的等级上升时，他的计划角色就更具战略导向，而对于大型组织的最高管理者，他的计划任务基本上都是战略性的。当然，在小企业中，所有者兼管理者的计划角色兼有这两方面的性质。

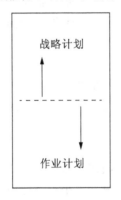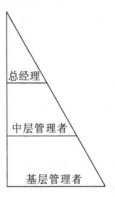

图 4.1　组织的层次与计划的关系

2. 组织的生命周期

组织都要经历一个生命周期，开始于形成阶段，然后是成长、成熟，最后是衰退。在组织生命周期的各个阶段，计划的类型并非都具有相同的性质，计划的时间长度和明确性应当在不同的阶段上做相应调整。

【知识链接】

如果所有的事情都保持不变，管理无疑会从采用的具体计划中获益，这不仅是因为具体计划指出了一个明确的方向，而且还由于它建立了非常详细的基准，可用以衡量实际的绩效。但问题是，事情并非总是一样的。

当组织进入成熟期时，可预见性最大，从而也最适用于具体计划。而在组织的幼年期，管理者应当更多地依赖指导性计划，因为这一阶段要求组织具有很高的灵活性。在这个阶段上，目标是尝试性的，资源的获取具有很大的不确定性，辨认谁是顾客很难，而指导性计划使管理者可以随时按需要进行调整。在成长阶段，随着目标更确定、资源更容易获取和顾客的忠诚度的提高，计划也更具有明确性。当组织从成熟期进入衰退期时，计划也从具体性转入指导性，这时应重新考虑目标，重新分配资源。

计划的期限也应当与组织的生命周期联系在一起。短期计划具有最大的灵活性，故应更多地用于组织的形成期和衰退期；成熟期是一个相对稳定的时期，因此更适合制订长期计划。

3. 环境的不确定性程度

环境的不确定性越大，则计划越应当是指导性的，计划期限也应越短。

如果正在发生着迅速的和重要的技术、社会、经济、法律或其他变化，精确规定的计划实施路线反而会成为组织取得绩效的障碍。例如，20世纪80年代末期，当航空公司之间在主要的国际航线上展开价格战时，在定价、给各航线分配飞机数量和容量以及编制经营预算等方面，航空公司更应当采用带有指导性的计划，而且变化越大，计划就越不需要精确，管理就越应当具有灵活性。

4.2 计划编制过程

计划编制本身也是一个过程。为了保证编制的计划合理，能实现组织的决策落实，计划编制必须采用科学的方法。

4.2.1 计划编制步骤

1. 确定目标

目标指期望的成果。目标为组织整体、各部门和各成员指明了方向，描绘了组织未来的状况，作为标准可用来衡量实际的绩效。

2. 认清现在

目标指明了组织要去的彼岸。因此，制订计划的第二步是认清组织所处的此岸，即认清现在。认识现在的目的在于寻求合理有效的通向彼岸的路径，即实现目标的途径。

3. 研究过去

研究过去不仅是从过去发生的事件中得到启示和借鉴，更重要的是探讨过去通向现在的一些规律。从过去发生的事件中探求事物发展的一般规律有两种基本方法：一为演绎法，二为归纳法。

4. 预测并有效地确定计划的重要前提条件

前提条件是关于计划的环境的假设条件，是关于由所处的此岸到达将去的彼岸的过程中所有可能的假设情况。对前提条件的认识越清楚、越深刻，计划工作越有效，而且组织成员越能彻底地理解和同意使用一致的计划前提条件，企业计划工作就越协调。因此，预测并有效地确定计划前提条件有重要意义。

5. 拟订和选择可行的行动计划

拟订和选择行动计划包括 3 个内容：拟订可行的行动计划、评估计划和选定计划。拟订可行的行动计划要求拟订尽可能多的计划。可供选择的行动计划数量越多，对选中计划的相对满意程度就越高，行动就越有效。评价行动计划要注意考虑几点：第一，认真考察每一个计划的制约因素和隐患；第二，要用总体的效益观点来衡量计划；第三，既要考虑到每一计划的有形的可以用数量表示出来的因素，又要考虑到无形的不能用数量表示出来的因素；第四，要动态地考察计划的效果，不仅要考虑计划执行所带来的利益，还要考虑计划执行所带来的损失，特别要注意那些潜在的、间接的损失。这一阶段的最后一步是按一定的原则选择出一个或几个较优计划。

6. 制订主要计划

制订主要计划就是将所选择的计划用文字形式正式表达出来，以作为管理文件。计划要清楚地确定和描述 5W1H 的内容，即 What(做什么)、Why(为什么做)、Who(谁去做)、Where(何地做)、When(何时做)、How(怎样做)。

7. 制订派生计划

基本计划还需要派生计划的支持。例如，一家公司年初制订了"当年销售额比上年增长 15%"的销售计划，与这一计划相连的有许多计划，如生产计划、促销计划等。

8. 制订预算，用预算使计划数字化

在作出决策和确定计划后，最后一步就是把计划转变成预算，使计划数字化。编制预算，一方面是为了使计划的指标体系更加明确，另一方面是使企业更易于对计划的执行进行控制。定性的计划往往在可比性、可控性和进行奖惩方面比较困难，而定量的计划则具有较硬的约束性。

4.2.2 计划编制实例

下面以 A 公司的经营计划为例简要说明计划的编制过程。

A 公司成立于 2002 年，主营业务为电风扇的制造，2004 年开始投资马达，由于产品质量好，在市场上很有竞争力，2008 年增资为 8 000 万元。

1. 目标设定

针对未来市场发展的趋势，设定的未来 5 年的市场占有率目标、销售额目标、生产目标见表 4-1。

表 4-1 市场占有率目标、销售额目标、生产目标表

年　　度		2016	2017	2018	2019	2020
市场占有率目标/(%)		7	7.5	8	8.5	9
销售额目标/万元		14 011	18 224	23 963	32 120	42 825
生产目标/(%)	1 马力	65.0	62.0	60.0	58.0	55.0
	1.1～5 马力	20.0	20.0	21.0	22.0	23.0
	5.1～10 马力	8.0	9.0	10.0	10.0	11.0
	10.1～50 马力	4.0	6.0	6.0	6.5	7.0
	50.1～500 马力	3.0	3.0	3.0	3.5	4.0

2. 产销现状分析

A 公司历年来营业额增长比率、市场占有率见表 4-2。

表 4-2 历年营业额增长比率、市场占有率表

年　　度	2008	2009	2010	2011	2012	2013	2014	2015
营业额/千元	3 854	3 954	3 968	4 282	5 594	8 822	6 029	6 219
增长率/(%)	90.0	92.3	92.7	100	130.6	206.0	140.8	145.2
占有率		10.59	9.10	9.35	9.69	7.49	4.22	6.08

公司 2015 年所生产电动机的产品结构见表 4-3。1 马力以下的电动机，在数量上占全部电动机的 70%，但金额比重仅占 36%。相反，50 马力以上的电动机，台数比虽然只有 1.2%，但销售金额却达 8%。由此可见，所生产的电动机，其马力越大，则销售越好，单位台数的收入越高。若能提高大马力产品在全部产品中的比重，总销售额会随之提高。

表 4-3 2015 年产品结构表

马力范围	台数比/(%)	金额比/(%)
1 马力	70.32	36.20
1.1～5 马力	20.47	28.53
5.1～10 马力	5.79	15.35
10.1～50 马力	2.22	12.87
50.1～500 马力	1.20	8.11

3. 市场供需预测

根据影响电动机市场的主要经济指标，如制造业生产值、国内生产总额、国内固定资本形成等的预测分析，对未来5年的需求进行预测的结果见表4-4。

表4-4 市场供需预测表

年度	2016	2017	2018	2019	2020
未来需求值预测	2 001 648	2 429 888	2 995 160	3 778 838	4 758 435

此外，应随时注意国外同行的情况，以免被淘汰。例如，日本开发全钢板制电动机对市场是否会产生革命性影响等。还有，目前国内制造电动机的成本较高，其主要原因是部分关键零件，如矽钢片由国外进口，因此，可利用东南亚较低廉的工资进行拓展，以提高10~100马力电动机的竞争力。

4.3 计划的原理与方法

4.3.1 计划工作的原理

按照《辞海》中的释义，原理"通常指某一领域、部门或科学中具有普遍意义的基本规律"。据此，管理原理就是对管理过程基本规律的一种理论概括，并用以指导日常管理工作。对原理的运用应结合当时当地的实际情况。计划工作作为一种基本的管理职能活动，自然也应有自己的原理。计划工作的主要原理有：限定因素原理、许诺原理、灵活性原理和改变航道原理。

1. 限定因素原理

所谓限定因素，是指妨碍组织目标实现的因素。限定因素原理可以表述如下：主管人员越是能够了解对达到目标起主要限制作用的因素，就越能够有针对性地、有效地拟定各种行动方案。限定因素原理有时又被形象地称作"木桶原理"。其含义是木桶能盛多少水，取决于桶壁上最短的那块木板条。限定因素原理表明，主管人员在制订计划时，必须全力找出影响计划目标实现的主要限定因素或战略因素，有针对性地采取得力措施。这正如哲学原理矛盾论中抓主要矛盾的思想。

2. 许诺原理

许诺原理可以表述为：任何一项计划都是对完成各项工作所做出的许诺，因而，许诺越大，实现许诺的时间就越长，实现许诺的可能性就越小。这一原理涉及计划期限的问题，即合理计划工作要确定一个未来的时期，这个时期的长短取决于实现决策中所许诺的任务所必需的时间。按照许诺原理，首先，计划必须有期限要求。事实上，对于大多数情况来说，完成期限往往是对计划的最严厉的要求。其次，合理地确定计划期限。最后，每项计划的许诺不能太多,因为许诺(任务)越多,则计划时间越长。如果主管人员实现许诺所需的时间长度比他可正确预见的未来期限还要长,但他不能获得足够的资源,使计划具有足够的灵活性,那么他就应当果断地减少许诺,或是将他所许诺的期限缩短。

3. 灵活性原理

计划必须具有灵活性,即当出现意外情况时,有能力改变方向而不必花太大的代价。灵活性原理可以表述为:计划中体现的灵活性越大,由于未来意外事件引起损失的危险性就越小。必须指出,灵活性原理是指制订计划时要留有余地。例如,某项建筑工程的施工进度计划应该要求按照计划时间完成施工任务,但在制订施工进度计划时要考虑可能出现在雨季不能露天作业的情况,因而对完成任务时间的估计要留有余地。至于执行计划,一般不应有灵活性。例如执行一个生产作业计划必须严格准确,否则就会发生组装车间停工待料或在制品大量积压的现象。

对主管人员来说,灵活性原理是计划工作中最主要的原理,在任务重计划期限长的情况下,灵活性便显出它的作用。为了确保计划本身具有灵活性,在制订计划时,应量力而行,不留缺口,但要留有余地。本身具有灵活性的计划又称为"弹性计划",即能适应变化的计划。

4. 改变航道原理

改变航道原理可以表述为:计划的总目标不变,但实现目标的进程(即航道)可以因情况的变化随时改变。就像航海家一样,必须经常校正航线,一旦遇到障碍就可绕道而行。

计划制订出来后,计划的执行者就要管理计划,促使计划的实施,而不能被计划所"管理",不能被计划框住。必要时可以根据当时的实际情况做必要的检查和修订。因为未来情况随时都可能发生变化,制订出来的计划就不能一成不变。尽管我们在制订计划时预见了未来可能发生的情况,并制订出相应的应变措施,但由于不可能面面俱到,情况是在不断变化,计划往往赶不上变化,总有一些问题是不可能预见到的,因此要定期检查计划。如果情况已经发生变化,就要调整计划或重新制订计划。改变航道原理与灵活性原理不同,灵活性原理是制订计划时使计划本身具有适应性,而改变航道原理是使计划执行过程中具有应变能力,为此,计划工作者就必须经常地检查计划、重新调整、修订计划,以此达到预期的目标。

4.3.2 滚动计划法

滚动计划法是一种动态编制计划的方法。它不像静态分析那样,等计划全部执行完了之后再重新编制下一个时期的计划,而是在每次编制或调整计划时将计划按时间顺序向前推进一个计划期,即向前滚动一次。

1. 滚动计划法的基本思想

1) 含义

滚动计划法是按照"近细远粗"的原则制订的一定时期内的计划,然后按照计划的执行情况和环境变化调整和修订未来的计划,并逐期向后移动,把短期计划和中期计划结合起来的一种计划方法。

2) 适用范围

从时期上看，滚动计划法适用于长期计划的编制，因为在计划工作中很难准确地预测将来会影响企业经营的经济、政治、文化、技术、产业、顾客等的各种变化因素，而且随着计划期的延长，这种不确定性会越来越大。这样，远期的计划就只能是粗略的，而近期计划则可以订得具体些，以指导生产经营活动。

从内容上看，滚动计划法主要适用于产品品种比较稳定的生产与销售计划以及物资供应计划的编制。因为这些计划都具有一定的连续性，便于按期不断地进行滚动。

2. 滚动计划的编制方法

1) 编制程序

(1) 通过调查和预测掌握有关情况，然后按照近细远粗的原则制订一定时期的计划。

(2) 在一个滚动时期终了时，分析计划的执行结果，找出差距，了解存在的问题。

(3) 根据企业内外部条件的变化及上一个滚动期计划的执行情况，对原订的计划进行必要的调整和修订。

(4) 根据修改和调整的结果，按照近细远粗的原则，将计划期向后滚动一个时期，制订出第二个计划期的计划。

【相关案例】

滚动计划的编制就是上述过程的不断重复。图 4.2 所示的是一个 5 年期的滚动计划编制方法。

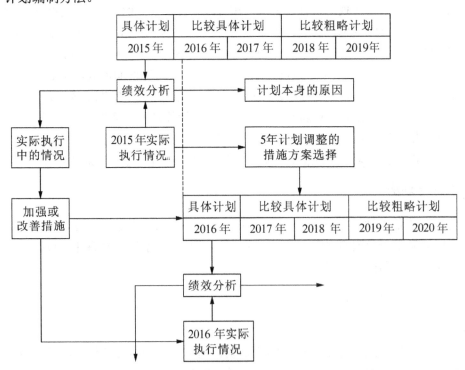

图 4.2　5 年期的滚动计划法

2) 计划修正因素

编制滚动计划时应考虑影响计划的各种因素，对计划进行调整和修订。这些因素统称为计划修正因素，主要有以下几种。

(1) 计划与实际的差异。即将计划的执行结果与原订的计划进行对比分析，找出两者的差距，分析出现差距的原因，以此作为调整计划的依据。

(2) 客观条件的变化。这种客观条件包括企业的内部条件和企业的外部条件。企业的内部条件包括劳动力构成、技术水平、自动化程度等在企业内部发生的情况；企业的外部条件包括市场情况、政治环境、经济政策、法律因素等企业自身影响范围之外的情况。

(3) 企业经营方针的调整。企业的经营方针是企业制订计划的最根本的依据，是企业生产经营活动的行动纲领，因此，企业经营方针的调整必然会影响企业计划的制订。

2. 滚动计划法的评价

滚动计划方法虽然使得计划编制和实施工作的任务量加大，但在计算机普遍应用的今天，其优点十分明显。最突出的优点是计划更加切合实际，并且使战略性计划的实施更加切合实际。其次，滚动计划法使长期计划、中期计划与短期计划相互衔接，短期计划内部各阶段相互衔接，这就保证了即使由于环境变化出现某些不平衡时也能及时地进行调节，使各期计划基本保持一致。最后，滚动计划法大大加强了计划的弹性，这对环境剧烈变化的时代尤为重要，它可以提高组织的应变能力。

4.3.3 主要计划技术

1. 甘特图

甘特图是在 20 世纪初由<u>亨利·甘特</u>开发的，它基本上是一种线条图，横轴表示时间，纵轴表示要安排的活动，线条表示在整个期间计划的和实际活动的完成情况。甘特图直观地表明任务计划在什么时候进行，完成各项任务的起始时间、结束时间和延续时间以及实际进展与计划要求的对比。它虽然简单但却是一种重要的工具，它使管理者很容易搞清一项任务或项目还剩下哪些工作要做，并且能够评估工作是提前了还是拖后了，或是正按计划进行着，这对提高管理工作水平和促进生产的发展起了重要的作用。

【名人简介】

图 4.3 绘出了一个图书出版的甘特图，时间以月为单位，表示在图的上方，主要活动从上到下列在图的左边。计划需要确定书的出版包括哪些活动，这些活动的顺序以及每项活动应当持续的时间。时间框里的线条表示计划的活动顺序，空白的线框表示活动的实际进度。甘特图可以作为一种控制工具，帮助管理者发现实际进度偏离计划的情况。在本例中，除打印长条校样以外，其他各项活动都是按计划完成的，而长条校样比计划进度落后了两周。给出这些信息，项目的管理者就可以采取纠正行动，或是赶出落后的两周时间，或是保证不再有延迟发生。

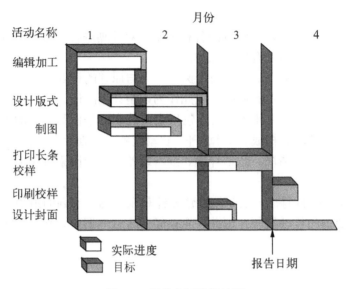

图 4.3　图书出版的甘特图

2. 负荷图

负荷图(Load Chart)是一种修改了的甘特图,它不是在纵轴上列出活动,而是列出整个部门或者某些特定的资源。负荷图可以使管理者计划和控制生产能力的利用,换言之,它是工作中心的能力计划。

例如,图 4.4 是某出版公司的 6 个责任编辑的负荷图,每个责任编辑负责一定数量书籍的编辑和设计。通过检查图 4.4 的负荷情况,管理 6 个责任编辑的执行编辑可以看出谁有空闲时间可以编辑其他的书,如果所有的责任编辑都是满负荷的,则执行编辑或许决定不再接受任何新书,或是接受新项目的同时推迟别的项目,或是安排责任编辑加班,不然就增加责任编辑。在图 4.4 中,只有利萨和莫里斯未来 6 个月的任务是排得满满的,其他编辑人员还有空闲时间可接受新项目。

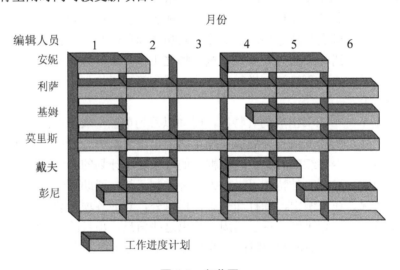

图 4.4　负荷图

3. 网络计划技术

只要活动或项目的数量较少且相互独立,则甘特图和负荷图就是很有效的工具。但是,如果管理者要计划大型项目,如企业的重组和新产品开发等,它们要求协调成百上千的活动,其中一些活动必须同时进行,而另一些活动必须待前期的活动完成后才能开始。各个环节之间、各项工作之间的关系错综复杂,影响各项工作的因素越来越多,在这种情况下,甘特图表现出了下列明显的缺点。

(1) 甘特图无法反映大型项目成千上万道工序之间的关系,更难统筹安排各个工作环节。
(2) 应用甘特图无法确定哪些是关键工序,哪些是非关键工序。
(3) 应用甘特图无法进行资源和工期的优化。

所有这些都要求有一种新的、更好的编制计划的方法和计划的表达方式。

网络计划技术是 20 世纪 50 年代后期在美国产生和发展起来的,是一种应用于组织大型工程项目或生产计划安排的科学的计划管理方法。它以网络图的形式反映组成一项生产任务或一项工程中各项作业的先后顺序及相互关系,并通过相应的计算方法找出影响整项生产任务或项目的关键作业和关键路线,对生产任务或项目进行统筹规划和控制,是一种能缩短工期、降低成本、用最高的速度完成工作的有效方法。

这种方法包括各种以网络为基础制订计划的方法,如关键路径法(Critical Path Method,CPM)、计划评审技术(Program Evaluation & Review Technique,PERT)、组合网络法等。1956 年美国的一些工程师和数学家组成了一个专门小组首先开始了这方面的研究。1958 年美国海军武器计划处采用了计划评审技术,使北极星导弹工程的工期由原计划的 10 年缩短为 8 年。1961 年,美国国防部和国家航空署规定,凡承制军用用品必须用计划评审技术制订计划上报。从那时起,网络计划技术就开始在组织管理活动中被广泛地应用了。

1) 网络计划技术的基本步骤

网络计划技术的原理是把一项工作或项目分成各种作业,然后根据作业顺序进行排列,通过网络图对整个工作或项目进行统筹规划和控制,以便用最少的人力、物力、财力资源,用最高的速度完成工作。网络计划技术的基本步骤如图 4.5 所示。

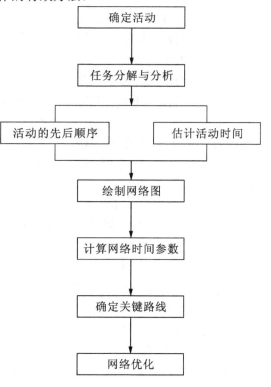

图 4.5 网络计划技术的基本步骤

2) 网络图

网络图是网络计划技术的基础。任何一项任务都可以分解成许多步骤。根据这些工作在时间上的衔接关系,用箭头表示它们的先后顺序,画出一个由各项工作相互联系,并注明所需时间的箭头图,这个箭头图就称为网络图。图 4.6 是一个网络图实例。

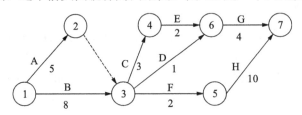

图 4.6 网络图实例

分析图 4.6 可以发现,网络图由以下几个部分组成。

(1) 活动。活动是指一项工作或一道工序。一般来讲,活动需要花费时间,消耗一定的资源。活动用"→"表示,一般规定,箭线上方注明活动内容,下方注明活动消耗时间。

(2) 事项。事项是指一项活动的开始或完成,一般用带有编号的圆圈表示。在网络图中,圆圈是两条或两条以上箭线的交接点,故又称节点(Node)。事项不占用时间和资源,它只是表示某项活动的开始或结束。为了便于识别、检查和计算,要对节点进行编号,编号按箭头方向由小到大,并常用箭线首尾的编号表示某一项活动的名称,应特别注意,每一项活动都应有自己唯一的节点编号。另外,同一节点号码不能重复使用。

(3) 虚工序。因为箭线首尾的节点编号只能唯一地表示一项活动,但对于平行活动来讲,要正确表示活动之间的关系,往往要借助于虚工序。

虚工序用虚箭线表示,它仅仅起着表示活动先后顺序的作用,并不是一项真正的活动,它没有活动名称,既不占用时间,也不消耗资源,计算网络时间参数时,可以把虚工序看成作业时间为零的一项活动,如图 4.6 中连接 2、3 的虚工序。

(4) 线路和关键线路。线路是指从网络始点事项开始,顺着箭线方向,到网络终点为止,中间由一系列首尾相连的节点和箭线所组成的通路。关键线路是网络中花费时间最长的事项和活动的序列。

为了反映工序的先后顺序关系,经常使用紧前工序或紧后工序的概念。若有 A、B 两道工序,当 A 工序完工以后,才能紧跟在它后面开始 B 工序,则称 A 是 B 的紧前工序,或 B 是 A 的紧后工序。一道工序可能有若干道紧前工序,也可能有若干道紧后工序,没有紧前工序的工序是项目的初始工序,没有紧后工序的工序是项目的最后工序。

3) 网络时间参数的计算和关键路线的确定

网络计划技术作为组织与控制工程项目进度的方法,在把工程项目绘制成网络图的基础上,要进行各项时间参数的计算和关键路线的确定,以便在时间上对工程项目中的各道工序进行科学合理的安排。

确定工序作业时间是网络计划的重要前提,它直接关系到工期的长短,是计算其他网络时间参数的基础。工序作业时间是指完成某道工序所需要的时间。

对于确定型网络,作业时间的估计采用单一时间估计法,即对每道工序的作业时间仅确定一个估计值,用 $t(i,j)$ 表示工序 (i,j) 的作业时间。因为在确定型网络中各道工序有先进、科学、合理的劳动定额或项目有先例可借鉴,这种情况下,作业时间的估计比较正确。

对于非确定型网络，一般没有有关工序作业时间的确切资料，作业时间采用三点估计法，即对某道工序作业时间作出 3 种时间估计，用这 3 个时间值的加权平均作为对该工序时间的估计。这 3 个时间值具体如下。

(1) 最乐观时间，指在最顺利的情况下完成某道工序的最短时间，记为 a。
(2) 最保守时间，指在最不利的情况下完成某道工序的最长时间，记为 b。
(3) 最可能时间，指在正常情况下完成某道工序的时间，记为 m。

工序时间的期望值 $t(i,j)$ 可按下述公式计算：

$$t_e(i,j) = \frac{a + 4m + b}{6}$$

这里 (i,j) 表示箭线由节点 i 直接指向节点 j。

网络计划技术中迭代计算的时间参数包括以下几个。

(1) $ET(i)$——节点 i 的最早时间，指以该节点为起始节点的所有工序的最早开始时间。

$$ET(1)=0, \quad ET(j)=\max(ET(i)+t(i,j))$$

(2) $LT(i)$——节点 i 的最迟时间。

$LT(i)=\min\{LT(j)-t(i,j)\}$，$LT(n)=ET(n)$，$n$ 为终点编号。

(3) $ES(i,j)$——工序 (i,j) 的最早开始时间。

$$ES(i,j)=ET(i)$$

(4) $EF(i,j)$——工序 (i,j) 的最早结束时间。

$$EF(i,j)=ES(i,j)+t(i,j)$$

(5) $LS(i,j)$——工序 (i,j) 的最晚开始时间。

$$LS(i,j)=LF(i,j)-t(i,j)$$

(6) $LF(i,j)$——工序 (i,j) 的最晚结束时间。

$$LF(i,j)=LT(j)$$

(7) $TF(i,j)$——工序总时差，是指在不影响整个项目最早结束的条件下，工序最早开始(或结束)时间可以推迟的时间。

$$TF(i,j)=LS(i,j)-ES(i,j)=LF(i,j)-EF(i,j)=LT(j)-ET(i)-t(i,j)$$

(8) $FF(i,j)$——工序单时差，是指在不影响后续工序最早开始时间的前提下，该工序可以推迟开始或结束的时间。

$$FF(i,j)=ET(j)-ET(i)-t(i,j)=ET(j)-EF(i,j)$$

关键路线就是由总时差为零的工序组成的线路，关键路线上各工序作业时间之和即为总工期。如果把网络图看成一个有向图，关键路线即有向图的最长路。上例中，网络时间参数的计算和关键路线的确定见表 4-5，关键路线为①→③→⑤→⑦，一般用双箭线表示。

掌握和控制关键路线是实施网络计划技术的精髓。关键路线的长度决定了工期，缩短关键路线上的工序作业时间即可缩短工期，但是关键路线上工期的缩短并非无止境的，当缩短到一定程度时，关键路线将变成非关键路线，非关键路线的总时差被全部利用后也会变成关键路线。另外，关键路线可能不止一条，关键路线越多，关键工序就越多，就越需要加强管理。

表 4-5 网络时间参数计算表

工序名称	节点编号	作业时间	ES(i, j)	EF(i, j)	LS(i, j)	LF(i, j)	TF(i, j)	关键路线
A	(1, 2)	5	0	5	3	8	3	
B	(1, 3)	8	0	8	0	8	0	√
C	(3, 4)	3	8	11	11	14	3	
D	(3, 6)	1	8	9	15	16	7	
E	(4, 6)	2	11	13	14	16	3	
F	(3, 5)	2	8	10	8	10	0	√
G	(6, 7)	4	13	17	16	20	3	
H	(5, 7)	10	10	20	10	20	0	√

4) 网络计划技术的评价

网络计划技术之所以被广泛地运用是因为它有以下一系列的优点。

(1) 该技术能清晰地表明整个工程的各个项目的时间顺序和相互关系，并指出了完成任务的关键环节和路线。因此，管理者在制订计划时可以统筹安排，全面考虑，重点管理。

(2) 可对工程的时间进度与资源利用实施优化。在计划实施过程中，管理者调动非关键路线上的人力、物力和财力从事关键作业，进行综合平衡，这样既可节省资源又能加快工程进度。

(3) 可事先评价达到目标的可能性。该技术指出了计划实施过程中可能发生的困难点以及这些困难点对整个任务产生的影响，准备好应急措施，从而减少完不成任务的风险。

(4) 便于组织与控制。管理者可以将工程，特别是复杂的大项目，分成许多支持系统来分别组织实施与控制，这种既化整为零又聚零为整的管理方法可以达到局部和整体的协调一致。

(5) 易于操作，并具有广泛的应用范围，适用于各行各业以及各种任务。

4.4 战略性计划

4.4.1 战略计划与战略管理

1. 战略计划

20 世纪 70 年代以前，企业赖以生存的环境是一个相对稳定的环境，而且，当时制订长期计划的管理者们通常假设未来的时代将比现在更好，因此，面向未来的计划只需将过去的计划向前自然延伸。但是进入到 20 世纪 70 年代以后，企业所面临的环境发生了根本性的变化，环境变得越来越风云变幻，具体表现为：科学技术日新月异，新技术、新产品层出不穷；市场需求变化日益加快，并朝多样化、个性化方向发展；社会、政治、经济环境复杂多变。面对这样一个复杂多变的环境，企业依靠过去那种传统的方法来制订未来的计划显然已经不合时宜了，而应该高瞻远瞩，审时度势地对外部环境的可能变化作出预测和判断，在此基础上规划出企业的生存目标。20 世纪 80 年代，日本小汽车在国际市场上夺魁就是最突出的例子。在 20 世纪 70 年代出现了世界性能源危机，日本汽车厂家根据对国际市场的调查和预测，不失时机地选择了"轻便""节能型""小型"的汽车发展战略，终于击败了曾称霸世界的美国汽车，登上了世界汽车市场的霸主地位，而美国通用、福特、克莱斯勒"三大巨头"在 1980 年的亏损额高达 42 亿美元，克莱斯勒更是溃不成军，最后靠美国政府的"救助"才免遭破产的厄运。

在风云变幻的环境中人们发现：效率并不完全等于效益，如果企业的发展方向错误，效率越高效益反而越低。因此，对企业来说，战略的成功是最大的成功，战略的失败是最大的失败，企业要谋求长远的生存和发展就必须审时度势，准确地把握未来，制订出正确的战略计划。

战略计划与长期计划的区别在于以下几个方面。

(1) 战略计划是一种可以改变企业性质的重点计划，如推出新产品，开拓新市场，开辟新财源等，它不包含所有细节；而长期计划则是全面性的计划，包罗企业的各项主要工作。

(2) 战略计划是一个长远规划，但无具体时域，其制订也无固定的程序；而长期计划的编制时间是例行化的，且有一定的程序。

(3) 战略计划的制订只由少数高层领导人参与；而长期计划却是由各层管理人员参与的。

(4) 战略计划的着眼点是外部环境的改变，根据外部环境提供的机遇和威胁来确定企业的发展目标，它是对外部环境进行预测和把握的结果；而长期计划的着眼点是企业本身，即如何使企业的整体目标结构仍能长期保持协调和配合。

案例 4-2

通用电器公司战略计划的由来

通用电器公司是美国最大的电器公司。该公司拥有职工近 40 万人，制造、销售和维修的产品约 13 万种，其中包括飞机引擎、核子反应堆、医疗器械、塑料和家用电器等，业务范围遍及 144 个国家和地区。1978 年，公司的销售额约达 200 亿美元，利润超过了 10 亿美元，其中 40%来自国际市场。

由于通用电器公司的规模越来越大，产品的种类越来越多样化，公司在经营管理上，面临着以下几个关键问题：①冒一定的风险使利润迅速增长，还是使利润持续不断低速增长？②需要一个分权式的组织机构以保持组织上的灵活性，还是建立一个集权式的组织机构以加强对整个公司的控制？③如何对付环境、技术和国际等方面的新挑战？经过研究，公司选择了利润高速增长的经营战略。但是，怎样管理这样一个机构，并对付来自环境、政治、经济、技术和国际上的各种挑战？通用电器公司的答案是需要制订战略性计划。

通用电器公司管理制度的演变大体经过了三个阶段。

(1) 20 世纪 60~70 年代的分权时期，促进了该公司利润的增长和经营的多样化。

(2) 20 世纪 70 年代的战略计划的制订，使公司扩大了规模，增加了产品的种类并使利润持续不断地增长。而战略计划的重点就是建立战略计划经营单位，以及把各个下属单位的战略需要和整个公司的财源分配战略结合起来。

(3) 20世纪80年代公司进入了第三个时期,即战略经营管理时期。在20世纪80年代,通用电器公司有一个高度分权的利润中心结构。这种结构共分4层,最下层是事业部,共有175个,每个事业部都有一个利润中心。这些事业部由45个部管辖,45个部又由10个大组管辖,这10个大组形成最高管理层,它们向公司最高办公室报告工作。最下层的部分的销售额,一般不超过5 000万~6 000万美元,如果超过这个限度,这个事业部就分为两个事业部。当时,通用电器公司占统治地位的管理哲学是控制幅度,这个幅度要"小到一个人足以管理得起来的程度"。这套高度分权的利润中心结构,在20世纪60年代曾大大促进了公司的发展。

随后通用电器公司碰到了一个新问题,即公司的销售额大幅度增长了,但每股的红利并没有随着增长,与此同时,公司的投资报酬率也下降了。出现这种情况的原因是:①由于事业部数目的猛增,事业部之间在竞相使用各种资源时发生了重复努力。②在繁荣时期,没有对公司各下属企业的前途进行充分的比较就进行投资,而实际上并非所有下属企业都需要投资。有些企业应该尽力使其利润不断增长。但由于这些企业可能在将来被淘汰,因此,不需要大量投资;而另一些企业因为很有发展前途,则应为其今后的发展大量投资。

鉴于上述情况,通用电器公司开始革故鼎新。从20世纪70年代初期开始,公司制订战略性计划,并建立了一套制定战略性计划的机构、程序和原则。

2. 战略管理

【名人简介】

自1965年美国著名管理学家安索夫的《企业战略论》(Corporate Strategy)一书问世以后,欧、美、日一些国家的企业开始时兴制定经营战略,以解决那些对企业成败有长期的、决定性影响的和带方向性的重大问题,但在此期间,企业工作的重心放在了战略规划本身的制定上,而对战略的实施及控制重视不够。

1976年安索夫在其著作《从战略计划走向战略管理》中,首次提出了"企业战略管理"的思想,1979年他又写了《战略管理论》(Strategy Management)一书,该书从企业战略计划在其实施阶段怎样才能成功着手,以环境、战略和组织三者为支柱,建立了企业经营战略管理的基本框架,成为现代企业战略管理理论的研究起点。

20世纪70年代末80年代初,企业界开始认识到企业经营战略的制定仅仅是经营战略管理工作的一部分,战略实施比战略计划、战略方案设计更为重要。企业的最高决策者应该重视战略制定和战略实施两个方面:在战略制定方面要注意战略的灵活性和适应性,使制定的经营战略能够适应环境的变化,更切合实际;在战略实施方面要注意调整企业内部结构以适应战略的实施,从而达到预定的企业总目标。这种新的战略观念的产生和被接受使企业掌握了成功奥秘。这方面最著名的成功例子是,美国克莱斯勒汽车公司在企业界巨子李·雅科卡领导下,在濒临破产的情况下由于成功地实施了所制定的经营战略而终于渡过了难关,企业扭亏为盈且不断发展壮大。

20世纪80年代以来,以西方工业发达国家为代表的现代企业管理的重心发生了新的转移。如果说,在20世纪50年代以前,企业管理的重心是生产,20世纪60年代的重心是市场,20世纪70年代的重心是财务,那么,20世纪80年代起重心转移到了战略管理。这种重心的转移不是人为的或偶然的,而是现代社会生产力水平发展和社会经济发展的必然结果。具体有以下几个方面的原因。

(1) 科学技术的飞速发展使得任何一种科学发现或新发明转化为社会生产力的周期日益缩短，产品的生命周期缩短，国际市场上将不断推出小批量、附加价值高的新产品，从而使得生产设备和产品的更新速度大大加快。这一新的客观事实促使任何一个国家或企业的领导人必须高瞻远瞩，具有发展战略观念，探索和预见未来发展可能带来的影响和挑战，并能作出正确的战略决策，以迎接和适应新的挑战。

(2) 市场需求日益多样化。随着社会经济的发展和消费者收入水平的不断提高，消费者的需求日益向多层次、多样化和高水平发展。任何一个企业的产品，今天可能受到顾客的欢迎，明天也许就不再能满足顾客的需要了。消费者需求的不断发展和变化迫使企业更要着眼于满足潜在的和未来的需求，才能稳定地生存和发展。

(3) 社会政治、经济形势复杂多变，时刻会给企业的生存和发展带来新的机会或造成新的威胁。每一个企业必须预测到这方面可能发生的变化和影响，并能够随时作出应变反应。否则，就会陷入被动的局面。

竞争是世界市场的本质特征之一，各国企业为使自己的产品在国际市场上站住脚，使生产中耗费的物化劳动、活劳动得到补偿，利润得以实现，激烈地进行着竞争。这不仅表现在不同发展水平的国家间在相关领域内的垂直竞争，如新兴工业国与发达国家之间就占领和发展技术密集型产业和高技术产业展开的激烈竞争，也表现在经济发展水平相同或相近的国家在相同产品、相同部门市场或替代产品市场的水平竞争，如美俄的太空技术、核技术竞争，美日的计算机、汽车等产品竞争。今天的企业，不论是发达国家的，或是新兴工业国的，或是发展中国家的都毫不例外地面对着来自明天的挑战，谁也不能绝对保证自己将成为未来利益的享有者，只有正确的经营战略决策才是唯一的保证。

企业的生产经营规模日益扩大，范围和内容日益复杂。现代化大生产的企业经营已经从过去单纯抓生产和销售工作扩大到一个包括市场需求研究→环境条件分析→制定经营战略→开展科学研究→进行科技开发→深化产品研究→加强生产管理→改进包装运输→强化批发零售→全面市场服务→快速信息反馈等各个环节密切配合的动态循环大系统。企业的全部经济活动形成了一个从市场开始到市场终结的经济循环，其中的任何一个环节都不能出现脱节，否则会产生"瓶颈"现象，使整个企业系统的效益受到影响。

4.4.2 企业经营战略层次

企业经营战略是一个分层次的逻辑结构，企业规模大小不同，企业战略层次也不同。从事单一业务的中小企业战略一般有两个层次，如图4.7所示。

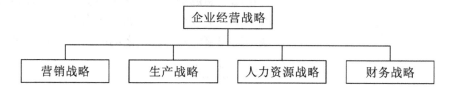

图 4.7 从事单一业务的中小企业战略管理层次

从事多元化经营的大型企业一般分为3个层次，即公司层总体战略、职能单位层战略、经营单位层战略。下面仅对大型企业战略层次的内容及相互关系加以阐述，其战略管理的层次如图4.8所示。

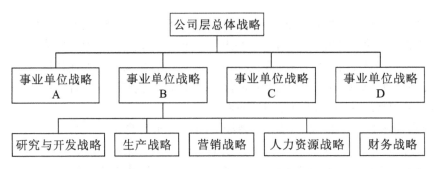

图 4.8 从事多元化经营的大型企业战略管理层次

1. 公司层战略

如果一个组织拥有两个或两个以上的事业,那么它将需要一种公司层战略,公司层战略有时又称总体战略。它以公司整体为研究对象,研究整个企业(公司)生存和发展中的一些基本问题:公司的使命及方针是什么?公司的总体目标是什么?公司应该采取什么样的战略态势(进攻型、稳定型、收缩型)?应该有什么样的事业组合?各种事业的地位如何?等等。

2. 事业层战略

事业层经营单位的战略属于支持战略,即在公司层战略的指导下,为保证完成公司制订的战略规划而制订本事业单位的战略计划。它要回答下列问题:为完成公司总体目标,本事业部门应该采取什么样的行动?

3. 职能层战略

职能层战略是职能部门为支撑事业层战略而制定的本职能部门的战略。它要回答的问题是,为支持和配合事业层战略,本部门应该采取什么行动?例如,如果某公司的饼干与面包事业部开发一种新产品,那么该事业部的市场营销部门就应该制定相应的战略来配合这种新产品投入市场。

如果说公司层战略和事业层战略强调"做正确的事",那么职能层战略则强调"将事情做好"。与前两者相比,职能层战略更为具体,具有可操作性。综上所述,3个战略层次之间相互作用,构成了一个企业战略的完整体系。它们之间的互动关系如图 4.9 所示。

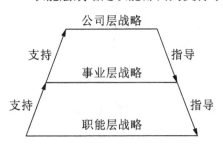

图 4.9 战略层次的互动关系

4.4.3 战略管理过程

所谓战略管理是指对战略目标形成、战略对策的制订和战略方案实施的整个过程进行计划、组织、指挥、协调、控制的活动。它大致可分为战略规划和战略实施两个阶段。战略管理的过程如图 4.10 所示。

第一阶段：战略规划

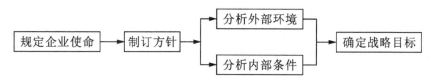

第二阶段：战略实施

经营战略实施准备 ——→ 经营战略实施推进 ——→ 经营战略实施评审控制

图4.10　战略规划和战略实施两个阶段

4.4.4　战略规划

1. 规定企业的使命

一个企业的使命包括两个方面的内容：组织哲学和组织宗旨。所谓组织哲学是指一个组织为其经营活动方式所确定的价值观、信念和行为准则。国际商用机器公司前董事长小华森论述了组织哲学的重要性，他的论点是，首先，任何组织为了生存并获得成功必须树立一套正确的信念，作为一切方针和行动的前提。其次，一个公司成功的最主要因素是其成员忠诚地坚持那些信念。最后，如果一个组织在不断变动的世界中遇到挑战，它必须在整个寿命期内准备变革它的一切，唯有信念永远不变。

华森接着阐述了国际商用机器公司的哲学，具体如下。

(1) 尊重个人。这虽是一个简单的概念，却占去了管理者的大部分时间，人们在这方面所做的努力超过了其他任何方面。

(2) 希望给予顾客最好的服务。

(3) 一个组织应该树立一个信念，即所有工作任务都能以卓越的方式去完成。

有趣的是，在华森述论这3条基本信念的20年后，该公司董事长F·卡里说："我们的工艺、组织、市场经营和制造技术已经发生了若干次变化，并且还会继续发生变化，但是在所有这些变化中，这3条基本信念依然如故，它们是我们顺利航行的指路明灯。"

所谓组织宗旨是指规定组织去执行或打算执行的活动以及现在的或期望的组织类型。明确组织宗旨有关键性的作用，没有具体的宗旨，要制定清晰的目标和战略实际上是不可能的。此外，一个组织的宗旨不但要在创业之初加以明确，而且在遇到困境或繁荣昌盛之时，也必须经常再予确认。例如，假定铁路公司过去就明确其宗旨是在运输业中(而不是严格限制在铁路运输业上)建立稳定的地位，它们就不会面临今天的经济形势。事实上，南方铁路公司确定的宗旨是运输服务，目前已拥有铁路行业中最高的股金收益。该公司通过谨慎地收买其他铁路的业务以及为顾客提供适用的运输服务，达到了现在的地位。

R·汤塞德把艾维斯汽车租赁公司的宗旨表述为："我们希望成为汽车租赁业中发展最快、利润最多的公司。"注意，这一宗旨规定着艾维斯公司的经营业务，它排除了公司开设汽车旅馆、航空和旅行社业务的考虑。

当J. D. 洛克菲勒想出建立标准石油托拉斯的主意时，他的宗旨是要在炼油业中形成垄断，他不惜采用种种挤垮竞争对手的手段，从而在很大程度上实现了这一宗旨。当然，洛克菲勒以及其他具有相同宗旨和手段的人的行为促成了1890年雪尔曼反托拉斯法的建立。

企业使命的表述多见于企业广告、简介汇报材料之中，通常只能在比较广泛的层次上阐明企业的态度与观点，客观上不应该详细，但是太笼统的表述又会显得无所不包，难以对实际操作起到有效的指导作用。因此，在具体的操作中如何措辞又恰到好处地表述企业的使命，只能依赖于在实践中的不断探索与试验。

2. 分析外部环境

企业是一个有生命力的、能动的有机体，从属于社会大系统的一个子系统。它所从属的社会大系统就是企业的生存环境。企业与外部环境的关系是：外部环境影响和制约着企业的生存和发展，同时，企业通过自己出色的工作也影响着外部环境。在市场经济条件下，企业所处的环境是不断变化的，而且变化速度日趋加快，这给企业经营带来了巨大的风险，企业为了谋求生存和发展就必须对环境进行分析、预测。一个企业的成败在很大程度上取决于企业能否准确地把握外部环境的变化，并及时做出响应。因此，对企业外部环境进行分析是企业经营战略形成的重要前提，是经营战略成功实施的基础。

企业的外部环境因素包括两类：一类是对企业生产和经营有直接影响的环境因素，如行业的性质、市场状况、竞争者状况、供应者状况、替代品状况等，这些环境称为直接环境因素或微观环境；另一类是对任何企业都有广泛影响的环境因素，例如，国家的政治环境、经济环境、技术环境、社会文化环境等，这些环境称为一般环境、间接环境或宏观环境。

外部环境分析的目的就是识别和发现外部环境中各种有利于企业发展的机会和各种不利于企业生存和发展的威胁，为企业制定经营战略提供客观依据。

具体环境分析主要包括：行业性质分析、市场环境分析、竞争力量分析等。

(1) 行业性质分析。任何企业都在某一特定的行业内从事着生产经营活动。所谓行业是指以劳动分工为基础的生产同类产品而互相竞争满足同类用户需求的一组企业。行业的环境状况如何对企业的生存和发展有着直接的影响。分析行业环境主要从行业的前景、行业的产业政策、行业的结构等几个方面进行。通过行业的性质、现状和发展趋势分析，为企业制定经营战略时正确地选择生产经营领域提供依据。

(2) 市场环境分析。市场是影响企业生存和发展的最直接、最具体的环境。研究和分析市场的目的就是通过对市场行为的研究把握市场需求的一般趋势，寻找企业发展的机会和可能的风险。市场分析一般从市场类型、市场需求及其变化趋势、消费者行为几个方面进行。

【相关视频】

(3) 竞争力量分析。美国哈佛大学商学院的波特认为企业最关心的是其所在行业的竞争强度，而竞争强度又取决于 5 种基本竞争力量。这 5 种竞争力量分别来自于：行业中现有企业间的对抗、潜在的进入者的威胁、替代品的生产威胁、购买者的讨价还价能力、供应者的讨价还价能力等，正是这些力量的状况及综合强度影响和决定了企业在行业中的最终获利能力。波特将这 5 种竞争力量建立了模型，如图 4.11 所示。

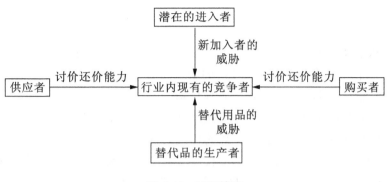

图 4.11 波特模型

3. 分析内部条件

为了使企业的外部环境、内部条件和经营目标三者达到动态平衡，这就要求企业必须弄清楚企业的自身资源(人、财、物、技术、组织、管理)状况如何？企业与竞争对手相比有哪些优势和劣势？自己的长处在哪里？薄弱环节在哪里？外部环境中哪些机会应该而且能够抓住？哪些威胁可以避免？只有这样，才能使企业的经营战略建立在客观真实的基础上，才能真正实现外部环境、内部条件和经营目标三者之间的动态平衡。内部条件分析主要包括下列内容：①企业组织结构分析；②企业文化分析；③资源条件分析。

(1) 企业组织结构的战略因素分析。企业组织结构是指企业内部人员、职位、职责、关系、信息五大要素的相互连接方式。企业组织结构是企业的一个重要的战略资源，它是企业内部条件的一个重要方面。它与经营战略的关系是：经营战略需要靠企业组织结构来支持，因此，组织结构的状况决定和制约着企业的战略，要制定符合实际的企业战略就必须对企业现有的组织结构进行剖析，剖析的内容包括：企业内部权利关系，内部的信息沟通方式，产品或服务的配置连接方式，部门之间的协调程度以及它所能支持的企业战略类型等。

(2) 企业文化的战略因素分析。每一个企业都有自己特定的文化。企业文化就是企业在长期的生产经营实践中逐步形成的共同的价值观、信念、行为准则及具有相应特色的行为方式、物质表现的总称。企业文化对经营战略起着支持和制约作用。

分析企业文化的目的就是要了解和掌握企业文化的现状及企业文化的特色，以便制定出与企业文化相容的经营战略。

(3) 资源条件的战略因素分析。这里的资源是泛指企业从事生产经营活动或提供服务所需要的人力、资金、物料、机器设备、组织管理、市场营销等方面的能力和条件。这些能力和条件是支持企业经营战略的物质基础。从企业经营战略的本质来看，企业经营战略就是建立起相对竞争对手的优势，而要建立起优势就必须了解企业自身与竞争对手相比较在资源方面哪些是优势，哪些是劣势，然后趋利避害、发挥优势、克服劣势，建立起自己的优势地位。因此，需要对自身的资源条件进行全面的分析，并与竞争对手相对比。

4. 确定企业经营战略目标

企业使命从总体上描述了企业的经营业务、性质与发展方向，为指导与管理企业的各项活动提出了一个共同的主题。企业使命的表述一般比较抽象，在经营战略实施中，通常需要用经营战略目标的形式将企业使命具体化与明确化。

企业经营战略目标是指企业在完成其基本使命的过程中所追求的最终结果。也就是说，企业在定义了自身的使命后确定能满足顾客需要到什么程度。

(1) 经营战略目标的具体内容：①成长性目标：指表明企业成长、发展程度的目标，如市场占有率的提高、扩大联合企业的数量、产量翻一番等；②收益性目标：指表明企业获利程度的目标，如利润总额、资金利润率等；③社会性目标：指表明企业对社会作出贡献的程度或企业的公众形象如何的目标，例如，环境保护、节约能源等方面的目标以及企业公众形象或企业的知名度等。

(2) 经营战略目标表述的基本要求是：①主题突出性；②可行性；③定量性；④可分解性；⑤时限性；⑥激励性。⑦稳定性。

5. 确定战略对策

企业经营战略目标制定出来以后，接下来的工作就是如何实现战略目标，而要实现战略目标就得制定相应的对策，即为实现战略目标应采取相应的措施和手段。战略对策包括下列内容。

(1) 战略重点的确定。

要实现战略目标，有许多矛盾需要解决，解决矛盾的过程实际上就是战略目标的实现过程，但这些矛盾在战略目标实现的过程中所起的作用是不同的，有些是起着主要和关键性的作用，有些是起着次要作用。这些在战略目标实现过程中起着主要和关键作用而需要加强的部门、环节、方面、项目就是战略重点。战略重点可能是某些薄弱环节，也可能是某些有发展优势的地方，它是资金、人才、技术投入的重点，也是决策人员实行战略指导的重点。因此，战略重点有3个方面的含义：既是实现经营战略目标的重点，也是资源配置的重点，还是战略指导的重点。

如何确定战略重点，这是一个技术性很强的工作，它需要决策者们科学地分析、准确地判断。一般是从企业组织结构、文化、资源、市场需求4个方面去寻找。

需要指出的是：战略重点不是一成不变的，它会随着时间的推移而转移，当某一时期的战略重点部门、环节得到加强之后，它就会由原来的主要矛盾变为现在的次要矛盾，相应来说，其他原来是次要矛盾的环节和部门，现在可能上升为主要矛盾，即新的战略重点。

(2) 战略步骤的划分。一个战略目标的实现不可能一蹴而就，它总是需要分为若干步骤才能完成，这是事物发展的一般规律。每一阶段都应确定本阶段相应的战略目标、战略重点和战略措施。

(3) 战略措施的制定。经营战略的实现是需要一定的资源来支撑，是需要各职能部门紧密配合的，否则，战略目标是不可能实现的。战略措施的内容主要包括：战略资源的筹集及分配方案，市场、生产、采购、科研与开发、人力资源、财务等方面所采取的措施。这些措施和策略可以用战略计划书的形式加以明确，见表 4-6。

表 4-6　战略(项目)计划书

项　目	具 体 内 容
目的与目标	(1) 目的、方针、目标：经营现状与问题，战略方针与目标 (2) 战略计划所依据的信息情报，行业、市场发展趋势预测，竞争对手情况
手段	(3) 计划(5W+H)：What？目标是什么？Who？谁来执行？When？何时完成？Why？为什么这样做？Where？在何地进行？How？用什么方法？备选方案与预备计划
投入资源要素	(4) 投入资源：开发研究费，市场调查预测费，先行投资，设备投资，库存投资，引进技术投资，系列化投资，开拓国际市场投资，人才开发投资，人员投入。 资源利用效果：利润=收入－支出
日程进度	(5) 进度表：投入进度表，产出进度表，重点项目进度表
实施组织	(6) 实施组织：实施部门责任，协作部门的责任，经营战略决策者与经营战略管理者的监督责任
预期结果	(7) 预期结果：综合效果，收益率，风险损失 (8) 经营战略业绩报告(成功经验与失败教训等)

本 章 小 结

　　计划是一个确定目标和评估实现目标最佳方式的过程。计划指明方向、减少因变化所带来的影响，使浪费和冗余减至最少以及设立标准以利于控制。

　　计划的类型多种多样，可划分为战略计划与作业计划、长期计划与短期计划、指导性计划与具体性计划等几大类。计划工作的步骤一般有：①描述宗旨；②评估状况；③确定目标。④确定前提条件；⑤制定计划方案；⑥评价备选方案；⑦挑选可行方案；⑧制订辅助计划；⑨编制预算。对计划进行评价的两种方法：一种是程序性分析；另一种是经济性分析。

　　在目前广泛应用的现代计划技术与方法中，滚动计划法、预算法和网络计划技术等为较常用的技术和方法。

案例讨论

中南油脂公司

　　1998 年初夏，深圳蛇口诞生了国内最大的一家食用油脂加工企业——中南油脂公司(后简称中南)。该公司由 6 家中外企业共同投资组建，其中中方两家，港方 3 家，另一家为马来西亚公司。前两家及后 4 家

的出资比例分别为20%与80%。中南油脂公司拥有1 450名员工，其中管理人员40人(11名为外籍)，总经理来自新加坡。

中南主要生产经营各类高、中档的植物油脂。公司设有两座油脂精炼加工厂，设备由德国进口，加工精炼从马来西亚、菲律宾、南美、加拿大和欧洲进口的优质毛油，年生产能力40万吨，此外，公司拥有总储量5万吨的油罐区。

中南在成立之初提出了"创建中国一流企业"的目标。从1990—1994年，中南取得了理想的发展业绩，营业收入增长了一倍多。由收益留存积累的资本使得中南的资产总额每年均有10%以上的增长，与同行业比较，中南的规模与业绩均处于明显的领先地位。开业以来，中南每年均跻身全国食品制造业十强，并在油脂加工业中独占鳌头。1994年更是创下了历史最高水平，不仅是当年唯一一家在"全国十大外商投资高营业额企业""全国十大外商投资高出口创汇企业""全国十大外商投资高人均利税企业"三项评比中的榜上有名者，同时还入选了当年工业企业全国500强，还是食品行业中首家获国际国内ISO 9002质量保证体系双重认证的企业。

中南能够取得今日的市场地位与其实力是密切相关的。

从生产技术与设备来说，中南全面采用了自动化生产技术，从德国引进了20世纪80年代末国际先进水平的自动化生产线。全封闭的连续生产技术可保证加工能力随不同种类油脂等级的要求，在(600~1 200)吨/24小时范围内调整，产品理化指标优于国家规定，规格达国际先进水平。以水分杂质指标为例，其精炼油不超过0.1%。由于炼耗低于国内外中小油厂1%~2%，每年可多得成品油8 000吨，设备节能效果也十分显著。另外，中南的制桶生产线也是由德国引进的全自动流水线，制桶成品率99.95%，成品桶外观质量、漆膜附着力均属国内一流，使得中南的产品在外观包装上占据了极大优势。

中南依靠强劲的广告宣传以及热心公益的形象(如向希望工程捐款100万元)，为自己建立了良好的社会声誉，获得了极高的知名度。

这种知名度以及送货上门，包退包换，认真处理投诉等销售服务措施又使得中南得到了中间商和消费者的普遍认同。中南的小包装精品油产品的市场覆盖率是最高的。

中南的经营活动享受了比较全面的特区政策，包括税收、土地使用、外汇管理、银行信贷、劳动用工、人员出入境管理等方面。例如，全面的税收减免，全部外币现汇的保留，为解决外汇收支平衡可出口非本企业生产的产品以及外籍员工多次有效的出入境签证等。由于中南是深圳市的先进技术企业，还能享受有关的优惠待遇。

存在优势的同时，中南也有经营上的问题。中南地处深圳蛇口港区，与中国香港、澳门隔水相望，天然的深水港及现代化的装卸设备对于出口十分便利，要创建全国性品牌，产品进入各个省市地区，运输问题则十分关键，目前，港区有铁路网伸进，并与庞大的公路干线网络相连，产品虽能较方便地送往全国各地，但运输成本仍然较高，这也是目前中南优质的散装精制油很少供应国内市场的原因，因为很难与既占据地理优势又享受国家补贴的国营企业竞争。中南的小包装食用油在价格也并非处于有利位置。照目前的趋势，小包装食用油市场面临价格竞争的问题，因为小包装食用油的市场已经过于密集了，而且又有70%的用户认为目前价格偏高。

原材料的供应也不稳定。外商投资企业一般没有计划指标的原料供应，加之市场又不够成熟，时常找不到可靠的供应来源。国外虽有一定的原材料渠道，但成本偏高。另外，国内对原材料的运输也层层设卡，加大了采购成本，甚至导致生产的被迫中断。

市场竞争日益激烈。与中南真正形成竞争交锋的是一批与中南有相似背景的外商投资企业。庞大的中国市场吸引了众多的跨国财团前来投资建厂，先后建立了一批油脂加工生产、转口贸易基地。最具竞争力的是丰顺和日兴两家。

它们的共同特点是：实力雄厚，资金充裕，有国际财团作后盾支持，规模较大，年生产能力达50万吨；具备从日本、欧美等地引进的以大型化、机械化、自动化为特点的设备，达到20世纪80年代的先进水平，产品质量好，品种多。

1990年当中南开业进入市场时，强大的竞争对手很少，但市场发展很快。1991年中南首家推出小包装食用油后，4年间市场一下子涌出50多个竞争品牌，并以新进入的高起点的强者姿态加入竞争，像日兴食品，虽只进入市场一年，但增势逼人，他们将"一个大城市一个工厂"作为在中国的投资目标。日兴色拉油以及丰顺油脂的唛宝、红心两个品牌均是中南强劲的挑战者。

尽管政府的粮油贸易政策逐步松动，但各地方仍制定了不少"土政策"，希望通过条条框框严格控制市场供应与流通渠道，极力保护地方与区域的利益。

最后，随着中国市场经济的进一步成熟，中南也面临着获得"国民待遇"地位的问题，原先享有的诸多优势政策可能会消失，建筑其上的优势可能会丧失，甚至逆转。

【讨论题】

对于中南油脂公司这样的一家历史并不悠久，又无国际财团支撑的新兴企业，为了巩固其已有的竞争优势，保持稳定的发展，该企业应设计一个怎样的有效的长期计划呢？

自我检测题

一、单项选择题

1. 有效的计划是以下面哪个为中心？（　　）
   A. 宗旨　　　　B. 战略　　　　C. 政策　　　　D. 目标
2. 企业计划从上到下可分成多个等级层次，并且(　　)。
   A. 各层次目标都是具体而可控的
   B. 上层目标与下层目标相比，比较模糊和不可控
   C. 各层次目标都是模糊而不可控的
   D. 上层目标与下层目标相比，比较具体而可控
3. 可以依据(　　)把计划分为战略计划、管理计划、业务计划。
   A. 决策层次　　B. 对象　　　　C. 时间　　　　D. 范围
4. 实行参与式管理的计划形成方法是(　　)。
   A. 从上往下形成的方法　　　　B. 从下往上的形成方法
   C. 由专门计划人员制订计划　　D. 由各层领导共同制订计划
5. 管理的计划职能的主要任务是要确定(　　)。
   A. 组织结构的蓝图　　　　　　B. 组织的领导方式
   C. 组织目标以及实现目标的途径　D. 组织中的工作设计
6. 企业计划从上到下可分成多个层次，通常越低层次目标就越具有特点是(　　)。
   A. 定性和定量结合　　　　　　B. 趋向与定性
   C. 模糊而不可控　　　　　　　D. 具体而可控

7. 要明确企业计划的外部条件，关键是(　　)。
   A．定量预测　　　　　　　　　　B．定性预测
   C．环境预测　　　　　　　　　　D．销售预测
8. 下面的网络图中，关键路径是(　　)。

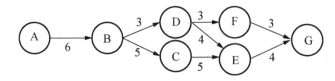

   A．A→B→C→D→E→F→G　　　　B．A→B→C→E→G
   C．A→B→D→E→G　　　　　　　D．A→B→D→F→G

二、简答题
1．什么是计划？
2．简述计划与决策的区别与联系。
3．计划具有哪些性质？
4．简述战略性计划的特点。
5．什么是目标管理？

三、论述题
1．试述计划可以分为哪些类型。
2．根据你的学习目标，试述学习计划的编制包括的步骤。

知识拓展

【文化产业管理】

第 5 章

组　织

学习目的

- 理解组织的含义、组织结构、组织设计的内涵和原则
- 理解组织设计的基本维度和权变因素
- 掌握组织结构的基本类型、特点及发展趋势
- 了解人员选聘、培训、考评的内容和程序
- 掌握组织变革的阻力及其对策
- 了解组织变革的层次和实施模式

兴盛公司的问题

兴盛公司是一家大型建筑公司,承担了Z市近1/3的建筑项目,是一个有地位、有影响力的公司,但员工待遇却并不优厚。因为公司内部管理较为混乱,没有明确的工作职责与分工,一个工程完成以后,每个员工都不清楚自己接下来该做什么。虽然公司凭借以往的工程经验接到建筑任务,但效率却很低。

张志是通过兴盛公司的一次公开招聘被选聘为总经理的。上任不久就开始重组公司各个部门,将整个公司按照职能分为采购部、客户部、人力资源部、工程一部和二部等。各部门分设主管一名、主力两名、下属员工若干。每个部门只负责属于该部门职责范围内的工作,部门之间没有直接联系,一切信息沟通都通过总经理展开。部门人员和职责确定后不久工作就出现了问题,由于公司在不同时期的工作重心不同,直接影响资金费用在各部门之间比例的变化。各部门常为了费用、责任问题而相互责怪。一个工程项目出现质量问题,采购部说工程部材料预算不合理,工程部说客户部没有准确提供客户的具体要求,客户部说人力资源部没有配备合格的质检人员,人力资源部说工程部当初没有提交用人计划等。

两年后,张志决定彻底抛弃公司原来的部门概念,按照所承接的工程把员工分为不同的项目小组,每个小组自主负责原材料的采购、人员配备、工程项目的实施、质量监控、成本控制等。各小组在公司总体协调指挥下,代表公司对外承接各项工程任务。根据项目小组任务的完成情况确定该组的总体薪酬水平。然而,不同的项目可能涉及的工程性质不同、技术难度不同、工期不同、质量要求不同,公司却没有形成一套成熟和科学的评价标准来公正的确定不同工程任务的绩效水平。年终考核都让各项目经理在公司会议上为各自项目的考核与利益分配争得不可开交。

思考:兴盛公司的问题到底出在哪里?如何解决呢?

5.1 组织概述

5.1.1 组织和组织理论

德鲁克说过:"现在的年轻人必须了解组织,就如他们的先辈必须学习耕作一样。"古代文明中早已出现组织,现代工业化社会中组织承担了更多的任务,与人们的生活密不可分。国内外学者对"组织"的概念有不同的解释和说明,但通常提到的"组织"是静态结构及动态运行的统一,包括两种含义:一是静态实体;二是动态过程。

1. 静态实体理解组织

理查德·斯格特将学者们对组织的定义归纳为3种角度——理性系统定义、自然系统定义和开放系统定义。理性系统定义把组织视为为寻求特定目标的、高度形式化的集合体,代表人物有巴纳德、马奇和西蒙、布劳和斯格特以及依佐尼等;自然系统定义把组织视为由一致或冲突而产生的、但始终寻求生产的社会体系,代表人物有迪尔凯姆和帕森斯以及马克思和科塞等人;开放系统定义把组织视为在环境的巨大影响下有着不同利益关系的参与者的联合。

一般情况下，我们提到的"组织"更多的是第一种含义，也即组织是人们为了实现共同目标而形成的协同行动的集合体，"人的集合""共同目标""协同行动"是"组织"概念中的3个关键词。

2. 动态过程理解组织

"组织"是管理的一项基本职能，一个组织只有通过一定的组织工作来协调人们的活动，才有可能实现组织的目标与计划。"人力不若牛，走不若马，而牛马为用，何也？曰：人能群，彼不能群也……故人生不能无群，群而无分则争，争则乱，乱则离，离则弱，弱者不能胜物。"这是《荀子·王制篇》对组织功能的精辟论述，正如帕森斯所说"组织的发展已成为高度分化的社会中的主要机制，通过这个机制，人们才有可能'完成'任务，达到对个人而言无法企及的目标。"由于组织工作的复杂性和多样性，管理者必须通过一定的组织结构与工作性质、内外部条件相适应，才能更好地实现资源的优化配置，充分发挥组织的整体作用。例如，企业是一个有序的组织系统，要实现企业目标必须整合组织中的人、财、物等资源，这就是管理中的组织职能。

1) 组织的主要功能

力量汇聚：人们必须联合协作，共同从事活动。

力量放大：良好的组织产生倍增效应。力量放大的基础是力量汇聚，但必须经过合理统筹以及各部分间协调一致才能实现倍增。

交换功能：即个人与组织在相辅相成、平等交换的基础上实现双赢。

组织的首要功能是集聚分散力量从而形成超越任何个人力量的合力，最终着眼点则在"双赢"，以组织目标的实现为基础保证个人目标的实现。正是在这个意义上，有人将"组织"誉为与人、财、物三大要素并重的"第四大要素"，这一要素的成本花费相对较低，但作出的贡献有时会远远超过其他三要素。

2) 组织职能

组织的目的是通过设计组织结构和处理组织中各种关系，使人既分工又合作地为实现组织目标而共同努力。因此，应根据组织目标实现的要求考虑并确定所需要的工作岗位、职责与权力、人与人的关系等。一般而言，组织由6个相互联系的步骤组成：始于企业目标及由此形成的支持性目标政策与计划，在此基础上对实现目标所必需的各项活动并加以分类组合，并依据组织实际的资源情况，对必需的各类活动进行职能划分，明确各个部门的职责与权力，最后通过职权关系和信息沟通把组织内各层次、各部门连接成有机整体。在整个过程中，要重视信息的及时沟通与反馈，形成一个构造优良、运转高效的组织结构，这一过程如图5.1所示。

总之，组织就是"设计一种组织结构框架，为组织的成员创造一种适合于默契配合的工作环境，使组织的所有成员能在其中相互协作的有效工作"。

3. 组织理论的演进

1937年，厄威克与古利克《管理科学论文集》第一次正式提出"组织理论"概念。从泰勒于19世纪末20世纪初开辟了组织理论研究之先河以来，系统的组织理论经历了从古典组织理论、新古典组织理论到现代组织理论丛林的发展进程，见表5-1。

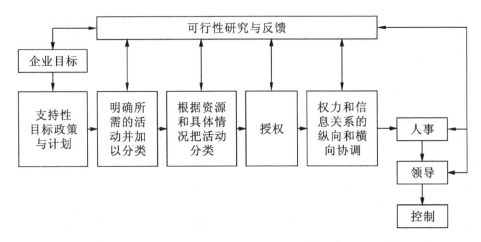

图 5.1　组织管理活动过程

表 5-1　不同阶段的组织理论

	古典组织理论	新古典组织理论	现代组织理论
时代	手工业时代	机器生产时代	系统时代
理论基础	经济人	社会人	决策人
组织特点	独断	从小到大的分解	从个别转向整体
主要理论	泰勒的组织理论 法约尔的组织理论 韦伯的组织理论 厄威克的组织理论	社会系统学派 行为科学学派	系统管理学派 权变理论学派 新组织结构学派

古典组织理论重视静态的组织理性和效率，有两大分支：以泰勒为代表的科学管理学派和以法约尔、韦伯为代表的行政组织学派。科层制度是古典组织理论对组织结构设计提出的最重要贡献。但把人当作活动的机器，完全忽视人性、情感对组织效率的影响是古典组织理论的明显缺点。

新古典组织理论在集权与分权的关系上主张分权；在组织形式上倾向于扁平形的组织，主张部门化；在组织结构方面提出了"非正式组织"概念。最主要的代表人物是梅奥，他认为组织是个社会系统，组织成员社会心理方面的满足对组织效率的提高至关重要。巴纳德的社会系统理论与行为科学学派有着密切的联系，他提出的关于协作和其他组织理论，为行为科学组织理论发展提供了借鉴。

现代组织理论是 20 世纪 60 年代以来逐步发展起来的各种新的组织理论的统称，代表人物有巴纳德、西蒙、钱德勒等。系统理论在组织理论中的运用改变了传统组织封闭系统的方法，开始转向运用开放系统的发展；决策贯穿于整个组织系统；权变理论强调在管理中要根据组织所处的环境随机应变，面对不同的具体条件和复杂的环境实施不同的发展战略和管理模式。20 世纪 90 年代以来，新技术革命特别是以互联网络为代表的信息技术发展,新的组织理论不断涌现。彼得·圣吉的学习型组织、迈克尔·哈默与詹姆斯·钱辟的业务流程再造理论等成为推动企业组织变革的主流思想。

现实中,三类组织理论的组织形式和管理理念均广泛存在,都有其合理性和互为补充的超越性。所以,无论哪一种理论都不能忽视对现有组织理论和组织赖以存在的文化、社会、历史基础的继承和超越。

5.1.2 组织的分类

根据不同的划分方法,组织可分为不同的类型。

1. 按组织目标的性质以及所决定的基本任务分类

组织可分为经济组织(如生产企业)、政治组织(如美国的共和党)、宗教组织(如佛教)、军事组织(如军队)、教育组织(如学校)和学术组织(如某市级的管理学会)。经济组织是人类社会最基本、最普遍的社会组织。

2. 按组织形成过程与目的分类

组织可分为正式组织和非正式组织。正式组织规范了组织成员在活动中的关系,这种组织有明确的目标、任务、结构、职能以及由此而决定的成员间的责权关系。对个人具有一定强制性,以成本和效率为主要标准。非正式组织是人们在交往和联系中自发形成的,最初的工作关系可能会转变成工作以外的联系,导致了非正式组织的产生,维系其成员的纽带主要是感情因素。非正式组织往往是因为人们之间共同的兴趣爱好、相似的教育背景和经历、一致的利益等而在感情上比较接近,沟通和交往更加频繁而结成的关系网络,例如,大学中的"老乡会",公司里下班后因经常一起打网球而成为朋友的人们等。应深入研究非正式组织的形成、发展、消亡的规律,使其能为社会的发展、为完成正式组织的目标而服务。图 5.2 中的实线表示的是正式组织中的各级职位及其相互关系,而虚线表示的则是非正式组织。

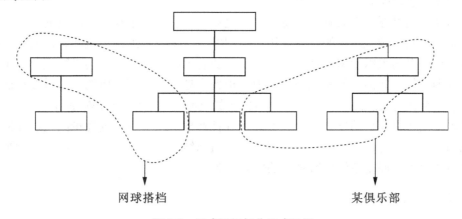

图 5.2 正式组织与非正式组织

非正式组织是自愿形成的,可以满足员工的心理需要,有助于形成团结合作的精神并规范成员的行为,还是正式组织培训与信息沟通的补充,但如果非正式组织的目标与正式组织冲突,则会对正式组织的工作产生不利影响,并且由于非正式组织对成员存在一致性的压力,这种不利影响会被放大。管理者需要正确对待非正式组织,发挥其积极作用,减轻其对正式组织的消极影响。首先正确认识非正式组织存在的客观必然性,在做决策尤其是重大决策时,考虑非正式组织可能的影响,适当考虑非正式组织成员的利益,尤其要做好非正式组织中核心人员的工作,争取其配合,并利用核心成员在非正式组织中的关键作用引导非正式组织在正式组织目标完成过程中发挥积极作用。另外,要加强与非正式组织成员的沟通,强化正式组织的凝聚力,并利用组织文化正确影响非正式组织的规范。

3. 按组织人数多寡或生产能力大小分类

组织可分为大型组织、中型组织和小型组织。不同规模的组织,其管理的特点和侧重点有所不同。目前,各国对企业组织规模的划分并没有统一标准,对不同行业而言,也没有一个统一的划分大、中、小型企业组织的标准,这是由不同国家经济发展水平和不同行业特征所决定的。

4. 按组织与外部的关系分类

组织可分为独立组织(如依法成立的股份有限公司)和非独立组织(如公司内的项目小组)。

5.1.3 组织素质

1. 组织素质的含义

现代组织只有重视提升自身素质才能在激烈的竞争和复杂多变的环境中生存和发展。组织素质是一个组织所具有的潜在的品质与能力。潜在品质包括组织的价值观、凝聚力与组织成员对于组织目标的认同感,主要通过组织文化的形成和建设而实现;潜在能力包括组织的智商、学习能力和应变能力。

在当今"信息爆炸"的时代,迅速有效地处理信息、制定和实施决策的能力成为提高组织素质的关键。越来越多的学者运用"组织智商"来表示组织决策和解决问题的能力,它和该组织拥有的组织知识密切相关。同时,随着组织的经营环境的不断变化,组织的学习能力成为组织不断创新的根源与驱动力,也越来越成为组织素质的一个重要组成部分。杰克·韦尔奇认为组织的学习能力是竞争优势的核心,沃尔玛、Ito Yokado、海尔等通过组织学习培育出难以模仿的核心能力。另外,各种新技术或新的管理理论的发展和应用为提高组织的应变能力提供了可能,有的组织通过组织结构的变革建立扁平组织,增加组织柔性,从而解决因传递复杂信息所带来的低效率等问题。

2. 组织素质的提升

组织在竞争中取胜的关键是竞争力,组织竞争力的本质则是组织素质,因此,为了提高组织竞争力就必须提高组织素质。

1) 学习型组织

学习型组织就是组织中存在组织学习,并成为企业自身的一个基本原则的组织形式,它能认识环境、适应环境，进而能动地反作用于环境。创建学习型组织，根据环境需要，不断学习、修炼并把学习成果用于指导组织的实践是提升组织素质的基本途径。学习型组织的理论始于 20 世纪 70 年代，并随着彼得·圣吉的《第五项修炼》和野中郁次郎的"SECI 组织学习转化模型"的推出，在实践领域掀起了建设学习型组织的高潮。圣吉提出学习型组织能通过自我超越、改善心智模式、建立共同愿景、团队学习和系统思考这五项修炼来达到组织修炼的目的。

案例 5-1

联想集团学习型组织的方式与机制

柳传志说"不长本事的事不做"很好地描述了联想集团极富特色的组织学习实践。

(1) 从合作中学习。早期联想从与 HP 的合作中学习到了市场运作、渠道建设与管理方法、企业管理经验，而后联想积极开展国际、国内技术合作，并把向合作伙伴学习作为实现自己战略目标的重要步骤。

(2) 向竞争对手、同行或不同行的优秀企业学习。联想对硅谷公司有深入的分析，认真探索竞争对手的长处与短处，尤其从别人的失败中学习，"边打边学"，积累经验。联想还向不同行的优秀企业学习，如向海尔学服务，提出"五心服务"，在计算机界刮起了一股"服务热"。

(3) 向用户学习。联想首家推出免费咨询服务热线，还专门设立技术支持服务电话，不仅回答用户的问题，而且经常主动电话回访用户，了解市场需求，发现问题，并将用户无序的问题综合归纳，以求对计算机市场的重要问题有的放矢，对症下药。

(4) 从自身的过去学习。联想非常善于从过去的经验中学习，总结出很多规律性的管理经验，如"鸵鸟理论""管理三要素"等。

联想在组织内部形成了几种朴素但行之有效的组织学习机制：①开会：联想从来就是以爱开会而出名，联想的会讲究实效，有统一思想、振奋精神的誓师会；有回顾过去、展望未来的总结会；有征求意见、探讨工作的研讨会等；②教育与培训：联想注重全员、全方位、全过程的教育培训，有较完善的教育培训体系，同时注意引导员工自觉学习；③领导班子议事制度：每周一次总经理晨会，每月一次总经理例会，每季一次总经理沙龙，形成"把问题放在桌面上谈""自己看不透的事听别人的，自己想透了别人没明白时得设法让别人明白""问题谈开谈透再行动"等朴素而有效的议事方法；④委员会和工作小组：由不同部门领导和专家学者组成的投资委员会和技术委员会在客观上促进了学习型组织的发展和完善。

2) 组织共同愿景

组织成员的个人目标与组织目标不可能总一致，解决好个体与整体间的矛盾，增强组织成员的凝聚力，提高组织生存的竞争力是对现代组织的要求之一。组织共同愿景的特征决定了它对提高组织凝聚力的作用，从而成为提高组织素质的重要途径。

【相关案例】

组织共同愿景(Shared Vision)是组织中所有成员共同发自内心的意愿，是具体的、能够激发所有人为其奉献的任务、事业或使命，本质是组织未来发展成功的目标、任务、事业或使命。组织共同愿景包含 4 个相互联系、影响的部分：景象——组织未来达到的一种状态及描述这种状态的蓝图，既有气魄又诱人，如"GE 永远做世界第一"；价值观——组织对社会与组织的总看法，如松下"企业从不追求利润，利润只是社会对企业贡献的一种回报"；使命——组织未来要完成的任务，代表了组织存在的根本理由，如"把宝钢建成世界第一流的钢铁联合企业"；目标——总愿望的阶段性具体目标，代表了组织成员承诺的、分解到个人头上的个人目标，在员工追求个人目标同时实现组织目标，或在实现组织目标的过程中实现个人目标。价值观和使命共同支撑景象，景象又确定了使命，表达了组织的价值观，目标是景象的阶段性分解，同时价值观和使命又影响目标的构成和具体实现途径。

每个组织都有在实践中逐步建立的共同愿景，构建共同愿景需要有良好的组织文化为基础，使个人意愿升华到组织的共同意愿。组织需要将共同意愿正式告知所有成员并努力将其推至成员内心，与员工充分沟通，不断强化愿景可能给员工带来的益处，激发员工积极性，了解员工对共同愿景的看法，对共同愿景进行提炼。

3) 组织创新

知识经济时代，组织面临的内外部环境复杂性进一步增强，因此培养和提升组织素质是动态循环过程。当环境变化，如一种新技术的发明并商业化或一种新的管理理论、战略目标提出时，组织就必须进行相应的变革与创新，采用新型组织形式以增强组织生命力，提升组织素质。

5.2 组织设计

"凡治众如治寡，分数是也；斗众如斗寡，形名是也"（《孙子兵法·势篇第五》），由于有严密的组织编制，治理千军万马可以像治理小部队一样简单；有效指挥使指挥大军作战就如同指挥小部队作战一样容易。可见，组织的成功不仅取决于组成组织的各基本要素，而且取决于这些基本要素的安排和管理。组织设计的基本任务就是基本的组织要素出发，寻求合理的组织结构框架、设置科学的岗位，进行动态化的运行调节，以便在不断创新中保持组织运行上的优势，即组织的直接任务是设计一个有效的组织结构框架，之后是考虑如何在此框架下正常运转和持续的获得效益。

5.2.1 组织设计的基本概念

组织设计主要研究两个问题：一是设置合理的组织结构，二是确定各组成部门间的相互关系，确保组织整体目标的实现。这是一个复杂的系统性工作，但其中最主要、最核心的部分是组织结构设计。直观地讲，组织设计就是在组织内部进行横向的管理部门的设置和纵向管理层次的划分，所以组织结构是组织设计的直接结果。

哈罗德·孔茨指出"组织结构的设计应该明确谁去做什么，谁要对什么结构负责，并且消除由于分工含糊不清造成的执行中的障碍，还有提供能够反映和支持企业目标的决策和沟通网络"。广义的组织设计主要包括三部分：组织结构设计、组织关系——组织运行管理机制设计、人员配置或人力资源管理的设计。

5.2.2 组织设计的基本维度

组织理论对组织设计的讨论主要围绕几个基本维度。这些维度一般包括工作专门化、部门化、管理幅度与管理层次、命令链、集权与分权、正规化等。

1. 工作专门化

管理者需要将组织任务分解成特殊活动的专门工作，规定执行者要做什么，即组织内明确的职能分工，分工和标准化工作能带来高效率。亚当·斯密在《国富论》中论述了专门化分工的重要性和科学性，20 世纪初福特公司利用工作专门化的思想设计出了第一条流水生产线，泰勒则最先确定将工作专门化作为组织设计的基本原则。随着科学技术的发展，专业化分工越来越细，促进劳动生产率大幅度提高。

组织中分工主要通过 3 种方式进行：一是工作被分解为不同的专业，从职业或专业化角度考虑将做相同工作的人集中起来，例如会计、工程师、医生；二是工作被分解成不同的活动——水平专门化，例如制造厂通常将工作分解为制造和装配，个体则被分配从事这些工作中的某一项，主要表现为组织中的部门化与职务设计；三是工作在组织纵向上进行分解，主要表现为组织中的权力分配，所有的组织都有权力层次，按照管理等级作出分工并以此确定正式权威和决策权限。

改变工作专门化程度可改变组织结构，如宝洁公司前首席执行官埃德温·阿兹认为销售代表与顾客发展强纽带关系会丧失竞争本能，因此改变传统的团队销售方式，只让销售代表销售范围很窄的产品，结果销售代表做更专门化的产品，而在一个产品范畴内就有多个不同的销售群体，增加了竞争性。但必须注意工作专门化程度与工作及环境的匹配问题，例如在麦当劳，工作专门化有效了提高汉堡包和炸鸡的制作与销售效率，但无限制的工作细分反而会导致生产率下降。因为工作专门化虽然节省学习成本和工序转换成本、提高熟练程度进而提高生产率，但也存在一些缺点，如长期从事一项工作会降低工作满意度，过分重视短期、部门目标而忽视组织长期目标，在不同工作内容之间形成难以沟通和协调等问题，也不利于未来高级主管的培养。所以 20 世纪 80 年代以来组织出现了一定的小型化趋势，即管理工作的非专门化，特别是中层管理者的工作，例如通用电气公司曾大大减少各层管理者人数，结果就是管理者有更多的事做，工作专门化程度降低。

2. 部门化

为了达成组织目标，实现合理分工，就必须对工作内容进行划分和归类，即将组织的总目标和任务划分成许多具体的目标和任务，然后集中内容和性质相近的工作，形成相应的部门，这就是部门化，可以按照职能、产品、地域、顾客类型等划分部门。例如，企业常见的按工作职能划分为采购部、生产部、销售部、财会部等。中国现有的家电企业多数按产品划分部门，设有微波炉部、电饭煲部等。当一个企业进行跨区域、跨国界经营时，按地区划分部门就有了它的优势，例如苹果公司设立了太平洋苹果、欧洲苹果、美洲苹果等。按照顾客类型划分部门则主要出现在服务行业，这种划分有利于企业更贴近最终的服务对象，例如某会计师事务所设有金融银行服务部、生产型客户服务部、公共事业型客户服务部等。

实际中，组织往往要根据自身的情况，将多种划分方法综合起来进行组织部门的划分。组织在进行部门划分的时候，有一些基本的原则是需要考虑和遵循的：①组织部门划分必须从实际出发，适应内外环境。例如央行某地区支行人事部门的人事任免工作量比一般企业的人事部门少很多。一般组织中上层管理任务繁重，部门划分应更专业化，而基层管理任务较单一，部门可更综合。②各部门职责清晰明确，理顺部门间关系。组织的各部门建立在组织目标分解基础上，是相对独立的，因此必须明确各部门的责任和权力以利于其有针对性地完成组织目标。但同时各部门必须围绕组织总目标开展工作，因此必须做好各部门间相互协调的规定，需要考虑在各部门之间建立共同遵守的信息沟通制度和明确各部门间的协作责任并建立必要的协调机制，例如定期召开工作协调会等。③部门设置应精简高效，可从工作饱满程度来判断组织结构是否存在可压缩的空间。④重视组织的整体利益。部门划分是为了更好地完成工作，而更好地完成工作的最终目的就是完成组织目标。

案例 5-2

万科的职能战略分组

2005 年，房地产老大哥万科提出"颠覆、引领、共生"的年度管理主题，颠覆其在中国沿袭了 20 年之久的"香港模式"的房地产开发模式，引领中国房地产行业的发展，实现与资源拥有者的双赢共生。万科凭借什么成为"中国房地产行业的领跑者"呢？答案是专业化和标准化以及专业化和标准化的"自然孳息"——万科在经营上的优异表现：过去 12 年 25.4%的经营收入复合增长率，28.7%的利润复合增长率。

这一年，为了适应经营模式的转变，万科对其组织结构进行了调整。一方面是对职能战略分组进行调整，另一方面是对集团总部与一线公司的权限划分进行调整。在职能战略分组方面，万科的组织结构调整为 4 条主线——产品线、运营线、管理线、监控线。产品线负责从产品的客户分析、规划设计一直到项目管理、营销的全过程；运营线负责融资、财务安排、运营管理、企业发展战略规划；管理线包括人力资源、物业、客户服务、总经理办公室等；监控线则负责公司的内部审计、风险防范以及党务工作。董事会办公室负责投资者关系、媒体关系和研究工作。而在集团总部与一线公司的权限划分上，则由过去的相对集权变为相对分权，赋予了一线公司更大的操作空间。

3. 管理幅度与管理层次

1) 管理幅度

任何主管能直接有效地管理的下属数量总是有限的，这个能直接有效领导的下级人员的数目就是"管理幅度"。由于下级人员都承担着某一方面的业务，所以管理幅度的大小实际上也意味着上级领导者直接控制和协调的业务活动的多少。

早期管理学家认为管理幅度应不大于 7 人，以免权力过于集中。法约尔认为最高经理可管理 4~5 名部门经理，英国管理顾问厄威克认为没有一个管理者能直接管理超过 5 个紧密相关的下属。管理者直接管理不超过 6 个人，可严密控制，但会导致管理成本随管理层次的增加而大大增加，垂直沟通更复杂，减慢决策速度，并容易妨碍下属的自主性。因此加宽管理幅度是近年管理中的一种趋势。必须根据组织特点和环境特征来确定适当的管理幅度，没有绝对的最佳管理幅度。

现代管理理论认为管理幅度是权变的，主要受到如下因素影响：①管理者和员工素质：管理者能迅速、合理地指导下属工作，或下属经验丰富、受过良好训练时，可考虑较宽管理幅度；②工作特点：下属的工作内容和性质相近，或下属对工作的目的和要求十分明确，可考虑较宽的管理幅度；③环境稳定性：组织环境变化越快、变化程度越大，下属往往会更多地向上级请示汇报，占用管理者更多的时间和精力，同时上级必须花更多的时间和精力去关注环境的变化，适用较窄的管理幅度。

案例 5-3

诸葛亮谋臣术缺失——关于管理幅度的故事

诸葛亮一生事必躬亲，积劳成疾，卒于军中，终年 54 岁，还导致"蜀中无大将，廖化做先锋"的结局。遥想当年，诸葛亮在隆中草堂里指着远处的江山为迷茫中的刘备画了一幅江山图，后攻城略地，神机妙算，西蜀盛极一时。随着西蜀的壮大，诸葛亮日益操劳，事无巨细、亲力亲为、日理万机、"夙兴夜寐"，军中"二十罚已上皆自省览"，诸如任免一个县官这样的芝麻小事，他也要亲自处理。而与之相对比，曹魏采取的策略是："三个臭皮匠，顶个诸葛亮"，曹操广纳天下贤才，达到人才的整合效应，用分工与协作的办法产生更多的"诸葛"，让合适的人做合适的事，形成了战略决策层、战术执行层、运营层这 3 个管理层次。

用兵不在兵之多寡，在于主将和谋臣，而谋臣之术，用兵之法，在于军中组织应该怎样布阵，每个将官能有效管理多少兵士，即要设置适当的管理幅度，这样才能用兵得法、布兵有阵——而排兵布阵又受官的能力与兵的能力的影响，即"揣能"——古人之善用兵者，揣其能而料其胜负。

2) 管理层次

管理层次描述组织的纵向结构，即从企业最高一级管理组织到最低一级管理组织的所有组织等级，每个组织等级就是一个管理层次。管理层次受到组织规模和管理幅度的影响。通常组织规模越大，管理层次越多，而在组织规模既定时，管理层次与管理幅度成反比。如果组织更强调有效管理的幅度，势必会增加管理层次，从而形成一种"锥形结构"，又被形象地称为"金字塔结构"，这种结构便于管理者更好地指导下属工作，但最大的问题就是信息传递中的损耗和扭曲，还容易滋长官僚主义思想和行为；如果一个组织强调给员工更多自主空间，则倾向于较宽的管理幅度，减少管理层次，形成一种"扁平组织结构"，这种结构有利于提高垂直沟通的效率，充分调动下属的创造性和积极性，但直接控制较松懈。管理幅度与管理层次的划分不可能有固定的模式，依组织的实际情况而定。

4. 命令链

命令链是一种连续不间断的权力链条，从组织最高层延续到最底层，将上上下下的人员都联结成一个整体。命令链明确无误地规定了谁向谁汇报工作，以及在工作中负责命令监督哪些人。为保证每位管理者能够完成自己的职责任务，授权是绝不可少的，同时，为实现有效协作必须保证命令的统一性，一个人应该对一个主管，并且只对一个主管直接负责。否则，一个下属可能就不得不在多个主管的不同命令之间徘徊，或自己确定执行命令的先后次序，易导致冲突和混乱。

命令链的概念曾经是组织设计的基石，但随着信息技术的迅猛发展，命令链和命令统一性等概念的重要性大大降低了。不过在决定如何更好地设计组织结构时，管理者仍然需要考虑命令链的意义。

5. 集权与分权

权力在组织中的分布可以是集中化的，也可以是分散化的。例如一个公司的销售经理有权雇用销售员并分配其到特定区域工作，而另一公司的同级销售经理却没有雇用人的权力。集权与分权是彼此对立又互相依存的，集权有利于命令统一、加强控制，提高决策和执行效率，但权力的过多集中会降低组织的适应能力，影响决策的正确性和时效性，造成管理人员负担过重又严重打压下属的积极性和创造性。分权增加组织活力和适应能力，提高员工积极性，但过度分权容易出现各自为政的局面，增加部门间的协调难度和整体控制难度。所以，现实中不存在绝对的集权与分权，而一个组织是集权好还是分权好也没有固定的标准。但需要研究的不是应该选择集权还是分权，而是哪些权力宜于集中或分散，什么情况下需要更多的集权或分权等。

尤金·杜邦的集权管理

美国著名的杜邦公司第三代继承人尤金·杜邦坚持实行"恺撒式"的经验管理模式，对大权绝对控制，公司的所有主要决策和许多细微决策都要由他独自制定，所有支票都得他亲自开，所有契约也都得由他签，他亲自拆信复函，一个人决定利润分配，亲自周游全国，监督几百家经销商⋯⋯

尤金的绝对式管理，使杜邦公司的组织结构完全失去了弹性，很难适应变化，在强大的竞争面前，公司连遭致命的打击，濒临倒闭。与此同时，尤金本人也陷入了公司错综复杂的矛盾之中。1920年，他因体力透支去世，合伙人也均心力交瘁，两位副董事长和秘书兼财务长也相继累死。

1) 影响集权与分权程度的主要因素

当今动荡的竞争环境中，很多公司强调更高的员工参与，但参与管理并不总是如人们期望的那样保证高绩效。所以最好的办法是适度分权和集权相结合。影响集权与分权程度的主要因素有：①工作的重要性。涉及庞大的费用支出和组织长远发展规划等重要事项，不宜分权。②组织规模和空间分布广度。组织规模大、跨越地域范围大、管理复杂，宜分权；组织规模较小，以领导者个人的能力完全可以管理好，集权管理的效率会更高。③组织的工作性质。工作流动性和变化性较大时，变化的信息不允许通过较长时间的层层的等级渠道传递，宜分权。④高层管理者的管理水平和控制能力。高层管理者的管理水平较高，控制能力较强时，宜集权管理，否则宜采用分权管理。⑤组织外部环境。外部环境变化较大且复杂时，宜分权，否则可采用集权管理。

2) 分权的途径

分权可以通过两种途径进行：制度分权和授权。前者应进行组织变革，重新设计组织中权力分配格局，属于直接进行管理变革；后者是组织分权的主要途径。

(1) 制度分权。制度分权是在组织设计时，考虑到组织规模和活动特点，在职位和部门设计的基础上，根据各岗位工作任务的要求，规定必要的职责和权限。这种权力分配的中心是职责，职权与职责具有对等的重要性。职权是与一定的职位相关的，而与担任该职位的人没有直接关系。制度分权往往需要授权来补充，因为在组织设计中难以详细规定每项职权的运用,难以预测每个岗位上工作人员的能力和每个部门可能出现的新问题,重新进行制度分权又涉及组织变革,所以授权是较好的替代方式。

(2) 授权。授权是管理者将其权力的一部分授予下属,使下属在一定的监督下,拥有相当的行动自主权,以此作为下属完成任务所必需的客观手段。授权时,必须明确授权是为了获得所期望的结果并以此作为委任的目标,选择合适的授权对象并加强对被授权者的监督控制,但需要注意的是,不能越级授权,而且上级对组织的责任是无法通过授权分派给下级的。

案例 5-5

美国商用计算机和设备公司的艰难分权

美国商用计算机和设备公司原先是按照职能系列组织起来的,由几位副总裁分管财务、销售、生产、人事、采购、工程以及研究和发展,随着公司的发展,公司已把其产品系列从商用计算机扩展到电动打字机、照相复印机、电影摄影机和放映机、机床用计算机控制设备以及电动会计机。随着时间的推移,人们开始关注以下情况:该公司的组织结构使总裁办公室以下的人员机构无法对公司的利润负责,无法适应目前在外国许多国家进行的业务的广泛性,并且似乎"加固"了阻碍销售、生产和工程各职能部门之间有效协调的"壁垒"。此外,似乎除了总裁办公室以外,其他任何低于这一级的机构都不能做决定。

因此,总裁将公司分成 15 个在美国和海外的各自独立经营的公司,每个分公司对利润负有全部责任。然而在公司重组后,总裁开始感到对分公司不能实行充分的控制。分公司在采购和人事职能方面出现了大量的重复,各分公司经理无视总公司的方针和策略,各自为政,并逐步显现出分权独立的趋势。总裁亲眼见过某些大公司因为分公司的经理犯错导致公司遭受重大损失并陷入困境,终于认识到他在分权方面已走得太远了。于是,他取消了分公司经理的某些权利,并规定下列事项必须得到总公司最高管理层批准方可执行:①超过 1 万美元的资本支出;②新产品的推行;③制定价格和销售的政策和策略;④扩大工厂;⑤人事政策的变更。

当分公司经理们看到他们的某些权利被收回时,他们的不愉快是可以理解的。他们公开报怨总公司的方针摇摆不定,一会儿分权,一会儿集权。

6. 正规化

正规化又称规范化,是指有关工作的方法和程序具体化和条文化的程度。正规化程度高,就是采用规则和程序规定每个人应该做什么,活动应该怎样执行。组织都有标准化的操作程序、具体的指导以及明确的政策条文。正规化的目的是加强控制,但过多的条文会使组织丧失活力,因为打破一条规章制度比建立新制度要困难得多。

组织之间或组织内部不同工作之间正规化程度是有差别的。例如,推销员的工作成绩按销售额来衡量,对于支配时间和开销则有较大的自主性,即正规化程度较低。但对财务人员,一般都必须遵守公司一系列详尽的规章制度,正规化程度较高。

5.2.3 组织设计的权变因素

组织是一个开放性的社会系统,必须根据环境特点增加环境适应性,组织结构也如此,不再是固定不变的模式了，而是根据组织特点提高其针对性、灵活性和适应性，找出最适合具体情况的组织设计和管理行为。例如，韦克、彼得斯和沃特曼等人提出了组织的"7S理论"(图5.3)，指出了如何有效进行组织设计7个权变因素，他们认为既要考虑策略与组织结构这些组织的硬件，还要考虑人员、作风、价值观等软件。

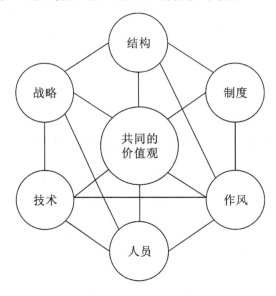

图5.3 "7S理论"的7变量结构图

一般来说，影响组织结构设计的权变因素主要包括组织的环境、战略、技术、规模因素等。

1. 环境与组织设计

组织的环境是由外部的可能影响组织的多种机构和因素构成的，主要包括产业、原材料、人力资源、财务资源、市场、技术、经济环境、政府、社会文化和国际部门。环境不确定性影响组织有效性，组织无法轻易改变环境，需要从内部调整来适应环境。

环境的复杂性和稳定性决定了环境的不确定性。简单的环境是同质、单一的，复杂环境的异质性较高。例如，IT行业顾客与竞争者都具有较高的异质性，所以环境比较复杂，而烟草行业经营商较少、顾客群相对稳定、政府管理机构明确，环境相对简单，烟草公司只需要密切关注有限的范围即可适应竞争。环境的动态性高，管理人员难以对各种决策意见的未来结果进行准确预测而决策困难。图5.4利用环境复杂性和动态性这两个维度将环境不确定性进行了划分，而面对不同的环境，组织设计的难度和类型也是不相同的。

左上格"同质稳定环境"中管理者的作用是保证员工持续按照建立的途径和程序工作。右上格"异质稳定环境"中要设计相对灵活的组织结构去适应异质环境，但相对稳定的环境仅需正规的培训和固定的程序就能保障工作正常开展。左下格"同质不稳定环境"要求灵活的组织设计，用合理的技术和适当的分权决策去适应环境变动。右下格"异质不稳定环境"是最困难的组织条件，对管理者和员工的经验洞察力和解决问题的能力要求最高，标准的规则和程序只能起到辅助作用，更多的时候要靠人去灵活应对。

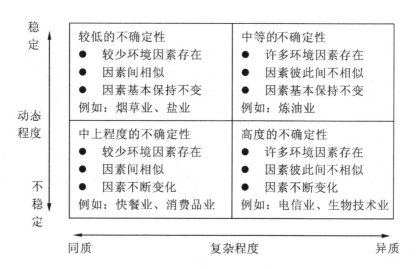

图 5.4 环境的不确定性

环境的不确定性与组织结构有关。例如,伯恩斯和斯托克曾研究英国 20 家工业企业,发现处于急剧变动环境中的组织结构十分灵活,具有高度适应性,强调横向沟通而非垂直沟通,这种组织结构称为"有机式组织";处于稳定环境中的组织结构具有高度的复杂化、正规化和集中化的特点,称为"机械式组织"。

2. 战略与组织设计

战略决定组织的全局方针和政策,指引着组织的总目标,而设计组织结构是为实现组织目标服务的,不同的战略要有与其相适应的组织结构和基础条件才能有效执行。因此,组织结构的设计与战略是紧密联系的。钱德勒指出组织战略的变化先行于并且导致了组织结构的变化,组织结构应该服从和服务于组织战略。简单的战略通常只要求一种简单、松散的组织结构来执行,同时决策较多的集中在一个高层管理者手中,对组织复杂性和正规化程度要求较低,但组织发展壮大后,随之而来的是组织战略的调整和变化,对组织结构的重新设计提出了要求。美国管理学家雷蒙德·迈尔斯和查尔斯·斯诺对战略影响组织结构的观点做了总结,见表 5-2。

表 5-2 战略对组织结构的影响

战　　略	目　　标	环　　境	组织结构特征
防守型战略	追求稳定和效益	相对稳定	严格控制,专门化分工程度高,规范化程度高,规章制度多,集权程度高
进攻型战略	追求快速、灵活	动荡而复杂	松散型结构,劳动分工程度低,规范程度低,规章制度少,分权化
分析型战略	追求稳定效益和灵活相结合	变化的	适度集权控制,对现有的活动实行严格控制,但对部分部门采取让其分权或相对自主独立的方式,组织结构采用一部分有机式,一部分机械式

3. 技术与组织设计

技术是组织把投入转化为产出的手段，把人、财、物、信息等资源转化为产品或服务。英国学者伍德沃德发现大批量生产的制造企业通常适合采用机械式组织结构，而小批量和连续加工生产的企业适合采用有机式组织设计。技术对组织的影响与日俱增，尤其是信息技术的快速发展及广泛应用，使组织结构发生了很大的变化，例如，传统组织结构中间层级的信息传达职能被信息技术的引进而取代，从而使组织结构扁平化成为可能。同时，技术的复杂化程度、先进性程度对组织的标准化程度、集权化程度、专业化程度、信息沟通方式等又有着不同的要求，必然影响组织结构的设计，但也有研究认为技术与组织结构之间的这种关系并非高度相关。

案例 5-6

范妮·梅

范妮·梅公司(联邦国民抵押协会)是一家非常典型的现代高技术组织，是美国国内最大的家庭抵押的收购者。该公司是建立在主机库中储藏的信息基础上的，主机库存储了大量的贷款信息，允许公司把几百万抵押容易地变为可售证券，然而到了20世纪90年代初期，这些主机和高度集中的管理系统却成了范妮·梅进一步扩展的一大障碍。

由于以华盛顿为基地的公司计算机无法满足迅速增长的工作量的需要，范妮·梅开始重新设计自己组织结构。它取消旧的效率低下的集中化部门，取而代之的是在每笔贷款开始时有联系的财务、营销和计算机专家组成的工作团体。现在2 000多台个人计算机通过把新的软件系统连接在一起，新的软件系统使微机可进入只经过最少培训的雇员那里。1992年利率下降，家庭再融资开始成为浪潮，范妮·梅掌握的新贷款业务量几乎是前一年的两倍，但仅仅增加了100多名雇员就完成了原先要近3 000人才能完成的工作量，这不能不归功于新的软件系统的应用以及由此带来的组织结构的变化。

4. 组织规模与组织设计

组织规模对结构具有明显的影响作用。多数研究表明，大型组织与小型组织在规范化、分权化和复杂性上存在差异。通常随着组织规模的扩大，工作专门化程度的提高，组织的复杂性和正规化程度也在提高，但是这种关系不是线性的，规模对结构的影响强度是逐渐减弱的，即随着组织的扩大，规模的影响力相对显得越来越不重要了。

5.2.4 组织设计的程序与内容

组织设计的任务是提供组织结构系统图和编制职位说明书，形成组织手册，这也是组织设计的直接成果。图5.5就是一个组织结构系统图，其中方框表示各种管理职务或相应的部门，箭头和线表示权力的指向与归属关系。职位说明书要求能简单明确地指出该职位的工作内容、职责与权力、任职资格、与组织中其他部门和职位的关系等。职位说明书并没有统一而固定的格式，将组织结构系统图和职位说明书综合起来便形成了企业的组织手册。

为了提供上述组织结构设计的3个最终成果，组织结构的设计需要完成以下步骤。

1. 组织基本因素分析

根据组织的任务、目标以及组织的外部环境和内部因素，确定进行组织设计的基本思路，规定一些组织设计的主要原则和主要维度，这些都是进行组织设计的基本依据。组织目标是组织设计和自我保持的出发点，也是衡量组织成败的主要标志。组织外部环境的变化对组织结构的有效性影响很大，组织内部因素对组织结构的影响，则主要体现在不同行业的组织在工作流程或生产工艺等特点上的不同会影响到组织结构的选择。

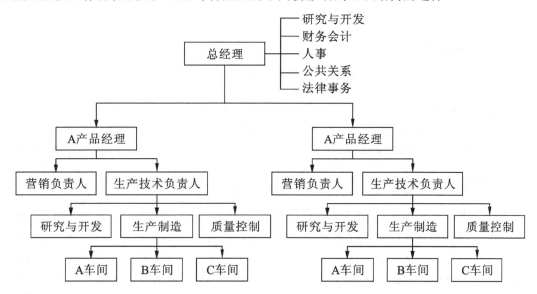

图 5.5　组织结构系统图举例

2. 明确和分解职能

明确组织职能必须解决 3 个重要问题：①组织中应该具备哪些基本职能。实现组织目标所需要的职能不可遗漏，也不可重复，以便进一步确定承担各项职能的部门；②各职能之间相互联系、相互制约的关系。紧密联系的职能应置于同一管理子系统内，相互制约的职能则必须分开；③确定关键职能。承担关键职能的部门也应配置在组织结构的中心位置。

职能分解是对已确定的基本职能和关键职能逐级细分为各部门、各职位的职能，主要是按组织业务活动的性质与技能的相似性及专业化原则，把组织的工作与活动分类。在大型企业中，还会辅以产品、地区、顾客等方式进行职能分解和部门设计。

3. 组织结构的框架设计

设计各种职能、各部门的协调高效的分工协作关系。既可以采用常用的从抽象原则入手、划分管理层次、应设定的部门，最后确定职务和岗位从上而下的设计方法，也可采用先确定岗位、职务，再向上组合成部门，最后根据管理幅度的要求确定管理层次的自下而上的设计方法。

组织结构框架设计的主要内容有：组织高层权责关系的形成和组织内各部门、各岗位的责权划分等。通常组织内的职权划分为直线职权(Line Authority)、参谋职权(Staff Authority)和职能职权(Functional Authority)。直线职权是贯穿整个组织的上级对直线下属的指挥权，代表命令和服从关系。参谋职权是辅助性职权，主要是建议、咨询的权力。随着管理活动的日益复杂，组织规模日益扩大，许多职能的独立性和专业性加强了，需要让更专业的参谋人员拥有部分管理活动的决策权而产生了职能职权，其实是直线主管把一部分本属于自身的直线职权授予了参谋人员。

 案例 5-7

斯隆与德鲁克——直线与参谋

德鲁克1944年受聘于美国通用汽车公司任管理政策顾问，第一天上班，总经理斯隆对他说："我不知道我们要你研究什么，也不知道该得到什么成果，这些都是你的任务。我唯一的要求是希望你把正确的东西写下来，不必顾忌我们的反应，也不应该怕我们不同意。尤其重要的是，你不必为了使你的建议易为我们接受而想到调和折中。在我们公司中，人人都会调和折中，不必劳您大驾。你当然也可以调和折中，但必须先告诉我正确的是什么，我们才能作出正确的调和折中。"

直线与参谋是两类不同的职权关系，参谋不仅可以保证直线的统一指挥，而且能够适应复杂的管理活动对多种专业知识的要求。然而在实践中，过分强调直线命令的统一性而压制了参谋的作用，或者参谋作用发挥失当篡夺了直线的指挥权而形成多头领导的局面带来了直线与参谋的矛盾，并成为了组织缺乏效率的原因之一。合理利用参谋的工作，需要直线和参谋都认识到双方的存在价值，形成互相尊重和相互配合的关系，这就要求明确直线与参谋的关系，授予参谋必要的职能权力，同时，直线经理为了取得参谋人员的帮助首先必须向参谋人员提供必要的信息条件。

4. 职务分析和设计

设计职务类别和数量，确定管理层次，这是组织设计最基础的工作，最终目的是让员工认识到工作的意义，体会到工作的责任和看到工作的成果。职务分析是全面收集某一职务的信息，从工作内容、责任者、工作岗位、工作时间、操作方法和原因这6个方面开展调研，将其整理成文，形成职务说明和职务规范。职务设计主要包括职务专业化、职务扩大化、职务轮换、职务丰富化和工作团队等。

(1) 职务专业化。专业化能提高工作熟练度，提高效率，有利于使用专用设备和减少员工培训的要求等，但如果职务设计的过于专业化可能严重打击员工的积极性和增加工作之间的协调成本。

(2) 职务扩大化。这是与职务专业化相对立的一种设计思想，是把若干种活动合并为一件工作，扩大工作的内容和广度。例如，装配收音机，由一个工人装配一个部件甚至整台收音机，主要是为了增加工作吸引力和趣味，但在激励员工、增强员工挑战性等方面并没有达到理想的效果。

(3) 职务轮换。企业根据计划定期安排员工在不同职务之间进行轮换，但在选择职务轮换的时候，要综合考虑待轮换职务的重要性及对专业知识的要求高低，还要考察员工的技能、态度、学习接受能力等多方面因素。可以横向轮换,例如,当员工当前的职务不再具有挑战性时,可以进行平级的工作岗位的调动。也可以是纵向轮换,即升职或降职。职务轮换不仅可以拓宽员工工作领域和思维,增强综合素质,还可以促进不同岗位和部门间的沟通协作,对人才培养有重要作用。但是职务轮换会带来培训成本的增加,影响生产效率。

(4) 职务丰富化。给予员工承担更多责任或拥有更多选择权的机会,弹性工作制和非全日制工作是常见的方法。实行弹性工作的员工可自由安排除每天固定的工作时间段以外的时间,这让其有更多的协调工作和家庭之间关系的自主权,也表现了对员工的信任和关心。非全日制工作只适用于少数特殊人群(如学生)和工作进入障碍较低的企业,肯德基的寒暑假临工就是非全日制工作的典型代表。生意不景气的企业大量的富余人员也可能成为非全日制工作制的实施对象或者是采用职位分享策略,即不进行裁员,但两人一班制,相应的也只拿半薪。

(5) 工作团队。当职务是围绕小组而不是个人来设计时就形成了工作团队,包括综合性团队和自我管理式团队。综合性团队中,任务被分派给一个小组,小组自行决定每个成员的任务,并在需要时在组内工作轮换,这种方式常见于楼房建造活动;自我管理团队则具有更强的纵向一体化特征,拥有更大的自主权,甚至可自行挑选团队成员并最终由成员相互评价工作成绩,而团队主管的作用相对较弱,有时可能会被取消。

5. 形成管理规范和组织文件

管理规范是组织明确各项管理业务的工作程序、应达到的要求以及应采取的相应管理方法等,体现组织对成员的行为要求,起巩固和稳定组织结构的作用。组织文件的作用在于表明组织原则,显示组织结构和组织关系,主要包括组织结构图、组织手册以及标准工作规程等。

5.2.5 组织设计的原则

组织所处的环境,采用的技术、制定的战略、发展的规模不同,所需的职务和部门及其相互关系也不同,但任何组织在进行机构和结构的设计时都需要遵守一些共同的原则。

1. 战略目标原则

组织结构设计必须服从和服务于组织战略目标。组织在一定时期内所要实现和开展的战略目标和关键职能对组织结构的形成与构成起着决定性作用。

2. 命令统一原则

组织中的每个下属应当而且只能向一个上级主管直接汇报工作。然而,在现实生活中,这条原则常常遇到来自多方面的破坏。最常见到的有两种情况:一是对非自己的直线下属发出指令,而下属鉴于发命令者与自己的直线领导处于同一层次,大多数情况下难以拒绝命令;二是下属对更高级领导的命令通常也会积极执行。

3. 权责对等原则

进行组织设计，既要明确每一部门或职务的职责范围，又要赋予其完成职责所必需的权力，使职权和职责两者保持一致，这是组织有效运行的前提，也是组织设计中必须遵循的基本原则。在管理实践中，如果只有责任，没有职权或权限太小，不仅会使员工的积极性受到严重打击，而且还会约束员工调动资源的能力而使其无法完成工作任务，因为任何工作任务的完成都需要调动相应的资源作支撑；反之，如果只有职权而没有责任，或者责任程度小于职权，就会出现组织中权力滥用和无人负责的现象。

4. 因事设职与因人设职相结合的原则

组织目标和任务分解后，所有的事必须有合适的人做才能保证组织目标的实现，因此组织设计中就要坚持从工作特点和需要出发，因事设职，因职用人，但这并不意味着组织设计可以忽略"人"的因素，因为组织设计往往是组织的再设计，不得不考虑现有成员，即使是全新的企业，由于难以保证聘用到理想的人员，也不得不考虑组织内外现有人力资源的状况和特点。因此，必须在保证有能力的人做其胜任的工作的同时，使工作人员的能力在组织中不断提高和发展。

5. 稳定性与适应性相结合的原则

组织需要一定的稳定性，这是保证组织各项工作正常进行及秩序连贯性的基础条件。但组织同时又是个开放的有机系统，发展战略、目标、任务等都会随着环境的变化而调整。因此，组织结构的稳定只是相对的，是为战略和目标服务的，应该也必须具有一定的适应性，使之能够随着组织环境及战略目标的变化而作出相应的调整。

5.3 组 织 结 构

5.3.1 组织结构的基本概念

从组织各部分之间的关系去界定，组织为了内部的有效运作和与环境的相互作用而设置职能部门和管理层级，这些部门和层级之间形成相对稳定的关系。组织结构是组织内全体成员为实现组织目标，通过分工协作，在职务范围、责任、权力等方面形成的结构体系，包括以下4方面。

(1) 职能结构：完成组织目标所需的各项工作及比例和关系。例如，企业有生产、经营、技术、管理等不同的业务职能。各项工作任务都为实现企业的总体目标服务，但各部分的权责关系却不同。

(2) 层次结构：又称为"纵向结构"。例如，有些企业的纵向层次大致分为董事会、总经理、职能部门。部门内部还存在分工，仍存在层次，这样就形成了一个自上而下的纵向组织结构层次。

(3) 部门结构：又称为"横向结构"。例如，企业设立的生产部、营销部等职能部门。

(4) 职权结构：各层次、各部门在权力和责任方面的分工及相互关系。

5.3.2 组织结构的基本类型

1. 直线制

直线制(Line Structure)又称"军队式结构",是从最高层到最低层垂直建立的组织形式,这是最早、最简单的一种组织结构形式,也是一种集权式的组织结构形式,其一般结构如图5.6所示。

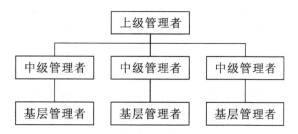

图 5.6 直线制组织结构

直线制组织结构的特点是:组织中各种职务按照垂直系统直线排列;各级行政管理者执行统一指挥和管理职能,不设专门的职能机构;命令直线式流动,从最高层管理者经过各级管理人员,直至组织最底端;组织中每个成员只接受最近的一个上级的指挥,仅对该上级负责并汇报工作,彻底贯彻统一指挥的原则。

这种组织结构的优点主要源于其简单性。直线制机构设置简单,管理人员少,权力集中,命令统一,责任明确,管理费用低。但这一结构缺乏横向的协调关系,而集权对高层领导者个人素质要求较高,并压抑了下属积极性。因此,直线制一般只适用于企业员工人数较少、生产和管理工作都比较简单,没有必要按照职能实行专门化管理的小型企业,或者突然面临困难甚至于敌对环境等极端情况,例如松下幸之助在1945—1952年战后经济不景气时期,毅然解散松下原有的部门式组织,采用直线制,一人独揽大权。

2. 职能制

职能制(Functional Structure)结构又称"U型"结构,最早是由泰勒提出并在米德维尔钢铁公司以职能工长制的形式加以采用。在组织内除了直线主管外,还按专业分工设立相应的职能机构,把相应的管理职责和权力交给这些职能机构,各职能机构在自己的业务范围内可向下级单位下达命令和指示,直接进行指挥。其一般组织结构如图5.7所示。

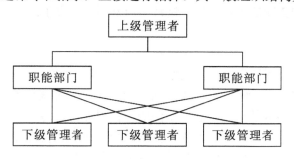

图 5.7 职能制组织结构

职能制优点主要是适应现代生产技术复杂和管理分工较细的特点，提高了管理的专业化程度，充分发挥职能机构的专业管理作用，同时减轻了直线人员的负担。但由于存在多头领导，不易明确划分直线领导和职能机构的权限，容易争夺权力、推卸责任，也缺乏横向联系，不能很好地配合。

职能制是直线制的发展，例如新开的小饭馆雇用了 3 个伙计，实行直线制，随着饭店的成功开了连锁店，需借助专业人才来管理，老板聘请了专业人士来打理事业，逐渐形成了财务部门、营销部门、菜品开发部门等职能机构。职能制多见于医院、高等院校、设计院、图书馆、会计师事务所等，但由于该存在诸多限制，在实践中没有得到广泛的推广。

3. 直线职能制

直线职能制(Line and Function Structure)以直线制为基础，综合了直线制和职能制组织的优点，最早由法约尔提出并采用。在保持直线组织统一指挥的原则下，增加了参谋机构，但骨干是直线部门，因为其担负着实现组织目标所需要完成的直线业务，如生产、销售等，其一般组织结构如图 5.8 所示。

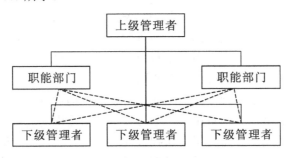

图 5.8　直线职能制组织结构

这种组织结构既保持了直线制集中统一指挥、决策迅速的优点，又吸取了职能制发挥专业管理职能作用的长处，分工细密，职责分明，效率较高。另外，这种组织结构稳定性高，在外部环境变化不大的情况下，易于发挥组织的集团效率。这种组织结构在管理实践中也存在不足之处，主要是部门间缺乏横向交流，增加了上级主管的协调工作量，组织内信息传递线路较长、反馈缓慢，不易迅速适应新情况，实际上仍是典型的"集权式"管理。

这种结构主要适用于简单稳定的环境和标准化技术进行常规性、大批量生产的场合，目前我国大多数企业，甚至机关、学校、医院等都采用此种结构，而对多品种生产和规模很大的企业以及强调创新的企业来说，这种结构就不很适宜了。

4. 事业部制

事业部制是美国通用汽车公司总裁斯隆于 1924 年提出的一种分权式的企业组织形式，因此又称"斯隆模式"，目前已成为大型企业、跨国公司普遍采用的组织结构。企业把生产经营活动按照产品或地区的不同，建立不同的经营事业部，将公司的战略决策和日常运营决策两项职能分离，分别由公司总部和事业部承担。每个经营事业部均是一个半自主的利润中心，在总公司领导下，实行统一政策、分散经营、独立核算、自负盈亏的经营。产品事业部和区域事业部组织结构如图 5.9 所示。

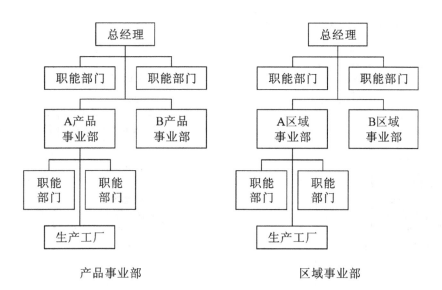

图 5.9 事业部组织结构

这种结构使最高管理部门成为决策机构,改善了企业的决策结构,实现了"政策制定集权化,业务经营分权化"。在充分发挥经营管理的主动性和灵活性的同时提供了全面管理人才的培养机会。当然这种结构也存在缺点,主要体现为管理部门和人员的重叠设置,增加管理费用,而各事业部受到本位主义影响,缺乏部门之间的协作,如果公司总部控制不力,容易导致总公司被架空。

当企业规模比较大,而且其下层单位具有独立的产品、市场、成为利润中心的时候才适宜采用事业部制的组织结构。随着企业规模和经营范围的扩大,有时总公司难以直接有效管理所有的事业部,实践中出现了统一领导相关事业部,以便搞好共同性产品和市场开发以及服务性的管理,避免各事业部由于执行相同的职能所造成的不经济或低效率的现象。这种在最高管理层与各个事业部之间增加一级管理机构,来负责统辖和协调所属事业部的活动,则构成了"超事业部结构",又称"执行部结构"。美国的通用电气公司在 1978 年采用的就是超事业部的组织结构,如图 5.10 所示。

 **案例 5-8**

通用公司的"分家"——事业部制的产生

20 世纪 20 年代的通用汽车公司发展迅速,组织规模扩大带来组织层次不断增加,当时,公司采取的还是职能制组织结构,组织效率很低,问题层出不穷,导致公司几乎濒临破产的边缘。在这种情况下,通用进行了"分家",试图寻求解决问题的办法。

由于传统的职能制无法维系这样一个巨大的机构,通用只好把下属的各个单位分成相对独立的一些子部门。在战略、对外关系、财务等方面由公司统一管理,但在具体的运营上则赋予下级子单位相当大的自主权。这种"分家"式的办法带来管理上的一种新组织结构形式,解决了当组织规模扩大到一定程度以后职能制所不能解决的一些问题。

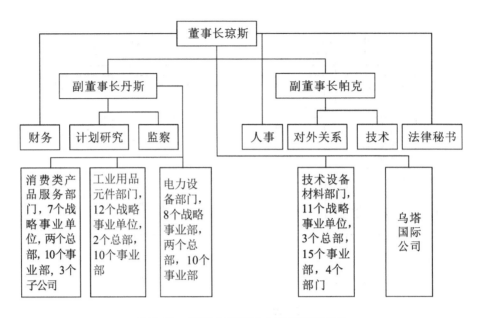

图 5.10　1978 年通用电气公司组织结构

【好书推荐】

5. 矩阵结构

矩阵结构(Matrix Structure)是从专门从事某项工作的工作小组形式发展而来的，主要是在直线职能制垂直组织系统的基础上，再增加横向的领导系统，即工作小组。矩阵结构更多的是一种临时性的组织结构，根据任务的需要把各种人才集合起来，任务完成后小组就解散。参加工作小组的成员一般要接受两方面的领导，即在工作业务方面接受原单位或部门的垂直领导，而在执行具体任务方面接受工作小组或项目负责人的领导，该结构如图 5.11 所示。

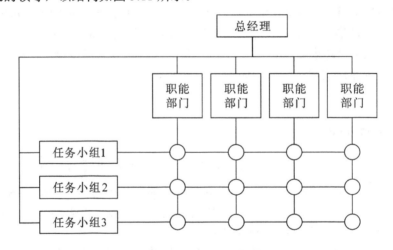

图 5.11　矩阵制组织结构

矩阵制机动灵活，有较强的应变能力，组织中的纵横结合的联结方式有利于各职能部门以及职能部门与任务之间的协调，并充分整合组织资源。但这种结构的多头领导造成组织关系复杂，对权力分享有较高的要求，此种结构的临时性也决定了成员容易产生临时观念，致使人心不稳，因此矩阵制较适用于大型协作项目以及以开发与实验项目为主的单位，如大型运动会的组委会、电影制片厂、应用研究单位等。

案例 5-9

矩阵制的困惑——轿车配件公司的烦恼

为了给各种型号的轿车配备密封条，某汽车配件公司专门成立了项目团队，每个团队负责为一种车型研究设计和销售配套的密封条。团队成员来自于原来的研究开发部、工艺技术部、生产车间、销售部和客户服务部等部门，他们同时接受项目团队负责人和原来职能部门领导人的双重指挥。这种结构设计的初衷是希望每个团队拥有研发所需要的各种专业人才，可以专心于一种产品的研究设计和经营。同时，项目组成员又参与原有职能部门的活动，专业知识和技能也可得到发展。

项目团队确实有效解决了原来结构中的一些问题，但同时产生了新的问题。在跨职能的项目团队中，没有明确谁有权做出哪些决定。例如，谁有权决定产品的特点、是否允许销售人员打折、项目经理是否可以告诉工程技术人员产品设计中应该优先考虑的因素等。故项目经理和运营人员之间的冲突日益尖锐。

项目团队不知道他们的权力到什么地方为止，项目团队的工程技术人员努力执行项目团队的工程计划，但是无权改变工程部门的时间进度。每个项目团队都想让自己的产品成为工程部最重要的产品。每个项目团队也都想从职能部门拉来最高级的人才，希望他们在所代表的职能部门中更有影响力。解决权威问题的一个办法是让高级主管参加所有项目团队会议，由他来做出所有的决定。曾经有一段时间也是这么做的，但这不是切实可行的好办法，因为高级主管需要时间来负担其自身的诸多职责。

项目团队也产生了其他资源分配的问题，有团队内部的，也有团队之间的。因为项目团队没有系统的确定资源应当按照何种优先次序在小组内进行分配。

6. 多维立体结构

多维立体结构(Multidimensional Structure)是由美国道-科宁化学工业公司(Dow Corning) 1967 年首创的，主要包括 3 个方面的管理系统：一是按产品划分的事业部——产品利润中心；二是按职能划分的专业参谋机构——专业成本中心；三是按地区划分的专门机构——地区利润中心。通过多维结构，把产品事业部经理、地区部门经理与参谋机构管理协调起来，为及时沟通信息、集思广益、共同决策创造了有利条件，促使每个部门都从整个组织的全局来考虑问题，适用于多种产品开发、跨地区经营的跨国公司或跨地区公司，可以为这些企业在不同产品、不同地区增强市场竞争力提供组织保证，此结构如图 5.12 所示。

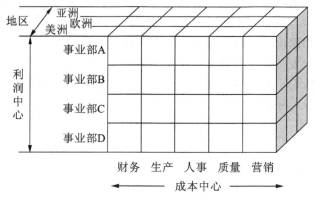

图 5.12 多维立体组织结构

7. 委员会

有时组织设立委员会来达到某种特定的管理目的，如为了综合项目和复杂工作的需要，将具有不同经验背景的人组合起来赋予特定权限，使之能跨职能界限处理问题。委员会多数是为了对直线组织进行补充和加强，是与直线组织结合起来建立的，其活动特点是集体行动，这与其他组织形式不同。

淡马锡的组织管理及其委员会

"淡马锡"是马来语 Temasek 音译，成立于1974年，是由新加坡财政部负责监管、以私人名义注册的控股公司，是为确保国有资产不流失并增值，由财政部(投资司)组建专门经营和管理原国家投入到各国联企业的资本的公司。根据政府委托，新加坡开发银行等36家国联企业的股权被授权由淡马锡负责经营。淡马锡公司以控股方式管理着23家国联企业(可视为其子公司)，下属各类大小企业约2 000多家，职工总人数达14万人，总资产超过420亿美元，占全国DGP的8%左右，公司税后利润的一半上交财政部。

公司董事会由10名董事组成，其中4名为政府公务员，6名为企业界人士。董事会内设两个重要常设委员会，负责实施董事会重大决策：一是执行委员会，检查所有国联企业的重大项目投资事项，同时在财政权限内对其投资或将其实行私有化(公开上市)。另一个是财政委员会，监督淡马锡公司在股票和资本市场的投资活动。上述业务的实施与管理由公司管理层负责，并向执行委员会及董事会报告。公司没有专门设立监事会，其内部监督职能由董事会直接承担。董事会内设审计委员会，专门负责公司的财务审计。

委员会有利于综合各种意见，提高决策正确性；便于协调和加强部门合作；组织参与管理，利于调动执行者的积极性；还可防止个人滥用权力。但是委员会的集体决策容易造成时间上的拖延和结果的折中，还会致使权力和责任分离，个人责任不清。

委员会制在组织的高层管理中，尤其在做出决策方面表现出了明显的优势，个人负责制则在执行决策的效率方面占绝对优势。因此，在管理实务中，应该针对委员会的优点对其进行运用。合理运用委员会需要注意以下几点：①明确委员会是直线职权还是仅是提供建议，委员会会议上要讨论的问题也要事前知会与会者。②委员会规模适当。规模过小无法达到集思广益的效果，规模过大会造成时间浪费和助长优柔寡断。有人认为委员会的合理规模以不超过16人为宜。③依据委员会的目的和性质选择委员。例如，若目的是专门研究，提供咨询意见和建议，委员会成员应具有问题所涉及的专业理论和实际经验；若目的是协调各方利益和权限，委员会成员就应是相关职能部门的负责人或利益群体代表；若委员会作为一个决策机构，那么成员就不仅应具备专门知识，能够代表不同方面的利益，而且应具备相当的综合、分析能力及合作精神。④审慎选择委员会主席。

8. H型组织结构

H型组织是在非相关领域开展多种经营的企业集团常用的，又称"控股型组织结构"。由于经营业务的非相关或弱相关，大公司不对这些业务经营单位进行直接的管理和控制，而代之以持股控制。这样，大公司便成为一个持股公司，受其持股的单位不但对具体业务有自主经营权,而且保留独立的法人地位。相对于公司自己投资经营,母公司可以充分利用其他企业的有利资源,扩大自己的经营业务范围。图 5.13 就是 H 型组织结构的示意图。

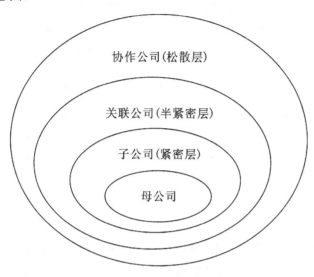

图 5.13 H 型组织结构

5.3.3 新型组织形态

组织结构目前的发展趋势主要集中在横向化、网络化、虚拟化、柔性化等,多数是来源于信息技术的广泛采用和网络手段的不断发展。

【相关案例】

1. 网络型组织

网络型组织结构又称"虚拟组织",是基于现代信息技术手段而建立和发展起来的,组织只保留精干的中心机构,以契约关系为基础,将大部分的经营活动通过外包、外协的方式,依靠外部机构来完成。例如,一些社会办学机构虽然有许可证,但大部分教师甚至行政人员都是外聘的。这种结构决策集中化程度较高,但部门化程度很低,即从外部寻找资源来执行组织一般职能,而把精力集中于自己最擅长的业务上,具有较强的灵活性。这一结构在出版、贸易等领域都有着比较广泛的应用。网络型组织结构如图 5.14 所示。

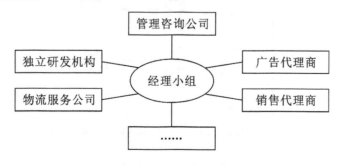

图 5.14 网络型组织结构

【知识链接】

2. 无边界组织

通用电气公司前总裁杰克·韦尔奇描述的理想中的组织结构就是无边界组织，惠普、摩托罗拉等公司积极采取行动以接近无边界组织状态。这种组织的管理跨度宽、结构扁平、正规化程度低，工作运用多功能跨等级团队来进行，员工参与决策程度高。计算机网络化是无边界组织能正常运行的技术原因之一，因其使人们能超越组织内外界限进行交流。

许多组织主要是通过减少组织内部的垂直界限和水平界限，消除组织与客户之间的界限，来达到无边界组织状态。比如引入跨等级团队让员工参与决策并采用360度绩效评估，再如波音飞机公司、苹果电脑公司等都与几十家公司存在战略联盟或合作关系，由于其员工都是在为共同的项目而工作，所以这些联盟也都模糊了各组织之间的边界。

3. 横向组织

横向组织结构打破传统的部门界限，减轻高层管理者负担。这种组织结构围绕工作流程而不是职能来建立结构，例如采购部门是根据采购业务来组织采购团队的。横向组织的结构层次大大减少，成为扁平化组织，传统的职能部门只保留少量的高管人员。但这种结构的形成是个漫长和困难的过程，需要在工作设计、信息系统、奖励系统方面进行相应的调整，管理者和团队成员也需要转变观念提高技能以适应横向组织的要求。

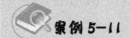

比萨图——横向组织结构

柯达公司所属的一家价值350万美元的独资公司称自己的组织结构为"比萨图"，因为它看起来就像一个顶部放了若干胡椒片的圆形比萨饼。比萨饼上每个胡椒片(小圆)代表一个自我管理型团队，复杂一个工作过程。公司总裁位于比萨饼的中心，在他的周围是自我管理团队，相互之间的空白处反映了团队之间相互影响、相互作用的范围，如图5.15所示。

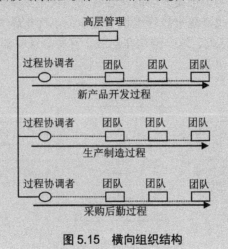

图5.15 横向组织结构

4. 团队结构

团队结构已成为组织活动的流行方式，这种结构的特点是打破部门界限，并把决策权下放到工作团队。小型公司可以把团队结构作为整个组织形式，大型公司中的团队结构一般作为典型的行政性层系结构的补充。组织中主要有三种团队：①解决问题型团队，由来自同一部门的人组成，定期开会讨论问题，但无权直接执行解决问题的方案，比如品管圈。②自我管理型团队，有权获得完成任务所需的资源并被赋予决策权，美国 1/5 的公司采用这种团队。③多功能型团队，除具备自我管理型团队特征外，还有一个要素就是成员来自同一等级、不同工作领域，目的是共同完成一项任务。例如波音公司新型 777-200 双引擎飞机设计开发项目中，公司将设计人员、生产专家、维修人员、顾客服务人员、财务人员、甚至顾客，编组为 8 至 10 人组织的小团队，从头开始负责设计、生产的完善问题。

【期刊推荐】

5.4 人员配备

人是组织中最活跃的、唯一具有能动作用的要素。设计了合理的组织结构，如果没有合适的人员配置，最终也无法发挥作用。组织结构中需要配备的人员大体可分为两类：各级主管人员和一般员工。由于这两类人员配备的基本方法和原理是相似的，因此在这里着重论述主管人员配备的相关内容。

5.4.1 人员配备概述

1. 人员配备的任务

人员配备是一项重要的管理职能，其任务就是通过一系列恰当而有效的选择、考核和培训程序，以合适的人员去充实组织结构中所确定的各种职位。也就是说，人员配备通过对组织成员的合理使用，达到人力资源的优化配置，充分发挥其力量，达到组织高效运转。

作为组织的成员，员工有希望在组织中满足自身需要，因此人员配备不仅要考虑组织的需要，还要考虑员工的需要。通过人员配备，使每个人的价值能够得到正确的评价、认可和运用，既不大材小用，也不让员工承担超出能力范围的职责。同时，要为员工提供足够的发展空间，不仅包括在某个岗位上提升技能和知识，还包括职业生涯发展的空间。

2. 人员配备的程序

人员配备是一个系统的逻辑过程，主要包括职务分析、人员需求量分析、选配人员、教育与培训、考评等。

(1) 职务分析。职务分析是人员配备的基础，包括：各个工作岗位的任务、完成方法及必须具备的知识、技能等信息，相应的职务说明和职务规范。

职务分析的方法有观察法、问卷法、访谈法、日记法、功能性职务分析法等。分析者可对工作人员的操作进行实地观察并记录，也可以设计问卷发放给操作人员和主管填写，或访谈实际操作人员了解信息，还可以让实际操作人员和主管自己记录下每日工作内容和相关信息……通过这些信息，职务分析者最终得出职务的性质与内容、工作行为要求、职责、权限、工作关系等。

(2) 人员需求量分析。组织人员需要量基本上取决于组织的计划、组织结构的规模与复杂程度和人员的流动率等因素，其中最关键的是设计出的职务类型和数量。职务类型说明了需要什么样的人，职务数量说明了每种类型的职务需要多少人。对于新建组织而言，只需确定承担不同职务的人员数量和要求，即可直接以此为标准在社会上公开招聘选择合适的人员。然而，大部分情况下，管理者面临的是组织结构与人员配置的重新调整，因此，在重新设计组织结构后，需要监察和对照企业内部现有的人力资源情况，确定从外部选聘的人员的数量和类别。

(3) 选配人员。人员的来源分为内部和外部两种，即"内部选拔或调整"和"对外公开招聘"。内部来源有利于发现和留住组织内部的潜在优秀人才、提高员工士气，由于对内部员工的了解，可以简化招聘程序，降低成本；外部来源则扩大了人员的选择范围，为组织注入了新鲜血液。因此，组织在确定来源时，应根据组织的具体情况进行选择。

(4) 教育与培训。组织成员未来的工作表现很大程度上取决于其教育和培训的成果，教育和培训既是保证组织员工不断适应组织和技术发展的手段，也是员工个人发展的需要。

(5) 考评。工作绩效的考评是对工作过程及绩效的考核和评价过程。考评有利于发现组织中存在的问题，帮助员工认识自身的长处和短处，进行有针对性的培训和提升，为个人职业发展和组织人事决策提供依据。

5.4.2 管理人员的选聘

1. 管理人员的来源

(1) 外部招聘。外部招聘是根据一定的标准和程序，从组织外部选拔符合空缺职位工作要求的管理人员。这种方法有利于缓和内部竞争者之间的紧张关系，为组织带来新的管理方法与经验，具有一定的"外来优势"——组织成员对其背景尤其是失败经历知之甚少，使其可以更轻松地应对工作中的问题，还可较少顾忌复杂的人情网络的消极影响。但是，外部招聘的人员对组织情况不了解，也缺乏一定的人事基础，因此需要一段时期的适应才能有效地工作。同时，组织也难以深入了解应聘者，可能造成误判，影响组织目标的完成。然而，外聘的最大局限性莫过于对内部员工积极性的打击。因此，组织在决定是否采用管理人员的外部选聘时都十分谨慎，多数公司宁愿采用内部选拔的方法。

(2) 内部提升。内部提升是从组织内部提拔能胜任的员工来充实组织内的空缺管理职位。许多组织都赞成内部提升，因为内部提升有利于组织目标更好地实现。由于对组织内部人员有较可靠的了解，选择的候选人通常更合适。被提升的成员对组织历史、现状、目标以及存在的问题比较了解，能较快胜任工作，而且使组织对成员的培训投资获得更大的收益。内部提升对组织成员的激励作用是显而易见的。但是，内部提升也存在一些不容忽视的缺点，当组织存在较大管理缺口时，内部管理人才储备难以满足需求。另外，由于组织成员习惯了组织内的一些既定做法，容易造成"近亲繁殖"，成为创新的阻碍。

【相关案例】

2. 管理人员选聘程序和方法

管理人员选拔的主要程序和方法如图 5.16 所示。

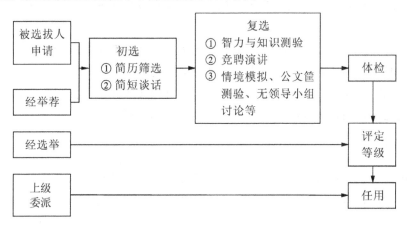

图 5.16　管理人员选聘程序与方法

3. 管理人员的知识、技能与素质

优秀的管理人员应具有广博的知识，合理的知识结构。管理人员应该具备 4 方面的知识：第一是哲学知识，树立正确的世界观，能透过复杂的现象找出问题的关键和解决问题的办法；第二是基础的文化科学知识；第三是专业知识，管理人员必须是其业务领域的内行；第四是管理知识。

合格的管理人员还需具备多方面的技能：第一是解决专业技术问题的能力；第二是处理人际关系的能力，很好地与上下级进行沟通，协调好组织内外的各种关系，还要能够调动员工积极性，发现和发挥每一个员工的长处和潜力；第三是决策与组织能力；第四是创新的能力，管理人员必须具有较强的开拓精神，敢于改革，坚持在创新中前进、在创新中发展。这 4 种能力对不同管理层次的人的要求是不一样的，对于基层管理者，解决专业技术问题的能力要求比较高，而对于高层管理者，决策与组织能力和创新能力要求相对要高得多。但是，处理人际关系的能力对于每个层次的管理者都很重要。

除此以外，管理人员还要具有较高的思想政治素质，强烈的责任感，良好的心理素质、身体素质等，才能适应管理岗位的需求。

5.4.3 管理人员的培训

1. 管理人员培训的目的

管理人员的培训侧重于基本工作技能的培养，通过培训使管理人员掌握特定管理工作所需要的知识、技能，提高其素质以更好地完成管理工作。

管理人员培训的目的主要包括以下几点。

(1) 更新知识与观念，提高能力。当今时代，科学技术进步速度加快，组织环境日新月异的变化都要求管理者及时更新其知识和观念，才能避免知识和观念的老化过时，提高管理水平和能力。

(2) 传递信息。通过培训向管理者传递组织现状、目标、要求等多种信息，增强管理人员对组织和本职工作的认识，以及对未来发展趋势的把握。

(3) 培养良好的管理作风。通过培训增强管理者思想素质和工作作风的培养，有利于创造更为优良的工作氛围，提高组织沟通效率和员工工作积极性。

2. 管理人员培训的过程与方法

管理人员培训主要包括3个步骤：①从管理人员目前的工作情况入手；②关注事业前途中的下一任工作；③目标是组织未来的长期发展要求，如图5.17所示。

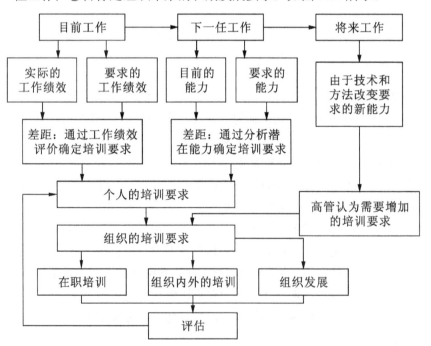

图 5.17 管理人员培训过程和方法

5.4.4 管理人员的考评

1. 管理人员考评的目的

考评本身只是手段，不是目的。首先，考评可以为确定管理人员的工作报酬提供依据。管理人员的工作效果往往难以精确的量化，因此，在确定其报酬时要综合考虑德、能、勤、绩等多方因素。其次，考评可以为组织人事调整提供依据，根据工作绩效判定某个管理人员是否胜任其职务的要求，判定是否有更合适的人选能够更好地完成此职位的工作等。最后，考评可以为培训提供依据。考评的结果可以发现管理人员的素质缺陷，从而针对缺陷安排相应的培训，提升管理人员的能力和素质。

2. 管理人员考评的内容

对管理人员的考评应该全面，主要包括两个部分的内容：一是对管理者所做贡献的考评，二是对管理者能力素质的考评。

(1) 贡献考评。贡献考评是要评价和对比组织要求管理职务及其所辖部门提供的贡献与该部门实际的贡献，考评结果可以作为决定管理人员报酬的主要依据。这里要注意的是，对管理人员个人努力和部门的成就要区别开来，仔细辨别出管理人员个人努力所起的作用。

(2) 能力考评。管理人员能力的大小与贡献并不呈线性相关关系，因此，为了有效地指导人事调整或培训计划，需要对管理人员的能力进行考评。由于能力是一个十分抽象的概念，因此在进行能力考评的时候要避免只给抽象的概念打分。

3. 管理人员考评的程序与方法

如图 5.18 所示，<u>管理人员考评</u>是一个信息循环的过程，因为其中包含了非常重要的一环——传达考评结果。考评结果需要及时传达给当事人，不仅可以纠正考评中可能发生的偏差，还可以帮助当事人为今后发展进行有针对性的谋划。另外，有规律的定期考评管理人员可以帮助企业了解管理人员的成长过程和特点，建立企业人才档案，有利于企业根据不同的标准对管理人员分类管理，提高管理质量和效率。

【相关案例】

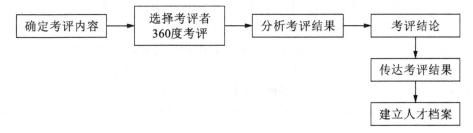

图 5.18　管理人员考评程序与方法

5.5 组 织 变 革

今天的组织生存在动态的、急剧变化的环境中,这样的环境对组织的生存和发展提出了更高的挑战。从那些在激烈的竞争中成功存续和发展的企业的经验中不难发现,主动迎接和适应、根据环境已经发生的和将要发生的变化做出相应的变革和调整是它们成功的唯一依据。组织变革已经成为管理的重要任务之一。

5.5.1 组织变革的概念

组织变革是组织为实现目标,更好的生存和发展,根据组织内外环境的变化,主动对组织现状进行修正、改编和创新的过程。从本质上讲,组织变革是依据变化而重新组织和分配组织所拥有的资源。

5.5.2 组织变革的动因

1. 外部环境变化

组织的外部环境包括经济、政治、法律、社会、文化、人口、市场竞争、技术、外部利益相关者、物质资源、自然环境等,任何一种因素都既可能成为推动组织变革的强大力量,也可能成为阻碍组织变革的强大力量。通常外部环境发生变化意味着对组织的需求发生了变化,而这些需求恰恰是组织存续的基础,因此组织必须采取应对措施以适应变化。例如,信息技术的迅猛发展正改变人们的思维方式,向传统的组织结构和工作模式提出了严重的挑战;再如,源于竞争对手、客户等方面的压力日益增大,被并购的威胁会使管理层变革组织结构和内部流程。

外部环境是一个动态的环境,具有很大的不确定性,在经济全球化和科技迅速发展的今天,竞争日趋激烈的动态环境无疑向组织变革提出了更多的要求。但是不同组织对同一外部环境因素的敏感程度可能存在很大的差异,这与组织的使命、目标、结构、管理等有联系。作为组织的管理者,对组织进行变革就是要重新安排组织的各种资源,以充分利用外部机会,回避外部威胁或者减轻威胁对组织的影响。

2. 内部因素变化

组织变革的内部动因主要是由组织目标或成员的变化、组织运行和成长中的矛盾引起的。组织目标和战略的改变必然改变组织"航向",组织的任务、各项工作的基础、组织决策和活动的依据等都随之变化,组织变革势在必行。组织运行状况不佳、经营业绩长期下降,需要通过组织变革来诊治病症,焕发生机,提高运作效能。组织内部员工构成和员工素质的变化可能会带来工作任务的重新分配,尤其是核心员工的变动更容易激发组织变革。微软中国区前总裁唐骏加盟盛大带来了盛大公司管理的大变革就是一个例子。同时,随着社会文化的发展,员工的价值观和需要也会变化,这对任何组织而言都是一个巨大的压力,组织设计和运行必须为人的能动性和创造性发挥创造更有利的条件,必须能在员工新价值观下调动其积极性。组织本身的成长也会带来组织变革。组织在生命周期不同阶段的转换时期，由于对组织结构的要求、生产经营方式、市场竞争状况等也处在转换时期，因此，随着组织规模的扩大和年龄的增长，组织需要在许多方面作出相应的变革调整。

这些组织内的因素虽然能促使组织进行变革，也可能会成为组织变革的阻力来源。例如，组织长期的低效能运作可能导致资金问题，从而使得组织因缺乏相应的资金支持而无法获得变革所需的足够资源。

案例 5-12

RB 能源科技公司的客户导向型组织体系创新变革

RB 能源科技公司是江南 Z 省 S 市一家成立于 1999 年的笔记本电脑电池、手机电池生产企业，属于新型能源高科技产业领域，员工约 1 500 人，年销售收入 4 亿元左右，是这个行业的大型企业，是国内同行本土企业中生产规模最大的民营股份制企业，其客户的特点是数量不多，主要集中于 IBM、HP、DELL、ACER 等大型电脑制造企业和诺基亚、波导、联想等手机制造商。自成立以来，发展基本稳定。

RB 的经营模式主要是订单生产，根据客户的订单要求进行生产排期，公司内部的组织架构为总裁负责下的垂直体系，主要部门有：商务部，主要负责营销、接单、客户服务和市场信息收集与分析；技术部，负责为订单产品提供技术参数；工艺部，主要负责为订单产品提供工艺标准；制造部，主要是负责生产；物流部，主要负责仓储、包装、运输等。公司刚刚成立时的内部业务流程模式是：商务部负责市场营销和接单，接到了订单后报告负责营销的副总裁，由营销副总裁与负责生产的副总裁进行生产安排、与负责技术部和工艺部的技术总监进行沟通，然后，负责生产的副总裁直接向车间下达生产排期指令。

在 2000 年年初，公司领导发现了这种垂直架构的弊端极大地影响了横向联系的积极性，直接导致了从接单到出活的流程效率，不是不能按期交付就是质量不稳定。为了提高生产效率以及对客户的服务效率，RB 于 2001 年年初采取了订单项目制，即订单项目经理负责制，项目经理由商务部中的高级经理(负责接单与客户服务)担任，由他负责从某一订单产品的接单—出货全过程。于是，RB 出现了这样的现象：项目经理接到了一个需要 40 天完成的笔记本电脑电池订单后，根据新的流程制度自己先找到技术部，要求在规定的 3 天时间内提供技术参数，但技术部认为手上订单事务很多，无法正常提供，最快也要 5 天完成，最后是好说歹说，技术部同意加班可以在 4 天拿出技术参数；项目经理然后找到工艺部，要求在 3 天提供工艺标准，工艺部负责人认为时间太紧，最快 6 天完成，最后，项目经理又是一通好言好语，工艺部 4 天拿出工艺标准；项目经理找到了制造部负责人进行生产排期，要求 30 天完成，制造部以生产排期紧张为由，最后花了 32 天才生产出来；到了物流部的时候，交货期已经到来，物流部最后花了 3 天将产品运到客户那里，比合同期晚了 3 天，几乎造成客户的索赔。

经过深入分析，以上问题产生的原因如下：原因 1，2000 年那次组织结构的调整只是相关人员责任的调整，并没有进行相应权力责任体系的调整，力图打破垂直管理的隔离状态，没有触及垂直管理的核心——权力责任体系。项目经理缺乏相应的权力调动资源。原因 2，组织体系中的责任关系调整了，相应的绩效考核制度没有变化，订单的处理横向联系加强了，而绩效考核仍然是根据岗位表现由直接上司考核，导致自己所为之负责的业务工作对象对自己没有考核约束，而不直接安排业务但直接管辖自己的直接上司拥有完全的考核权，责任体系与考核体系脱节。原因 3，组织结构的中的责任调整仍然是根据岗位责任的调整，而并没有依据流程的需要进行组织调整，并没有建立清晰的流程责任，因此仍然存在流程与岗位责任的脱节。原因 4，组织调整重点调整的是组织架构-管理关系-岗位责任，并没有进行配套的角色认知训练，很多调换责任与岗位的人，包括几个重要部分的负责人，在头脑里仍然是原来的角色观念，缺乏适合新组织要求的角色认知。

针对以上问题，RB 制订了以下解决方案：建立客户导向型组织，为客户提供高效、高质的产品服务。责任体系建设以快速满足客户订单需求为核心；组织结构与责任体系为流程通畅服务，而不是流程为组织服务；责任权力利益明确与相互协作高度结合。第一，建立具有矩阵式特点的项目小组制度，强化沟通效率，提升订单流转效率；第二，建立市场导向的服务型领导体制，提升中高层领导者和管理人员的管理效率；第三，设立流程总监，负责全程业务协调和全程质量效能监控；第四，实行绩效管理制度创新，强化了市场考核功能，强调了流程责任；第五，建立组织文化建设，强化关键岗位的新型角色认知。

5.5.3 组织变革的阻力及对策

1. 组织变革阻力的来源

组织就其本质来说是保守的，一旦发生变革必定会存在阻力。组织变革的阻力源主要包括以下 4 个方面。

(1) 习惯。面对变革时，人们倾向于以惯常方式作出反应，改变习惯是很痛苦的事情，这种痛苦和不适应自然使得人们对变革产生抵触。

(2) 安全。变革会带来不安全感，安全需要较高的人会强烈抵制变革。不同的人对安全定义不同，有人有钱就有安全感，有人要有人陪才有安全感，还有很多人只有当他们拥有一份稳定的工作时才觉得有安全感，因此，当西尔斯公司宣布解雇 50 000 名员工或福特公司引进新的机器人设备时，这些公司的员工感到自己的工作受到了威胁，会产生担忧甚至抵制变革的情绪。

(3) 经济因素。如果人们担心不能适应新的工作或新的工作规范，尤其是当报酬和生产率息息相关时，改变工作任务或工作规范会引起经济恐慌，从而使人们害怕变革，进而采取措施抵制变革。

(4) 对未知的恐惧。组织变革是用模糊和不确定性代替已知和确定的东西，员工对未知的恐惧会影响其对变革的态度。例如，引进全面质量管理意味着工人不得不学习统计过程控制技术，能力较差的工人就会担心不能胜任，因此会产生消极态度。

2. 消除组织变革阻力的措施

实际上，阻力客观上对变革也具备一定的积极意义。例如，阻力可能迫使管理者重新审视变革方案，作出更合乎实际的修正，减少出现严重问题的可能性。同时，组织变革的阻力也会间接促进管理者与员工交流和沟通，为管理工作的顺利开展创造条件。但无论如何，组织变革的阻力大部分时间会抵制组织变革的顺利进行，因此，组织在进行变革全过程中都应致力于消除阻力的不利影响。通常，克服组织变革阻力的策略主要有以下 6 种。

(1) 加强沟通与交流。通过沟通使员工充分了解客观情况，认识变革的必要性。可通过个别交谈、小组讨论、备忘录或报告来实现有效沟通。当变革的阻力确实来自于沟通不良，并且管理者与员工之间相互信任时，沟通是有效的，但如果这些条件不具备就不能起到良好的作用。

(2) 员工参与。让持反对意见的人直接参与变革的决策过程是消除变革阻力的有效措施，如果参与者具有一定的专业知识，能为决策作出有意义的贡献，那么他们的参与就可以减少阻力，并提高变革决策的质量。

(3) 促进与支持。如果员工对变革怀有恐惧、担忧的心理，可以提供心理咨询和治疗或短期的带薪休假。员工在技术上的落后必然会影响组织的效率，对于技术上难以适应变革的员工，可以提供技术培训。子曰："工欲善其事，必先利其器。居是邦也，事其大夫之贤者，友其士之仁者。"对于员工的其他实际问题，也应尽可能采取相应的措施帮助解决或减轻问题。同情和互助是解决员工各种个人问题的有效方式，也是和谐和稳定人际关系的有效工具。

(4) 谈判。当变革的阻力非常强大时，可以通过谈判给予一定的补偿以换取对变革的支持，至少换取不反对变革的承诺，但潜在的高成本和风险是不应忽视的。

(5) 操纵和收买。操纵是指隐含的影响力，例如，封锁不受欢迎的信息，制造谣言使员工接受变革。有的管理者说要是不进行全面的变革，企业很快就要关门，而实际上并不存在如此危急的情况。这要求管理者为员工所信任，否则威胁不会产生效果。收买是一种包括了操纵与参与的形式。通过让某个变革阻力群体的领导者在变革决策中承担重要角色来收买他们。相对而言操纵和收买的成本都较低，并且易于获得反对派的支持，但如果对方意识到自己被利用了，变革推动者会因此而信誉扫地。

(6) 强制。管理者力排众议，强制推行变革，直接对抵制者实施威胁和压力。中国在国有企业改革中，很多时候采取了强制的手段。采取这种方法的变革促进者必须是组织的强势领导人。这种方法不宜孤立地使用，且一般也不宜作为变革的主要方法。

5.5.4 组织变革的层次与实施模式

1. 组织变革的层次

杰里·W. 吉雷和安·梅楚尼奇在《组织学习、绩效与变革——战略人力资源开发导论》一书中把组织变革分为以下3种类型。

(1) 微观变革。涉及小规模的、可管理的和一般的转变，是组织日常运营表现出来的一般形式，在每一个组织中都频繁发生着，一般不会引起太多的关注，如升迁或换岗。

(2) 中观变革。涉及大规模转变，对相互作用、上下级关系和职责均产生影响，往往是组织面临很好的发展机会而进行的经营方向的变化等。

(3) 宏观变革。涉及巨大转变，它触及个人的生活，改变个人的假设、价值观和信念。此类变革基本是在组织面临生存危机的时候发生。

斯蒂芬·罗宾斯从程度等级考虑把有计划的变革分为两个层次：第一层是线性连续的变革，这并不意味着组织成员在世界观方面的改变或在组织如何提高功能方面的改变，在为第二层次变革做准备。第二层是多维度、多层次、不连续、激进的变革。涉及重新建构组织以及组织所处环境的观念，例如，美国文化是一种开放的、激进的文化，而中国文化则是保守的、温和的文化，如果中美两国企业合作，新企业的文化则是两种文化多层次的、不连续的、激烈碰撞的结果。

2. 组织变革的实施模式

组织变革是一个过程，有着自身的规律和模式，如果不按照规律和模式进行变革，就会导致无序和混乱的状况。因此，有效的变革需要遵循一定的程序。这里介绍苛特·勒温提出的经典三步骤模式、杰里·W. 吉雷和安·梅楚尼奇提出的变革过程模型以及我国企业组织普遍采用的四阶段模式。

【名人简介】

1) 苛特·勒温的变革"三步骤模式"

美国管理心理学家苛特·勒温认为成功的组织变革应该遵循解冻、变革、再冻结的步骤，这3个步骤是一个不断变化的螺旋式发展的过程。再冻结不是变革的终结，而是新的变革的开始。

(1) 解冻。抛弃旧的观点和做法，为树立新的行为和观念做好准备。一般来说，除去旧习与学习知识一样不易。在全神贯注于改革本身时，往往容易忽视这一阶段，但不能摒弃旧观念常常会造成对变革的抵制。正如农夫在撒播种子前一定要先清理田地一样，经理也一定要帮助员工清除思想中的旧角色与旧目标，只有这样他们才能接受新思想。

(2) 变革。向组织成员指明变革的方向和方法，使之形成新的态度和接受新的行为方式，实现行为转化，通过认同和内在化加速变革的进程。此过程包括帮助员工按新的方法进行思考、推理和做事，是从旧的观念、行为转变为新观念、新行为的阶段。这时会迷惑不解、茫无头绪、负载过重以及绝望。同时，变革阶段也伴有希望、发现和激动。

(3) 再冻结。新观念和新行为得到巩固，成为新的行事方式，这是变革后的行为强化阶段。通过连续强化(指在被改变的人每次接受新的行为方式时予以强化)和断续强化(指在预定的反应次数间隔时间给予强化)，使已经实现的变革(如态度和行为方法等)趋于稳定化、持久化，形成模式行为。把学到的东西付诸于实践，除了理智上接受以外，还要在感情上接纳新做法，并将其融入员工的日常行为当中。仅仅知道一个新程序并不能保证它的应用。正如一位农民对建议作物改良的农业扩展代理所说的话，"我已经掌握的技术在耕作时连一半都用不上"。因此，成功的工作实践是这一阶段的最终目标。

2) 变革过程模型

杰里·吉雷和安·梅楚尼奇认为，变革过程模型涉及5个方面的活动：识别假设、分析选择、做出承诺、选择合适的行动和参与批判性反思活动。

(1) 识别假设。组织在发起变革前，首先需要识别其有关变革的假设。假设是对想当然的现实的信念、指导人们行为的原则或一整套共同的信念和传统的智慧。假设涵盖一系列被认为是真实且明确的条件、原则伦理道德和期望。其实，假设是大多数决策的基础。因此，在从事变革活动前识别人们关于环境和事件的假设变得尤为重要。除非对假设进行识别和理解，否则个体和组织将在推进和接受组织变革的过程中受挫，尤其当采用如组织转型那样较激进的变革时。

(2) 分析选择。分析组织的选择以揭示决策制度过程中的关键要素。分析选择过程包括考察决策是如何制定的，谁参与了决策过程，有什么原则以及结果如何。从事这一分析过程使组织能够更好地确定他们的决策是否带来了期望的变革。

(3) 做出承诺。承诺对于带来真正的、持久的变革至关重要。没有组织成员真诚的和富有奉献精神的承诺，变革的倡议活动注定会失败。

(4) 选择合适的行动。实施变革要求组织采取行动。合适的行动可能包括财力和人力资源配置、组织重构和确定发展战略等。所有这些都有助于个体和组织为了获得期望的结果而做出必要的改变。

(5) 参与批判性反思活动。批判性反思能够揭示以前所不了解的或不理解的含义并能够说明以前和现在在期望上的差异。个体和组织可以通过参与批判性反思活动来了解其决策制定过程。

3) 变革的"四阶段模式"

纵观我国各类企业、组织机构的组织变革，就目前来说，一般情况下都要经历如下 4 个阶段。

(1) 样板阶段：也就是试点阶段。在这一阶段，组织把先进的管理理念、生产方式和技术等在组织的一定范围内进行试点，以发现它们在运行过程中产生的各种问题，找出相应的解决方案，并在试点后对经验教训进行总结归纳，以便在其他地方推广。

(2) 学习阶段：即苛特·勒温三步骤中的解冻阶段。在这一阶段，组织的主要任务是让组织的全体成员学习样板的经验，以改变陈旧的思维方式和工作方式，为变革的推广做好准备。

(3) 推广阶段。在这一阶段，其他部门或子组织在学习样板的基础上，结合自身的特点，把学到的知识、理念等付诸于实践，推广实施样板的成功经验，全面变革组织。

(4) 稳固阶段。组织通过一系列强化措施，稳定巩固变革的成果，使已经实现的变革(如工作态度、行为方式等)趋于稳定化、持久化，和组织融为一体。

这 4 个阶段的划分并不是绝对的，在它们之间，没有泾渭分明的界限。同样，这 4 个阶段在时间上也没有绝对的先后之分。有很多企业组织在变革的时候，其样板阶段和学习阶段是同时进行的，或虽然不是同时进行，但这两个阶段也很难明确区分；也有一些组织，它们经常把学习阶段和推广阶段结合在一起，一边学习，一边推广；还有一些组织，它们的再冻结阶段基本随着变革的深入而悄悄开始，正所谓"润物细无声"。

组织变革的四阶段模式还可进一步分为自上而下和自下而上两种。此两种模式主要在于样板阶段的不同：自上而下模式的样板阶段是由组织的高层发起的，组织某个部门或子组织的变革是在高层的领导、监督下展开的；而自下而上模式的样板阶段，是由实行变革的某个部门或子组织自我展开的，并没有组织领导的指导和管理。例如，江苏移动在 2003 年提出的"错收话费、双倍返还"服务，由于受到了广大消费者的好评，获得了明显的经济效益，得到了中国移动集团的肯定，并在全国进行推广，这是明显的自下而上的变革模式。而 2001 年 10 月，中国电信总公司花 1 000 万元人民币聘请了世界著名的麦肯锡咨询公司进行为期 3 个月的管理咨询，在苏州和昆明两个城市进行试点，然后把苏州成功的经验在江苏全省进行推广，这是典型的自上而下的变革模式。

本 章 小 结

组织既是指为实现目标而按一定规则建立起来的人的集合体，又指组织工作，即通过组织结构的设计和组织中各种关系的处理，使人们能在组织中既分工又合作地为实现组织目标而共同努力。

组织的成功不仅取决于组成组织的各基本要素，而且取决于这些基本要素的安排和在此基础上的管理。组织设计的基本任务就是从这些基本的组织要素出发，寻求合理的组织结构框架，设计一个有效的组织结构，设置科学的岗位，进行动态化的运行调节，以便在不断创新中保持组织运行上的优势。

组织理论对组织设计的讨论主要围绕几个基本维度。这些维度一般包括工作专门化、部门化、管理幅度和管理层次、命令链、集权与分权、正规化等。

常见的组织结构形式包括直线制、职能制、直线职能制、事业部制、矩阵制等。组织必须根据内外环境和组织目标选择合适的组织结构，合理的划分部门、分配权力、配置人员，实现组织的协调发展，最终确保组织目标的实现。组织结构的发展趋势则主要集中在横向化、网络化、虚拟化和柔性化等方面。

组织的变革是不可避免的，由于变革涉及组织的深刻调整，会遇到一定的阻力。克服阻力，实施有效的组织变革是推动组织不断发展的必要措施。

案例讨论

明鑫公司的组织结构

明鑫公司职工 1 200 余人，产品涉及饲料、兽药、化肥、绿色食品等 6 个产业，在省内外共有生产经营企业科研机构 20 余个，自有资产总额达 2 亿余元，年利润最高时超过 4 000 万元。近几年，公司的经营开始走下坡路。公司所属 6 个产业共十几家企业，除了饲料厂的赢利水平令人满意外，其他大部分厂的利润都几近为零，作为公司第二大厂的兽药厂还存在较严重的亏损。为此，公司总裁江明向有关专家做了咨询，专家一致认为公司内部的兽药产业存在着严重的管理体制问题。江总认为整个公司的组织结构都有问题，要使公司有较大的起色，调整公司的组织结构也许就是一项重要的前提性工作。但是，调整公司的组织结构是一件非常复杂的事情，不仅涉及公司组织机构增减撤并和各机构权责利重新确认的问题，还涉及非常敏感的人事问题。江总最担心的是对公司管理体制动如此大的手术，是否真能达到预期目的，让公司目前停滞不前的经营状况出现明显的改观。他觉得这项工作事关重大，一定要慎重。

明鑫公司所采取的组织结构仍是一种比较简单的形式。最上面是公司总部，设有财务部、人事资源部等职能部门，这些职能部门只对总部负责，无权向下级各部门发布命令。下面是各个工厂、公司或科研所等，它们之间的关系是并列的，它们均直属企业总部领导，并且只负责产品生产与销售，完成总部下达的生产销售任务和利润(或减亏)指标，而在财务、劳动人事、固定资产与技术等无形资产的管理方面均无任何自主权。这种简单的组织结构有它的优点，其中最为突出的就是有利于公司对下属各单位的有效控制，另外也有一定的适用性。因为在公司内部的各个工业企业中，只有发酵制品厂是完全为本公司内的兽药厂、生物药厂和饲料厂生产相关发酵制品，它们之间在生产经营上存在着内在的紧密联系，而其他各厂在生产经营上都是独立的，彼此很少有生产经营联系与协作，就是包装编织袋厂与饲料厂之间也是如此。如果不是公司强调饲料厂只使用本企业生产的编织袋,那么它们两家在生产经营上也是完全独立的。因此,让所有企业都直属公司总部领导,在一定情况下也是可行的,但是它也存在许多不足,例如,不能适应产业差别和产品市场差别较大的企业内部实行专业化管理的要求,等等。

经过再三思考,江总最后认为,明鑫公司的组织结构必须调整,且在反复斟酌后确定了这次调整的3条基本原则:第一,组织结构的调整应该涉及整个公司,而不应仅仅包括兽药产业。第二,调整后的组织结构必须有利于提高管理效率和各种信息传递与反馈,有利于明确各部门、各单位的责任、权限与分工协作关系,能够充分调动公司内各部门、各单位生产经营的积极性与创造性。第三,调整后的组织结构必须能够明显地改善公司管理目前存在的各种缺陷,使整个公司能有效地组织起自己的各项生产经营活动,各个企业单位以后的减亏增盈工作能够取得突出的成效。有关组织结构调整的具体方案,江总准备在认真听取各副总、各企业主要负责人和公司聘请的各有关专家教授的意见以后再确定。

【讨论题】

1. 你认为明鑫公司的组织结构属于哪种类型?它具有哪些优点?又存在哪些不足?
2. 你认为明鑫公司在下一步的组织改革中应采取什么样的组织结构形式?为什么?
3. 结合企业实际,谈谈如何选择合理的组织结构形式。

自我检测题

一、单项选择题

1. 组织是人们为了实现共同目标而形成的( )的集合体。
   A. 一群人 B. 一起行动 C. 协同行动 D. 一致行动
2. 主管限于自身的精力和时间,能有效管理的下属数量是有限的,这个能直接有效领导的下属数目叫做( )。
   A. 组织结构 B. 管理幅度 C. 管理层次 D. 管理能力
3. 组织结构设计的第一步是( )。
   A. 划分部门   B. 配置人员
   C. 职务设计与分析   D. 画组织结构图
4. 事业部制的优点不包括( )。
   A. 充分发挥经营管理人员的主动性 B. 高层管理部门摆脱了日常行政事务
   C. 发挥专业优势   D. 权力高度集中
5. 组织结构的发展趋势不包括( )。
   A. 柔性化 B. 集权化 C. 网络化 D. 横向化
6. ( )是指把若干种活动合并为一件工作,增加工作的内容和广度。
   A. 职务专业化 B. 职务扩大化 C. 职务轮换 D. 工作团队化
7. ( )对组织成员的激励作用是显而易见的。
   A. 外部招聘 B. 内部提升 C. 集权化组织 D. 直线制

8. 组织变革的三阶段不包括( )。
   A. 解冻　　　　　　　　　B. 变革
   C. 冲突　　　　　　　　　D. 再冻结

二、简答题

1. 如何正确对待非正式组织?
2. 组织设计的依据和原则有哪些?
3. 组织设计的影响因素有哪些?
4. 简述管理幅度的影响因素及其适用性。
5. 组织如何实现分权?

三、论述题

1. 试述常用的组织结构形式有哪些?各有什么优、缺点?
2. 结合课中案例,试论哪些问题阻碍了组织的变革?如何克服。

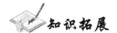

【杜邦的组织机构演变】

第 6 章

领　导

学习目的

- 理解领导与领导者的内涵，领导者权力的来源
- 掌握典型的领导理论，并能运用于实际问题的分析中
- 理解激励的含义和作用，理解人性假设理论
- 掌握需要层次理论、双因素理论、期望理论、公平理论、强化理论和挫折理论的主要观点
- 理解沟通的含义和作用
- 掌握沟通的过程、沟通的类别和沟通网络的形式
- 理解沟通障碍产生的原因
- 掌握有效沟通实现的策略

选拔谁最合适

谢丁是设在北京中关村电子一条街的一家电脑公司中分管人事工作的副总经理。公司董事会日前作出了"第二次创业"的战略决策,并据此将公司经营业务的重点从组装"杂牌"电脑转到创立自己"品牌"的方向上来。谢丁必须在这周内作出一项人事决定,挑选一个人担任公司新设业务部门的领导。他有三个候选人,他们都在公司里工作了一段时间。其中一位是李非,这小伙子年纪不大,但领导手下人挺有一套办法,所以谢丁平时就比较注意他。另一个原因是,李非的领导风格很像谢丁自己。谢本人是曾在部队从事过通信系统维护工作的退役军人,多年军队生活的训练使他养成了目前这种因为习惯了而很难改变的领导方式。但谢自己心里也明白,公司新设立的业务部门更需要能激发创造性的人。李非是从外埠某大专院校电子计算机专业的专科毕业生,四年前独自到北京"闯世界",经过面试来到了本公司工作。他的性格与言行让人感到,他很自然地是一个固执地坚持自己主意的、说一不二、敢作敢为的人。秦雯则是另一种性格的人。她通过自学获得了文科学士文凭。她为人友善,喜欢听取下属的意见,并通过前一段时间参加工商管理短训班的学习以及自己在实践中的总结、提高,形成了一种独特的领导风格。对于第三个候选人彭英,谢丁没有给予多少考虑,因为彭似乎总是让他的下属做出所有决策,自己从没有勇气说出自己的主张。

思考: 假如你是在谢丁身边工作多年的一位参谋人员。谢丁想让你从纯理性角度对该项人事决策做一分析。请问你该建议谢丁选择谁担任新设业务部门的领导人?为什么?

6.1 领导与领导者概述

6.1.1 领导与领导者的内涵

关于领导的概念,各国的管理学家、心理学家和组织行为学家们都有不同的认识和表述。比较有代表性的,如俄亥俄州立大学工商研究所的斯托格第尔认为:"领导是对组织内群体和个人施加影响的活动过程。"美国管理学家孔茨认为:"领导是一种影响力,是一种对人们施加影响的艺术或过程,从而使人们心甘情愿的为实现群体或组织的目标而努力的过程。"

这些表述包含了4层意思:第一,领导包含领导者和被领导者两个方面;第二,领导是一种活动,是引导人们的行为过程,是领导者带领、引导和鼓舞部下去完成工作、实现目标的过程;第三,领导的基础是领导者的影响力;第四,领导的目的是为了实现组织的目标。

由此,可以对<u>领导及领导者</u>做如下定义:领导是指领导者依靠影响力,指挥、带领、引导和鼓励被领导者或追随者实现组织目标的活动过程。领导者则是指担负领导职责、负责实施领导的个人。

6.1.2 领导者的作用

领导者以自身的榜样作用影响员工，使之自愿地追随、服从和无条件地支持领导者，领导活动直接影响着现代化管理水平和经济效益的好坏，而领导的作用就是引导部下以最大的努力去实现企业的目标。领导者的作用具体表现在以下 3 个方面。

1. 指挥作用

在人们的集体活动中，需要有头脑清晰、胸怀全局，能高瞻远瞩的领导者来帮助人们认清所处的环境，明确活动的目标和实现目标的途径。随着竞争日益激烈，组织的外部环境瞬息万变，战略关系到组织的生死存亡，领导必须随时注意内外环境动向，敏捷地捕捉信息，高瞻远瞩，把握关键，为组织选择正确的战略。组织活动必须服从集中统一的指挥，领导的指挥作用不仅体现在战略决策上，更重要的是体现在优化组织结构、制定规则、指挥部属去执行决策，并对决策情况进行检查总结上。

2. 协调作用

由于每一位成员的能力、态度、性格、地位等不同，人们难免会在思想上发生各种分歧、行动上出现偏离目标的情况。这就需要领导者来协调人们之间的关系，把大家团结起来，朝着共同的目标前进。

3. 激励作用

当一个人在工作、学习、生活中遇到困难、挫折和不幸，某种物质的或精神的需求得不到满足时，就必然会影响到其工作热情。这就需要通情达理、关心群众的领导者来为他们排忧解难，以高超的领导艺术诱发下属的事业心、忠诚感和献身精神，加强他们积极进取的动力。领导者的激励作用主要体现在以下 3 个方面。

(1) 提高被领导者接受和执行目标的自觉性。
(2) 激发被领导者实现组织目标的热情。
(3) 提高被领导者的行为水平。

由此可见，领导者的作用是帮助下属尽其所能地实现目标。领导不是在群众的后面推动或鞭策，而是在群众的前面引导和鼓励其实现共同的目标。

6.1.3 领导者的权力

1. 领导者权力的来源

根据社会学家法兰西和雷温等人的研究，领导权力有以下 5 种来源。

1) 法定性权力

法定性权力是由个人在组织中的职位决定的。个人由于被任命担任某一职位因而获得了相应的法定权力和权威地位。例如，企业发个红头文件通知某某是经理了，某某就拥有了当经理的法定性权力。企业绩效考核制度、薪酬制度、岗位制度等这些企业纲领性文件也是法定性权力的组成部分。有企业的任命，加上在职权内行使企业的规章制度，就形成了某个经理的法定性权力。在政府和企业等层级组织中，上级在自己的职责范围内有权给下级下达任务和命令，下级必须服从，这就是组织赋予上级的法定权。

但拥有法定权的权威，并不等于就是领导，虽然通常把层级机构中担任各级职位的官员都称为领导。其实这些负责人可能是有效的领导者，也可能不是。有些官员根本没有自愿的追随者，只是凭借手中的权力作威作福而已，这样的人并不是真正的领导者。

同时，应当充分认识到下层甚至普通员工也拥有宪法、劳动法、合同法、工会法等法律和规章赋予他们的法定权力，他们凭借这种权力也可以有效地影响和抵制领导者的领导行为。

2) 奖赏性权力

奖赏性权力是指人们服从于一个人的愿望或指示是因为这种服从能给他们带来益处。领导可以通过奖赏员工，让员工来重视自己。因此，那些能给人们带来他们所期望的报酬的人就拥有了权力。这些报偿可以是人们认为有价值的任何东西。在组织情境中，考虑的是物质利益、良好的绩效、评估、晋升、有趣的工作任务、友好的同事、重要的信息、有利的工作转换和销售领域。安排员工去做自己更感兴趣的工作或者给员工更好的工作环境等，这些都属于奖赏性权力的范围。

奖赏性权力是否有效的关键在于领导者要确切了解对方的真实需要。人们的需要是多方面的，也可能各不相同，不一定都是金钱或地位，因此必须采用适当的方式针对性地雪中送炭才能取得良好的效果。

被领导者也拥有某种奖赏权，例如，对领导者的忠诚、顺从，更加积极地忘我工作，为了组织利益不计个人安危的英雄行为，甚至对领导者的热情招呼，演讲后的热烈鼓掌等都可以看做是被领导者对领导者的奖赏。这种奖赏权也能有效地影响领导行为。

3) 惩罚性权力

惩罚性权力也称为强制性权力，它是指通过精神、感情或物质上的威胁，强迫下属服从的一种权力。利用人们对处罚和失去既得利益的恐慌心理而影响和改变他们的态度和行为。惩罚权源于被影响者的恐惧，例如，批评、罚款、降职、降薪、撤职、辞退、开除、起诉等，或者调离到偏远、辛苦、无权的岗位上去。

应当注意，惩罚权虽然十分必要，见效也很快，但毕竟是一种消极性的权力，更不是万能的，因此务必慎用。如果使用不当，可能产生严重的消极后果。例如，下属在合法范围内拥有消极怠工、抗议、上访、静坐、游行、示威、罢工等权利，员工可以利用这种合法权利来对领导者的这种不当行为进行惩罚，甚至引发暴力事件。

4) 感召性权力

感召性权力与个人的品质、魅力、经历、背景等相关，是由于领导者拥有吸引别人的个性、品德、作风而引起人们的认同、赞赏、钦佩、羡慕而自愿地追随和服从他，因此也被称为个人的影响力，例如，无私工作、刚正不阿、主持正义、清正廉洁、思路敏捷、开拓创新、不畏艰险、有魄力、关心群众疾苦、保护下属利益、倾听不同意见、结交下层朋友等模范行为都会引来大批追随者，形成巨大的模范权力。

感召性权力的大小与职位高低无关，只取决于个人的行为。不过具有高职位的人，其模范行为会有一种放大的乘数效应。一些行为对普通人来说可能是很平常的事，但对某些高层领导者就会变成非常感人的模范行为，产生巨大的感召性权力。但是任何组织中，总是有许多没有任何职位的人，也往往会有巨大的感召性权力，成为非正式的群众领袖，他们对人们的影响力可能远远大于拥有正式职位的领导者。对组织有利的做法是后者应对前者有更多的尊重和争取更好的合作。

5) 专长性权力

专长性权力是由个人的特殊技能或某些专业知识而产生的权力，指的是因为人在某一领域所特有的专长而影响他人。一位精通法律的律师在法院具有巨大的影响力；一位高级医师可能没有任何行政职位，但在医院和病人中具有巨大的影响力；企业中的一位优秀的高级技师、工程师、财务专家、营销专家等都可能拥有某种专长权力，在一定领域内发挥巨大的影响。

任何领导者绝对不可能在所有领域内都具有专长权，因此对组织中正式职位的领导者而言，只要在他的工作职责范围内具有一定的专长权就可，而不必要求一定是某一领域的专家。例如，总经理只要具有相当的管理能力，能充分选人用人，能调动员工的积极性实现组织目标就行，不一定非要是高级工程师不可。实践证明，许多高级工程师在本领域拥有精湛的技术、有追随者、有无可争辩的权威地位，但面对公司错综复杂的局面时往往一筹莫展。

2. 正确地使用权力

组织中的各级领导只有正确地理解领导权力的来源，精心地营造和运用这些权力，才能成为真正有效的领导者。

正确地使用权力，其一是勤政，即要有高度的责任感和良好的敬业精神，要全身心地投入工作，干实事，见实效；其二是廉政，决不能以权谋私，而应该出于公心，办事公道，清正廉明；其三是应该看到影响力是双向的，因为你既要对下级施加影响，又要虚心地听取下级的意见和建议，主动接受下级的影响。

6.1.4 领导者的类型

领导者的类型按不同的角度可划分为多种类型。从制度权力的集中度，可分为集权式领导者和民主式领导者；从创新纬度，可分为维持型领导者和创新型领导者。

【知识链接】

1. 按制度权力的集中与分散程度划分

1) 集权式领导者

集权式领导者，是将权力定位于领导者个人，靠权力和强制命令实施领导。这种领导者在领导过程中通常表现为：①所有决策均由领导者做出；②领导者制订计划并进行安排；③领导者靠命令、纪律和惩罚实施管理；④领导者与下属保持一定距离。

显然，这种领导者的优势在于通过完全的行政命令，使管理的组织成本在其他条件不变的情况下低于在组织边界以外的交易成本，可能获得较高的管理效率和良好的绩效。这对于组织在发展初期和组织在复杂突变的环境时是有益处的。但是，长期将下属视为某种可控制的工具，则不利于他们职业生涯的良性发展。

2) 民主式领导者

民主式领导者，是将权力定位于群体，靠以理服人、以身作则实施领导。这种领导者在领导过程中通常表现为：①决策在领导者鼓励和协助下，由组织成员集体讨论决定；②下属有较大的工作自由、选择性和灵活性；③主要以非正式权力实施领导；④领导者与下属关系融洽。

这种领导者为组织带来的好处也十分明显。通过激励下属的需要，组织发展所需的知识，能够充分地积累和进化组织的能力，员工的能力结构也会得到长足提高。但是，这种权力的分散性使得组织内部资源的流动速度减缓，因为权力的分散性一般会导致决策速度降低，进而增大组织内部的资源配置成本。因此，相对于集权式领导者，这种领导者更能为组织培育未来发展所需的智力资本。

2. 按领导工作的创新程度不同划分

1) 维持型领导者

维持型领导者也称为事务型领导者。这种领导者通过明确角色和任务要求，激励下属向着既定的目标活动，并且尽量考虑和满足下属的社会需要，通过协作活动提高下属的生产率水平。他们对组织的管理职能和程序推崇备至，勤奋、谦和而且公正。他们引以为豪的是把事情理顺、工作有条不紊地进行。这种领导者重视非人格的绩效内容，如计划、日程和预算，对组织有使命感，并且严格遵守组织的规范和价值观。

2) 创新型领导者

(1) 魅力型领导者。这种领导者有着鼓励下属超越他们预期绩效水平的能力。他们的影响力来自以下方面：有能力陈述一种下属可以识别的、富有想象力的未来远景，有能力提炼出一种每个人都坚定不移、赞同的组织价值观系统，信任下属并获取他们充分信任的回报，提升下属对新结果的意识，激励他们为了部门或组织利益而超越自身的利益。这种领导者不像维持型领导者那样不擅长预测，而是热衷于提出新奇的、富有洞察力的想法，并且还能用这样的想法去刺激、激励和推动其他人勤奋工作。此外，这种领导者对下属有某种情感感召力，可以鲜明地拥护某种达成共识的观念，有未来眼光，而且能就此与下属沟通并激励下属。

(2) 变革型领导者。这种领导者鼓励下属为了组织的利益而超越自身利益，并能对下属产生深远而不同寻常的影响，如美国微软公司的比尔·盖茨。这种领导者关心每个下属的日常生活和发展需要，帮助下属用新观念分析老问题，进而改变他们对问题的看法，能够激励、唤醒和鼓舞下属为达到组织或群体目标而付出加倍的努力。

(3) 战略型领导者。战略型领导者的特征是用战略思维进行决策。战略的基本特征是行动的长期性、整体性和前瞻性。对战略领导者而言是将领导的权力与全面调动组织的内外资源相结合，实现组织的长远目标，对组织的价值活动进行动态调整，在市场竞争中站稳脚跟的同时积极竞争未来，抢占未来商机领域的制高点。战略型领导者认为组织的资源由有形资源、无形资源和有目的地整合资源的能力构成。他们的焦点经常超越传统的组织边界范围，进入组织之间的相互关联区，并将这种区域视为组织潜在的利润基地。

案例 6-1

乔布斯的领导魅力

苹果公司正在成为或者在某种程度上已经成为了一个引领时代的高新技术公司。而作为一家如此成功的公司，苹果在自身的经营模式、人员管理、营销策略、技术创新上都有独特的部分，无论是时尚酷炫的产品，令全世界瞩目的新品发布会，还是乔布斯本人都无一例外地受到苹果粉的追捧，这一切都与苹果公司自身的企业文化密不可分。作为苹果公司的联合创始人和首席执行官，乔布斯显然对这家公司企业文化的形成起到了重要作用。可以说，乔布斯将他强硬的个人性格和独特的魅力渗透在了苹果公司文化的内涵中，成为苹果的主流思想。乔布斯是当之无愧的魅力型领导，他巨大的个人魅力让苹果的员工甚至消费者，对他建立了极高的崇拜和忠诚。透过他的早期生活和职业生涯不难看出，乔布斯的魅力领导力主要表现为以下 5 个方面。

1. 坚毅、刚强

乔布斯几经坎坷，跌宕起伏，依然屹立不倒，傲视群雄，他用行动诠释了海明威的名言"一个人可以被毁灭，但不能被打倒"。短短十年内，他就将苹果从自家车库里的小作坊，发展为雇员超过四千名、价值超过二十亿美元的大公司。然而，却在事业最巅峰时被自己创立的公司扫地出门。后来，又在一年中失去 2.5 亿美元！遭遇几近毁灭性打击的他，12 年后卷土重来，重新主宰了苹果公司，并将其带上前所未有的高度和辉煌。是什么使他能如此刚强？是钢铁般的意志，是绝不轻言失败的坚韧。他从未陷入自我怀疑、自暴自弃的泥潭，把挫折视为生活的一部分，看成是人生必修的功课。他对困境和打击毫不畏惧，从跌倒处爬起来，昂首再出发。

2. 自信、执着，忠于自己的直觉，挚爱自己的事业

乔布斯在很小的时候就表现出有主见和自信的处事原则。他拒绝去读高中，还强迫父母搬了家。他说服父母让他去一个收费高得让家里难以承担的大学读书，然后却辍学了。在生意场上，他常常自信地为产品的设计提出一些"古怪"的想法，比如，他提出界面的按钮颜色可以模拟红绿灯：红色代表关闭窗口，黄色代表缩小窗口，而绿色则代表放大窗口。开始时开发人员都觉得这种想法莫名其妙，不可理喻，做完后才发现乔布斯是对的。乔布斯认为，要勇敢地追随自己的心灵和直觉，只有心灵和直觉才知道自己的真实想法。要全心全意地去找寻梦想，如果一时还没能找到，不要停下来，不要放弃。他告诫人们，不要被教条所限，不要活在他人的观念里。他对自己所做的事情无比钟爱，并因相信其伟大而怡然自得。他如是说："成就一番伟业的唯一途径，就是热爱自己的事业。"

3. 强势、果敢

1997 年 9 月，乔布斯重返苹果并任首席执行官，他对深陷发展困境、危在旦夕的公司进行了大刀阔斧的改组。一上任他就迅速砍掉了没有特色的业务，公司的产品数量从 350 种砍到只剩下 10 种。这样的举动在今天看来十分明智，当初做决定时却阻力重重且令人提心吊胆。乔布斯正色道：不必保证每个决定都是正确的，只要大多数的决定正确即可。同样，他坚持在一款 iPhone 智能手机上取消所有物理按键，以一块大屏幕取而代之；他执意在"雪豹"操作系统上删除一组操作系统代码，以获得更高的稳定性和可靠性；他要求产品尽可能傻瓜化，从而诞生了连小孩也能使用的 iPad，如此等等，不一而足。在控制成本方面，乔布斯的强势和坚决也令人折服。2009 年，苹果研发共投入 11 亿美元，仅占全年总收入的 2.3%，只有微软的 1/8，但 1 美元的投入却能带来 8 美元的回报。作为一家以创新著称的高科技公司，能以这样的成本获得如此的投资回报，不能不令人称奇。然而，奇迹背后的支撑力量，是众所周知的"乔氏"逻辑："创新和资金无关，关键是研发管理和创新机制。"

4. 理念牵引，愿景驱动，以人为本

活力四溢的乔布斯是一位鼓动人心的激励大师。"活着就是为了改变世界","领袖和跟风者的区别就在于创新",是他始终秉持的理念;用计算机作工具,协助填补科技与艺术、理性与感性之间的鸿沟,是他梦寐以求的愿景。他将这种愿景和理念传递给苹果的全体员工,并将其融入着力开发的、后来移植到 iPod、iPhone、iPad 上的独特操作系统中,这使得苹果产品在功能上领先、强大、精湛,具有卓尔不群的高品质,其外观又典雅唯美、时尚新潮。用创新的方法改变商业图景,改变社区面貌,改变人生轨迹,引领并改变整个计算机硬件和软件产业,是乔布斯矢志不渝的追求。多年来,通过潜移默化和耳濡目染,特别是他的身体力行和一以贯之,这种追求也成为苹果人骨髓和血液里共同生长的基因,不仅体现在公司的架构上,还体现在用人甚至财务运作上。此外,乔布斯非常重视选人、用人和团队建设。乔布斯认为,一个出色人才能顶 50 个平庸员工,因此,他将四分之一的时间用来招募一流人才,并为发掘和吸引人才不遗余力。在苹果公司受到微软、IBM 强烈冲击后,他更加注重员工间的合作,大力提倡减少内耗,致力于消除沟通障碍,这使得苹果的团队凝聚力大大增强,整体效率也大为提高。

5. 语言魅力和沟通才华

说乔布斯是世界上最具沟通能力、最擅长演讲的顶尖高手并不为过。他对语言的驱遣游刃有余,对场面的驾驭、情绪的调动和人心的掳获均得心应手。他的演讲才情奔逸,极富亲和力、感染力和思想张力,极具传播力的语句信手拈来,脱口而出,让与会者如沐春风。实际上,每当有重大产品发布时,乔布斯都会亲自上阵,与世界分享苹果的新创造,让世人感受苹果的惊艳与震撼。他为新产品演讲拟定的标题简洁具体,卖点鲜明。例如,"今天,苹果重新发明了手机"(发布 iPhone 时),"把 1 000 首歌装进你的口袋里"(推出 iPod 时)。这样的标题令人印象深刻,过目不忘,不仅能调动听众、读者的好奇心,更能激发消费者的购买欲。在向市场展示苹果的惊世作品 iMac、iPod 和 iPhone 时,他所使用的美轮美奂的 PPT 以及高超别致的表达技巧,使苹果产品大放异彩,他个人也赢得粉丝无数。

诚然,魅力型领导绝非完美无瑕。事实上,乔布斯的缺点和他的优点一样显著。他精于算计、疑心重,桀骜不驯、傲慢偏执,有时甚至粗暴。乔布斯创业早期常被批评为顽固倔强、刚愎自用、脾气糟糕、喜怒无常。一提起乔布斯,恐怕苹果公司的一些员工多少有点胆战心惊,甚或不敢和他同乘电梯,唯恐电梯未坐完即被炒鱿鱼。然而,由于他的传奇人生和他领导的苹果的骄人成就,他的那些与生俱来的独特个性乃至他人难以容忍的缺点,似乎也成为魅力的一部分。难能可贵且弥足珍贵的是,这位有缺点的能人和有明显瑕疵的达人,有着超常的自我反省意识,有从错误中检讨感悟的自觉和从失败中学习振作的能力。新时代的乔布斯变了:几次重挫使他变得谦逊了,孩子们的出生使他变得温和了,年龄的增长和职场的博弈使他变得成熟了,自我超越使他变得更加圆融了。作为佛教徒的他,几经磨砺后滋养出宗教般让人镇静的力量,有种绚烂之极归于平淡的平和与淡定。其实,当他说"我愿意把我所有的科技,去换取和苏格拉底相处的一个下午"时,世人就已经看到一个别样的、更懂得生活真谛的、当然也更具魅力的乔布斯。

6.2 领导行为

6.2.1 领导理论

领导理论是研究领导有效性的理论,它研究影响领导有效性的因素。对于领导问题,西方管理学界已有广泛的研究,并建立了许多理论,这些理论大致可以分为三类:第一类是领导特质理论,主要研究有效的领导者应具备的个人特质;第二类是领导行为理论,主要研究领导者的行为方式对领导有效性的影响;第三类是领导权变理论(领导情景理论),

主要研究在不同的情境下何种领导行为效果最佳。

较早的特质理论研究领导者个人的品质、性格、特征与领导有效性之间的关系。此后出现了行为理论，认为领导者个人的品质难以说明与领导有效性之间的联系，应进一步考察领导者的行为，他们是如何安排工作、领导下属的，哪些是优秀的领导行为，哪些是失败的领导行为。情景理论是在考察领导者的特质、行为之后进一步增加一个环境因素，即研究领导者如何在环境变化的情况下改变领导行为以提高领导的有效性。

1. 领导特质理论

领导特质理论又称为领导性格理论。领导特质理论认为，领导的有效性主要取决于领导者的个人特质。按照对领导者个人特质的来源所做的不同解释，可分为传统领导特质理论和现代领导特质理论。传统领导特质理论认为，领导者所具有的品质和特性是天生的，是由遗传因素决定的，只要是领导者就一定具备超人的素质；现代领导特质理论认为，领导者的品质和特性是在实践中形成的，是可以通过教育训练培养的。但二者的共同点，都是企图研究出领导人与一般人到底有哪些不同，什么样的人才能成为一个优秀的领导人。

不少研究者认同领导者有6项特质不同于非领导者，即进取心、领导意愿、正直与诚实、自信、智慧和与工作相关的知识。

斯托格蒂尔将领导性质分为以下6类。

(1) 身份特性，如精力、身高、外貌等。

(2) 社会背景特性，如社会经济地位、学历等。

(3) 智力特性，如判断力、果断力、知识的深度和广度、口才等。

(4) 个性特征，如适应性、进取性、自信、机灵、见解独到、正直、情绪稳定、不随波逐流、作风民主等。

(5) 与工作有关的特性，如高升的需要、愿承担责任、毅力、首创性、工作主动、重视任务的完成等。

(6) 社交特性，研究表明，成功的领导者具有善交际、广交友、参加各种活动、愿意与人合作等特点。

但是仅仅是特质并不能充分地解释领导。仅仅基于特质的解释忽视了领导者与群体成员的互动及情境因素，具备恰当的特质只能使个人更有可能成为有效的领导者。因此从20世纪40年代末期到60年代中期，有关领导的研究强调的是领导者表现出来的行为风格偏好。

2. 领导行为理论

领导行为理论着重于研究和分析领导者在工作过程中的行为表现及其对下属行为和绩效的影响，以确定最佳的领导行为。领导行为理论认为：如果具备一些具体的条件，则我们可以培养领导，即通过设计一些培训项目把有效的领导者所具备的行为模式植入个体身上。这种思想显然前景更为光明，它意味着领导者的队伍可以不断壮大，通过培训可以拥有无数有效的领导者。

1) 利克特4种领导方式

美国密执安大学教授利克特于1967年在《人群组织：它的管理及价值》一书中提出了

一种对领导方式分类的模型,即利克特领导系统模式。

经过长期研究,利克特在 1967 年将领导方式归结为 4 种系统,如图 6.1 所示。

图 6.1 利克特领导系统

系统 1:专权独裁式领导。权力集中在最高一级,由领导者做决定,下级无任何发言权,只有执行权。在这种方式下,上下级间缺少交往,领导者对下级缺乏信任,下级也对领导者心存戒惧。只有自上而下的沟通,上级与下级之间的接触都是在互不信任的气氛中进行的;激励主要用恐吓和惩罚的方法,偶尔也用奖赏;在这种方式下,最容易形成与正式组织目标相对立的非正式组织。

系统 2:温和独裁式领导。权力控制在最高一级,但授予中下层部分权力。领导者对下属采取父母对子女的方式,类似主仆间的信任,有一种较谦和的态度,但下级也有恐惧戒备心理,往往是在上级屈就和下级畏缩的气氛下进行的。有一定程度的自下而上的沟通;激励方法是奖赏与惩罚并用;在这种方式下,通常也会形成非正式组织,但其目标可能与正式组织的目标相一致。

系统 3:协商式领导。领导者对下属有一定程度的信任,但重要任务的决定权仍在最高一级,不过中下层有较低层次的决策权,上下级间有双向的信息沟通。双向沟通在相当信任的情况下进行;激励基本采取奖励方法,偶尔也实行惩罚;在这种方式中,可能产生非正式组织,但它可能支持组织的目标,只有部分反对组织的目标。

系统 4:参与式民主领导。这是利克特的理想体系。上下级间彼此平等信任,下属参与管理,有问题互相协商讨论,共同制定目标,最高领导者最后决策。上下级间不仅有双向的沟通,还有平行的沟通。非正式组织和正式组织融为一体,所有的力量都为实现组织目标而努力;组织目标与职工的个人目标也是一致的。

利克特认为,系统 1 与系统 4 是两种极端的领导方式。系统 1 的领导者具有高度的以工作为中心的意识,为集权式的领导者;而系统 4 则为高度的以人为中心的民主式的领导者。经过调查研究发现,具有高成就的领导者,大部分在连续流的右端(即系统 4),而低成就的领导者,大部分在连续流的左端(即系统 1)。他们得出结论:凡是有最佳绩效的领导者,都是以职工为中心的领导者,他们在从事领导工作时,都会关心职工中的"人情面",同时设法在职工中结成一种有效的工作群体,着眼于高度绩效的目标。

2) 四分图理论

四分图理论是由美国俄亥俄州立大学工商企业研究所在对领导行为的研究中提出的。开始,研究人员设计了一个领导行为描述调查表,列出了 1 000 多种刻画领导行为的因素;后来将冗长的原始领导行为调查表减少到 130 个项目,并最终将领导行为的内容归结为两个方面,即"关心人"和"关心工作"。

"关心人"是指领导者信任尊重下级,友爱体谅下级,关怀下级个人福利与需要,上下级沟通顺畅,并鼓励下级参与决策的制定,这是重视下级及人际关系的领导行为。

"关心工作"是指领导者把重点放在完成组织绩效上的领导行为,如把任务规定得很准确，组织得条理分明，任务委派得职责分明，并使用职权与奖惩去监督和促使绩效目标的实现，这是一种重视任务的领导行为。

研究人员依照这两方面的内容设计了领导行为调查问卷，就这两方面各列举了 15 个问题，然后发给企业，由下属来描述领导者的行为。调查结果表明，"关心人"和"关心工作"并不是一个连续带的两个端点，这两方面常常是同时存在的，只是可能强调的侧重不同。领导者的行为可以是这两个方面的任意组合，即可以用两个坐标的平面组合来表示，如图 6.2 所示。由这两方面可形成 4 种类型的领导行为，这就是所谓的领导行为四分图。

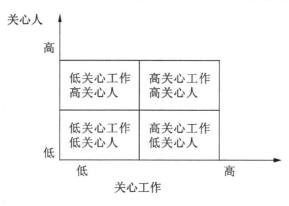

图 6.2　领导行为四分图

该项研究的研究者认为，"关心人"和"关心工作"这两种领导方式不应是相互矛盾、相互排斥的，而应是相互联系的。一个领导者只有把这两者相互结合起来才能进行有效的领导。

俄亥俄州立大学的这项研究工作有重要的意义，为以后的许多类似研究奠定了基础，例如，"管理方格论"就是以此为基础而发展起来的。

3) 管理方格理论

美国得克萨斯州立大学教授罗伯特·布莱克与珍妮·莫顿发展了领导风格"二维观"，在"关心人"和"关心生产"的基础上，于 1964 年提出了管理方格论，管理方格理论如图 6.3 所示，横坐标表示领导者对生产的关心程度，纵坐标表示领导者对人的关心程度，各分成 9 等，从而生成了 81 种不同的领导类型。但是，管理方格理论主要强调的并不是产生的结果，而是领导者为了达到这些结果应考虑的主要因素。在评价领导者时，可根据其对生产和员工的关心程度在图上寻找交叉点，即他的领导行为类型。布莱克和莫顿在 81 个方格中主要阐述了以下最具有代表性的类型。

贫乏型(1, 1)领导：以最小的努力完成必须做的工作，以维持组织成员的身份。

乡村俱乐部型(1, 9)领导：对员工的需要关怀备至，创造了一种舒适、友好的组织氛围和工作基础，但不重视生产。

任务型(9, 1)领导：只注重任务效果而不重视下属的发展和下属的士气，由于工作条件的安排达到高效率的运作，使人的因素的影响降到最低程度。

团队型(9, 9)领导：工作的完成来自于员工的奉献，由于组织目标的"共同利益关系"而相互依赖，创造了信任和尊重的关系，通过协调和综合相关活动而提高任务效率与工作士气。

中庸之道型(5,5)领导：通过保持必须完成的工作和维持令人满意的士气之间的平衡，使组织的绩效有实现的可能。

到底哪一种领导形态最佳呢？布莱克和莫顿组织了许多研讨会。参加者中绝大多数人认为(9,9)型最佳，但也有不少人认为(9,1)型最佳，还有人认为(5,5)型最佳。后来布莱克和莫顿指出哪种领导形态最佳要看实际工作效果，最有效的领导形态不是一成不变的，要依情况而定。

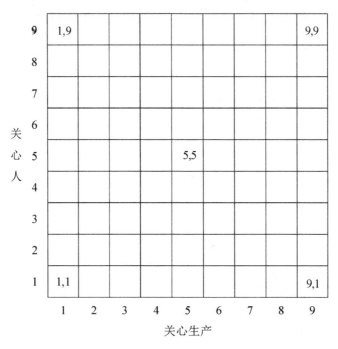

图 6.3　管理方格理论

随着领导行为研究的不断深入，人们越来越关心领导行为风格和被领导者的特征、管理情境等特征的关系，研究者们提出了若干领导行为权变理论。

3. 领导权变理论

领导特质理论和领导行为理论有一个共同的缺陷，就是忽视了环境因素的影响，从而造成理论与实践的脱节，因为在事实上，领导特质和领导行为能否促进领导有效性，受环境因素影响很大。领导权变理论(领导情景理论)把领导者个人特质、领导者行为及领导环境相互联系起来，认为有效的领导应当随着被领导者的特点和环境的变化而变化，即：

$$E=f(L, F, S)$$

式中：E 代表领导的有效性；L 代表领导者；F 代表被领导者；S 代表环境；f 代表函数关系。

这种认为领导行为应随环境因素的变化而变化的理论就是领导情景理论，它所关注的是领导者与被领导者及环境之间的影响。这方面比较有代表性的理论有菲德勒权变理论、领导生命周期理论、路径—目标理论等。

1) 菲德勒权变理论

最早对领导权变理论作出理论性评价的人是美国西雅图华盛顿大学心理学家菲德勒。

他于 1962 年提出了一个"有效领导的权变模式",即菲德勒模式。他认为任何领导行为均可能有效,其有效性完全取决于是否与所处的环境条件相适应。菲德勒认为环境条件由 3 方面因素构成,即职位权力、任务结构和上下级关系:①职位权力是与领导者职位相关联的正式职权和从上级和整个组织各个方面所得到的支持程度。②任务结构是指下属所承担任务的明确化和常规化的程度。③上下级关系是指下属对领导者的信任爱戴和拥护程度,以及领导者对下属的关心、爱护程度。

菲德勒设计了一种问卷来测定领导者的领导方式。该问卷的主要内容是询问领导者对最不与自己合作的同事(LPC 型)的评价。如果领导者对这种同事的评价大多用敌意的词语,则该领导趋向于工作任务型的领导方式(低 LPC 型);如果评价大多用善意的词语,则该领导趋向于人际关系型的领导方式(高 LPC 型)。

菲德勒认为环境的好坏对领导的目标有重大影响。对低 LPC 型领导来说,比较重视工作任务的完成。如果环境较差,他将首先保证完成任务;当环境较好时,任务能够完成,这时他的目标将是搞好人际关系。对高 LPC 型领导来说,比较重视人际关系。如果环境较差,他将首先将人际关系放在首位;如果环境较好时,人际关系也比较融洽,这时他将追求完成工作任务,如图 6.4 所示。

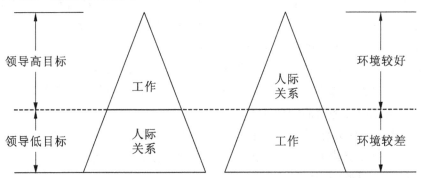

图 6.4 领导目标与环境关系示意图

菲德勒对 1 200 个团体进行了抽样调查,得出结论,见表 6-1。

领导环境决定了领导的方式。在环境较好的Ⅰ、Ⅱ、Ⅲ和环境较差的Ⅶ、Ⅷ情况下,采用低 LPC 型领导方式,即工作任务型的领导方式比较有效。在环境中等的Ⅳ、Ⅴ、Ⅵ情况下,采用高 LPC 型领导方式比较有效,即人际关系型的领导方式比较有效。

表 6-1 菲德勒模型

人际关系	好	好	好	好	差	差	差	差
工作结构	简单	简单	复杂	复杂	简单	简单	复杂	复杂
职位权力	强	弱	强	弱	强	弱	强	弱
环 境	Ⅰ	Ⅱ	Ⅲ	Ⅳ	Ⅴ	Ⅵ	Ⅶ	Ⅷ
领导目标	高			不明确			低	
低 LPC 型领导	人际关系			不明确			工作	
高 LPC 型领导	工作			不明确			人际关系	
最有效方式	低 LPC			高 LPC			低 LPC	

2) 领导生命周期理论

领导生命周期理论是由美国学者科曼于1966年首先提出的，后由美国学者保罗·赫塞和肯尼斯·布兰查德进一步予以发展。该理论认为下属的"成熟度"对领导者的领导方式起重要作用。所以，对不同"成熟度"的员工采取的领导方式有所不同。它被广大的管理专家们所推崇，并常常作为主要的培训手段而应用，如IBM公司、美孚石油公司、施乐公司等都采用此理论模型，此外，它还为所有的军队服务系统所承认。

所谓"成熟度"是指人们对自己的行为承担责任的能力和愿望的大小。它取决于两个要素：工作成熟度和心理成熟度。工作成熟度包括一个人的知识和技能，工作成熟度高的人拥有足够的知识、能力和经验完成他们的工作任务而不需要他人的指导。心理成熟度指的是一个人做某事的意愿和动机。心理成熟度高的个体不需要太多的外部激励，他们靠内部动机激励。

根据下属的成熟度(从M_1到M_4)有4种不同的情况，将领导方式分为四种(从S_1、S_2、S_3至S_4)，分别是命令式、说服式、参与式和授权式。

(1) 命令式。表现为高工作低关系型领导方式，领导者对下属进行分工并具体指点下属应当干什么、如何干、何时干，它强调直接指挥。因为在这一阶段，下属缺乏接受和承担任务的能力和愿望，既不能胜任又缺乏自觉性。

(2) 说服式。表现为高工作高关系型领导方式。领导者既给下属以一定的指导，又注意保护和鼓励下属的积极性。因为在这一阶段，下属愿意承担任务，但缺乏足够的能力，有积极性但没有完成任务所需的技能。

(3) 参与式。表现为低工作高关系型领导方式。领导者与下属共同参与决策，领导者着重给下属以支持及其内部的协调沟通。因为在这一阶段，下属具有完成领导者所交给任务的能力，但没有足够的积极性。

(4) 授权式。表现为低工作低关系型领导方式。领导者几乎不加指点，由下属自己独立地开展工作，完成任务。因为在这一阶段，下属能够而且愿意去做领导者要他们做的事。

根据下属成熟度和组织所面临的环境，领导生命周期理论认为随着下属从不成熟走向成熟，领导者不仅要减少对活动的控制，而且也要减少对下属的帮助。当下属成熟度不高时，领导者要给予明确的指导和严格的控制，当下属成熟度较高时，领导者只要给出明确的目标和工作要求，由下属自我控制和完成。

和菲德勒的权变理论相比，领导方式生命周期理论更容易理解和直观。但它只针对下属的特征，而没有包括领导行为的其他情景特征。因此，这种领导方式的情景理论算不上完善，但它对于深化领导者和下属之间的研究具有重要的作用。

3) 路径—目标理论

加拿大多伦多大学教授罗伯特·豪斯等人把激发动机的期望理论和领导行为理论结合起来，提出了路径—目标理论。这一理论认为：领导者的工作效率是以能激励下级达到组织目标并在工作中使下级得到满足的能力来衡量的。领导者的基本职能在于制定合理的、员工所期待的报酬，同时为下级实现目标扫清道路，创造条件。

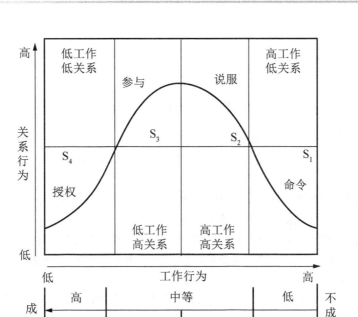

图 6.5 领导方式生命周期理论

与菲德勒的领导模型相反,豪斯认为领导者是灵活的,同一领导者可以根据不同的情境表现出任何一种领导风格。因此,有效的领导应根据领导情景的具体特征,采用在该情境下最有效的领导方式。他认为,有 4 种领导方式可供同一领导者在不同情境下选择作用。这 4 种领导方式如下所述。

(1) 指示型。由领导发布指示,下级不参加决策。领导者让下级知道期望他们做的是什么,以及完成工作的时间安排,并对如何完成任务给予具体指导。

(2) 支持型。领导者对下级很友善,更多的考虑职工的要求,并表现出对下级需求的关怀。

(3) 参与型。员工参与决策和管理。领导与下级共同磋商,并在决策之前充分考虑他们的建议。

(4) 成就导向型。领导者为职工树立挑战性的目标,并表示相信职工能达到这些目标,期望下级实现自己的最佳水平。

路径—目标理论告诉我们,领导者可以而且应该根据不同的环境特点来调整领导方式和作风,当领导者面临一个新的工作环境时,他可以采用指示型领导方式,指导下级建立明确的任务结构和明确每个人的工作任务;接着可以采用支持型领导方式,有利于与下级形成一种协调和谐的工作气氛。当领导者对组织的情况进一步熟悉后,可以采用参与者式领导方式,积极主动地与下级沟通信息,商量工作,让下级参与决策和管理。在此基础上,就可以采用成就指向式领导方式,领导者与下级一起制定具有挑战性的组织目标,然后为实现组织目标而努力工作,并且运用各种有效的方法激励下级实现目标。

保利公司的总经理

保利公司是一家中美合资的专业汽车生产制造企业，总投资 600 万美元，其中固定资产 350 万元，中方占有 53%的股份，美方占有 47%的股份，主要生产针对工薪家庭的轻便、实用的汽车，在中国有广阔的潜在市场。

谁出任公司的总经理呢？外方认为，保利公司的先进技术、设备均来自美国，要使公司发展壮大，必须由美国人来管理。中方也认为，由美国人来管理，可以学习借鉴国外企业管理方法和经验，有利于消化吸收引进技术和提高工作效率。因此，董事会形成决议：聘请美国山姆先生任总经理。山姆先生有 20 年管理汽车生产企业的经验，对振兴公司胸有成竹。谁知事与愿违，公司开业一年不但没有赚到一分钱，反而亏损 80 多万元。山姆先生被公司辞退了。

这位曾经在日本、德国、美国等地成功地管理过汽车生产企业的经理为何在中国失败呢？多数人认为，山姆先生是个好人，在技术管理方面是个内行，为公司吸收和消化先进技术做了很多工作。他对搞好保利公司怀有良好的愿望，"要让保利公司变成一个纯美国式的企业"。他工作认真负责，反对别人干预他的管理工作，并完全按照美国的模式设置了公司的组织结构并建立了一整套规章制度。在管理体制上，山姆先生实行分层管理制度：总经理只管两个副总经理，下面再一层管一层。但这套制度的执行结果造成了管理混乱，人心涣散，员工普遍缺乏主动性，工作效率大大降低。山姆先生强调"我是总经理，你们要听我的"。他甚至要求，工作进入正轨后，除副总经理外的其他员工不得进入总经理的办公室。他不知道，中国企业负责人在职工面前总是强调和大家一样，以求得职工的认同。最终，山姆先生在公司陷入非常被动、孤立的局面。

山姆先生走后，保利公司选派了一位懂经营管理，富有开拓精神的中方年轻副厂长担任总经理，并随之组建了平均年龄只有 33 岁的领导班子。新班子根据实际情况和组织文化，迅速制定了新的规章制度，调整了机构，调动了全体员工的积极性。在销售方面，采取了多种促销手段。半年后，保利公司宣告扭亏为盈。

6.2.2 领导艺术

领导艺术是一种为达到某一领导目标，在一定知识和基础上，在领导过程中表现出的非模式化，富有创造性的才能和技巧。其实质是领导者内在素质、品德与行为、技巧在领导工作中富有创造性的表现。领导艺术有随机性、经验性、多样性和创造性的特点。

1. 协调人际关系的艺术

领导工作的核心内容是管好人、用好人，协调好各方面的人际关系，充分调动各方面的积极性和创造性，去有效地完成组织目标。高明的领导者正是巧妙地运用待人艺术，正确处理上下、左右各种复杂的人际关系，形成一股有利于达到组织目标的最佳合力。领导者协调人际关系的艺术主要包括以下 3 个方面。

1) 与下级协调人际关系的艺术

(1) 用权与用人。首先，凭能力服人，不凭权力压人。领导者领导有方，一般来说下级会心悦诚服。如果领导者以权代能，不管权力多大，也必然不能服人，即使下级表面上不表示出来，看似"一团和气"，但工作起来也必然是消极的，甚至是抵触的。因此，作为上级，决不可动不动就耍权力大棒，拿权力压人。其次，处事要公，待人要诚，"得道多助，失道寡助。"作为上级领导者，除具备相应的能力外，更重要的是具有良好的品德，用人处事要正，不偏心。尤其是在处理下级之间的利益问题上，一定要公平合理，对事不对人，否则为了照顾一个人，可能会打击一大片。因此，作为一个领导者，要将心比心，体谅下级，经常进行"换位思考"，设身处地为下级着想，尊重他们的长处，理解他们的难处，关心他们的苦处，要使用人而不"利用"人。

(2) 把握平衡艺术。上下级之间是一种相互依赖、相互制约的人际关系。这种关系处于良好状态的重要特征就是上下级的需要相互得到满足。一般来说，上级需要下级对本职工作尽职尽责，勤奋努力，圆满地、创造性地完成任务。而下级则希望上级对自己在工作上加以重用，在成就上给予认可，在待遇上合理分配，在生活上给予关心。对下级伤害最大的是，当下级工作取得成绩时受表扬的是上级；当上级工作发生失误时，挨罚的是下级，有福难享，有难独当，造成下级需要失衡。处于上下级关系中主导地位的领导者，要善于发现和研究哪些问题是下级关注的中心，并抓住这些中心问题，最大限度地满足下级最迫切的需要，从而调动下级的积极性，切莫"鞭打快牛"或"既要马儿跑得好，又要马儿不吃草"。

(3) 善于批评教育。人无完人，对下级的缺点进行批评教育是完全必要的，但批评必须讲究方法，注重分寸。开展批评时，要区别不同对象，采取不同方式。对于脾气暴躁，容易冲动者，宜采取商讨式批评；对于自尊心强，固执己见者，宜采用渐进式批评；对于下级所犯错误与领导布置工作要求高，脱离实际有关时，宜采用自责式批评。开展批评，一要考虑批评环境，一般宜与被批评者单独谈话；二要考虑被批评者的处境、态度，他一时不能接受，可以转开话题，缓和气氛。批评下级时，态度要诚恳，不能采用讽刺、挖苦的口吻。批评错了，不能怕有失体面，要敢于主动认错，消除隔阂，以利团结。

(4) 切莫一棍子打倒人。列宁说过，只有不做事的人才不会犯错误。当下级犯了错误时，首先要弄清原因，切忌不问青红皂白，劈头就是一顿乱打。对确属个人主观原因的，要善于与当事人一起分析犯错原因，并向其提出改正方法。

2) 与同级协调人际关系的艺术

(1) 积极配合并把握分寸。作为同级领导者，既要齐心协力积极开展工作，又要做到不越位，不擅权，不插手别人分管的工作。要尊重其他部门和其他领导人的职权，维护他们的威信，不干预和随便评论对方的工作。插手别人的职权范围内的工作会打乱他的部署，伤害其感情和自尊心，引起不满。因此领导者决不能干预别人职权范围内的事，属于自己的责任也决不推卸，在有能力和有必要帮助他人的工作时，一定要掌握好分寸、尺度、时机和方法，避免产生负效应。

(2) 明辨是非但不斤斤计较。同级领导者在一起工作，往往因在某些事情上的意见、态度、看法不一致而发生分歧。对此，如处理不好，时间长了难免会形成隔阂，影响合作。因此领导者之间要顾全大局，从维护团结的良好愿望出发，坚持做到"是非问题弄清楚，一般问题不在乎"。涉及大是大非问题时，一定要坚持原则不妥协让步，但要讲究方式方法，避免伤害对方的感情。还要注意不要把矛盾公开化，把领导之间的分歧扩展到下级和群众中去。对一些无关紧要的事情，应采取不计较的态度，谦和忍让，豁达大度。

(3) 见贤思齐而不妒贤嫉能。处理好同级关系，不仅要有容人之短的度量，而且要有容人之长的胸怀，"宰相肚里能撑船"。见贤思齐，欢迎别人超过自己；要虚心学习别人的长处，增长才干，共同进步。要坚决避免那种"事修而谤兴，德高而毁来"的现象。

(4) 支持帮助而不揽功推过。同级之间，常常会有一些工作上需要共同处理的事务。对于这些交叉工作，同级之间应当互相支持，互相配合。所谓"一根筷子易折断，十双筷子抱成团"，当其他领导者遇到困难时，要团结合作，主动帮其排忧解难；当对方出现失误和差错时应主动补台，决不能落井下石。不能有了功劳往自己身上揽，有了过错往别人身上推。如果能做到不揽功推过，互相支持，同级之间就能同舟共济，解决事情往往也能做到事半功倍。

3) 与上级领导协调人际关系的艺术

(1) 摆正位置。正确认识和评价自我，找准自己的角色位置是领导者处理好与上级关系的前提。领导者在同上级相处的时候是下级角色，这就要求必须按照自己的身份把握好自己的位置，既要尽心尽责地做好本职工作，又要做到到位而不越位。所谓"过犹不及"，越位不仅会影响工作，也很容易直接损害上下级关系。因此，作为一个领导者决不能擅自超越自己的权限来指挥工作和处理问题。

(2) 从上级的角度考虑问题。要想很好地完成上级交给的任务，必须善于换位思考，了解上级对这项工作的行为动机和基本设想，也就是"领会领导意图"，这样才能根据上级的思想卓有成效地开展工作，完成领导交给的任务。如果不了解领导意图，只管按照自己的主观愿望去做工作，就难以做到心领神会，默契配合，有时甚至会出现"帮倒忙"的现象，影响与上级的融洽相处。

(3) 适应上级的特点和习惯开展工作。上级也是人，也有情感。为此，恰当地根据上级的心理特点和习惯开展工作，既有利于搞好工作，又有利于处理好与上级的关系。下属必须对上级的心理特点和习惯做到心中有数，这样就可以针对上级的特点，尊重其工作习惯，以求得最好的工作效应。

(4) 规矩而不拘谨。领导者在上级面前，言谈举止应庄重文雅，不能过于随便或太轻浮。又不能过分拘谨，说话办事缺乏个性，处处谨小慎微。要想与上级建立良好的关系，应依靠自己的努力，充分发挥自己的聪明才智，积极地、创造性地开展工作，不能唯唯诺诺，掩饰个性。

(5) 运用"等距外交"。所谓"等距外交"，是指作为下级应该从工作出发，对上级领导成员一视同仁，亲疏有度，建立和发展正常的关系，而不应从个人的目的和私利出发，戴"有色眼镜"看待上级，攀一方踩一方。这无论是对工作，还是对上下级关系都是有害无益的。

2. 提高工作效率的艺术

提高工作效率是一项十分重要的领导艺术。国外不仅有专门的论著，而且有专门的训练班对领导进行提高工作效率的训练。要想提高工作效率，必须注意以下4点。

(1) 例外管理原则。领导者做领导的事,这是提高领导工作的第一条。领导者必须时时记住自己的工作职责,不能让精力和时间有不必要的消耗。这就要做到不干预下一级领导的事,不越级指挥。国外许多关于提高工作效率的论著中都强调指出:"凡是可以授权给他人做的事,那就把权分派下去。"另外,不要颠倒工作主次,领导者要抓全局性重大决策问题,应带领群众前进,而不是代替群众前进。样样都要管是小生产者的习惯,事必躬亲是小生产者的"美德",这些都是现代领导者应该力求避免的。

(2) 不断总结经验教训。"吃一堑,长一智",善于从自己的工作实践中总结经验教训也是提高领导工作效率的一条重要方法。不仅大事要善于总结,就是日常工作也要进行总结。这样就可以找到提高时间利用效率的线索,排除浪费,合并"自由时间",以获得较长的整段时间以资利用。

(3) 善于运筹时间。时间是一种宝贵的资源,也是一种最容易耗损而无法存储的物资。珍惜时间这项最稀缺的资源,充分利用自己有限的时间,往往是现代领导者取得成功的最重要的因素。有关调查发现,凡是优秀的经理无不是精于安排时间,使时间的浪费降低到最低限度。时间的合理使用因人而异,取决于组织活动的特点、管理体制、领导者之间的分工以及各人的职责和习惯,很难有一个统一的标准。

(4) 提高会议效率。在现代管理中,利用开会的方式来进行互通信息、安排、协调、咨询、决策等工作是经常性的,也是十分必要的,但是会议占用时间太多和会议效果不好也是目前常见的弊病。领导离不开开会,但开会也要讲究艺术。企业领导者每年往往要开几百次会,但重视研究和掌握开会艺术的人却不多。有许多领导者整天陷于文山会海之中,似乎领导的职能就是开会、批文件,而开会是否解决了问题、效率如何却未予以重视。只要开了会,该传达的传达了,就心安理得了。其实,不解决问题的会议有百害无一利,会议占用时间也是劳动耗费的一种形式。因此,企业应当计算会议成本,采用以下计算公式:

$$C=P \times A \times B \times T$$

式中:C 表示会议成本;P 表示本企业单位工资的净产值率;A 表示与会者每小时平均工资;B 表示参加会议人数;T 表示会议时间。

会议成本应纳入企业经济核算体系之内进行考核,借以促进和提高开会的效率。

案例 6-3

哪种领导类型最有效

ABC 公司是一家中等规模的汽车配件生产集团。最近,对该公司的三个重要部门经理进行了一次有关领导类型的调查。

1. 安西尔

安西尔对他本部门的产出感到自豪。他总是强调对生产过程、出产量控制的必要性,坚持下属人员必须很好地理解生产指令以得到迅速、完整、准确的反馈。安西尔当遇到小问题时,会放手交给下级去处理,当问题很严重时,他则委派几个有能力的下属人员去解决问题。通常情况下,他只是大致规定下属人员的工作方针、完成怎样的报告及完成期限。安西尔认为只有这样才能导致更好的合作,避免重复工作。

安西尔认为对下属人员采取敬而远之的态度对一个经理来说是最好的行为方式,所谓的"亲密无间"会松懈纪律。他不主张公开谴责或表扬某个员工,相信他的每一个下属人员都有自知之明。

据安西尔说,在管理中的最大问题是下级不愿意承担责任。他讲到,他的下属人员可以有机会做许多事情,但他们并不是很努力地去做。

他表示不能理解在以前他的下属人员如何能与一个毫无能力的前任经理相处,他说,他的上司对他们现在的工作运转情况非常满意。

2. 鲍勃

鲍勃认为每个员工都有人权,他偏重于管理者有义务和责任去满足员工需要的学说,他说,他常为他的员工做一些小事,如给员工两张下月在伽利略城举行的艺术展览的入场券。他认为,每张门票才15美元,但对员工和他的妻子来说其价值却远远超过15美元。通过这种方式,也是对员工过去几个月工作的肯定。

鲍勃说,他每天都要到工场去一趟,与至少25%的员工交谈。鲍勃不愿意为难别人,他认为安西尔的管理方式过于死板,安西尔的员工也许并不那么满意,但除了忍耐别无他法。

鲍勃说,他已经意识到在管理中有不利因素,但大都是由于生产压力造成的。他的想法是以一个友好、粗线条的管理方式对待员工。他承认尽管在生产率上不如其他单位,但他相信他的雇员有高度的忠诚与士气,并坚信他们会因他的开明领导而努力工作。

3. 查里

查里说他面临的基本问题是与其他部门的职责分工不清。他认为不论是否属于他们的任务都安排在他的部门,似乎上级并不清楚这些工作应该谁做。

查里承认他没有提出异议,他说这样做会使其他部门的经理产生反感。他们把查里看成是朋友,而查里却不这样认为。

查里说过去在不平等的分工会议上,他感到很窘迫,但现在适应了,其他部门的领导也不以为然了。

查里认为纪律就是使每个员工不停地工作,预测各种问题的发生。他认为作为一个好的管理者,没有时间像鲍勃那样握紧每一个员工的手,告诉他们正在从事一项伟大的工作。他相信如果一个经理声称为了决定将来的提薪与晋职而对员工的工作进行考核,那么,员工则会更多地考虑他们自己,由此而产生很多问题。

他主张,一旦给一个员工分配了工作,就让他以自己的方式去做,取消工作检查。他相信大多数员工知道自己把工作做得怎么样。

如果说存在问题,那就是他的工作范围和职责在生产过程中发生的混淆。查里的确想过,希望公司领导叫他到办公室听听他对某些工作的意见。然而,他并不能保证这样做不会引起风波而使情有所改变。他说他正在考虑这些问题。

6.3 激 励

6.3.1 激励概述

1. 激励的含义和作用

1) 激励的含义

所谓激励,就是激发人的动机,使人产生内在动力的过程。激励的首要目的是调动组织人员的积极性，激发组织成员的主动性和创造性，以提高组织的效率和企业的效益。

激励贯穿于管理过程的各个环节。一切管理活动的首要任务是促使人们发挥潜能，完成组织任务或其中任何一个单位的任务和目标。因此，合格的管理者必须能够掌握和运用正确的激励手段，充分发挥激励的作用。

2) 激励的作用

(1) 充分挖掘员工的潜力，保证工作的有效性和高效率。在国内外竞争日趋加剧的今天，组织为了生存和发展就需要不断地提高自身的竞争能力，其中人力资源是组织所拥有的特殊财富，需要对其进行合理、高效的运用就必须通过激励，最大限度地挖掘员工的内在潜力。管理者可以通过各种激励手段改变员工的工作表现，促使他们自愿为实现组织目标而奋斗。

通过激励能使工作的人变消极为积极，从而保持工作的有效性和高效率。美国哈佛大学的心理学家威廉·詹姆士教授在《行为管理学》一书中阐述了在对员工激励研究中的发现：按时计酬的分配方式仅能让员工发挥 20%～30%的能力；但如果以满足人的需要作为主要的经营战略来提高生产率，并非是以 10%或 20%的小幅度增长，而是以 200%乃至更大幅度的飞跃。

(2) 激发员工的创造性和创新精神。创造性是当今世界竞争制胜的利器。通过激励可以进一步激发员工的创造性和创新精神。例如，日本丰田汽车公司采用合理化建议奖的办法鼓励员工提建议，无论建议是否被采纳，提出建议的员工都会得到奖励和尊重。结果该公司的员工曾一年就提出了 165 万条建设性建议，累计带来的利润为 900 亿日元，相当于公司全年利润的 18%。可见，激励员工群策群力，不仅增强了他们的责任心、主观能动性，而且对公司的发展有着不可低估的影响。

(3) 吸引优秀的人才进公司。许多发达国家的企业之所以在国际人才市场上有强大的吸引力，在很大程度上是因为这些企业的激励制度健全完善，能为员工创造良好的工作环境，使员工能够发挥其所能。美国的企业特别注重这一点，它们用各种激励人才的方式吸引世界各国的优秀人才。例如，著名的 IBM 公司就有许多具有吸引力的激励办法：提供养老金、集体人寿保险、优厚的医疗待遇，还给工人兴办了每年只需交几美元会费就能享受带家属到乡村疗养的乡村俱乐部，减免那些愿意重返校园提高知识和技能的员工的学费，筹办了学校和各种培训中心，让员工到那里学习各种知识。

(4) 留住优秀人才。优秀人才即使能进入公司，也未必能长期留在公司里，尤其是在以"跳槽"为时尚的今天，人才中介通过互联网无孔不入，公司里的优秀人才能否抵制这种外来的诱惑，关键还是要看公司的激励制度是否诱人，公司是否专门为优秀人才设计了长期的职业生涯计划。德鲁克曾经说过，每个组织都需要 3 个方面的绩效：直接成果、价值的实现和未来的人力发展。缺少任何一方面的绩效，组织注定非垮不可。因此，每一位管理者都必须在这 3 个方面有所贡献。在这 3 个方面的贡献中，对"未来的人力发展"的贡献就来自激励工作。

2. 激励的过程

心理学研究表明，人的行为具有目的性，而目的源于一定的动机，动机又产生于需要。

由需要引发动机，动机驱动行为并指向预定的目标是人类行为的一般过程，也是激励赖以发生作用的心理机制和基础。激励过程如图6.6所示。

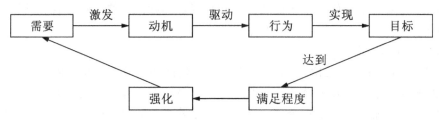

图6.6 激励过程

(1) 需要。需要是指人对某种事物的追求或欲望。当人们缺乏所需事物而产生生理或心理紧张现象时就会产生需要，并为满足需要而采取行动。因此，需要是一切行为的最初原动力。在领导工作中运用激励的方法，正是利用需要对行为的原动力作用，通过提供外部诱因，满足职工的需要，进而激发职工的工作积极性。

(2) 动机。动机是在需要的基础上产生的，引起和维持着人的行为，并将其导向一定目标的心理机制。在人的行为过程中，需要具有原动力作用，但是需要作为一种潜在的心理状态，并不能直接引起行为。只有当需要指向特定目标，并与某种客观事物建立起具体的心理联系时，才能由潜在状态转为激发状态，成为引发人们采取行动的内在力量。动机的产生依赖于两个条件：一是个体的生理或心理需要；二是能够满足需要的客观事物，又称为外部诱因。在组织中，职工的各种积极或消极行为同样受到各种动机的支配。运用激励手段调动职工的积极性就是利用动机对行为的这种驱动和支配作用，通过外部诱因激发动机，直接引导职工产生积极行为。

(3) 目标。目标是行为所要实现的结果。人们采取的一切行为总是指向特定的目标。目标在行为过程中具有双重意义：一方面，目标表现为行为的结果，目标达到，需要得到满足，行为即结束；另一方面，目标又表现为行为的诱因。在管理实践中利用目标对行为的诱导作用，通过合理选择和设置目标，可以有效地激励和改善职工的行为。

由此可见，需要、动机和目标作为激励的主要心理机制分别处于行为的不同阶段。三者既彼此独立，又相互依存，并按照所处阶段密切连接，依次对行为发挥激励功能，由此构成一个完整的激励过程。处于过程起点的是人的各种需要。当需要萌发而未得到满足时，会引发生理或心理紧张，从而激发寻求满足的动机，在动机的驱使下人们采取行动，行动的结果达到预定目标，使需要得到满足，从而进一步强化原有需要，或促进生成新的需要，新的需要导致新的激励过程的开始。

3. 人性假设理论

【知识链接】

美国的行为科学家麦格雷戈在其所著的《企业的人性方面》一书中提出了X—Y理论；美国的心理学家和行为科学家谢恩归纳分类了人性的4种假设，即经济人、社会人、自我实现人和复杂人的假设。还有许多行为学家都曾对"人性"有所论述，这里把有关人的假设加以概括归纳。

1) 经济人的假设

美国的麦格雷戈提出的 X 理论就是对经济人假设的概括，其包括以下基本观点。

(1) 人的天性是好逸恶劳的，只要有可能就会逃避工作。

(2) 人没有进取心，也不愿意承担责任，一般愿意受人指挥。

(3) 人漠视组织的要求，天性就反对变革，把安全看得高于一切。

(4) 由于厌恶工作是人的本性，因此对人的管理必须采取严格的惩罚措施对人进行强迫、控制、指挥与威胁，这样才能迫使人努力实现组织的目标。

基于这种假设所引出的管理方式是，组织以经济报酬来促使人们服从和作出功效，并应以权利与控制体系来保护组织本身及引导职工，其管理的重点在于提高效率，完成任务。其管理特征是订立各种严格的工作规范，加强各种法规和管制。为了提高士气，则用金钱刺激，同时对消极怠工者则严厉惩罚，即采用"胡萝卜加大棒"的政策。泰罗制就是经济人观点的典型代表。

2) 社会人的假设

社会人假设的理论基础是人际关系学说，这一学说是由霍桑实验的主持者梅奥提出来的，之后又经英国塔维斯托克学院煤矿研究所再度验证。1933 年，梅奥总结了霍桑实验以及其他实验的结果，概括起来说，霍桑实验得出了下述结论。

(1) 传统管理认为，生产效率主要决定于工作方法和工作条件。霍桑实验认为，生产效率的提高和降低主要取决于职工的士气，而士气取决于家庭和社会生活以及企业中人与人之间的关系。

(2) 传统管理只重视"正式群体"问题，诸如组织结构、职权划分，规章制度等，霍桑实验还注意到存在着某种"非正式群体"。这种无形的组织有其特殊的规范，影响着群体成员的行为。

(3) 霍桑实验还提出了新型领导的必要性。领导者在了解人们的合乎逻辑的行为的同时，还须了解不合乎逻辑的行为，要善于倾听和沟通职工的意见，使正式组织的经济需要与非正式组织的社会需要取得平衡。

由此假设得出的管理方式与根据经济人的假设得出的管理方式完全不同。他们强调除了注意工作目标(指标)的完成外，更应注意从事此项工作的人们的需求。不应只注意指挥、监督等，而更应重视职工之间的关系，培养职工的归属感。不应只注意对个人的奖励，应提倡集体奖励制度。

3) 自我实现人的假设

自我实现人是马斯洛提出来的。所谓自我实现，指的是人都需要发挥自己的潜力，表现自己的才能，只有潜力充分发挥出来，才能充分表现出来，人才会感到最大的满足。这就是说，人们除了上述的社会需求之外，还有一种想充分运用自己的各种能力，发挥自身潜力的欲望。

麦格雷戈总结并归纳了马斯洛和其他类似的观点，提出了Y理论。

(1) 一般人都是勤奋的，如果环境条件有利，工作就如同游戏或休息一样自然。

(2) 控制和惩罚不是实现目标的唯一手段。人们在执行任务时能够自我指导和控制。

(3) 在适当条件下，一般人不仅会接受某种职责，而且还会主动寻求职责。

(4) 大多数人而不是少数人，在解决组织的困难问题时，都能发挥出高度的想象力、聪明才智和创造性。

(5) 有自我满足和自我实现需求的人往往把达到组织目标作为自己致力于实现目标的最大报酬。

(6) 在现代社会条件下，一般人的智能潜力只得到了一部分的发挥。

因此，主管人员的任务是，安排好组织工作方面的岗位和作业的方法，使人们的指挥潜能充分发挥出来，更好地为实现组织目标和具体的个人目标而努力。这主要是一个创造机会、挖掘潜力、排除障碍、鼓励发展和帮助引导的过程。

4) 复杂人的假设

复杂人假设是20世纪60年代末至70年代初由沙因提出的。根据这一假设，提出了一种新的管理理论，与之相应的是超Y理论。

(1) 人的需要是多种多样的，而且这些需要随着人的发展和生活条件的变化而发生改变。每个人的需要都各不相同，需要的层次也因人而异。

(2) 人在同一时期内有各种需要和动机，它们会相互发生作用并结合成为统一的整体，形成错综复杂的动机模式。

(3) 人在组织中的工作和生活条件是不断变化的，因而会产生新的需要和动机。

(4) 一个人在不同单位或同一单位的不同部门工作会产生不同的需要。

(5) 由于人的需要不同，能力各异，对不同的管理方式会有不同的反应，因此没有适合于任何组织、任何时间、任何个人的统一的管理方式。

在上述假设下，有效的管理者应在系统分析的基础上，因人、因事、因时、因地制宜，灵活采取更为适宜的领导方式。

6.3.2 激励理论

自20世纪二三十年代以来，国外许多管理学家、心理学家和社会学家从不同的角度对怎样激励人的问题进行了大量的研究，并提出了许多激励理论。对这些理论可以从不同的角度进行归纳和分类。比较流行的分类方法是按其所研究的激励侧面的不同及其与行为的关系不同，把各种激励理论归纳和总结为内容型激励理论、过程型激励理论和行为改造型激励理论。

(1) 内容型激励理论。内容型激励理论着重对引发动机的因素，即激励的内容进行研究。主要包括马斯洛的需要层次理论、赫兹伯格的双因素理论。

(2) 过程型激励理论。过程型激励理论着重对行为目标的选择，即对动机的形成过程进行研究，它主要包括弗鲁姆的期望理论、亚当斯的公平理论。

(3) 行为改造型激励理论。行为改造型激励理论着重对达到激励的目的，即调整和转化人的行为进行研究，它主要包括斯金纳的强化理论、挫折理论。

1. 内容型激励理论

1) 马斯洛的需要层次理论

关于人类需要的讨论至今众说纷纭，其中最为广泛引用和讨论的激励理论当属美国心理学家马斯洛的需要层次理论的影响最为广泛。

美国心理学家马斯洛在其1943年所著的《人的激励理论》一书中提出了需要层次理论。他把人的需要分为5个层次，并按优先顺序排成阶梯状的需要层次。马斯洛认为，人类有5种基本需要，即生理需要、安全需要、社交需要、尊重需要和自我实现需要。这5种需要按照先后次序由低到高排列成以下层次，如图6.7所示。

图 6.7　马斯洛的需要层次

5个层次需要的内容如下所述。

(1) 生理需要。生理需要即人类对食物、水、服装、空气和住房等的需要。按照马斯洛的观点，生理需要是在一切需要之中最占优势的需要，因为这是人类最基本和最原始的需要。具体来说，这意味着对一个生活中一无所有的人来说，他的最主要的动机可能是满足其生理需要而不是其他需要。可以说，人类的生理需要的满足是人类的其他需要产生的基础，当人类的生理需要满足之后，人类立即就出现其他(更高级)的需要。但是应该认识到，人们长期处于生理需要得不到满足的时候很少。

(2) 安全需要。生理需要得到基本满足以后，就会出现一系列新的需要，可以概括为安全需要，即人类对生命安全、财产安全、劳动安全和就业安全(工作稳定)等方面的需要。人们在生理需要得到满足之后，就会产生安全方面的需求，即希望生命不会遭受疾病的威胁；财产不会遭受各种人为的和非人为因素的损害；能有稳定的工作，不会有失业的危险；在工作中能有安全的劳动环境，不会因意外的事故而使身体受到伤害；希望生病时能有医疗保险；到了退休时能享受退休福利待遇等。

(3) 社交需要。这是一种对友谊、爱情以及归属感等方面的需要。马斯洛认为，在生理需要和安全需要得到满足之后，社交需要就会显现出来，成为激励人们从事某种行为的主要激励因素。人类对社交方面的需求是与前两个层次的需求性质不同的需求层次。生理需要和安全需要主要表现为人类对物质方面和经济方面的需求，而社交需求则表现为人类对心理和精神方面的需求。

(4) 尊重需要。这是一种对成就、地位和声望的追求以及希望自己受到他人的赏识、尊敬和重视等方面的需要。马斯洛认为，在生理需要、安全需要和社交需要得到满足以后，尊重方面的需要就会成为人们行为的主要激励因素。对尊重方面的需要表现强烈的人，希望自己的工作具有重要性和责任感；希望自己的工作能使自己拥有一定的权力和较高的社会地位，并有获得提升的机会；希望通过自己的工作成就和工作能力而受到他人的赏识和尊敬。尊重方面的需要与社交方面的需要一样同属于人类对社会和心理方面的需要的追求。但不同的是，尊重需要主要与人们所从事的工作本身有关。针对这种需要，组织中的管理者应向职工着重强调工作的艰巨性和重要性，使人们对自己所从事的工作感到自豪和骄傲，并通过各种表扬、鼓励、授予各种荣誉称号、发给与人们的身份地位有关的各种奖励和给予独立自主地从事工作的机会等来满足人们对尊重的需要，从而调动人们工作的积极性。

(5) 自我实现需要。人类在其他各种需要得到满足之后，就会产生自我实现的需要。这种需要表现为一个人希望能发挥自己的全部潜能，希望能体验到更多的解决问题的能力。正如马斯洛所描述的那样："人如果要获得最终的平静，音乐家就必须搞音乐，画家就必须绘画，诗人就必须做诗。人必须成为自己能够成为的人，这样的需要被称为自我实现的需求。"

马斯洛认为，一般情况下，人们按照上述层次逐级追求自身需要的满足，并从中受到激励，但已经得到满足的需要不再具有激励行为的作用。同时，占主导地位的优势需要会随着人们经济状况的变化而改变。

马斯洛需要层次论的要点归纳起来有以下几方面。

(1) 肯定了人是有需要的。

(2) 把人的基本生理需要置于需要层次结构的最底层，生理需要的满足是其他需求发展的基础。

(3) 不同的需要可以顺序分为不同的层次，在不同时期各种需要对行为的支配力量不同。当最重要的需要得到满足后，这个需要便不再是激励因素，失去了对行为的刺激作用，人们会转而追求其下一个更重要的需要。

(4) 需要层次越高，可塑性、变异性越大，越长久。

(5) 高层次需要的具体表现形式更丰富，与他人和社会的关系更密切。

(6) 需要层次论的应用价值在于领导者可以根据 5 种基本需要对下属的多种需要加以归类和确认，然后针对未满足的或正在追求的需求提供诱因，进行激励，同时更加注重高层次需要的激励作用。

2) 赫茨伯格的双因素理论

这种激励理论也叫"保健—激励理论"，它是由美国心理学家弗雷德里克·赫兹伯格于 20 世纪 50 年代后期提出的。这一理论的研究重点是组织中个人与工作的关系问题。赫兹伯格试图证明，个人对工作的态度在很大程度上决定任务者的成败。为此，在 20 世纪 50 年代后期，他在匹兹堡地区的 11 个工商业机构中，向近 2 000 名白领工作者进行了调查。通过对调查结果的综合分析，赫兹伯格发现，引起人们不满意的因素往往是一些工作的外在因素，大多同他们的工作条件和环境有关；能给人们带来满意的因素通常都是工作内在的因素，是由工作本身所决定的。

由此，赫兹伯格提出，影响人们行为的因素主要有两类：保健因素和激励因素。保健因素是那些与人们的不满情绪有关的因素，如公司的政策、管理和监督、人际关系、工作条件等。保健因素处理不好，会引发对工作不满情绪的产生；处理得好，可以预防和消除这种不满,但这类因素并不能对员工起激励的作用,只能起到保持人的积极性,维持工作现状的作用,因此保健因素又可称为"维持因素"。

激励因素是指那些与人们的满意情绪有关的因素。与激励因素有关的工作处理得好,能够是人们的满意情绪;如果处理不当,其不利效果顶多只是没有满意情绪,而不会导致不满。他认为,激励因素主要包括这些内容:工作表现机会和工作带来的愉快感,工作上的成就感,由于良好的工作成绩而得到的奖励,对未来发展的期望,职务上的责任感。这两类因素与员工对工作的满意程度之间的关系如图6.8所示。

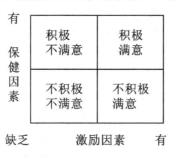

图6.8 激励因素与保健因素的组合方式

赫兹伯格双因素激励理论的重要意义在于它把传统的满意—不满意(认为满意的对立面是不满意)的观点进行了拆解,认为传统的观点中存在双重的连续体:满意的对立面是没有满意,而不是不满意;同样,不满意的对立面是没有不满意,而不是满意。这种理论对企业管理的基本启示是:要调动和维持员工的积极性,首先要注意保健因素,以防止不满情绪的产生,但更重要的是要利用激励因素去激发员工的工作热情,努力工作,创造奋发向上的局面,因为只有激励因素才会增加员工的工作满意感。

另外一个重要发现是,当雇员受到很大的激励时,他们对外部因素引起的不满足感有很大的耐性,然而反之是不可能的。因此,他认为,作为管理者,首先必须保证职工在保健因素方面得到满足,要给职工提供适当的工资和安全,要改善他们的各种环境和条件;对职工的监督要能为他们所接受,否则就会引起不满。但是即使满足了上述条件,也不能产生激励的效果,因此,管理者必须充分利用激励因素,为职工创造作出贡献与成绩的工作条件和机会,丰富工作内容,加强职工的责任心,使其不断地在工作中取得成就,得到上级和人们的赏识,这样才能使其不断进步和发展。

2. 过程型激励理论

1) 弗鲁姆的期望理论

该理论立足于提高职工实现行为目标的动机水平上。认为在较高的动机水平下,职工能够自动产生高强度的行为动力,进而形成强大的激励力。而提高动机水平的主要途径在于提高适宜的目标诱因,使职工能够选择更符合自身需要并更具有成功可能性的目标,以便为实现该目标采取相应的行动。这一模式的理论基础源于美国心理学家维克多·弗鲁姆提出的期望理论。

根据这一理论的研究，员工对待工作的态度依赖于对下列 3 种联系的判断。

(1) 努力与绩效的联系。员工感觉到通过一定程度的努力而达到工作绩效的可能性。例如，需要付出多大努力才能达到某一绩效水平？是否真能达到这一绩效水平？概率有多大？

(2) 绩效与奖赏的联系。员工对于达到一定工作绩效后即可获得理想的奖赏结果的信任程度。例如，当我达到这一绩效水平后会得到什么奖赏？

(3) 奖励与个人目标的联系。如果工作完成，员工所获得的潜在结果或奖赏对他的重要性程度。例如，这一奖赏能否满足个人的目标？吸引力有多大？

在这 3 种关系的基础上，员工在工作中的积极性或努力程度(激励力)是效价和期望值的乘积，即：

$$M = V \times E$$

式中：M 表示激励力；V 表示效价；E 表示期望值。

期望值是指人们对自己能够顺利完成某项工作可能性的估计，即对工作目标能够实现概率的估计；效价是指一个人对这项工作及其结果(可实现的目标)能够给自己带来满足程度的评价，即对工作目标有用性(价值)的评价。效价和期望值的不同结合会产生不同的激励力量，一般存在以下几种情况：

高 E×高 V＝高 M
中 E×高 V＝中 M
低 E×低 V＝低 M
高 E×低 V＝低 M
低 E×高 V＝低 M

这表明，组织管理要收到预期的激励效果，要以激励手段的效价(能使激励对象带来的满足)和激励对象获得这种满足的期望值都同时足够高为前提。只要效价和期望值中有一项的值较低，都难以使激励对象在工作岗位上表现出足够的积极性。

期望理论的基础是自我利益，它认为每一员工都在寻求获得最大的自我满足。期望理论的核心是双向期望，管理者期望员工的行为，员工期待管理者的奖赏。期望理论的假说是管理者知道什么对员工最有吸引力，员工判断依据时个人的知觉与实际情况关系不大，不管实际情况如何，只要员工以自己的知觉确认自己经过努力工作就能达到所要求的绩效，达到绩效后就能得到具有吸引力的奖赏，他就会努力工作。

因此，期望理论的关键是正确识别个人目标和判断 3 种联系，即努力与绩效的联系、绩效与奖励的联系、奖励与个人目标的联系。

激励过程的期望理论对管理者的启示是，管理人员的责任是帮助员工满足需要，同时实现组织目标。管理者必须尽力发现员工在技能和能力方面与工作需求之间的对称性。为了提高激励，管理者可以明确员工个体的需要，界定组织提供的结果，并确保每个员工有能力和条件(时间和设备)得到这些结果。通常，要达到使工作的分配出现所希望的激励效果，根据期望理论，应使工作的能力要求略高于执行者的实际能力，即执行者的实际能力略低于(即不太低、又不太高)工作的要求。

2) 亚当斯的公平理论

公平理论又称社会比较理论，它是美国行为科学家亚当斯在《工人关于工资不公平的内心冲突同其生产率的关系》(1962，与罗森合写)，《工资不公平对工作质量的影响》(1964，与雅各布森合写)、《社会交换中的不公平》(1965)等著作中提出来的一种激励理论。该理论侧重于研究工资报酬分配的合理性、公平性及其对职工生产积极性的影响。

公平理论的基本观点是：当一个人作出了成绩并取得了报酬以后，他会把他的付出(包括所做努力、用于工作的时间和精力、教育程度、经验、资历、地位等)以及获得(薪水、福利、赞美、肯定、升迁、被提升的地位等)与相应的参照对象进行比较，从而判断自己所获报酬的公平性，并进一步作出相对应的反应。

该理论把工作情景的公平性比较过程描述为以下方式，见表6-2。

表6-2 公平理论

觉察到的比较结果	评价结果
$Q_I/P_I < Q_X/P_X$	不公平(报酬偏低)
$Q_I/P_I = Q_X/P_X$	公平
$Q_I/P_I > Q_X/P_X$	不公平(报酬偏高)

表6-3中，Q为收入，P为付出，I代表本人，X代表参照对象。在公平理论中，参照对象X是一个重要的变量，一般将其划分为3种类型："他人""自我"和"规则"。

"他人"包括同事、朋友、邻居、同行等，人们大多选择那些与自己年龄、能力、受教育水平相近的人来进行比较。

"自我"是指自己过去的情况，也就是将自己目前的收入与付出同过去的收入及工作相比较。

"规则"是指组织中的付酬制度以及虽未明文规定，却在实际中执行的利益分配惯例，人们会分析规则本身的公平性并将自己的状况与之比较。

人们是通过将自己所获得的收入与相应付出的比率同相关参照对象进行比较来作出判断的。当两者相等时，则为公平状态；如果两者的比率不同，就会产生不公平感。当他们认为自己的收入偏低或偏高时，便会调整自己的行为来保持公平感。

如果比较的结果是 $Q_I/P_I > Q_X/P_X$，员工会感到自己的付出有高于一般比率的回报，多半会更加努力工作，珍惜自己的岗位，但其积极性不一定会持久，他可能会因重新过高估计自己的投入而获得公平感，对高报酬心安理得，于是其产出又会恢复到原先的水平。

如果比较的结果是 $Q_I/P_I < Q_X/P_X$，员工会感到不公平，从而要求增加报酬或者自动地减少投入以便达到心理上的平衡，对工作采取消极态度乃至去寻找其他的就业机会。

公平理论对管理人员具有以下几点启示。

(1) 影响激励效果的不仅有报酬的绝对值，还有报酬的相对值。

(2) 激励时应力求公正，使等式在客观上成立，尽管有主观判断的误差，也不致造成严重的不公平感。

(3) 在激励过程中应注意对被激励者公平心理的疏导，引导其树立正确的公平观：使大家认识到绝对的公平是没有的，不要盲目攀比，多听听别人的看法，也许会客观一些。

(4) 不要按酬付劳，按酬付劳是在公平问题上造成恶性循环的主要杀手。

公平理论的主要贡献在于提出了人们对于公平与否的感受并不只是取决于绝对收入的

多少，还取决于自己的收入与付出的比率与参照对象比较的结果。就一个组织内部来说，不考虑贡献大小，简单化地普遍增加薪金报酬，其激励作用很有限。

3. 行为改造型激励理论

1) 斯金纳的强化理论

强化理论是美国心理学家斯金纳提出的，该理论认为人的行为是对其所获刺激的一种反映。如果刺激对他有利，他的行为就有可能重复出现；若刺激对他不利，他的行为就可能减弱，甚至消失。因此，在组织管理中，管理者可以通过强化的手段，控制改造组织成员的行为，以使他们符合组织的目标。强化的具体方式有以下4种。

(1) 正强化：是指奖励那些符合组织目标的行为，以便使这些行为进一步加强，重复地出现。科学有效的正强化方法是，保持强化的间断性，强化的时间和数量也尽量不要固定，管理人员根据组织需要和职工行为状况，不定期、不定量地实施强化。

(2) 负强化：是指预先告知某种不符合要求的行为或不良绩效引起的不愉快的后果(如批评、惩罚等)，使成员为了减少或消除可能会作用在他们身上的某种不愉快刺激，从而使其行为符合要求或避免做出不符合要求的行为。

(3) 惩罚：是指当组织成员出现不符合组织目标行为的情况时，采取惩罚的办法，可以迫使行为少发生或不再发生。

(4) 忽视：是指对已出现的不符合要求的行为进行"冷处理"，达到"无为而治"的效果。

2) 挫折理论

挫折理论或许可追溯到 20 世纪极负盛名的奥地利心理学家弗洛伊德创立的精神分析学说。该理论着重研究人因挫折感而导致的心理自卫。

(1) 挫折和挫折感。常言道："人生不如意事常八九。"人在实现目标的过程中，常常由于客观原因致使行为受阻，未能达到目标，即遭受挫折是常有的事。挫折理论所注重的不是挫折而是挫折感受，后者是行为主体对挫折的心理感受或称知觉。

挫折是客观存在的，但挫折感是主观的，即挫折的产生是不以人的意志为转移的，然而由此导致的挫折感及其对行为的影响却是因人、因情景而异的。一方面，挫折使人失望、痛苦，使某些人消极、颓废乃至一蹶不振；另一方面，挫折又可以给人以教益，使人们变得聪明起来，或者使人发奋努力，在逆境中奋起。挫折的上述两重性是对立统一，共存于统一体之中，又能在一定条件下相互转化的，其转化机制即心理自卫。因挫折和挫折感而导致心理紧张，为消除或缓解心理紧张则会出现防卫性的心理反应，称为心理自卫。

(2) 心理自卫及其机制。因为受挫折的人各有特点，所以其受挫折后因心理自卫而导致的行为表现也总有差异。一般有两类：一类是建设性的心理自卫，采取积极进取的态度；另一类是破坏性的心理自卫，采取消极的态度，甚至是对抗的态度。现分别介绍如下。

① 建设性心理自卫。

一是增强努力：指当个体在追求某一目标受挫时，不放弃原有目标，而是加倍做出努力，尝试其他方法和途径，最终达到目标。

二是重新解释：即重新解释目标，指当个体达不成既定目标时，则延长完成期限、修订或重新调换目标。

三是补偿：指当个体追求实现某一目标受挫时，则改为追求其他的目标，以补偿和取代原来未能实现的目标。

四是升华：指当个体遭受挫折时，把敌对、悲愤等消极因素转化为积极进取的动力，从而取得更有意义的成就。这是建设性程度最高的心理自卫。

② 破坏性心理自卫。

一是推诿：指人受到挫折后会想出各种理由原谅自己或者为自己的过失辩解。

二是逃避：指人受到挫折后不敢面对挫折，而是逃避到较安全的地方或幻想。

三是忧虑：指一个人连续遭到挫折，便慢慢失去了自尊和信心，不知所措，终于形成一种由紧张、不安、焦急、恐惧感交织而成的复杂情绪状态。忧虑严重者生理上还会出现头昏、心发慌、冒冷汗、胸闷、脸色苍白等反应。

四是攻击：也称为侵犯、侵略，指一种无理智的、消极的、带有破坏性的公开对抗的行为。这种攻击可针对受挫折者所认为的挫折源而发，也可迁怒于无关的旁人或折磨自己，甚至自杀。前者称为直接攻击，后者称为转向攻击。这是破坏性程度最高的心理自卫。

五是冷漠：指当一个人受到挫折后由于压力过大，无法攻击或攻击无效，或因攻击而招致更大的痛苦，于是将愤怒的情绪压抑下来，采取冷漠行为。从表面上看，受挫折者似乎对挫折漠不关心，表示冷漠退让，但实际上挫折者的内心痛苦更甚，严重者将变成忧郁型精神病人。

案例6-4

李刚的困惑

李刚今年40岁，是公司的生产部长。他与妻子都出身贫寒，通过不懈的努力，他的付出带来了丰厚的回报。他的工资收入已经相当可观了，更重要的是，他得到了妻子很为他感到自豪的权力和地位。有段时间，他自己也沾沾自喜过，可现在细细想来，他觉得自己并没有什么成就，心里老是空落落的。他现在是企业生产的总指挥官，可他看着企业一年比一年不景气，很想在开发新产品方面为企业做些更大的贡献，可他在研发和销售方面并没有什么权力。他多次给企业领导提议能否变革组织设计方式，使中层单位能统筹考虑产品的生产、销售及研究开发问题，以增强企业的活力和创新力。可领导一直就没有这方面的想法。所以，李刚想换一个单位，换个职务不要太高但能真正发挥自己潜能的地方，可自己都步入中年了，"跳槽"的决定又谈何容易。

6.3.3 激励艺术

激励的原则和方法为开展激励工作提供了指导思想和必要手段，但是现实世界是复杂多变的，僵化的照搬激励原则和方法难以取得理想的效果，因此，如何灵活有效地运用激励的原则和方法实现效能最大化是一门值得研究的艺术。

1. 对不同的成员采取不同的激励方法

激励的起点是满足组织成员的需要，但组织成员的需要存在着个体差异性和动态性，因人而异、因时而异，并且只有满足最迫切需要的激励措施效果最好，强度最大。因此，在管理实践中，对组织中个人实施有效的激励，首先要建立在对人的认识的基础上，通过对不同类型的组织成员进行分析，找到他们的激励因素，有针对性地进行激励，才能取得最佳的激励效果。

1) 合理激励先进、后进和中间层

根据组织成员的工作绩效，可以把组织成员分为先进、后进和中间层3类。

对工作先进成员的激励除了授予荣誉称号等精神奖励外，还要给予必要的物质奖励，并在一定时期内，在其他方面根据先进者贡献的大小给予一定的照顾。与此同时，还必须对先进者严格要求，对他们的缺点和不足，要及时给予批评和帮助。此外，管理者要实事求是地评选先进，这样才能增强评选先进的吸引力，在组织中形成你追我赶、齐争上游的局面。

对中间层成员的激励，必须根据他们不同的特点采取适宜的办法。一是对那些与先进者差距不大的中间层成员，要帮助他们分析落伍的原因，找出改进的措施，使其加入先进者行列。二是对于业务技术较强的中间层成员，要为他们提供充分施展自己才干的机会与场所，激发他们的荣誉感与责任心。三是对那些求知欲望强烈的中间层成员，应充分鼓励，为他们提供培训机会。四是对那些能力稍差的中间层成员，可以考虑分配给他们适宜的工作，让他们有表现自己特长的机会。

对工作后进成员的激励就是发觉他们身上的闪光点，使之发扬光大。管理者要从尊重、爱护后进者的角度出发，努力观察和发觉他们身上的优点和长处，采用正强化为主、负强化为辅的激励方法。后进者一般自控能力较弱，管理者要注意对他们的行为进行超前引导，对于他们的每一点进步都要及时肯定，给予适当的鼓励。这样才能促使他们不断地成长进步，逐步把他们的积极性调动起来。

2) 重视对知识型人才的激励

根据现代管理学之父彼得·德鲁克的观点，知识型人才是"那些掌握和运用符号的概念，利用知识或信息工作的人"。现实中，知识型人才一般泛指大多数白领工作者。根据管理专家玛汉·坦姆仆的研究发现，知识型人才比其他类型的组织成员更重视能够促使他们发展的、有挑战性的工作，他们对知识、对个体和事业的发展有着持续不断的追求；他们要求给予自主权，能够以自己认为有效的方式进行工作，并完成组织交给他们的任务、获得一份与贡献相称的报酬并能够享受自己创造的财富。因此，对知识型人才的激励，不能以金钱刺激为主，而应以其发展成就和成长为主，在激励方式上，应强调个人激励、团队激励和组织激励的有机结合；在激励的时间效应上，应把对知识型人才的短期激励和长期激励结合起来，强调激励手段的长期效应；在激励报酬设计上，应打破传统的事后奖励模式，转变为从价值创造、价值评价、价值分配的事前、事中、事后3个环节出发设计奖酬机制。

2. 分配恰当工作，使组织成员实现自我激励

自我激励基于这样一个事实，即每个人都有归属感、成就感及对驾驭工作的权力充满渴望；每个人都希望自己能够自主，希望自己的能力得以施展，希望自己受到人们的认可，希望自己的工作富有意义。随着科学技术进步和信息时代的到来，人们的工作方式、价值观念和需求层次都在发生变化，人们对工作满意度的追求变得更加强烈。因此，工作作为一种强力的自我激励因素，被国内外管理者广泛用于激励活动中。

1) 工作岗位动态设计

工作岗位动态设计是指为了改变工作乏味的状况，对工作内容进行再设计，使工作具有更高的挑战性，组织成员完成工作能够获得更高的成就感，工作本身成为一种乐趣，从而激励组织成员的工作积极性。工作岗位动态设计主要包括工作轮换、工作扩大化和工作丰富化。

工作轮换是组织成员可以按照一定的规定轮换岗位；工作扩大化是横向增加业务范围，使工作多样化；工作丰富化是从纵向上赋予组织成员更复杂的工作，授予组织成员更大的控制权和自主权，扩大组织成员工作的自由度，使工作具有挑战性和成就感。

2) 合理设计，分配工作

当一个人对某件事感兴趣，爱上某项工作时，他会千方百计地去钻研，去克服困难，努力做好工作。这就要求管理者在安排设计工作时，要事先对每个成员的才能结构和兴趣爱好有比较清楚的认识，这是合理利用人才的前提，然后从"这位组织成员能做什么"的角度出发考虑问题，尽量做到"把适当的人员安排到适当的位置上"。由于一个人的工作业绩与动机强度有关，因此，在设计和分配工作时，还要求在允许的情况下，尽可能地把一个人所从事的工作和其兴趣爱好结合起来。

3. 表扬和批评的艺术

1) 表扬的艺术

(1) 表扬要具体明确，切忌含糊其辞，因为含糊性的表扬常给人一种敷衍的感觉。具体化的表扬则说明管理者对被表扬者的长处和成就很了解、很敬重，会使被表扬者感到表扬是真心实意的，从而表扬的效果会更好。

(2) 选择合适的时机。表扬的效果在很大程度上取决于能否把握住表扬的有利时机。一是"开头"表扬。"开头"表扬的侧重点是被表扬者的优良动机，以促进或激励他们把这种优良的动机转化为行动，并贯彻到底。二是"中间"表扬。"中间"表扬是为了激励被表扬者前进。一般来说，当组织成员的优良行为处在进行过程中且刚刚取得一点成绩的时候，要抓紧时机给予表扬。"中间"表扬是"加油站"，有益于被表扬者趁热打铁，再接再厉。三是"结尾"表扬。当组织成员的优良行为告一段落，并取得一定成绩时，要给以总结性的表扬来具体总结其整个成就，进一步指出继续努力的方向。因此"结尾"表扬尤为重要，在表扬时切勿虎头蛇尾。

(3) 选择合适的方式。要根据不同对象的个性特征而选择不同的表扬方式。例如，对年轻人的表扬，在语气上应稍带夸奖的意味；对德高望重的长者的表扬，在语气上应带有尊重的意味；对思维敏捷的人，表扬可以抓住重点，三言两语；对于有疑虑心理的人，表扬应注意明显准确，避免曲解和误会。

(4) 选择合适的方法。表扬也要针对不同对象选择不同的表扬方法。表扬的方法主要有以下4种：一是当面个别表扬法。这种方法适用于被表扬者不愿让更多人知道的"秘密"的东西，这样表扬能使对方感到表扬者对他的关心，很亲切。二是当众表扬法。心理学调查研究表明，如有必要或有条件时，当众表扬他人，其作用比个别表扬的作用更大。它使被表扬者的荣誉感更强，更能促使他巩固成绩并继续前进，同时也能起到教育和激励大家的作用。三是间接表扬法。这种方法是当事人不在场,背后进行赞扬,运用这一方法有时比当面表扬能起更大的作用,一般来说,背后表扬无论在会议上或在个别场合进行都能转达到本人,这除了能起到表扬的作用外,还能使被表扬者感觉到对其表扬是有诚意的,从而更能增强表扬效果。因此,如果想表扬一个人,不便当面提出或没有机会向他提出时,就可采用间接的表扬法。四是集体表扬法。一般来说,相对个人的激励作用而言集体表扬容易使荣誉分散,因此这种表扬往往不如表扬个人有效,但是,如果集体作出了值得表扬的成绩,也应予表扬,因为表扬集体除了能起到表扬的作用外,还能增强集体的凝聚力。

2) 批评的艺术

(1) 分清是否批评的界限。批评他人前,首先应分清是否批评的界限,斟酌一下是否必须运用批评这一手段。在现实生活中,往往有这样一些情况,例如,有些缺点和错误不运用批评的手段,而采取讨论、参观、教育等方式也能克服和纠正;本人无法防止的问题,诸如外人造成的人身事故,没有完成超出个人能力的任务等;或批评也解决不了问题,需要采取其他措施解决问题。在这些场合都不应给予批评。批评他人一定要有意义,不能随随便便地任意批评一个人。

(2) 选择合适的时机。批评他人的时机有以下几种:一是及时批评,即在问题发生后马上提出所存在的不足或所犯的错误,切不可等问题成了堆去"算总账"。二是冷静后批评。有些比较严重的问题发生后,当事人情绪可能不冷静,等他激动的心情平定下来,对问题仍然记忆犹新的时候提出批评,对方就容易接受。因为这时提出批评,有利于他冷静地反思问题的经过,寻找问题出现的原因,权衡行为的后果。三是在他人主动征求意见时批评。一般来说,一个人只有当他反思自身,感到自己有些不理想的地方时,才会去主动征求别人的意见。由于此时他已有思想准备,能够承受批评,因此是批评的合适时机。

(3) 选择合适的方式。人的个性对人的需求和行为的影响很大。每个人由于气质、性格、知识、经历等条件不同,对批评的承受力也有很大差异。因此,在批评他人时,应该根据不同人员的个性特征,选择其易于接受的、收效最大的批评方式和方法。

(4) 选择合适的方法。批评他人也要根据每个人的个性差异来选择不同的批评方法。批评的方法主要有以下4种:一是过渡法,即从称赞或真诚的欣赏开始,先表扬、后批评。这样,被批评者会觉得批评者是善意的,对问题的分析是全面,不会有委屈感,批评意见最容易听进去。二是暗示法,即间接指出被批评者的错误,例如,在与被批评者谈话时,并不指出他的错误,而是告诉他正确的做法。三是引申法,即不仅要指出错误,还要帮助被批评者分析错误原因和寻找改正错误的办法。四是认同法,即在批评被批评者之前,先谈自己相似的错误。这样可以使批评者和被批评者之间产生"有共同之处"的认同,从而使批评容易被接受。

联想集团的激励措施

联想集团前董事局主席柳传志出席"2002年美国管理学年会"时,谈到联想集团的管理情况,指出联想集团学会了做"三件事"。

第一件事是学会了制定战略。通过向西方企业的学习,学会了一套制定战略的方法,而且知道怎样把它们分解为一个个的具体步骤推进下去。

第二件事就是学会带队伍。在中国有句古话叫做"知易行难",能制定战略为什么做不到呢?主要的原因是"带队伍"没做好。怎样让你的兵爱打仗;怎样让你的兵会打仗;怎样让你的兵组织有序,也就是有最好的队形,作战最有效率——是带好队伍的三个要点。

联想集团对员工,尤其是对骨干员工有很好的激励方式。联想集团花了8年时间实现了股份制改造,成立了员工持股会,使得创业者和骨干员工有了35%的股份。虽然这在美国是件再普通不过的事情了,然而在中国是件非常了不起的事。这对联想集团创业者和公司的骨干员工有极大的激励作用。在中国,没有魄力进行改造的国企是很难办好,股份制改造对创业者、骨干员工是最重要的物质激励。

而精神激励是多方面的。联想集团为有能力的骨干员工提供舞台,给他们充分表演的机会,保证他们在工作时责、权、利的一致。他们明白自己所管辖的这部分工作和全局的工作是什么关系,他们的责任是什么,他们有什么权利。联想的很多方法都是在第一线工作的人提出的建议,立刻被采纳。而一些跨国公司在中国办的企业,它们的一些规定、条文都是在总部制定好的,在中国的分公司要照章执行,当本地工作人员发现不合乎实际情况时要一层层地上报,直到国外的总部批准。这不但效率降低了很多,而且员工的积极性受到很大的打击。联想集团要求各层的骨干员工能成为发动机,而不是齿轮。CEO是一个大发动机,各部门的经理是同步的小发动机。他们不是被动地运转,而是充分地发挥聪明才智。

第三件事是建班子。建班子的核心理念就是要让联想的最高层领导人建立起事业心。这就是把联想的事业真正当作他自己的事业。通过规则和文化,使高层领导人能团结、有效地工作。

建班子、定战略、带队伍是联想集团每年都要对员工培训的管理三要素。

6.4 沟　　通

6.4.1 沟通概述

1. 沟通的含义及作用

1) 沟通的含义

沟通是人与人之间、人与群体之间思想与感情的传递和反馈的过程,以求思想达成一致和感情的通畅,通常包括人际沟通和管理沟通,本节着重讲述管理沟通的相关内容。管理沟通是指一定组织中的人为达成组织目标而进行的管理信息交流的行为和过程。组织不能生存于没有沟通的状态之中,无论是计划、组织、领导决策、监督、协调等管理职能都必须以有效的沟通作为前提。

2) 沟通的作用

(1) 沟通是保证下属员工做好工作的前提。只有通过沟通让下属员工明白了他的工作目标要求、所要承担的责任、完成工作后的个人利益之后,才能确知做什么、做到什么程度,自己选择什么态度去做。

(2) 沟通是启发下属员工工作热情和积极性的一个重要方式。主管与下属经常就下属所承担的工作,以及他的工作与整个企业发展的联系进行沟通,下属员工就会受到鼓舞,就会使他感觉到自己受到的尊重和他工作本身的价值。这也就直接给下属带来了自我价值的满足,他们的工作热情和积极性就会自然而然地得到提升。

(3) 沟通是下属员工做好工作的一个保障。只有通过沟通，主管才能准确、及时地把握下属员工的工作进展、工作难题，并及时为下属工作中的难题的解决提供支持和帮助。这有助于下属按照要求，及时、高质量地完成工作，进而保证整个单位、部门，乃至整个企业的工作协调进行。

2. 沟通的过程

沟通过程涉及发送者与接受者、通道与噪声、反馈等要素，以及两个子过程：发送者对信息的编码过程、接受者对信息的解码过程。这两个子过程，前者是反映事实、事件的数据和信息如何经过发送者的大脑处理、理解并加工成双方共知的语言的过程，而后者是接受方如何运用自己已有的知识，将其理解，还原成事实、事件的过程，都是人脑的思维和理解过程，无法监测而且难以控制，因此被视为黑箱过程，如图 6.9 所示。

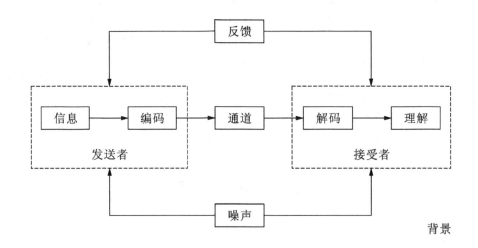

图 6.9　沟通过程模型图

沟通具体包括以下步骤。

第一步，发送者获得某些观点或事实，并且有传出去的意向。
第二步，发送者将其观点或事实以言词来描述，或以行动来表示，力求不使信息失真。
第三步，信息通过某种通道传递。
第四步，接受者由通道接收到信息符号。
第五步，接受者获得的信息解码转化为其主要理解的意念。
第六步，接受者根据他理解的意思加以判断，以采取不同的反应行为。

由此可见，一个看起来简单的沟通过程事实上包含着许多环节，这些环节都有可能产生沟通的障碍，从而影响沟通目的的实现。从现实生活中众多的沟通失败案例中，可以理解为什么每天自己都有可能遇到一例因沟通而出现的误解、尴尬甚至是矛盾和冲突。人们之间准确的信息传递与交流，只有在双方共享或分享经验、感知、思想、事实或感情时才会发生。个人内部和外部存在的某些因素，往往会产生不准确的感知，并导致不尽如人意的信息交流。但是，这并不一定需要人们的观点、意见完全一致，只有这些对立的观点是按照原来打算表达的含义被传递、接收和理解了，这种沟通才是有效的和正确的。

1) 发送者和接收者

沟通的主体是人，任何形式的信息交流都需要有两个或两个以上的人参加。由于人与人之间的信息交流是一种双向的互动过程，因此发送者与接收者，只是相对而言，这两种身份可能发生转换。在信息交流过程中，发送者的功能是产生、提供用于交流的信息，是沟通的创始者，具有主动地位。而接收者则被告知事实、观点或被迫改变自己的立场、行为等，处于被动的位置。发送者和接收者这种地位对比的特点对于信息交流的过程有重要影响。

2) 编码与解码

编码是发送者将信息转换成可以传输的信号的过程。这些信号或符号可以是文字、数字、图画、声音或身体语言。信息在编码过程中受到发送者的技能、态度、知识和文化程度的影响。如果编码的信号不清楚，将影响接收者对信息的理解。因此编码是信息交流过程中极关键的一环。若此环节出现问题，整个信息交流过程则会变得混乱不堪。发送者在编码过程中，必须系统分析，充分考虑接收者的情况，注重内容、符号的可读性。

解码是接收者将获得的信号翻译，还原为原来的含义。它可以将信息由一种语言翻译为另一种语言，也可以是理解他人点点头或眨眨眼的意思。接收者在解码过程中，需要利用自己具备的知识、经验以及文化背景，才能使获得的信号转换为准确的信息。如果解码错误，信息将会被误解或曲解，就会产生沟通障碍。

编码和解码的两个过程是沟通成败的关键。最理想的沟通应该是发送者的信息经过编码与解码两个过程后，接收者形成的信息与发送者发送的信息完全吻合，即编码与解码完全"对称"。对称的前提条件是双方拥有类似的知识、经验、态度、情绪和感情等，如果对方对信息符号及信息内容缺乏共同经验，则容易缺乏共同的语言，就无法达到共鸣，从而使编码、解码过程不可避免地出现误差和障碍。

3) 信息

如果说发送者和接收者是沟通活动的主体，那么信息就是沟通传递的客体。接收者并不能领悟发送者内心的思想和观点，他只有通过接收发送者传递的信息来理解对方真正的意图。可以说，信息是沟通者真正意图的异化。在沟通过程中，人们只有通过"符号—信息"的联系才能理解信息的真正含义。由于不同的人往往有着不同的"信息—符号"系统，因而接收者的理解有可能与发送者的意图存在偏差。

4) 通道

通道是发送者把信息传递到接收者那里所借助的媒介物。口头交流的通道是声波，书面交流的通道是纸张，网上交流的通道是互联网，面对面交流的通道是口头语言与身体语言的共同表现。在管理活动中，通道的选择方式必须尽可能符合信息的性质和传递的有效性。例如，对于十分紧急和重要的信息，显然不宜采用备忘录的传递方式；政府工作报告就不宜通过口头形式而应采用正式文件作为通道；邀请朋友吃饭，如果采用正式通知的形式就会显得不伦不类；而员工绩效评估结果的公布，如采用口头表达的形式，就会失去其严肃性和权威性。因此，正确选用恰当的通道对有效的沟通十分重要，它可以最直接地发出及感受到彼此对信息的态度与情感。

5) 背景

背景是指沟通所面临的总体环境，可以是物质环境，也可以是非物质环境，任何形式的沟通必然受到各种环境因素的影响。沟通的背景通常包括以下几个方面。

(1) 心理背景。心理背景是指沟通双方的情绪和态度，它包括两个方面的内涵：一是沟通者的心情和情绪。沟通者处于兴奋、激动状态与处于悲伤、焦虑状态，其沟通意愿和行为是截然不同的，后者往往沟通意愿不强烈，思维处于抑制或混乱状态，编码、解码过程也会受到干扰；二是沟通双方的态度。如果双方彼此敌视或关系冷漠，则沟通过程常常会由于偏见而出现误差，双方都较难准确理解对方的意思。

(2) 社会背景。社会背景是指沟通双方的社会角色及其相互关系。不同的社会角色关系，有着不同的沟通模式。上级可以拍拍你的肩头，告诉你要勤奋敬业，但你绝不能拍拍他的肩头，告诉他要乐于奉献。因为对应于每一种社会角色关系，无论是上下级关系，还是朋友关系，人们都有一种特定的沟通方式，只有采取与社会角色关系相适应的沟通方式才能被人们接纳。但这种社会角色关系往往也会成为沟通的障碍，例如，下级往往对上级投其所好，报喜不报忧等，这就要求上级能主动改变、消除这种角色预期带来的负面影响。

(3) 文化背景。文化背景是指沟通者的价值取向、思维模式、心理结构的总和。通常人们体会不到文化对沟通的影响。实际上，文化影响着每一个人的沟通过程，影响着沟通的每一个环节。当不同文化发生碰撞、交融时，人们往往能发现这种影响。例如，由于文化背景的不同，东西方在沟通方式上存在着较大的差异：东方重礼仪、多委婉，西方重独立、多坦率；东方多自我交流、重心领神会，西方少自我交流、重言谈沟通；东方和谐重于说服，西方说服重于和谐。这种文化差异使得不同文化背景下的管理人员在沟通时遇到不少麻烦。

(4) 物理背景。物理背景是指沟通发生的场所。特定的物理背景往往造成特定的沟通气氛。例如，在 1 000 人的大礼堂进行演讲与在自己的办公室高谈阔论，其气氛和沟通过程是大相径庭的。而一则小道消息在嘈杂的市场听到与以电话的方式告知对方的效果也是截然不同的，前者显示出的是随意性，而后者体现的却是神秘性。

6) 噪声

噪声是沟通过程中对消息传递和理解产生干扰的一切因素。噪声存在于沟通过程的各个环节，如难以辨认的字迹、模棱两可的语言、不正确的标点符号、电话中的静电干扰以及生产场所中设备的轰鸣声、接收者固有的成见、身体的不适、对对方的反感等都可以成为沟通过程中的噪声。根据噪声来源，可将它分成 3 种形式：外部噪声、内部噪声和语义噪声。外部噪声来源于环境，它阻碍人们听到和理解信息。最常见的噪声就是谈话中其他声音的干扰，如机器的轰鸣声、小商贩的喊叫声、装修房子的声音等。不过噪声并不是单纯指声音，也可能是刺眼的光线、过冷或过热的环境。有时在组织中，人们之间不太友好的关系、过于强调等级和地位的组织文化等也是有效沟通的障碍。内部噪声发生在沟通主体身上，如注意力分散、存在某些信念和偏见等。语义噪声是由人们对词语情感上的拒绝反应引起的，如许多人不听带有猥亵语言的讲话，因为这些词语是对他们的冒犯。

7) 反馈

反馈是将信息返回给发送者，并对信息是否被接受和理解进行核实，它是沟通过程的最后一个环节，也是至关重要的一个环节。通过反馈，才能真正使双方对沟通的过程和有效性加以正确的把握。在没有得到反馈之前，发送者无法确认信息是否已经得到有效的编码、传递和解码。如果反馈显示，接收者接受并理解了信息的内容，这种反馈称为正反馈，反之称为负反馈。通过反馈，个人之间的信息交流变成了一种双向的动态过程。

在沟通过程中，反馈可以是有意的，也可以是无意的。如课堂上教与学的过程就是一个沟通的过程。学生可以用喝倒彩的方式反馈出他们对教师讲授内容及教学方式的不满，学生也可以在课堂上显得疲惫、精神不集中，这种无意间的神情与表情的流露也可以反馈出他们对教师所授内容及教学方式不感兴趣。为此，一个经验丰富的教师就会根据各种情形及时加以调整。

反馈可以检验信息传递的程度、速度和质量。获得反馈的方式有很多种，可以通过直接向接收者提问或者通过观察接收者的面部表情以获得其对传递信息的反馈。但只借助观察来获得反馈，还不能确保沟通的效果，观察接收者反馈的方法只有与直接提问法相结合才能获得可靠的反馈信息。

案例 6-6

中国式沟通

针对中国人，中国式的沟通比较重要，跟西方的沟通理论有很大的不同，中国式的沟通是中国的一大特色。

首先，人际沟通的基础是跟自己沟通，人际关系的基础是跟自己的关系。

从心理学的角度来看，一个人如果跟自己沟通不好，就会有心理障碍，自己心理有问题，跟别人也不能做到心灵相通，一个人如果过分看重自己，以自己为中心，就是自恋狂；如果过分看不起自己，始终只看到自己的缺点，就会得抑郁症，所以人要跟自己沟通，客观的看待和评价自己，既不自负也不自暴自弃，就是健康的心理。只有拥有健康的心理，只有接受自己的人，才能使自己的身心得到充分的发展，因而才能获得和谐的人际关系。如果你跟自己相处不好，就不会有人跟你处得好；你跟自己处得好，别人才会跟你处得好。

其次，先说先死，不说也死的问题。

先说先死，先说的人，自己在明处，别人在暗处，比较被动，所以在商务谈判中，很多有经验的谈判对手总是喜欢让别人先说，我们出去谈生意的时候，如果做到能让客户先说，则成功的概率将大幅增加，让别人先说，既尊重别人，自己也能够了解别人的想法。

如果对方先说，则我们比较能够摸清对方的意图，如果对方的观点跟自己的一致，则大加赞同，如果不一致，则找漏洞加以反驳，使自己立于不败之地，然后针对性地亮出自己的观点，所以中国人在沟通中大家见面都先扯半天，从天气谈到中东局势，就是不入主题，即使导入主题也是先请教一下你的意见，然后先说的人似乎得到了尊重，很有面子，这就是中国人的沟通方式，是虚中带实的方式。

既然先说先死，很多人就干脆沉默是金，不说，其实不说也死，你一句话不说，或者只谈风花雪月，只能表明你对该问题不感兴趣，无法促进双方实质性的沟通，所以，要完成实质性的沟通还必须要说，只是尽量不要先说，待了解对方意图，看清对方底牌之后再说，会比较有针对性，会比较有效。

"先说先死"和"不说也死"这两句意思相反的话要合在一起考虑，既然先说先死、不说也是死，那就要求我们，明白"先说先死"才会"不说"，了解"不说也死"才会"说"。因而"站在不说的立场来说"才不至于乱说，却能够说得恰到好处，做到"说到不死"。

再次，中国人沟通比较注重人伦。

中西方的沟通态度大不相同，西方人进行沟通的时候，彼此不计较身份地位，畅所欲言。中国人则不然，就算面对面坐在一起，也会拘泥于彼此的身份地位，不敢贸然开口，中国人是人伦式沟通。

经常看到这样一句话："这里没有你说话的份。"这句话不是说你说得对不对，不是内容问题，而是你的身份问题,资格问题,可以说中国人的人际关系实际上是人伦关系,所以在沟通的时候,需要融合伦理的观念,忌讳没大没小,否则就会破坏人际关系,不同的身份、地位的人,沟通的方式有很大的差异。

中国人沟通有时候根本不去考虑沟通的内容,而是考虑这句话是谁说的,能量大的人,说出来的话就比较正确,比较有效,相反,能量弱的人说的话,就比较没有人会当回事,所以很多方案,只要是领导提出来的,都会得到高票通过,而不管这个方案本身有多荒唐。

最后,中国人的沟通方式比较含含糊糊。

中国人十分习惯于"不明言",即"不说得清楚明白",却喜欢"点到为止",以免伤感情,听者也比较提倡听言外之意、话外之音,不明言的态度,比较不容易先说先死。因为一部分是我们说的,一部分是别人自己猜的,大家都有面子。同时也不容易被别人抓住把柄。

6.4.2 沟通的类别

1. 根据信息的流向分类

信息在企业中有多个流向,既有自上而下的流动,也有自下而上的流向,还有水平或交叉的流动。古典管理强调自上而下的信息沟通。但事实证明,如果只有自上而下的沟通就会出问题,因为它忽视了信息的接收者。现代管理学之父彼得·德鲁克主张,信息沟通应该从接收者开始,也就是说信息的流向主要应当是自下而上的。

1) 下行沟通

下行沟通即是自上而下的信息沟通,也就是信息从较高的组织层次流向较低的组织层次。这种沟通方式在充满专制气氛的组织中尤为强调。自上而下的口头沟通采用的媒介形式包括命令或指示、谈话、会议、通电话、广播,甚至还有传闻和谣言。自上而下的书面沟通采用的媒介形式则有备忘录、信函、手册、文件、报刊、布告等。

自上而下的沟通方式有 5 种目的:①提供具体工作指示;②提醒下属了解各项任务的相互关系;③向下属提供有关组织政策、规章、制度等资料;④反馈下属的工作成绩;⑤向下属阐明组织的目标。

自上而下的沟通方式能够增强上下层次之间的联系,其缺点主要有:①信息在传递中往往会发生遗漏或曲解,最高管理层发布的命令和指示,有时根本没有被下属接受和理解,发下去的文件下属甚至连看也不看,因此,建立反馈系统是必不可少的;②信息的传递要花费许多时间才能完成,时间上的延误可能会使事情办糟,为了快速传递信息,有些组织的高层管理人员采取把信息直接交给接收者的办法,绕开不必要的中间环节。

2) 上行沟通

上行沟通即是自下而上的信息沟通,也就是信息沿着组织层次向上流动,由下级流向上级,这种沟通方式在职工参与管理和民主气氛浓厚的企业中较常见。请示和汇报是常用的自下而上的信息沟通方式,此外自下而上进行信息沟通的渠道还有提案制度、申诉程序、讨论会、离职谈话、开门办公、职工士气调查、巡视基层等。

由于上级和下级思考问题的方法不同,这种信息沟通方式容易受到沟通环节中的某些管理人员的阻碍。他们会把下级反映上来的信息过滤掉一些,不把全部信息传送给他们的上司知道,信息即使到了最高管理层那里,也不一定能够受到充分注意。自下而上的信息沟通需要有一个使下级感到能够畅所欲言的环境,应该鼓励自下而上的沟通,因为它可以提供下属人员对所接收的信息了解程度的反馈,也可以鼓励下属人员提出有价值的意见。

3) 横向沟通和斜向沟通

仅仅谋求上下级之间的信息沟通是不够的,还必须有横向沟通和斜向沟通。横向沟通又称平行沟通,是指同一组织层次的人和部门之间的沟通,这种内部交流信息的做法常常可以起到协调行动的作用。为了传递执行某项特殊职能所需的技术信息,直线和参谋部门之间也需要横向沟通。斜向沟通是指组织内部无隶属关系的不同层次的部门或个人之间的信息交流。这种沟通常常发生在直线和参谋部门之间,参谋人员具有一定的职能权限。直线部门之间也常常应用斜向沟通,其中一方享有职能职权。

跨越部门之间的信息流动常和协调事务、解决问题以及分享信息有关。横向沟通和斜向沟通的目的是加速信息的流动,使下属人员增进对信息的了解以及为实现组织目标而进行的协调。横向沟通和斜向沟通的渠道既有口头方式也有书面方式,前者包括各部门经理参加的会议、委员会、非正式的碰头会、共进午餐等,后者包括组织出版的报刊、通报等。国外的一项研究表明,管理人员的信息沟通中只有1/3是纵向流动的,有2/3是平行交叉流动的。

在横向沟通和斜向沟通过程中,信息并不按组织的指挥系统和组织层次流动,有可能发生串谋、合伙舞弊、作出超越职权的决策和承诺、共同抵制等问题,因此需要采取适当的防范措施。这些措施包括:①只鼓励在合适场合发生的横向和斜向沟通;②规定下属不能作出超越自己职权范围的承诺;③要求下属及时向直接上级汇报与其他部门合作进行的重要活动。

2. 根据信息沟通的媒介分类

书面形式和口头形式是两种主要的沟通媒介,在选择沟通媒介时必须考虑到发送者、接收者和沟通的环境。在大庭广众面前感到浑身不自在的经理,最好选择发表书面声明的沟通形式。阅读有困难的人可能更愿意接受直接的口头交流形式。在面对危机时,经理可能需要和智囊团的顾问进行面对面的探讨和交换意见,而不是发表长篇大论的声明。

(1) 书面沟通。书面沟通是指采用书面文字的形式进行沟通,如备忘录、报告、信函、文件、通知、电子邮件等。书面沟通传达的信息准确性高,沟通比较正式,信息权威性强,并可以长时间保存,接收者可以反复阅读。除个别情况外(如一个正式演说),书面语言比口头考虑得更全面,把东西写下来促使人们对自己要表达的东西进行更认真的思考。因此书面沟通显得更为周密、逻辑性强、条理清楚。但书面沟通也存在不足:一是沟通周期比较长、缺乏亲近感;二是沟通双方的应变性比较差,难以得到即时反馈。

(2) 口头沟通。口头沟通是采用口头语言进行信息传递的沟通,也是最常见的交流方式,如会谈、会议、演说、电话等。口头沟通胜过书面沟通的好处在于:它是一种快速传递和快速反馈且较灵活的方法,很少受时间、地点和场合的限制,信息可以在最短的时间里被传送,并在最短的时间内得到对方的回复。当沟通双方对信息有所疑问时,迅速反馈可使发送者及时检查其中不够明确的地方并进行改正。口头沟通不适宜于需要经过多人传送的信息,在信息传递过程中,信息传递经过的人越多,信息失真的潜在可能性就越大。

因此，组织中的重要决策如果通过口头方式在权力金字塔中上下传送，则信息失真的可能性相当大。

(3) 非语言沟通。非语言沟通即不通过具体的语言和文字形式来传递信息，而是通过声调、面部表情、身体的姿势等来传递信息。可以传递语言所无法表达或不愿表达的信息，起到语言传递无法起到的作用。非语言沟通有时可强化语言效果，有时却相反。例如，当下属向上司提出某一建议时，上司心不在焉或转移话题，说明上司对下属的建议不感兴趣。非语言沟通要靠细致的观察和思考才能了解到真实信息。又如，一个主管人员宣布从现在开始实施参与式管理，当他想听听下属的意见时，他的身体就会往前倾，注意下属的说话；但如果他一面让下属说说看法，一面却在想他自己的问题或转过头去注意别的事情，就说明他的话值得怀疑。非语言沟通时必须与当时的环境、气氛、场合和时间的紧迫性等因素联系起来才能有效地沟通信息。不同的环境条件所传递的信息可能是截然不同的。

3. 根据信息沟通的可逆性分类

按照信息沟通的可逆性可将信息分为单向沟通和双向沟通。

(1) 单向沟通。信息沟通时，一方发出信息，另一方只接收信息，不反馈意见，这就是单向沟通。例如，上级发文件，作报告，组织向外单位发信函等即属此类。单向沟通一般比较适合下列情况：①沟通的内容简单，并要求迅速传递的信息；②下属易于接受和理解解决问题的方案；③下属没有了解问题的足够信息，反馈不仅无助于澄清事实反而容易出现沟通障碍；④情况紧急而又必须坚决执行的工作和任务。

(2) 双向沟通。信息沟通时，接收人接到信息后，再把自己的意见反馈给发送人，这就是双向沟通。双向沟通是发送者和接收者相互之间进行信息交流的过程，如讨论会、面谈等。双向沟通较之于单向沟通，在促进人际关系和加强双方紧密合作方面有更重要的作用，能更加准确地传递消息，有助于提高接收者的理解能力，提高信息沟通的质量。双向沟通比较适合于下列情况：①沟通时间充裕，沟通的内容复杂；②下属对解决问题的方案的接受程度非常重要；③上级希望下属能对管理中的问题提供有价值的信息和建议；④除了前述的一些原因外，领导者个人的素质对单向沟通和双向沟通的选择也有影响。

例如，比较擅长于双向沟通，并能够有建设性地处理负面反馈意见的上级，多数会在管理工作中选择双向沟通；而缺乏处理下属负面反馈意见的能力，并容易感情用事的上级，多数会在管理工作中选择单向沟通。

4. 根据信息沟通的渠道分类

信息在组织中可能通过正式组织规定的渠道流动，也可能通过非正式组织的渠道流动。

(1) 正式沟通。正式沟通是指通过正式组织的组织网络进行的沟通，是组织内部信息传递的主要方式，大量的信息都是通过沟通网络传递的。正式沟通的优点是：沟通效果好，严肃可靠，约束力强，易于保密，沟通信息量大，并且具有权威性。缺点是：由于依靠组织层次进行传递，沟通速度一般较慢。

(2) 非正式沟通。非正式沟通是指在正式沟通之外进行的信息沟通，是正式组织中不可缺少的一种沟通方式。非正式沟通的优点是：传递信息的速度快，形式不拘一格，并能提供一些正式沟通所不能传递的内幕信息。非正式沟通可以被子正式组织所利用，传递正式组织不愿或不能传递的信息。缺点是：传递的信息容易歪曲、失真，传递越广，失真就可能越多；容易在组织内引起矛盾；控制较困难。人们常把非正式组织传递的信息称为"小道消息"或"流言"。

任何组织中都会有非正式的信息沟通。当正式沟通不畅或组织面临重大变革时，非正式信息就会盛行。研究和经验都表明，小道消息不仅流传快，而且出奇的准确。因此，对管理人员来说，通过非正式渠道取得和传递信息也是可以选择的一种重要的沟通方式。例如，利用非正式消息作为探测气球，试探组织成员对某些政策的反应等。

5. 根据沟通网络分类

沟通网络指的是信息流动的通道。在组织中，员工与员工之间、员工与管理者之间、管理者与管理者之间由于种种原因都要建立并保持联系。也就是说，每个人在企业中都会参与沟通网络。管理者在管理沟通网络中起着重要的作用，同时网络也会给管理者的管理带来许多影响。沟通网络分成两大类型：正式沟通网络和非正式沟通网络。

1) 正式沟通网络

正式沟通网络是通过正式沟通渠道建立起来的网络，它反映了一个组织的内部结构，通常同组织的职权系统和指挥系统相一致。组织内部的正式沟通网络常有以下几种类型（图 6.10）。

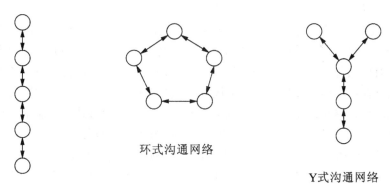

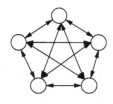

图 6.10　沟通网络

(1) 链式沟通网络。链式沟通网络呈现链条形状，在 5 个层次中，信息逐级传递，只有上行沟通与下行沟通。它的组织系统的工作执行能力最强，但基层的工作积极性、主动性较差，难以根据环境的变化进行组织系统的工作调整。中间环节越多，信息沟通速度就越慢，信息被过滤的可能性就越大，领导者与下级之间难以有真实意图的沟通。

(2) 环式沟通网络。环式沟通网络是链式网络的一个封闭控制结构，表示 5 个人之间依次联络和沟通，其中每个人都可以同时与两侧的人沟通信息。在这个网络中，组织的集中化程度和领导人的预测程度都很较低，畅通渠道不多，组织中成员具有比较一致的满意程度，组织士气高昂。在组织中，如果欲创造出一种高昂的士气来实现组织目标，可采取环型沟通网络。适合于分散小组，经常用于突击队、智囊咨询机构或特别委员会等组织形式之间的沟通。

(3) Y 式沟通网络。Y 式沟通网络呈现大写英文字母 Y 的形状，是在链型沟通网络的基础上发展起来的，表示在不同层次的逐级沟通中，两位领导者通过一个人或一个部门进行沟通。它的效率特征和链型沟通网络基本相同，只是 Y 型沟通网络易产生多头领导的局面，使同时面对两个上级的下级在行动中陷入左右为难的困境。因此，组织内部的正式沟通，一般不利用 Y 型沟通网络来进行。

(4) 轮式沟通网络。轮式沟通网络呈现车轮的形状。图 6.10 中一个领导者与 4 个下级保持双向沟通，而 4 个下级之间没有互相沟通现象。在轮型沟通网络中，只有处于中心地位的领导者了解全面情况，并向下级发出指示，而 4 个下级只分别了解本部门的情况，并向领导汇报。这种信息沟通方式的距离短，信息传递的速度快、效率高，但因信息过分集中容易使下属感到不满意，导致士气低下。

(5) 全通道式沟通网络。全通道式沟通网络允许所有成员之间彼此进行沟通，是一种没有正式机构，也没人以某种领导者的身份处于网络中心位置的沟通。这种沟通网络不受任何限制，所有成员都是平等的，成员的平均满足程度很高，团体民主气氛浓厚，士气高昂，合作精神强。在组织中，如果需要加强民主气氛和合作精神，采取全通道式沟通网络是行之有效的方法。但是这种网络沟通渠道太多，易造成混乱，而且费时，影响工作效率。

沟通网络代表一个组织的结构系统，一个组织要达到有效管理的目的，采取哪一种沟通网络应视不同的情况而定。如果要求速度快，易于控制，且成员具有较大的自主权与责任感，则轮式沟通网络较好。如果要求团队有高昂的士气，则环式沟通网络比较理想。如果在一个小规模的团队中要创造高昂的士气，则可以运用环式沟通网络。如果组织非常庞大，需要分层授权管理，则链式沟通网络比较有效。总之，应具体情况具体分析，从而确定适当的沟通网络。

2) 非正式沟通网络

非正式沟通网络又称蜿蜓小道，是指通过非正式沟通渠道联系的沟通网络。由于它像蜿蜓的小道似的在整个组织内盘绕着，分支伸向各个方向，缩短了正式的垂直和横向沟通的路线，因此效力有时远远超过正式的沟通网络。主要有以下几个特点：①蜿蜓小道是一种非常快的沟通方式；②传递的信息时常被严重歪曲；③破坏正式渠道的信息传递效力。

管理者为达到目标，应像利用非正式组织那样利用非正式沟通网络，必须正视它的存在，并加以正确的利用，扬其所长，避其所短，为达到组织目标服务。

6.4.3 沟通的障碍

【知识链接】

人际沟通的障碍可能发生在信息沟通的全过程，包括信息的发送者、信息的接收者、沟通渠道以及沟通过程所处的环境。

1. 信息发送者存在的问题

信息发送者如果存在以下问题就可能无法实现有效的信息沟通。

(1) 信息沟通的目的不明确。如果信息的发送者对信息传递的目的未经思考，随感而发，很可能导致信息沟通效率较低，事倍功半。

(2) 缺乏明确的计划。信息沟通不仅要有明确的目的，还应有明确的计划，如说明下达命令的理由、选择最合适的沟通渠道、适宜的沟通时间以及沟通全过程的控制方式等就能大大提高信息沟通的效率。

(3) 信息本身的真实性、完整性和严密性存在问题。所传递的信息若是建立在某种假设的基础上或者是信息残缺不全、没有经过加工处理，都会引起沟通双方理解的混乱，影响信息的有效沟通。

(4) 信息表达不清楚。尽管信息的发送者头脑中的想法十分清晰，但因用词不当、条理不清楚、疏忽遗漏、乱用术语等原因而不能把其真实意图转换成信息的接收者所能接受和理解的信息。

(5) 信息沟通的时间选择不恰当。如果信息的发送者选择的沟通时间不恰当，将会影响信息传递的效果。例如，一位下级向上级管理人员汇报工作时，如果选择上级管理人员正在忙碌的时间，那么上级管理人员可能由于其他未完成的工作而没有充实的时间去倾听下级的报告，导致信息沟通效果极差。

2. 信息接收者存在以下问题，可能影响信息沟通的有效性

(1) 不善于聆听，过早地作出评价。有些信息的接收者可能不善于聆听，在没有了解全面的情况时就过早地作出评价；或者没有耐心而不断地打断对方的谈话；或者在沟通过程中转换话题，大发议论，这些都使信息接收者无法接收到完整的信息，大大影响沟通的效果。

(2) 语义曲解。信息沟通双方可能在认知水平、个性特征、心理状态等方面存在很大的差异，从而很容易导致信息接收者曲解沟通信息的原意。

(3) 信息量太大。信息接收者因接收太多的信息而没有时间和精力去处理，这就会出现信息接收者对某些信息拖延处理或草率处理，或者对信息进行过滤而遗漏重要信息等现象，导致信息沟通的低效率。

(4) 没有及时反馈。信息接收者如果没有及时对一些含糊不清的信息和重要的信息进行反馈，仅仅凭自己的猜测和推断，可能导致对信息的误解。

3. 信息沟通渠道存在的问题

(1) 信息沟通传递不畅通。例如，下级员工的意见和建议无法顺利传递到上级领导，上级领导的计划、命令等也无法有效地传达到下级员工，从而使组织运行效率下降。

(2) 信息沟通渠道太长、环节太多。如果信息沟通渠道长、环节多，信息在组织中传递必然要经过层层的过滤，这极易导致沟通信息的失真和不完整。

(3) 信息沟通网络不合理。不同的信息沟通网络具有不同的特点，当一个组织的信息沟通网络设置不合理，如命令不统一、信息传递渠道不明确等也会导致沟通效果的下降。

4. 信息沟通环境的影响

(1) 组织气氛。良好的组织气氛有利于沟通双方解除顾虑、坦诚相待，及时消除沟通中存在的各种疑问，从而提高信息沟通的效果。

(2) 噪声。在沟通过程中，现实存在的"噪声"可能会在沟通过程的各个环节中产生干扰，造成信息丢失或被曲解。

(3) 地理集团。例如，分布在世界各地的大型跨国公司，由于其各部门相距较远，虽然有电话、文件等信息沟通方式，但缺乏面对面的沟通，也会影响沟通的效果。

除了上述存在于信息沟通过程中的障碍外，还有其他许多影响有效沟通的障碍，例如，在沟通过程中，人们往往特别注意他们所关心的信息，却忽略了其他相关信息等。

案例 6-7

单向的信息沟通

联合制造公司总经理奥斯特曼对随时把本公司经济上的问题告诉雇员们的重要性非常了解。她知道，由于市场价格不断跌落，公司正在进入一个困难的竞争时期。同时她也清楚，为了保住市场份额，必须降低本公司产品的出售价格。

奥斯特曼每月向所有雇员发出一次定名为"来自总经理部"的信，她认为这是传递信息的一种好方式。然而，一旦出现了重要情况，她还要把各部门负责人召集到那个简朴的橡木镶板会议室。在她看来，这样做会使这些负责人确实感到他们是管理部门的成员并参与了重大决策的制定。根据会议的礼仪规定，所有与会人员都要在预定时间之前就座，当奥斯特曼夫人进来时要起立致意，直至得到允许后再坐下。这次会议，奥斯特曼进来后只简单地点了点头，示意他们坐下。

"我叫你们都来，是想向你们说明我们所面临的可怕的经济形势。我们面对的是一群正在咬我们脚后跟的恶狼一样的对手。他们正在迫使我们以非常低的价格出售我们的产品，并且要我们按根本不可能实现的日期交货。如果我们这个大公司——自由企业的一个堡垒——还打算继续存在下去，我们所有的人就都要全力投入工作，齐心协力地干。下面我具体地谈谈我的意见。"

在她发表完意见以后，奥斯特曼用严厉的目光向在座的人扫视了一下，似乎在看是否有人敢讲什么。没有一个人说话，因为他们都知道，发表任何意见都会被奥斯特曼夫人看成持有不同意见。"首先，我们这里需要想象。我们需要积极思想的人，而且所有的人都应当通力合作。我们必须要使生产最优化，在考虑降低成本时，不能对任何一个方面有所疏忽。为了实现降低成本的应急计划，我在公司外聘请了一个最高级的生产经理。"

"我们要做的第二件事是最大限度地提高产品质量。在我们这个企业里，质量就是一切。每部机器都必须由本部门的监督员按计划进行定期检查。只有经过监督员盖章批准后，机器才能开始运转，投入生产。在质量问题上，再小的事情也不能忽视。"

"在我的清单上列的值得认真考虑的第三个问题是增强我们的推销员的力量。顾客是我们这个企业的生命线，尽管他们有时不对，我们还是要态度和蔼地、灵活地对待他们。我们的推销员必须学会做生意，使每一次推销都有成效。公司对传销员的报酬办法是非常公正的，即使如此，我们还打算通过提高滞销货的佣金率来增加他们的奖金数额。我们想使这个提议在董事会上得到通过，但是，我们必须保住成本，这是不能改变的。"

"最后，我要谈谈相互配合的问题。这对我们来说比其他任何问题都更加重要。要做到这一点，非齐心协力不可。领导就是配合，配合就是为同一目标共同努力。你们是管理部门的代表，是领导人，我们的目标你们是知道的。现在让我们一起努力工作，并迅速地把这项复杂的事情搞好吧！要记住，我们是一个愉快的大家庭！"

奥斯特曼结束了她的讲话，参加会议的人都站了起来，静立在各自的椅子旁。奥斯特曼收起文件，离开会议室朝她的办公室走去。

6.4.4　有效沟通的实现

【知识链接】

在非常理想的状态下，发送者和接收者之间是可以实现完全信息沟通的。但遗憾的是，沟通过程中的大部分因素都有着造成信息失真的潜在可能性，并因此使完美、精确的沟通目标受到冲击。为了实现有效的沟通，管理者应该做到以下6个方面。

1. 获取沟通的信任

管理人员是否取得所属人员的信任以及信任程度如何，对改善沟通有重要的作用。一个有效的管理者，不仅要取得下属对他的信任，而且必须保持信任，提高信任程度。管理者在下属人员面前丧失了信任，那他的命令再正确也不会有人去执行，其任何沟通都会失灵。管理者要特别注意以行动加强言词的效果，即口头上说明意图，不过是沟通过程的开始，只有在管理方面建立以行动支持语言的信誉之后，所阐述的政策和将要采取的行动才能取信于人。坚持按书面或口头所表达的信息采取相应的行动可以缩短"信任差距"，并有助于建立相互信任的气氛。

2. 正确选择沟通媒介

(1) 沟通媒介的形式有许多种，选择时应注意以下事项。
① 沟通重要信息时，最好同时利用口头和书面两种方式。
② 一般来讲，面对面的沟通效果最好。
③ 过分依赖书面沟通可能使文件泛滥成灾。
④ 无论采用何种沟通媒介，最重要的是提供反馈信息。
⑤ 根据具体情况选择沟通媒介很有利。
⑥ 按规定改进沟通媒介有助于满足特殊沟通目的及情况的需要。
⑦ 良好的沟通目标应是能够理解和遵循所传信息。
(2) 管理人员在下达命令时，如果遇到下列情况时应考虑采用书面形式沟通。
① 当流动率很高，上下级关系经常变动，而工作又需很长时间实施时。
② 当下级对上级缺乏信任或下级不愿意接受任务而强加于他时。

③ 当需要防止命令的重复和词法上的争执时。
④ 当命令使用于全体或大部分员工时。
⑤ 当命令必须由中间人传递时。
⑥ 当命令含有具体数字或很多细节时。
⑦ 当下级需要承担不执行命令所导致的后果时。

(3) 注意非语言提示。

行动有时比语言更明确，因此信息发送者必须注意自己的非语言提示，确保他们与语言相匹配并起到强化语言的作用。例如，在使用语言进行沟通时，表情严肃还是微笑，心情愤慨还是平静，非语言信息在沟通中占有很大比重。

3. 改善命令的发布方式

选择命令的发布方式与命令的正式程度有关。国外一家公司为了帮助各级经理掌握根据具体情况发布命令的方法，制定了以下准则。

(1) 对反应敏感的工人用请求的口吻下命令不会使其反感，而直截了当的下命令会引起对立情绪。

(2) 直截了当的下命令，如果不是太经常使用的话会显得有力，常常能克服懒散习惯。

(3) 请求的态度可以部分软化死硬的人，在直接下命令之前值得一试。

(4) 对可靠的工人通常委婉下达命令的效果最好，但是对缺乏经验或不可靠的工人不能这样。

(5) 对初次犯错误的人，用请求的态度要求他纠正错误，这会增进友谊，但对累犯错误的人，直截了当地下命令也许是可取的。

(6) 对于经常性的违章者，如果过去下达命令时多数采用请求的态度，那么改用直截了当的命令就有强调的意义了。

(7) 在工人对工作不称心或者需要做特别努力乃至需要实行不得人心的加班加点时，采用志愿参加的办法常常是一种挑战并能产生良好的效果，但不要以此来逃避分派任务的职责。

(8) 为了培养有前途的下属的工作能力和判断力，婉转式的或建议式的命令是考验和培养其独立工作能力的好方式，当然，还需要进行严格的督促检查。

(9) 紧急情况通常需要直截了当地下命令。

4. 抑制情绪化的反应

情绪化的反应，如愤怒、爱、戒备、憎恨、嫉妒、恐惧、窘迫等会使信息的传递严重受阻或失真。处理情绪因素的最简单的方式就是暂停进一步的沟通，直到恢复平静。管理者应该尽量预期员工的情绪化反映，并做好准备加以处理。管理者也需要关注自己情绪的变化，以及这种变化如何影响他人。

5. 成为好的倾听者

要成为好的聆听者，管理者需要做几件事情。

(1) 管理者不要随便打断别人说话，这样讲话者会被打乱思路，管理者也会因为信息的不完全得出错误结论。

(2) 管理者要与讲话者保持眼睛接触，并适时地运用体态和表情，使讲话者知道他在认真地听，这样做也有助于管理者关注所听的事情。

(3) 在接收信息以后，管理者对模糊不清的或混淆的地方要提出疑问。

(4) 管理者应该用自己的语言解释、重复信息内容，指出讲话者认为重要的、复杂的或者可以换一种解释的地方，这些反馈要素是成功沟通的关键。

6. 积极利用反馈

反馈对于有效的沟通来说是必要的，当发出信息时，管理者要在信息中建立一个反馈机制。沟通只有在发出信息的人收到对方表明信息已收到的反馈信号之后才算完结。管理者既可以在信息中提出反馈的要求，也可以表明何时或通过何种方式知道信息已收到或理解。当管理者通过写信、便条或发传真沟通时，可以要求接收者通过信件、便条或传真的方式回复，也可以电话回复。只有在信息中包含这些反馈机制，管理者才能确保自己的信息被听到和被理解。

案例 6-8

防止小道消息传播的圆桌会议

圆桌案例： Y公司是国内大型民营企业，这几年发展可谓如日中天，每年业绩以100%的增速成长，主导产品的市场占有率也在50%以上。在公司经营情况总体向好的情形下，公司总裁却时常觉得有点烦。原因在于公司内小道消息满天飞，一些企业内的非正式组织津津乐道于有关企业内似是而非的东西。比如：公司在外面欠了许多钱，某某市场部的经理拿了公司货款跑了等，因此极大地影响了企业内的员工士气与团队精神，更可怕的是员工对企业的信心与向心力亦由于小道消息而减弱。

圆桌成员：

诸强新：杭州唯新食品有限公司常务副总经理

韩志锋：青汉阳品牌管理咨询公司副总经理

王长江：北京浩竹猎头公司总经理

高树山：普华信(国际)管理咨询公司总经理

1. 都是信息渠道惹的祸

诸强新：小道消息几乎每个企业都存在，很让人头痛。小道消息为什么能大行其道，其中一个重要因素在于：企业方面的信息缺乏正常传播渠道，企业领导没有意识到，在企业内建立规范信息传播渠道的必要性与重要性。企业没有给员工建立正常的信息沟通渠道，员工自然只能通过非正式组织及企业内部分所谓"消息灵通人士"去获悉有关信息了。

王长江：我觉得企业内部小道消息之所以有市场，源于人类爱好闲聊、喜欢传递一些好奇或者隐私信息的特性。

韩志锋：一是每个员工在所掌握的信息上存在不对称现象；二是一个企业中非正式组织有存在是在所难免的。每个人都可能因为不掌握事情的真实情况而产生猜疑，同时在自己的非正式组织中加以传播，就产生了"小道消息"。

2. 建立"官方"传播渠道

诸强新： 疏、堵结合很重要。首先"疏"，创办一份企业内刊，将相关信息传递给员工；其次建立管理层与员工定期沟通交流机制，及时消除员工的疑虑、误会；另外，针对企业内部有中央音响系统的状况，开办内部电台，使信息能在第一时间传达给员工。建立了多层次、立体化的正常"官方"信息传播渠道，员工有许多途径了解企业，小道消息自然大幅减少。"疏"的同时，"堵"的工作还是要做，要制定出一些禁止小道消息传播的制度。

要培养员工积极的心态。企业首先做的是有关理念、态度方面的培训工作。同时趁热打铁，针对培训内容与小道消息对企业、个人的危害展开大讨论。

王长江： 不过，针对Y公司的情况，首先应该解决的是已经发生的谣言，这要善于利用事实。比如某某市场部的经理拿公司货款跑了，可以请那个经理在公司的公开会议上做工作报告，协助传递和澄清某些事实。至于一些不易澄清的事情，可以使用反面的结论推翻谣言的前提。只要公司处理事情客观公正，谣言一般会不攻自破。

不过，防止有害消息产生是最根本的问题。一般主要采取诸先生讲的疏导方法；另外在企业文化建设上，提倡诚信为本，公司领导言出必行，承诺一定兑现。

3. 让工作内容丰富化

韩志锋： 第一，实现"透明化"管理，对员工关心的一些问题，如人事变动、薪资调整、公司转型、财务状况等进行定期发布，可借助企业内刊，也可借助内部网络。第二，强化内部沟通，提高各级例会质量，及时发现问题、解决问题。在消息刚出炉时，就对其进行修正或阻截的话，影响自然就会小一些。第三，引导非正式组织的舆论导向，使员工自觉地从意识上杜绝小道消息的传播。第四，从小道消息中查找企业工作的缺陷。

高树山： 俗话说"无风不起浪"。首先，信息源的管理非常重要。公司的中高层管理干部是信息源的关键掌握者，所以首先要使中高层管理干部具备良好的沟通素质。培训是有效捷径。在一个组织中，沟通的渠道包括会议、文件、口头、座谈会、内刊、指令等。公司必须从信息的性质和重要性，选择合适的沟通渠道和方式。而对于公司喜欢搬弄是非的一小部分人，要给予教育。

其次，让工作丰富化。就像王经理说的，这需要适宜的制度创新和工作流程优化。

最后，形成富有责任感的沟通文化。就是使公司每一位员工形成"说出的话不仅要对自己负责，还要对同事和公司负责。"

（资料来源：http://www.manaren.com/news/1030357287/）

本 章 小 结

领导是指领导者依靠影响力，指挥、带领、引导和鼓励被领导者或追随者实现组织目标的活动过程。

一个组织的领导者要顺利地完成其工作职责，有效地影响他人，就必须拥有一定的权威。这种权威有两个基本来源：第一个来源是领导者的地位权力，即伴随一个工作岗位的正常权力，称为职权或正式的权力；第二个来源是下属服从的意愿，称之为威信或非正式的权力。职权和威信是领导者建立权威、实施领导的基础。领导者的权力来源于5个方面：法定权、奖赏权、惩罚权、感召权和专长权。

领导特质理论研究领导者应具备哪些基本特质，以便选拔和培养领导者；领导行为理论着重于研究和分析领导者在工作过程中的行为表现及其对下属行为和绩效的影响,以确定最佳的领导行为,包括利克特4种领导方式、四分图理论和管理方格理论;权变领导理论认为,领导是在一定环境条件下通过与被领导者的交叉作用去实现某一特定目标的一种动态过程,领导的有效行为应随着被领导者的特点和环境的变化而变化,权变领导理论包括菲德勒权变理论、领导生命周期理论、途径—目标理论。

激励就是激发人的动机,使人产生内在动力的过程。激励的首要目的是调动组织人员的积极性,激发组织成员的主动性和创造性,以提高组织的效率和企业的效益。

内容型激励理论着重对引发动机的因素即激励的内容进行研究,主要包括马斯洛的需要层次理论、赫兹伯格的双因素理论。过程型激励理论着重对行为目标的选择,即对动机的形成过程进行研究,主要包括弗鲁姆的期望理论、亚当斯的公平理论。行为改造型激励理论着重对达到激励的目的,即调整和转化人的行为进行研究,主要包括斯金纳的强化理论、挫折理论。

信息沟通指人与人之间传达信息和思想的过程。沟通过程涉及发送者与接收者、通道与噪声、反馈等要素,以及两个子过程:发送者对信息的编码过程;接收者对信息的解码过程。人际沟通的障碍可能发生在信息沟通的全过程,包括信息的发送者、信息的接收者、沟通渠道以及沟通过程所处的环境。为了实现有效的沟通,管理者应该做到:获取沟通的信任、正确的选择沟通媒介、改善命令的发布方式、抑制情绪化的反应、成为好的倾听者、积极利用反馈等几个方面。

欧阳健的领导风格

蓝天技术开发公司由于在一开始就瞄准成长的国际市场,在国内率先开发出高技术含量的某产品,其销售额得到了超常规的增长,公司的发展速度十分惊人。然而,在竞争对手如林的今天,该公司和许多高科技公司一样,也面临着来自国内外大公司的激烈竞争。当公司经济上出现了困难时,公司董事会聘请了一位新的常务经理欧阳健负责公司的全面工作。而原先的那个自由派风格的董事长仍然留任。欧阳健来自一家办事古板的老牌企业,他照章办事,十分古板,与蓝天技术开发公司的风格相去甚远。公司管理人员对他的态度是:看看这家伙能待多久! 看来,一场潜在的"危机"迟早会爆发。

第一次"危机"发生在欧阳健首次召开的高层管理会议上。会议定于上午9点开始,可有一个人姗姗来迟,直到9点半才进来。欧阳健厉声道:"我再重申一次,本公司所有的日常例会要准时开始,谁做不到,我就请他走人。从现在开始一切事情由我负责。你们应该忘掉老一套,从今以后,就是我和你们一起干了。"到下午4点,竟然有两名高层主管提出辞职。

然而,此后蓝天公司发生了一系列重大变化。由于公司各部门没有明确的工作职责、目标和工作程序,欧阳健首先颁布了几项指令性规定,使已有的工作有章可循。他还三番五次地告诫公司副经理徐钢,公司一切重大事务向下传达之前必须先由他审批,他抱怨下面的研究、设计、生产和销售等部门之间互相扯皮,踢皮球,结果使蓝天公司一直没能形成统一的战略。

欧阳健在详细审查了公司人员工资制度后,决定将全体高层主管的工资削减10%,这引起公司一些高层主管向他辞职。

研究部主任这样认为:"我不喜欢这里的一切,但我不想马上走,因为这里的工作对我来说太有挑战性了。"

生产部经理也是个不满欧阳健做法的人,可他的一番话颇令人惊讶:"我不能说我很喜欢欧阳健,不过至少他给我那个部门设立的目标我能够达到。当我们圆满完成任务时,欧阳健是第一个感谢我们干得棒的人。"

采购部经理牢骚满腹。他说:"欧阳健要我把原料成本削减20%,他一方面拿着一根胡萝卜来引诱我,说假如我能做到的话就给我丰厚的奖励。另一方面则威胁说如果我做不到,他将另谋高就。但这是不可能完成的,欧阳健这种'大棒加胡萝卜'的做法是没有市场的。我另准备谋出路。"

但欧阳健对被人称为"爱哭的孩子"销售部胡经理的态度则让人刮目相看。以前,销售部胡经理每天都到欧阳健的办公室去抱怨和指责其他部门。欧阳健对付他很有一套,让他在门外静等半小时,见了他对其抱怨也充耳不闻,而是一针见血地谈公司在销售上存在的问题。过不了多久,大家惊奇地发现胡经理开始更多地跑基层而不是欧阳健的办公室了。

随着时间的流逝,蓝天公司在欧阳健的领导下恢复了元气。欧阳健也渐渐地放松控制,开始让设计和研究部门更放手地去干事。然而,对生产和采购部门,他仍然勒紧缰绳。蓝天公司内再也听不到关于欧阳健去留的流言蜚语了。大家这样评价他:欧阳健不是那种对这里情况很了解的人,但他对各项业务的决策无懈可击,而且确实使我们走出了低谷,公司也开始走向辉煌。

【讨论题】

1. 欧阳健进入蓝天公司时采取了何种领导方式?这种领导方式与留任的董事长的领导方式有何不同?他对研究部门和生产部门各自采取了何种领导方式?当蓝天公司各方面的工作走向正轨后,为适应新的形势,欧阳健的领导方式将作何改变?为什么?

2. 蓝天公司一些高层管理人员因为工资被削减而提出辞职。按照双因素理论,工资属于保健因素还是激励因素?研究部主任的话反映他当前的需要属于哪一种?

3. 生产部经理愿意留下跟着欧阳健干,而采购部经理却想离职,对其原因请用期望理论进行分析。

4. 有人认为,对下属人员采取敬而远之的态度对一个经理来说是最好的行为方式,所谓"亲密无间"会松懈纪律。你如何看待这种观点?你认为欧阳健属于这种领导吗?

5. 试用强化理论说明欧阳健对销售部经理采取了何种激励方式?为什么?

自我检测题

一、单项选择题

1. 领导的本质是( )。
   A. 用权 B. 影响力 C. 协调人际关系 D. 管理职能
2. 领导者有权对组织内部的一些违纪行为给予一定的处分或惩罚,指的是( )。
   A. 法定权 B. 强制权 C. 奖赏权 D. 处分权
3. 某企业多年来任务完成得都比较好,职工经济收入也很高,但领导和职工的关系很差。该领导很可能是管理方格中所说的( )。
   A. 贫乏型 B. 俱乐部型 C. 任务型 D. 中间型
4. 领导者不同的领导方式应适应不同的环境,而不同的工作环境也需要不同的领导方式。这种观点出自哪种理论?( )
   A. 领导行为理论   B. 领导特质理论
   C. 领导权变理论   D. 领导生命周期理论

5. 在菲特勒模型中，下列哪种情况属于较好的领导环境？（   ）
   A. 人际关系差，工作结构复杂，职位权力强
   B. 人际关系差，工作结构简单，职位权力强
   C. 人际关系好，工作结构复杂，职位权力弱
   D. 人际关系好，工作结构复杂，职位权力强
6. 麦格雷戈的X理论是对哪一种人性假设的概括？（   ）
   A. 经济人　　　B. 社会人　　　C. 自我实现人　　　D. 复杂人
7. 赫茨伯格提出，影响人们行为的因素主要有两类，为（   ）。
   A. 满意因素　　B. 不满意因素　　C. 保健因素　　D. 激励因素
8. "饿肚子的音乐家"与（   ）相矛盾。
   A. 马斯洛的需要层次理论　　　B. 期望理论
   C. 强化理论　　　　　　　　　D. 公平理论

二、简答题

1. 什么是领导？领导者的权力来源是什么？
2. 领导理论模式以及其特点是什么？
3. 说明激励的过程及动因。
4. 什么是沟通？区分沟通的类别，解释企业中的沟通网络。
5. 有效沟通的障碍有哪些？如何克服？

三、论述题

1. 试述如何提高领导工作的有效性。
2. 结合课中案例，试论公平理论的主要内容有哪些？组织应如何消除员工的不公平感。

知识拓展

【沟通的知识与技巧训练】

第 7 章 控 制

学习目的

- 了解控制的概念和性质
- 了解控制的重要性
- 理解控制的基本过程
- 理解控制的类型
- 掌握预算控制与非预算控制方法

第 7 章 控　　制

扁鹊三兄弟的医术孰高孰低？

魏文王之问扁鹊曰："子昆弟三人其孰最善为医？"扁鹊曰："长兄最善，中兄次之，扁鹊最为下。"魏文侯曰："可得闻邪？"扁鹊曰："长兄于病视神，未有形而除之，故名不出于家。中兄治病，其在毫毛，故名不出于闾。若扁鹊者，镵血脉，投毒药，副肌肤，闲而名出闻于诸侯。"

其译文如下：

魏文王问名医扁鹊说："你们家兄弟三人，都精于医术，到底哪一位最厉害呢？"扁鹊答说："长兄最好，中兄次之，我最差。" 文王又问："那么为什么你最出名呢？" 扁鹊答说："我长兄治病，是治病于病情发作之前。由于一般人不知道他是在事先就铲除了病因，所以他的名气无法传出去，只有我们家的人才知道。我中兄治病，是治病于病情初起之时。一般人以为他只能治轻微的小病，所以他的名气只及于本乡里。而我扁鹊治病，是治病于病情严重之时。一般人都看到我在经脉上穿针管来放血、在皮肤上敷药等大手术，所以以为我的医术高明，名气因此响遍全国。"

思考：1. 世人对三兄弟医术的评价说明了什么？
　　　2. 你觉得比较理想的控制应该是怎么样的呢？

7.1 控制概述

7.1.1 控制与管理控制的概念

控制可以定义为监视各项活动以保证它们按计划进行并纠正偏差的过程。例如，汽车的驾驶员为了到达目的地，需要通过控制方向盘，保证汽车向预定的方向行驶；生产调度员通过对各种生产要素或工作任务的合理调配使生产计划能够顺利完成，这些都属于控制活动。

管理控制是控制在管理领域的应用。管理控制是通过制订计划和绩效衡量标准建立信息反馈系统，检查实际工作的结果，及时发现偏差以及分析偏差产生的原因，并采取措施纠正偏差的一系列活动。

现代控制概念设想了一个系统，这个系统不仅提供了企业整体曾经发生事件的历史记录，而且指出了该事件发生的原因，同时也提供了有关数据。使执行总裁和部门经理们一旦发现他们处于错误轨迹时能够采取纠偏措施。该系统也使管理者们能够确定企业在成本、市场以及其他方面的动向，从而为企业将来的活动提供了指导。

控制就是一种职能，从总裁到领班的每一个管理者都应当确信所做的工作就是所计划的工作。许多管理者并没有充分理解控制这个概念。他们认为实施控制仅仅是组织中高层管理人员的责任。这种看法归因于他们以同样的方式看待控制、监督和纪律。对于某些人来说，控制就意味着紧密监督，下级的业绩标准由其上级制定并检查。在许多西方国家，常常见到在控制职能中采用参与方式，但这在许多发展中国家却很少见。

管理控制的根本目的在于，保证组织活动过程和绩效与计划目标和内容相一致，以保证组织目标的实现。管理控制以系统论、信息论和控制论为理论基础，把控制对象看做是一个系统，通过信息收集、处理和反馈来影响系统的输出，从而达到管理的目的，因此，管理控制和计划密不可分，它们是一个问题的两个方面：计划就是预先决定要去做些什么、如何做、何时做和由谁做；管理控制是按计划来衡量所取得的实际成果并纠正所发生的偏差，以保证计划的实现。管理人员首先要制订计划，然后用计划作为衡量行动是否符合需要的标准。没有计划就无法衡量行动正确与否，也就无法进行控制，更谈不上纠正偏差。因此，计划是控制的前提。其次，控制是完成计划的保证，如果没有控制，不将实际与计划进行比较和调整，也就不可能保证计划的完成，计划工作也就变得毫无意义了。

7.1.2 控制的重要性

组织为了完成其目标，没有控制是不可能的。一般认为有下列几个主要因素使得控制成为一个组织必不可少的管理职能。

1. 组织环境的复杂多变

组织所处的环境总是复杂多变和不稳定的。从制定目标到目标实现总要经历一段时间，在这段时间内，组织内部和周围环境会发生变化，竞争对手可能会推出新产品和新的服务项目，新材料和新技术可能会出现，政府可能会制定新的法规或对原有的政策进行修正，顾客的消费心理可能会发生改变，组织内部人员可能会有很大的变动……这些变化可能对企业有利也可能不利，但总是和以往的计划设想有一定的差距。这些差距可能会阻止组织目标的实现，可能要求对组织目标本身进行修改。

组织环境的变化，给组织带来了更多的发展机会，也给组织带来了更严峻的挑战。组织有必要建立一个控制系统，对未来可能发生的变化进行预测，制订相应的计划，并在计划的实施过程中不断检查实际效果与计划之间的差异，如果发生不利的差异，就要及时作出反应。例如，某企业生产某类产品的计划是根据预测值制订的，预测值主要是根据历史数据通过回归分析和推测得到的，但市场形势发生了很大的变化，市场的实际销售量与所预计的相差较大，这时，该企业就必须调整原定的生产经营计划，避免遭受更大的损失。

2. 工作失误不可避免

组织的各项计划都是由管理者和员工来负责制订和执行的，而在这个过程中，可能会由于个人的知识、能力、经验所限，或个人的价值观和个性的不同，而出现判断失误，或犯各种各样的错误。缺乏控制会导致某些工作产生严重的后果。例如，美国 Whistler 公司是一家制造雷达探测器的大型厂商，曾经由于需求日益旺盛而放松了质量控制，结果次品率由 4% 上升到 9%，到 15%，然后再到 25%。终于有一天，该公司的管理者发现，公司全部 250 名员工中有 100 人被迫完全投入到了次品的修理工作中，而待修理的库存产品价值已经累计高达 200 万美元。

工作中出现偏差在很大程度上是不可避免的，关键是要能够及时获得偏差信息，采取有效的矫正措施。因此，组织需要有一个控制系统来避免发生各种错误，并对已发生的错误和失误及时加以纠正，以避免失误带来更严重的后果。

3. 管理分工需要协调控制

组织如果按纵向可分成高级管理层、中级管理层、基层管理层以及具体执行层，按横向可分成各职能部或各工作小组，组织的各项工作由各阶层或各部门的工作人员分工管理和负责。分工之后必然需要整个组织相互配合，团结合作。如果一个组织没有一个有效的控制系统，则可能导致严重的内部冲突，例如，高层管理者可能无法检查下属的工作进展和结果，各部门之间就无法协同工作等。

组织内部的复杂性使得授权成为必要，因为控制作用的价值依赖于它与计划和授权的关系。许多管理者认为，授权是一件非常困难的事，主要原因是害怕下属犯错误而由他来承担责任。因此，许多管理者试图靠自己做事来避免授权，但是，如果拥有一种有效的控制系统，这种不愿授权的情况就会大大减少。

从以上的分析可以看出，控制对于一个组织的运行是非常重要的，但是，并不是越详细、越严格的控制就越好。控制如果超出一定的限度，就会给组织管理带来危害，因为严格的控制容易造成被管理者一切活动均按计划进行，墨守成规，缺乏积极性和创造性。因此，控制应该以能够充分发挥下级人员的积极性和创造性为原则。

 案例 7-1

失去控制的管理

汤姆担任这家工厂的厂长已经一年多了。他刚看了工厂有关今年实现目标情况的统计资料，厂里各方面工作的进展出乎意料，他为此气得说不出一句话来。他记得就任厂长后的第一件事情就是亲自制定了工厂一系列计划目标。具体地说，他要解决工厂的浪费问题，要解决职工超时工作的问题，要减少废料的运输问题。他具体规定：在一年要把购买原材料的费用降低 10%～15%；把用于支付工人超时工作的费用从原来的 11 万美元减少到 6 万美元，要把废料运输费用降低 3%。他把这些具体目标告诉了下属有关方面的负责人。

然而，他刚看过的年终统计资料却大大出乎他的意料之外。原材料的浪费比去年更为严重，原材料的浪费竟占总额的 16%；职工超时费用也只降低到 9 万美元，远没有达到原定的目标；运输费用也根本没有降低。

他把这些情况告诉了负责生产的副厂长，并严肃批评了这位副厂长。但副厂长争辩说："我曾对工人强调过要注意减少浪费的问题，我原以为工人也会按我的要求去做的 。"人事部门的负责人也附和着说："我已经为消减超时的费用做了最大的努力，只对那些必须支付的款项才支付。"而负责运输方面的负责人则说："我对未能把运输费用减下来并不感到意外，我已经想尽了一切办法。我预测，明年的运输费用可能要上升 3%～4%。"

在分别和有关方面的负责人交谈之后，汤姆又把他们召集起来布置新的要求，他说："生产部门一定要把原材料的费用降低 10%，人事部门一定要把超时费用降到 7 万美元；即使是运输费用要提高，但也决不能超过今年的标准，这就是我们明年的目标。我到明年底再看你们的结果！"

7.1.3 控制的类型

控制可以按不同的标准进行分类，常见的分类主要有下列几种，见表 7-1。

表 7-1 控制的类型

按主体划分	按时点划分	按对象划分	按方式划分
直接控制	事前控制	因素控制	集中控制
自我控制	实时控制	功能控制	分散控制
间接控制	事后控制		系统控制

1. 按控制的主体不同划分

(1) 直接控制。直接控制是指管理者直接通过监督和检查对管理对象进行的控制。这种控制方法要求管理者具有丰富的经验和较强的管理能力以及很好的沟通能力。好处是由于环节较少，信息不容易失真，控制直接而且有效。缺点是由于管理者受时空的限制，可能管理幅度比较小，或者直接控制的范围较小，成本较高，反应可能比较缓慢，可能造成管理对象的依赖性。

(2) 自我控制。自我控制是指管理者对自己的工作能力和工作效果进行自我检查、自我考核、自我评价。这种控制方法的优点主要有：能够发挥人的主观能动性，能够有效培养全体员工自我管理的能力，提高全体员工的积极性；能够节省控制成本，减少控制所需的人力和物力；能够适应快速变化的环境。

自我控制的困难在于如何使员工在主观上形成自我控制的要求，要求员工具有较高的素质、较强的责任心和事业心。

(3) 间接控制。间接控制是指通过建立控制系统对被控制对象进行控制，如通过预先编制计划或预算，通过建立规章制度和岗位责任制等进行控制。通过预先制定标准，然后对工作过程和结果进行对比、分析，作出评价并纠正差异，以达到控制目的。间接控制对比较规范、程序化的工作较为有效，但也存在一些问题，如对复杂多变的环境反应较慢，严格按照标准执行有时比较困难，只考核工作绩效，容易忽视其他一些重要因素，容易造成时间和资金的大量损失，也可能造成管理者消极地对待控制等。

2. 按控制的时点不同划分

【知识链接】

(1) <u>事前控制</u>。事前控制也称前馈控制，它是指在执行计划之前，预先规定计划执行过程中应遵守的规则和规范等，规定每一项工作的标准，并建立偏差显示系统，使人在工作之前就已经知道如何去做，做到防患于未然。事前控制的重点是事先对组织的人、财、信息等进行合理配置，使它们达到标准状态，从而保证计划的实现，如成本控制中的标准成本法、预算控制等都属于事前控制。

(2) 实时控制。实时控制也称现时控制，它是指计划执行过程中的控制，即通过对计划执行过程的直接检查和监督，随时检查和纠正实际与计划的偏差。

(3) 事后控制。事后控制也称反馈控制，它是指从已经执行的计划或已经发生的事件中获得信息，运用这种信息来评价、指导和纠正今后的活动。例如，对已经生产出来的产品进行检验，把不合格品退回有关人员，寻找差错原因，返工，直至符合产品质量标准为止。

事前控制是预先规定工作规范和标准，以防止工作失误和偏差发生；实时控制是对正在进行的工作进行控制，使工作按预定的计划进行；事后控制是对已发生的事情进行评价，防止未来再发生类似的错误。虽然现在人们强调事前控制，但这是比较困难的，而实时控制能够及时地处理和纠正偏差，但实时信息比较难以取得，常常是取得信息后事情已经发生了。因此，事后控制仍然是一种应用比较普遍的方法，如图 7.1 所示。

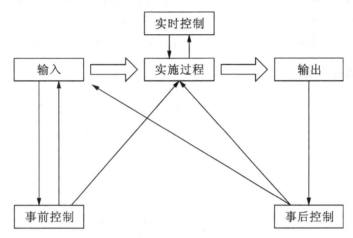

图 7.1　事前、事后、实时控制的相互关系

3．按控制的对象不同划分

(1) 因素控制。因素控制是指对工作中的有关因素进行控制，如成本控制、时间控制、数量控制和质量控制等。

(2) 功能控制。功能控制是指对企业组织的各项功能(职能)，如企业的人事、生产、安全、财务、营销、研究和开发等活动进行控制。

因素控制和职能控制二者是相互联系的。例如，对生产方面的控制既要控制产品数量，又要控制产品质量，还要控制产品成本。

4．按控制的方式不同划分

(1) 集中控制。集中控制就是在组织中建立一个控制中心，由它来对所有的信息进行集中统一的加工、处理，并由这一控制中心发出指令，操纵所有的管理活动。如果组织的规模和信息量不大，且控制中心对信息的取得、存储、加工效率都很高时，采用集中控制的方式有利于实现整体的最优控制。企业中的生产指挥部、中央调度室都是集中控制的例子。

当组织规模很大时，就难以在一个控制中心进行信息存储和处理了。在这种情况下，集中控制会延长信息传递时间，造成反馈时滞，延误决策时机。同时，一旦中央控制发生故障或失误，整个组织就会陷于瘫痪，导致重大的损失。

(2) 分散控制。分散控制就是有目的地将组织的控制权分派给某些管理者或部门，使其能够根据自己的情况分别进行控制。分散控制对信息存储和处理能力的要求相对较低，反馈环节少，处理问题反应快速及时，即使个别控制环节出现了失误或故障，也不会引起整个系统的瘫痪，因此控制效率一般较高。

但是，分散控制也可能会带来一些严重的后果，如分散系统与总系统之间、各分散系统之间很难进行相互协调，严重的甚至会导致失控。

(3) 系统控制。系统控制是一种把集中控制和分散控制结合起来的控制方式。它有两个特点：一个是整个管理系统分为若干层次，上一层次的控制机构对下一层次各子系统的活动进行指导性、导向性的间接控制；另一个是各子系统都具有各自独立的控制能力和控制条件，从而有可能对子系统的管理实施相对独立的处理。因此，系统控制注重主系统与子系统之间以及子系统与子系统之间的协调。系统控制是一种较好的控制方式，随着计算机网络技术和数据库技术的发展，这种控制方式将会得到更快的发展。

7.1.4 管理控制的基本过程

管理控制的基本过程由 4 个阶段组成，即确立标准、衡量工作绩效、分析偏差原因和纠正偏差，如图 7.2 所示。下面分别讨论这 4 个阶段的具体要求。

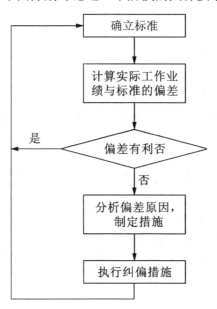

图 7.2 管理控制的基本过程

1. 确立标准

控制依据一定的标准去衡量和改进工作绩效，因此，任何控制的实施都要有可衡量、可比较的标准。标准是衡量工作绩效的一种尺度，各个组织可以根据其目标和计划制定标准。一个较好的控制标准体系通常包括数量标准、质量标准、时间标准和其他标准。有些是可以量化的定量标准，例如，产品合格率、工时定额、资产负债比率、利润率、存货周转率等指标，还有些是不可量化的定性标准，例如，客户满意度，员工是否与企业价值观保持一致，团队精神等指标。

标准还可以根据其水准划分为基本标准、正常标准和理想标准。基本标准一经制定，能够多年保持不变，是某一行业在一定条件下制定的、要求普遍能够达到的标准。正常标准是指在正常的环境条件下能够达到的标准。理想标准是指在理想条件下能够达到的标准。一个组织可以根据需要选择一种标准，也可以采用一种或多种标准，例如，一个企业的工时定额可采用正常标准，产品产量可采用正常标准，产品质量可采用理想标准等。

控制的目标多种多样，组织可根据其目标和计划的需要选择适当的目标体系。由于组织目标是多方面、多层次和综合性的，而组织的管理人员的时间和精力是有限的，不可能对每一项指标进行详细的观察和控制，因此，作为管理人员，为了达到有效控制的目的，应选择一些关键的控制指标，即通过制定一些关键控制指标的标准来进行控制。

每个组织及组织内的各个部门由于各自情况的不同，选择的关键控制指标体系也不同。但一般认为，经济组织的关键控制指标体系应包括 8 个方面：①经济效益；②市场占有率；③生产人员效率；④管理水平；⑤创新能力；⑥员工的成长和组织气氛；⑦社会责任(就业率、环境保护等)；⑧短期目标和长期目标的兼顾。

2. 衡量工作绩效

有了标准，就可以将实际工作成果与标准进行比较，从而判断出实际工作的绩效。如果所建立的标准具体、合理、适用，那么衡量绩效的关键就是及时获得工作成果的真实信息。

在实际管理活动中，管理者可以通过以下途径获得信息。

(1) 管理者通过实地考察、直接观察、检查和询问获得第一手信息。

(2) 通过会议等听取下级的汇报。

(3) 来自下级的各种统计分析报告。

(4) 通过其他非正式渠道获取信息。

管理人员要确保所获得的信息正确、及时、适用和有效。如果获取的信息失真或不适用，就无法对实际工作结果作出正确而恰当的评价。因此，获得丰富而真实的信息对实施管理控制来说是十分重要的。但是，实际工作中的许多信息都不能量化，对这类工作的评价就变得十分困难，只能根据管理者的经验、逻辑思维能力和价值观进行主观判断。这就要求管理者在衡量工作绩效时要尽量将评价问题定量化。如果只能使用定性方法，也要做到尽可能客观、公正地作出评价。

3. 分析偏差原因

通过衡量工作绩效，可以计算出实际工作结果与标准的偏差。偏差有两类：一类是有利偏差，如产品实际销售量超过标准量，这类偏差往往不需要纠正，只需要对原定标准进行分析和改进；另一类是不利偏差，即实际工作效果没有达到标准，这时要对产生差异的原因进行分析，找出存在差异的主要原因，然后有针对性地采取措施，以纠正偏差。

实际工作成果与标准产生差异的原因一般有以下 4 类。

第一类是由于外部环境的变化，使得组织原定的目标和计划无法实现。对于这一类原因，管理者一般无法控制，只能调整组织的目标和计划。例如，由于政府调高贷款利率，借贷资金的成本大大提高，财务费用增加，企业的利润率将受到影响。

第二类是由于组织本身调整经营方针和政策。这一类原因一般是管理者所能控制的，应通过组织变革或调整计划来适应新的经营方针和政策。

第三类是原先制订的计划对照现实表现出不合理的地方。这需要重新调整计划。

第四类是由于管理不善所造成的。这就要根据原因进行处理，如果产品成本太高，应分析是由于直接材料、直接人工、制造费用提高引起的，还是由于生产组织不当引起的。

总之，应首先分析出现的偏差，找出关键原因，明确各部门的责任，然后再进行处理。

4. 纠正偏差

纠正偏差是控制的最后一个环节，也是控制的目的之所在，管理者应予以充分的重视，这一环节主要应注意以下3个方面的问题。

(1) 纠正调整一定要及时。即发现问题之后要马上解决，力争将问题消灭在萌芽状态，以避免造成更大的损失。

(2) 纠正偏差一定要抓关键问题。即处理问题要重点突出，要针对关键问题，采取有力措施，争取从根本上解决问题。

(3) 纠正偏差的措施一定要落到实处。纠正偏差工作的责任要落实到人，同时要注意观察采取措施后的实际效果，检验对应措施的有效性，保证能够达到预期的控制效果。

7.1.5 有效控制的原则

精明的管理者总是想要有一个充分而有效的控制系统来协助他们确保一切按计划行事，但是并非所有管理者都能如愿以偿。虽然在实施管理控制时，有控制的基本过程和基本原理可以遵循，但任何组织机构的管理控制都受许多具体因素的影响，要使控制工作真正发挥作用，取得预期的效果，管理控制系统必须根据具体情况来设置。有效的管理控制应该遵循有效控制的原则。

1. 控制必须目的明确、重点突出

控制作为一项管理职能是普遍存在的，它是组织实现预定目标的重要保证，但是不同的组织、不同的层次、不同的工作性质、不同的对象，控制的目的是不一样的，控制必须针对组织的主要目标。例如，对生产一般日用消费品的企业而言，影响企业成功的因素可能是产品的推销、顾客对产品的反应以及竞争情况的变化。为此，控制产品质量是问题的关键，企业要认真研究顾客的需要，开发和生产适销对路的成品，提高产品质量，搞好售后服务工作。但是，对于矿产品采掘企业来说，生产成本控制是影响企业效益的最主要问题，因此，要着重研究工作面优化设计、开采工艺的选择、劳动生产率的提高等。不同的控制对象，其控制目标不尽相同，因此，必须根据具体问题确定控制的目标。

有效的管理控制还必须重点突出。在实际的控制工作中，经常要面对很多需要控制的目标，如果对所有目标都进行控制，不但控制效果不理想，而且有时根本无法实现控制。因此，必须挑选出关键的目标进行控制，而且仅当这些项目的偏差超过了一定限度时才予以调节或控制。无论什么性质的工作都可以列举出许多目标，但总有一个或几个目标是关键目标，完成了这些关键目标，其他目标就能很容易地完成了，即使这些次要目标完成不了也无碍大局。管理者的任务之一就是要在众多的甚至是相互矛盾的目标中选择出关键的、对组织发展的实现起着举足轻重作用的目标，并对之加以有效的控制。由于组织部门的多样性、调控对象的复杂性以及政策和计划的多变性，控制的重点必须具体问题具体分析。一般来说，组织的主要目标和重大例外情况都是管理者十分注意和需要控制的重点。

2. 控制必须具有预见性和及时性

较好的控制必须及时发现偏差，找到产生偏差的主要原因，并迅速采取措施纠正偏差。如果发现偏差不及时，纠偏措施迟迟不落实，往往会造成不可弥补的损失，例如，进口产品要加强检验工作，发现不合格产品要及时处理，因为过了索赔期，对方就不再承担相应的责任了。

及时发现偏差，不如预先估计可能发生的偏差，采取相应的预防措施。管理者应该注意提高控制的预见性，做到防患于未然。时滞现象在反馈控制中是客观存在的，在实际工作中，检查实施结果并将结果同标准比较、找出偏差，可能不会花费很长的时间，但分析偏差产生的原因并提出纠正偏差的具体措施也许要花很多的时间，并且当真正采取这些措施去纠正偏差时，实际情况可能已有了很大的变化，因此，最后实施结果与目标又会存在一定的距离。为了避免时滞所带来的问题，较好的办法是采用前馈控制，即增强控制的预见性，使计划实施的最初阶段就能严格按照标准方向前进。一旦发现偏差，要对以后的变化情况进行预测，采取相应的预防措施，这样虽然还存在一定的时滞，但可以有效地减少实际绩效与目标的偏差。例如，企业加强产品需求量的预测，可以提高企业生产的预见性，减少生产的盲目性。

3. 控制要考虑其经济性

控制必然要支出一定的人力、物力和财力，因此，是否进行控制、控制到什么程度以及如何进行控制都涉及费用问题，必须考虑控制的经济性。要把控制所需要的费用同控制所产生的结果进行经济比较，只有当有利可图时才实施控制。为此，要有选择地进行控制，全面、周详的控制不仅是不可能的，也是不经济的，要根据实际情况，选择重要的和关键的问题进行控制；要不断改进控制方法和手段，努力降低控制的各种耗费，提高控制的效果。例如，企业在进行产品质量控制时，是进行全部检查呢？还是进行抽样检查呢？抽样检查时抽样的比率又是多少呢？这些问题都需要管理者根据实际情况，从经济性的角度作出适当的决策。损益分析的方法可以帮助管理者进行控制的经济性决策，只有在绩效价值与控制成本的最佳范围内实施控制才是合适的。

4. 控制要具有弹性

事物总是处于不断的发展和变化之中，建立在预测基础上的目标和计划与实际工作绩效之间总会存在一定的偏差，如果控制一点弹性都没有，则计划执行时难免被动，造成不应有的损失。为了提高控制系统的有效性，就要使控制工作具有一定的弹性。控制的弹性要求控制者具有随机应变的能力，制订多种应付环境变化的替代方案，留有一定的后备力量，并采用多种灵活的控制方式和方法来达到控制的目的。弹性控制能够保证，一旦未能预测的事件发生之后，控制工作仍然有效。弹性控制要求一切控制从实际出发，不能过分依赖一些正规的控制方式，如预算、检查、报告等。正规的控制方法虽然都是比较有效的控制工具，但像数据、报告、预算等往往是建立在历史的基础上的，当实际情况发生较大变化时，这些报告、计划和预算就有可能同实际情况相差较大，过分依赖它们可能会导致指挥失误、控制无效。常用的弹性控制方式或方法主要有弹性预算、跟踪控制。

5. 做好控制制度的建设工作

控制制度规范着组织内部实施控制人员和接受控制人员的职责、权力、工作内容和程序等，控制制度决定着控制工作的效率。如果控制制度不完善，那么控制效率一定不高。控制制度的建设工作一般包括以下内容。

(1) 建立精简、高效的控制机构，配备合格的控制人员。控制组织机构是维持控制系统的基础，是实现有效控制的保证。

(2) 建立明确的控制责任制，控制要与组织成员的分工、职责和权力结合起来，做到及时发现问题，及时制定纠偏措施，及时贯彻落实纠偏措施。同时，还要及时了解纠偏措施的执行效果。

(3) 信息是有效控制的基础，因此，必须建立和健全组织的信息沟通体系，保证组织控制信息沟通顺畅、反馈及时。

6. 注意控制的客观性

管理控制的客观性主要包括控制标准的客观性和实际绩效评价的客观性两个方面。

1) 控制标准的客观性

控制标准是衡量实际工作绩效的依据，只有客观、合理、简明的控制标准，才能较好地衡量工作绩效，才能保证实施有效的控制。为了保证控制标准的客观性，要尽量建立定量的标准，这有利于客观和合理地评价下属的工作业绩，从而达到控制的目的。控制标准的客观性要求也是评价工作绩效的基础。

2) 实际绩效评价的客观性

对实际工作绩效的评价是控制工作的一个重要环节，也是最易引起主观因素介入的阶段，对人的工作绩效的评价更是如此。这种现象的发生可能来自两种心理因素的作用：一种是晕轮效应，另一种是优先效应。晕轮效应是一种以点带面的效应，人们往往习惯于把人的行为中的某一点看成是他的全部行为，这种效应很容易造成评价上以偏概全的现象。例如，"情人眼里出西施"就很好地描述了这种晕轮效应。优先效应是指人们往往把第一印象看得更加重要，以致影响了人们今后的评价，即"先入为主"的心理。很显然，一个人在第一阶段工作的好与坏只能说明他那时的工作绩效，而不应以此来代替他现在的工作绩效，但是许多人往往没有意识到这一点。为此，管理者在评价工作绩效时，必须避免上述两种心理效应的影响，如果管理者不能对工作绩效作出客观的评价，他就不可能准确地发现差异，调动下属的积极性，也就不可能从事有效的控制。

要进行客观的控制，管理者首先要尽量建立客观的计量方法，即尽量把控制的标准和实际工作绩效用定量的方法进行记录并作出评价，把定性的内容具体化，其次要站在组织的角度来观察问题并进行评价，尽量避免个人偏见和成见。

此外，在从事实际工作绩效评价时，往往要涉及数学模型、统计分析方法及各种图表，而这些工具常常不为具体操作人员所了解和掌握。因此，控制标准和工作绩效评价的表达等要根据操作人员的具体情况，尽可能简单明了，易于了解和接受，这样有利于<u>提高控制的效果</u>。

【相关案例】

7.2 控制方法

7.2.1 预算控制

1. 预算控制的含义

预算控制的基本前提是通过把组织计划逐层分解，变为各种具体业务计划，并把计划数字化，即转化为财务报表形式。预算控制是指通过编制各项业务活动的预算，以编制的预算为标准，比较实际收支状况与预算标准的差异，分析产生差异的原因，采取有效措施对差异进行处理，从而达到控制组织各项活动的目的。

预算控制是组织管理的有效手段，典型的预算控制过程一般要经过4个步骤：首先，建立各项业务活动的预算标准；其次，衡量实际工作业绩，即将组织经营活动的实际结果与所编制的预算标准进行对比分析；再次，分析产生差异的原因，找到关键问题，并有针对性地提出解决问题的方案；最后，采取措施，纠正偏差，实现预算控制的目的。

2. 预算的种类与内容

预算的种类一般划分为业务预算、财务预算和专门预算3大类。

1) 业务预算

业务预算是指组织日常发生的具有实质性活动的各项业务的预算。对制造企业来说，它一般包括销售预算、生产预算、直接材料采购预算、直接人工预算、制造费用预算、单位生产成本预算、销售及管理费用预算。

(1) 销售预算。销售预算是编制全面预算的基础。企业根据市场需求量预测和生产能力等情况确定产品销售目标，编制年度、季度及月度的销售数量，销售单价、销售金额及销售货品收入等。

(2) 生产预算。生产预算是根据销售预算所确定的销售数量，按产品类别、数量、质量等分别编制的预期生产量。生产预算必须考虑合理的库存量。

$$预期的生产量 = 基期的期末商品库存量 + 预期销售量 - 期初商品库存量$$

为了保证均衡生产，一般还要编制生产进度日程表，以便控制生产进度。

(3) 直接材料采购预算。直接材料采购预算是根据生产预算所确定的产品产量以及各种产品所消耗材料的品种、数量、单价、生产进度等确定材料采购数量及现金支付计划。为了保证既均衡生产又节约存货成本，应该考虑合理的材料存货量。

预期购买的材料量=预期的生产需要量+预期存货量-期初存货量

(4) 直接人工预算。直接人工预算是根据生产所需的工时,确定各种工作总工时和工资率以及直接人工成本等。

(5) 制造费用预算。制造费用预算是根据产品销售量和生产量水平确定各种费用的总额,包括制造部门的间接人工、间接材料、维修费、设备及厂房折旧费等。

(6) 单位生产成本预算。单位生产成本预算是根据直接材料、直接人工及制造费用预算确定的单位产品生产成本。

(7) 销售及管理费用预算。销售及管理费用预算是根据销售预算情况及各种费用项目确定销售及行政管理费用,主要包括销售广告费、销售佣金、运输费用、销售及管理人员薪金、保险费、折旧费、办公费及交际应酬费等。

2) 财务预算

财务预算是在计划期内反映现金收支、经营成果及财务状况的预算,它主要包括现金预算、损益表、资产负债表、财务状况变动表。

(1) 现金预算。现金预算能够反映组织在计划期内的现金收入、现金支出、现金余额及融资情况。通过现金预算能够及时掌握计划期内现金流动的状况,为有效控制现金的收支平衡提供条件,有助于充分发挥资金的使用效益。

(2) 损益表。损益表能够反映组织在一定期间的经营管理成果,包括产品的销售量、生产成本和收益的变动情况。通过损益表可以了解企业的盈利能力。

(3) 资产负债表。资产负债表反映了组织的资产、负债及权益情况,是组织财务偿债能力的重要表现。

(4) 财务状况变动表。财务状况变动表能够反映组织在计划期内资金来源和资金运用及其变化的情况以及组织理财的情况。

3) 专门预算

专门预算是指组织不经常发生的、一次性的预算,如资本支出预算、专项拨款预算等。

3. 编制预算的方法

传统的编制预算的方法是编制固定预算,即将组织在未来某一时期内的计划用各种数字表示出来,不考虑未来情况是否变化,预算所确定的各种数字是固定的,并且不再做调整和修改。实践证明,传统的固定预算是刚性预算,不能适应环境的千变万化,从而不能使预算控制发挥应有的作用。编制预算的方法主要有弹性预算法、滚动预算法和零基预算法。这里重点介绍弹性预算法和零基预算法。

1) 弹性预算法

弹性预算法就是在编制费用预算时,考虑到计划期业务量可能发生的变动,编制一套能适应多种业务量的费用预算,以便分别反映各业务量所对应的费用水平。由于这种预算随着业务量的变化做机动调整,本身具有弹性,故称为弹性预算。弹性预算法的具体形式有可变预算法、补充预算法和选择性预算法3种,这3种方法可单独运用,也可综合应用,视具体情况而定。

(1) 可变预算法。可变预算法分为两个步骤。在编制弹性预算时，先把所有的费用分为变动费用和固定费用两部分，固定费用在相关范围内不随业务量变动而变动，变动费用随业务量变动而变动，按各项活动的业务量分别计算出每项活动的预期费用，但这个预算并不一定是此项活动的最后的真实的预算，在预算期结束时，再根据每项活动计算出实际应得的预算费用，如变动费用按实际业务量的变动调整预算总额，如果实际应得的预算费用不同于预先计算的费用，就需要调整有关部门或活动的费用。

(2) 补充预算法。补充预算法是先确定一项最低费用预算，然后在每个具体项目执行前再编制一份补充预算。如年初就进行一年内每个月的预算，但每个月开始时，要根据当时的情况再编制一份这个月度的补充预算。

(3) 选择性预算法。采用选择性预算法时，要建立高、中、低 3 个水平的业务预算方案以备选择，究竟选用哪个方案，应根据当时组织内外的经营环境的变化情况而定。

2) 零基预算法

零基预算法是以零为基础编制的预算，即在每个预算期开始时认为管理活动重新开始。零基预算法的原理是：在每个预算期开始时，就像组织新成立时那样，一切以零为起点，根据组织目标，重新审定每项活动对实现组织目标的意义和效果；对每一项费用的发生，不是以现有的费用水平为基础，而是重新进行费用—效益分析，在此基础上，重新确定各项管理活动及这些活动的主次轻重，依次分配资金和各种资源。

【知识链接】

零基预算法最早是由美国德州仪器公司的彼得·A.菲尔提出来的，目前在西方国家使用得比较普遍。一般来说，实施零基预算要经过以下步骤。

(1) 在制定零基预算之前，组织最高领导人首先提出总方针。

(2) 下属各部门根据组织的总方针，针对本部门的业务特点进行研究，提出本部门下一活动时期的各项目标及行动方案。

(3) 各部门对各种行动方案进行成本—效益分析，即不仅要计算出各项业务活动所用的资金，而且还要估算出可能获得的利润。

(4) 各部门按轻重缓急排列出各行动方案的先后次序。

(5) 各部门将预算方案交上级部门，最后集中到组织总部，总部根据各部门的预算综合进行评价和平衡，确定组织的总预算。

零基预算法更强调预先控制，突出了组织目标对全部管理活动的指导作用，能够使组织目标的实现收到事半功倍的效果。该方法的主要优点有以下几个方面。

(1) 准确、全面地计算出各项业务活动的成本与效益数据，为组织的计划与决策提供精确的资料，减少了盲目性。

(2) 使计划与控制富有弹性，增强了组织的应变能力。

(3) 当管理决策出现失误时便于及时纠正。

实施零基预算法时应注意以下几个问题。

(1) 每一次预算都需要进行大量的计算工作，而进行这种计算工作又需要事先对有关人员进行大规模的训练，投入的人力、物力和财力较大。根据经验，将零基预算法应用于计算间接成本的部门易于取得较好的效果。

(2) 组织中各级主要管理人员必须亲自参加活动和项目的评价过程，清楚各项费用的由来才能有效地判断和审定预算方案。

(3) 在编制预算时，资金按重新排出的优先次序进行分配，应尽可能地优先满足重要的活动。如果资金有限，可暂时放弃那些可进行但不是必须进行的活动和项目。

4. 有效预算控制的措施

预算仅仅是管理的手段，而不是管理的目的。在实施预算控制的过程中，可能会遇到各种各样的阻力，致使预算控制难以收到预期的效果。预算控制中产生阻力的原因有很多，大致有以下几个方面。

(1) 预算控制标准不尽合理，缺乏弹性。由于在实际工作中环境条件变化较大，使原定的标准无法执行，或者制定的标准不严格，可能造成组织成员对同一标准有不同的理解，引起不必要的纠纷。

(2) 对实际工作绩效的评价缺乏客观性，致使评价结果不准确，引起执行人员的不满。

(3) 执行人员对预算控制不理解，把控制看成是一种压力，对预算和评价工作绩效等工作产生抵触情绪，使预算控制不能正常地进行。

为了使预算控制能有效地实施，需要采取以下措施。

(1) 提高组织成员对预算的认同感。首先，要使预算控制实现预期的效果就必须得到组织各级管理人员的高度重视和支持，各级管理人员要亲自参与预算的编制和执行工作，身体力行，做群众的表率，使预算得到全体员工的重视。其次，要使管理者和预算执行者共同参与预算的编制工作，一般先由负责执行预算的基层人员自编预算，然后递交上级审查，经过反复研究、修改，再逐级加以汇总，最后送给高层管理者审核批准。这种由各级预算执行者亲自参与制定的预算比较切合实际，易于执行，抵触情绪少，能提高预算执行者完成预算所确定目标和任务的自觉性和积极性，并有助于自我控制。

(2) 建立标准成本系统。为了使预算更加客观、合理，为控制系统提供更为可靠的数据资料，管理部门应建立标准成本系统。标准成本系统包括标准成本的制定、成本差异的计算与分析以及成本差异的处理。

标准成本是指根据现有的生产经营条件，在有效经营管理的情况下所应当发生的成本，因而是一种预定的目标成本。标准成本一般分为4类，即基本标准成本、理想标准成本、正常标准成本和实现标准成本。

① 基本标准成本。基本标准成本以实施标准成本的第一个执行期或选定的某一基准期的实际成本作为标准成本。它可作为测定各期成本变动的尺度，比较各期成本变化的趋势。

② 理想标准成本。理想标准成本是根据理想条件下的生产能力、生产要素的消耗量、销售价格和经营收入而确定的一种标准成本。

③ 正常标准成本。正常标准成本是根据正常生产条件所制定的一种标准成本。制定正常标准成本时，可采用本组织或有可比性的组织在过去较长时期的实际数据进行回归分析，并在估计未来变动趋势后确定成本标准。实际工作中，一般根据正常标准成本进行控制。

④ 实现标准成本。实现标准成本是指在将来的一个时期内，经过努力可以实现的标准成本。确定实现标准成本时主要根据下期预计的生产能力、生产要素的消耗量、销售价格和经营收入。

通过一种或几种成本标准去衡量实际结果，可以从中发现差异，然后对差异进行细致的分析和研究。查明差异产生的原因，并进行差异处理，以达到有效控制成本的目的。

(3) 实行责任中心制。组织内部按专业分工的需要划分成不同的部门，各个部门具有明确的工作范围和职责范围。责任中心基本与组织内部的各个部门的划分一致。每个责任中心有专门的负责人，根据组织规定的任务，有权获得、使用和处置与本中心有关的资源，同时对本中心的工作绩效全权负责。建立责任中心可以使各部门职责明确，也比较容易衡量各部门的业绩，更有助于对各部门进行控制。责任中心按其控制区域和责任范围的大小，一般可分为成本中心、利润中心和投资中心。

① 成本中心。任何对成本负有责任的部门都可能成为成本中心。成本中心只控制成本，只对成本负责。每一个成本中心都要对它们的费用支出进行有效的控制，负责使用它们的资金来完成该中心承担的任务。

② 利润中心。利润中心既对成本负责，又对收入和利润负责。组织建立利润中心的目的是通过比较成本和收入水平来控制组织的利润。利润中心特别适用于这样一类大公司，这些大公司将其下属部门划分成若干个相对独立的分公司(或分厂)，这些分公司(或分厂)在经济上实行独立核算，自负盈亏，成为各个利润中心。各个利润中心之间展开竞争，如在各利润中心之间采用内部定价制度，当公司内部一个部门需要另一个部门的产品或服务时，可按公司内部价格来购买，同时规定，如果内部价格高于市场上同类、同质产品或服务的价格时，有关部门有权直接到市场上去购买需要的产品或服务。这种具有竞争性的利润中心制度，有助于各部门注意控制成本，努力提高经济效益。

③ 投资中心。投资中心的主要职责是确保投资能获得一定的报酬率。一个投资中心既要对成本、收入和利润负责，又要对固定资产使用效益负责。投资中心的适用范围限于规模和经营管理权力较大的部门，如一个集团公司所属的子公司和事业部。与成本中心和利润中心相比，投资中心的独立性更大，一般有权筹措资金，选择厂址，甚至确定中心的战略等。

责任中心制是西方国家普遍使用的一种有效的财务控制方式，体现了现代分权管理的思想，使大公司内部各部门责任明确。具有一定的自主权，同时，可以有效地评价各部门的工作业绩，有助于实现控制成本、提高组织经济效益的目的。

7.2.2 非预算控制方法

许多传统的控制方法与预算没有直接关系，但也是非常有效的控制方法，为了与预算控制区别开来，把预算控制以外的控制方法统称为非预算控制法，它们是程序化控制、检查与监督、统计报告法、实地调查法和管理咨询与评价法。

1. 程序化控制

管理活动程序是指一个组织对某种活动处理流程的一种描述、计划和规定。组织中的许多业务活动具有重复性和例行性，这些活动一般由多个环节构成，管理者可以将这些活动制定成标准的程序，使组织成员按照这些程序来处理具体工作。

制定了处理程序之后，业务人员在处理这些事务时可以照章办事，不必事事向上级请示。上级主管人员也不必事必躬亲，可以集中精力去解决组织发展、组织整体管理效率等重大问题。组织中常见的管理程序很多，如决策程序、上下信息沟通程序、成本核算程序、库存管理程序、供产销业务配合和联系程序等。

管理程序中一般都明确规定了处理某项具体业务要涉及哪些部门和人员，按什么路线办理，各自有什么权责，各个管理人员的职责是什么，耽误了事情由谁负责等，这就明确了工作中的权责，减少了内耗，提高了管理的效率。另外，制定管理程序还有利于发挥下级管理人员的积极性和主动性。规定了程序也就规定了相关办事人员的权责，在既定的权责范围内，工作人员可以自主地处理各项事情。事情办得好，圆满完成了任务，可以得到奖励，否则，就会受到批评甚至处罚。

2. 检查与监督

检查与监督可以说是一种最常见和最直接的控制方法，其具体形式是上级对下级执行计划、命令的状况进行全过程检查和评价，发现问题就可以立即采取措施予以纠正。这是一种直接的、面对面的控制，也是一种不可缺少的控制方式。

检查与监督控制的特点表现为以下几个方面。

(1) 面对面地实施控制能够取得较好的控制效果。如在生产控制中，通过实地检查，主管人员能够及时掌握诸如产品质量、生产条件、生产者的责任心、原材料供应状况、生产均衡状况等方面的第一手信息，有的放矢地采取措施解决生产过程中的实际问题。

(2) 面对面地实施控制有利于问题的及时解决。控制人员一旦发现问题，就可以立即做出判断，制订切实可行的解决方案，并尽快地付诸实施，以免由于时间延误而造成更大的损失。

(3) 有助于营造良好的组织气氛。通过施控者和受控者之间的信息沟通，上下级人员相互信任、密切协作，为完成任务创造了有利条件。

3. 统计报告法

统计报告法是对管理中大量的数据资料进行汇总、整理，以统计报表的形式自下而上地向组织中有关管理者提供实际状况信息及分析总结报告。统计报告法是管理中广泛应用的一种方法，它为管理控制提供基础信息及控制依据。使用统计报告法要求组织具备良好的管理基础，建立和健全原始记录和统计制度，对原始记录和各类统计资料进行具体和详细的分类和整理，同时以表格或图的形式来表达统计分析结果，如各种统计指标(包括相对数和绝对数)的图表化，使之明确和形象地表明生产经营活动状况和水平，以及各种生产经营活动之间的数量关系和内在规律。管理者通过分析统计报表，能够方便地找到问题的原因，并对未来情况有所预测，以便有针对性地采取纠正偏差的措施。

4. 实地调查法

实地调查法是指管理者不但注重程序化和制度化的控制，而且注重通过实地调查获得第一手的资料。实地调查法是解决一些重要问题的有效方法，如通过实地考察员工的工作条件、生产进度，或者亲自参加某项具体活动，可以加深对问题的了解和认识。管理者如果仅凭各种统计报表、分析报告和预算，而不亲临现场，许多实际问题就不能察觉，或对已察觉的实际问题的处理效果也不太理想。此外，管理者还可以通过与下级的直接接触和人际沟通了解员工的想法和意愿，征求下属的意见，保证纠偏措施更易贯彻和落实。实地调查法所获得的信息具有较高的准确性，更能贴近实际，对出现的问题能及时进行处理，有助于提高控制工作的效率，但这种方法受管理者的知识、经验和实际工作能力等的限制。

5. 管理咨询与评价法

管理咨询与评价法是指组织内外的管理专家或管理顾问，对组织的发展方向和发展策略、组织机构的设置、管理者的能力以及管理效果等进行客观的分析、诊断和评价，并提出进一步改善管理质量、提高管理效率的建议。进行管理咨询和评价时，要求管理专家和管理顾问十分熟悉管理原理和组织的战略规划和目标，对组织环境的变化情况具有高度的预见性，并对组织的经营业务、经营政策、发展战略、工作计划和工作程序、职权的使用、管理制度和方法等能够给出全方位的评价和指导。

管理咨询与评价法是一种新颖的管理控制方法，国外有专门的管理咨询机构，称为组织管理的"外脑"。管理专家通过调查研究，对组织的一些重大管理问题进行咨询，能够发现管理者不易发现的问题，对管理计划和政策提出劝告和指导，并提出解决问题的具体办法。要采用这种方法，管理者必须转换传统观念，因为管理者一般不愿意有人在旁边"指手画脚"。管理咨询与评价法对组织管理工作的控制是间接的，组织管理者和咨询者双方要相互沟通、密切合作才能达到预期的目的。虽然采用管理咨询与评价法要增加一些控制费用，但控制的效果是非常显著的。

案例 7—2

SKI 公司的普莱斯顿·史密斯

现在经营滑雪胜地可不轻松。1980 年美国有 1 100 家滑雪经营场所，但到 1992 年只剩下了一半。行业原因引起的问题包括，生育高峰期出生的人已经上了年纪，急速增长的滑雪缆车票价和住宿费用，近些年出现的好几个暖冬，以及将员工散布在几平方英里范围内对管理造成的挑战。有一个人却战胜了这些行业性的困难，他就是普莱斯顿·史密斯，SKI 公司的首席执行官。他的企业经营着在凯林顿和斯诺山非常受欢迎的弗蒙特滑雪场，以及加州南部熊山的最大滑雪场。

史密斯投入巨资开发一种特殊的造雪设备，它能够比其他滑雪场覆盖更多的地面。史密斯说："我们实际上已经消除了对自然降雪的依赖。"他另外还发明了一种计算机控制系统，它能使管理者更严密地监视各种操作，能够很快地发现问题并及时去解决问题。比如，他的控制系统能够提供关于每条滑道一分钟前的详细情况，以及立即在某一特定滑道造雪的能力，这只需调节使用空气和水的造雪机上的各种阀门和泵。

史密斯的行动为他带来了丰厚的回报。当其他的公司都在亏损时，他仍在盈利。1992 年，公司的收入达到创纪录的 8 900 万美元，盈利 370 万美元。

7.3 典型管理控制方法

随着管理理论研究的深入，很多学者意识到控制在管理过程中的重要性，在传统的管理控制方法的基础上进一步研究和总结，使得管理控制领域出现了很多新的理论和体系。

7.3.1 质量控制

在市场经济条件下，市场竞争已把质量置于企业发展的战略地位，企业必须以质量求发展，通过提供高质量的产品和服务，增加经济效益，获得长期的竞争优势，但是，不论产品设计多么合理，也不论加工设备多么先进，不合格产品总是难以消除的。可以说，加强产品质量控制、不断提高产品质量是企业永恒的追求。

要提高产品质量，企业除了要对生产过程进行控制之外，还要对产品的设计、制造、销售、使用等环节进行质量管理和控制。20 世纪 50 年代末，美国通用电器公司的费根堡姆和质量管理专家朱兰提出了全面质量管理(Total Quality Control)的概念。20 世纪 60 年代初，美国的一些企业在质量管理中开展了依靠职工"自我控制"的"无缺陷(Zero Defects)"运动，日本在工业企业中开展了品质管理圈活动等，使全面质量管理活动迅速发展起来。简单地说，全面质量管理就是企业的全体员工及各个部门同心协力，综合运用管理技术、生产技术和各种科学技术，通过建立一套质量管理工作体系，开发、生产和销售用户需要的高质量的产品的一系列管理活动。全面质量管理将质量管理的概念广义化了，使它们有了新的内涵和更丰富的内容。下面从管理控制的角度简要介绍企业如何进行质量管理和控制。

1. 质量的含义

正确而全面地理解质量的概念是从事有效的质量管理和控制的前提。然而，长期以来，人们对质量的理解定位在一组具体的指标上，着眼于特定的标准和特性，质量管理工作也建立在这种质量观念之上。这种狭义的质量观念已无法适应现代激烈的市场竞争的需要，企业必须树立全新的质量理念，从事全面质量管理。

以前的质量概念更多局限于某个组织的产品和工作质量上,很少涉及每个人或全社会对质量的影响及应负有的责任。著名质量管理专家费根堡姆认为,从每一个人到全社会,从全社会到每一个人都涉及、影响并对质量负有责任。他将质量定义为产品或服务在营销、设计、制造、维修中各种特性的综合体,借助于这一综合体,产品和服务在使用中就能满足顾客的期望。这里,质量已被看做产品和服务的各方面的综合表现特征,而不是其某方面的附属物。下面4个方面的因素都会影响到产品的质量。

(1) 设计质量。设计阶段是达到最终质量水平的起点,低劣的设计可能导致产品难以生产和不能提供服务的后果。

(2) 质量符合设计的程度。这一程度受到像设备的能力、工人的技能、培训和激励、生产过程的控制等因素的影响。

(3) 便于使用。使用户使用起来感到方便并提供用户使用指南。

(4) 售后服务。有许多原因可导致产品不能如希望的那样发挥其功能或者使顾客不能得到优良的服务,无论什么原因,从质量的观点来看,重要的是要给予补偿。

2. 全面质量管理

全面质量管理强调从供应商到顾客,从领导层到一线工人,从设计到售后服务都注重质量工作,都积极主动地去改善质量。从事全面质量管理需要遵循一定的工作步骤,朱兰博士将其归结为三步,称为质量管理三部曲,其具体内容如下所示。

(1) 质量计划(设计)。一个为实现质量目标做准备的过程,最终结果是能在经营(操作)条件下实现质量目标。

(2) 质量控制。在经营中达到质量目标的过程,最终结果是按照质量计划开展质量经营活动。

(3) 质量改进。一个突破计划并达到前所未有水平的过程,最终结果是以明显优于计划性能的质量水平进行经营活动。

其中,质量计划是质量管理的基础,质量控制是实现质量计划的需要,质量改进则是质量计划的一种飞跃。

质量管理过程的每一个步骤都可以进一步展开。表 7-2 列出了开展各种质量活动的一般顺序。

表 7-2 各种质量活动的一般顺序

质 量 计 划	质 量 控 制	质 量 改 进
建立质量目标	选择控制对象	论证需求
确定顾客	选择计量单位	确定项目
发现顾客需求	设置目标值	组织项目小组
开发产品特性	测量实际的性能	诊断原因
开发过程特性	说明差异	提供修正方法,并证实其有效性
建立过程控制,转向实施	针对差异采取措施	应付变化阻力
		控制收益的获得

【名人简介】

朱兰博士指出，一个公司要想改善质量管理，重要的任务是达成一致，使每个人都知道新的行动方向是什么。要想造就这种一致性，还必须解决几股妨碍一致性的强大力量。例如，公司的多种职能、多个层次和多样生产线等都可能导致不一致性。他强调企业不能忽视"质量改进"而一味强调"质量控制"。

质量管理三部曲作为一种通用的提高质量的方法，为质量目标的实现提供了一条有效的途径。

3．有效的质量控制方法

1）控制设计质量的田口方法

随着市场竞争的日趋激烈，企业只有牢牢把握市场需求，用较短的时间开发出低成本、高质量的产品，才能在竞争中立于不败之地。在众多的产品开发方法中，田口方法不失为提高产品质量、促进技术创新、增强企业竞争力的理想方法。

【名人简介】

田口方法是日本田口玄一博士创立的，是一种低成本、高效益的质量工程方法，它强调产品质量的提高不是通过检验，而是通过设计。其基本思想是：把产品的稳健性设计到产品制造过程中，通过控制源头质量来抵御大量的下游生产或顾客使用中的噪声(或不可控)因素的干扰。这些因素包括环境温度、材料老化、制造误差、零件间的波动等。田口方法不仅提倡充分利用廉价的元件来设计和制造出高品质的产品，而且提倡使用先进的试验技术来降低设计试验费用，这也正是田口方法对传统思想的革命性改变，为企业增加效益指出了一个新方向。

田口方法的目的是：使所设计的产品质量稳定、波动性小，使生产过程对各种噪声因素不敏感。在产品设计过程中，利用质量、成本、效益的函数关系，在低成本的条件下开发出高质量的产品。田口方法认为，产品开发的效益可用企业内部效益和社会损失来衡量，企业内部效益体现在功能相同条件下的低成本，社会损失则以产品进入消费领域后给人们带来的影响作为衡量指标。假如由于一个产品由于质量的波动偏离了理想目标而给社会带来了损失，那么就认为它的稳健性设计得不好。田口方法的稳健性设计恰能在降低成本、减少产品质量波动上发挥作用。

2）品质管理圈

很多专家认为，品质管理圈(简称品管圈)的存在就是日本产品质量高超的秘诀所在。日本自20世纪60年代开始推行品管圈活动以来，在提高产品质量上成绩斐然，现在至少有20万个正式在"日本科技联盟"登记的品管圈活跃在企业中，另外还有上百万个未注册的品管圈，凡参观过日本工厂的管理人员都会惊讶其品管圈的普及和实施效果。品管圈为什么在日本获得了如此大的成功呢？可以引述"日本科技联盟"手册中的一段话加以说明："人们大部分的生活是在工作场所中度过的，人们希望能在一个尊重人性、工作有意义的愉快环境中工作，这就是品管圈希望达到的理想。"

品管圈就是由同一个工作场所的人们自发结成的数人一组的小团体，通过全体合作、活用品管的方法来解决工作场所发生的问题。它是全面质量管理的一个重要环节。品管圈通常每周聚会一两个小时，每月大约举行两次讨论会，有时是利用上班时间，有时是利用业余时间，讨论一个改善提案，同一个改善提案也许要经历6~7次的圈会讨论才有成果。

推动品管圈活动虽然不代表整个公司推动全面质量管理，但是不可否认的是，在全面质量管理活动中，最重要的环节就是基层员工能不能在整个公司中营造出质量改革的气氛，自动、自发地组成品管圈，运用学习到的品管方法持续推动质量改善工作。

品管圈活动的目的主要在于以下3点。

(1) 鼓舞士气，营造和谐而有干劲的工作气氛。

(2) 提高解决问题的能力，激发基层员工的潜能。

(3) 提高质量水准，谋求工作的效率化，提升公司的业绩。

要推动品管圈，除了掌握必要的品管方法外，加深对品管圈的认识、掌握推动品管圈活动的技巧、恰当地评价品管圈活动以及圈长的科学领导和沟通都很重要，另外还需要对员工加以教育和引导。具体地说，推动品管圈可采取以下6个步骤。

(1) 组成品管圈。品管圈最合适的人数为5~7人，圈长是未来品管圈活动的灵魂人物。品管圈在活动之初，每位圈员都必须明白：品管圈是什么？该做什么？为什么要做？怎么做才是好的？品管圈活动主要在于员工的自动参加，所以必须让员工真正了解有关品管圈的一切事项，而不是按强制命令去做。当然，一个具有激励性、凝聚性的圈名也是十分重要的。

(2) 决定品管圈主题。很多品管圈在一开始就想要解决超出其能力范围的、十分困难的事件，结果只能是遭受失败的打击，这反而导致品管圈的无病而终。为了使全体圈员能够同心协力，要选择那些大家普遍关心的、可以自己动手解决的、可以提高各自业务水平的主题，如果简单的问题不愿解决，复杂的问题又解决不了，公司的长期存在就成了问题，而且工作也得不到改善。

(3) 调查现状，追究原因。把握现状是解决问题的要诀。品管圈成员首先要进行资料收集工作，然后将资料加以统计分析并制作成图表，以便做进一步的分析研究。通过分析资料，活用各种品管方法，找出问题的原因所在。为此，圈员们可以先归类，将一些不重要的原因逐渐过滤、消去，然后等第一层原因找出后，再追溯源头，去了解是如何形成这些原因的。

(4) 设定目标，制订活动计划，拟定对策。设定目标必须具有挑战性，真正的目标是"能做到的"加上"该做到的"。计划的拟订应考虑全体圈员的意见，集思广益，在全体圈员同意的情况下，决定执行哪些步骤？谁担任什么？用什么方法？做到何时为止？充分考虑计划执行过程中会出现的问题，务必想出能解决的对策。一个好的对策必须考虑到：节省，效果好，容易做，有可遵守的规则。

(5) 确认效果,维持成果,将作业标准化。如果未获得预期的效果,表示没有掌握真正的原因,或是所拟定的对策不太充分。当达到良好的状况时,应力求保持,防止退步。必须训练圈员能够正确操作改善后的作业方法,了解新的作业顺序、注意事项和作业标准等。

(6) 反省并着手下一个主题。品管圈活动可以说是永无止境,并连续不断地进行着的。在一个主题完成后,应该以真诚的态度检查反省,然后以此宝贵的经验着手下一个主题的规划。

通过开展品管圈活动,工作、生活的品质改善了,工作现场的沟通改善了,和谐而有干劲的工作气氛也形成了,基层员工的潜能得到了激发,结果都会反映到企业收益的增加以及员工待遇的改善上,形成一种良性的循环。

【名人简介】

3) <u>零缺陷管理</u>

零缺陷管理起源于美国马丁马里塔公司的奥兰多事业部,又称零缺陷。1962 年,该公司为提高产品的可靠性,解决"确保质量"与"按期交货"的矛盾,首先在制造部门实施零缺陷计划并获得了成功。

零缺陷管理是英文 Zero Defects 的意译,简称 ZD。它是以抛弃"缺点难免论",树立"无缺点"的哲学观念为指导,要求全体工作人员"从开始就正确地进行工作",以完全消除工作缺点为目标的质量管理活动。零缺陷并不是说绝对没缺点,或缺点绝对等于零,而是指以缺点等于零为最终目标,每个人都要在自己的工作职责范围内努力做到无缺点。

要树立零缺陷的哲学观念,必须正确理解和把握以下 3 种观念。

(1) 抛弃难免犯错误的"缺点难免论"。一般认为"人总是要犯错误的",因此,对于工作中的缺点和出现的不合格品持容忍态度。不少企业还设立事故率、次品率等指标,纵容人们的这种观念。零缺陷管理向这种传统观念发出挑战,抛弃"缺点难免论",认为人都有一种"求全"的基本欲望,希望不犯错误,把工作搞好。

(2) 树立每一个员工都是主角的观念。在日常的管理中,管理者是主角,他们决定着工作标准和内容,员工只能照章办事。零缺陷管理要求把每一个员工都当作主角,认为只有全体员工都掌握了零缺陷的思想,人人想方设法消除工作缺点,才会有真正的零缺陷运动,管理者只是帮助并赋予他们正确的工作动机。

(3) 强调心理建设的观念。传统的经营管理方法侧重于技术处理,赋予员工以正确的工作方法。零缺陷管理则不同,它侧重于心理建设,赋予员工以无误地进行工作的动机,认为做工作的人具有复杂心理,如果没有无误地进行工作的愿望,工作方法再好,也不可能把工作做得完美无缺。

要想把零缺陷管理的哲学观念贯彻到企业中,使每一个员工都能掌握其实质,树立"不犯错误"的决心,并积极地向上级提出建议,就必须有准备、有计划地付诸实施。实施零缺陷管理可采用以下几个步骤。

(1) 建立推行零缺陷管理的组织。任何事情的推行都需要组织的保证,通过建立组织,可以动员和组织全体员工积极地投入零缺陷管理,提高他们参与管理的自觉性,也可以对每一个员工的合理化建议进行统计分析,不断进行经验交流等。公司的最高管理者要亲自参加,表明决心,作出表率,要任命相应的领导人,建立相应的制度,要教育和训练员工。

(2) 确定零缺陷管理的目标。确定零缺陷小组(或个人)在一定时期内所要达到的具体要求,包括确定目标项目、评价标准和目标值。在实施过程中,采用各种形式将小组完成任务的进展情况及时进行公布,注意对员工心理的影响。

(3) 实行绩效评价。零缺陷小组确定的目标是否达到要由小组自己评议,为此应明确小组的职责与权限。

(4) 建立相应的提案制度。直接工作人员对于不属于自己主观因素造成的错误,可向组长指出错误的原因并提出建议,也可附上与此有关的改进方案,组长要同提案人一起进行研究和处理。

(5) 建立表彰制度。零缺陷管理不是斥责错误者,而是表彰无缺点者,不是指出人们犯了多少缺点,而是告诉人们向无缺点的目标奋进。这就增强了员工消除缺点的信心和责任感。

大量的实践告诉人们,只进行"超级检验"是远远不够的,那是一种既昂贵又不切实际的做法,必须用超乎寻常的检查水准才能维持它。人们更应该做的是,如何防患于未然。零缺陷管理通过向员工揭示管理阶层的期望,使领导者的心愿一清二楚地表达出来,员工们再按照领导们的心愿去做事,从而达到改进质量的目的。

7.3.2 信息控制

传统的控制方法虽然管用,但在规模和时效方面存在局限性。计算机和信息技术的快速发展使迅速、经济地处理大量数据成为可能。通过运行适当的程序,计算机可以对输入的大量数据进行处理,得出合乎逻辑的结论,并对数据加以分类和存储,供需要时调用,为企业的经营和管理控制提供依据。因此,建立以现代信息技术为基础的管理信息系统,对有效的控制是非常必要的。

1. 管理信息系统的含义

就其功能来说,管理信息系统是组织理论、会计学、统计学、数学模型及经济学的混合物,这许多方面都同时展示在先进的计算机硬件和软件系统中。组织依靠这些系统来控制其内部活动和由该组织的规模与复杂程度所引起的种种功能要求。

就综合性来说,一个管理信息系统是能够提供过去、现在和将来预期信息的一种有条理的方式,这些信息涉及内部业务和外部情报。它按适当的时间间隔供给格式相同的信息,支持一个组织的计划、控制和操作功能,以便辅助决策制定过程。

也可以认为,信息系统是一个具有高度复杂性、多元性和综合性的人机系统,它全面使用现代计算机技术、网络通信技术、数据库技术以及管理科学、运筹学、统计学、模型论和各种最优化技术,为经营管理和决策服务。就决策层面而言,信息系统是为决策科学化提供应用技术和基本工具,为管理决策服务的信息系统。

就社会复杂系统问题处理层面而言,人们不仅仅把信息系统看做是一个能对管理者提供帮助的基于计算机的人机系统,而且把它看做一个社会技术系统,将信息系统放在组织与社会这个大背景去考察,并把考察的重点从科学理论转向社会实践,从技术方法转向使用这些技术的组织与人,从系统本身转向系统与组织、环境的交互作用。

众所周知,管理信息是信息的一种,是在企业生产经营活动过程中收集,经过加工处理后,对企业管理和决策产生影响的种种数据的总称。管理信息对于组织管理者的控制职能有着重要的作用。管理者需要在正确的时间获得正确的信息,来对组织目标进行有效的监督和控制,不合适的信息将严重地影响组织的决策和运作。管理信息是管理控制活动的基础和核心,是组织和控制生产经营活动的重要手段,是联系企业管理控制活动的纽带,是企业效益的保证,是提高企业竞争力的关键。

因此,管理信息系统是一个由人、计算机等组成的,能进行管理信息收集、传递、储存、加工、维护和使用的系统。管理信息系统能实测企业的各种运行情况,利用过去的数据预测未来,从全局出发辅助企业进行决策,利用信息控制企业的行为,帮助企业实现其规划目标。信息系统的含义及与管理活动的关系如图7.3所示。

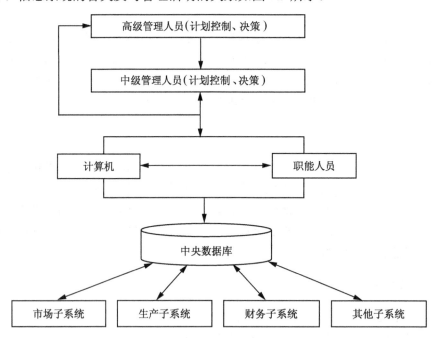

图 7.3　信息系统的含义与管理活动的关系

2. 管理信息系统对控制的支持

一切管理内容都有控制问题,控制职能是对管理业务进行计量和纠正,确保计划得以实现。计划是为了控制,是控制的开始。执行过程中需要不断检测、控制,通常是把实际的执行结果和计划的阶段目标相比较,发现实施过程中偏离计划的缺点和错误。因此,为了实现管理的控制职能,就应随时掌握反映管理运行动态的系统监测信息和调控所必要的反馈信息。

在企业管理方面，最主要的控制内容包括：行为控制，是指对人的管理，为了真正调动人的积极性和创造性，不能随意用行政命令、强制手段来管理，除加强思想工作，还要借助于行为科学，要通过收集、加工、传递、利用人的行为信息来对人的行为进行协调和控制，特别是关键岗位上人员素质的控制；质量控制，特别是重要产品的关键工序的质量控制和成品的质量控制；库存控制；生产进度控制；成本控制；财务预算控制，包括产量、成本和利润的综合控制；资金运用控制和收支平衡控制等。这些控制中大多数都由信息系统支持和辅助。

随着科学技术的发展，自动化、智能化的控制将是一种更高级的形式。对生产过程的控制来说，信息系统将有能力自动监控并调整生产的物理过程。例如，炼油厂和自动化装配线可利用敏感元件收集数据，经过计算机处理后对生产过程加以控制。

还有一种趋势是，一些企业的生产过程控制正由过去的集中控制、集中管理式系统向分散控制，集中操作、监视，集中处理信息，集中管理的集散式系统方向发展。在这种系统中引入管理控制机制，与信息相沟通，并分别与信息的各个子系统交换信息，可能形成一种更为综合的管理信息系统。

7.3.3 库存控制

企业营销过程要有适当的商品储备，以保障正常销售不中断，及时满足消费者的需求。商品的储存量并不是越多越好，或越少越好，多了会造成积压，少了会造成脱销，因此，企业要掌握库存控制技术，进行合理储存。

1. ABC分类控制技术

【知识链接】

<u>ABC分类控制法</u>是指将库存货物按重要程度分为特别重要的库存(A类货物)、一般重要的库存(B类货物)和不重要的库存(C类货物)三个等级，针对不同类型级别的货物进行分别管理和控制的方法。一般认为，企业的库存货物无论是数量、价格，还是品种，均存在一定的差异性。一些货物品种不多但价格很高，相反，另一些货物品种很多但价格很低，因此，客观上造成企业对库存货物管理的困难，如果对每一品种均予以相同管理，那是不可能的或不切合实际的。为了集中企业资源，更有效地开展科学管理，必须将管理的重点放在重要的货物上，即依据库存货物重要程度的不同，分别进行不同管理，这就是ABC分类控制法的主要内涵。

对库存货物进行ABC分类之后，对不同级别的货物进行不同的管理和控制。

(1) A类库存货物。这类货物数量虽少但对企业却最为重要，是必须严格控制和控制的货物。企业必须对此类货物定时进行盘点，详细记录及经常检查分析货物库存量增减，在满足企业内部需要和顾客需要的前提下维持尽可能最低的经常库存量和安全库存量，加快库存周转。

(2) B类库存货物。这类货物属于一般重要的库存货物。对于这类货物的库存管理介于A类和C类货物之间，一般进行正常的例行管理和控制。

(3) C类库存货物。这类货物数量最大但对企业的重要性最低，因而被视为不重要的库存货物，一般进行简单的管理和控制。

2. 定量订货制度

企业在经营过程中往往会出现因订货货物未及时到达而影响企业正常经营活动的情况，为了预防不利因素的出现，企业采用先期订货，保证货物被正常使用。所谓定量订货制度是指当库存货物量下降到某一库存数量(订货点)时，按现定数量(以经济订货批量计算)组织货物补充的一种库存管理制度。其特点是：订货点不变，订购批量不变，而订货期隔期不定。

库存货物消耗到订货点时，便采取订货并发出订货单，经过到货时间延续，库存货物量又陡然上升，循环往复，促使生产或经营连续不断。订货点确认的计算公式如下：

订货点=到货间隔期×平均每天耗用量

上述公式表明，企业每天商品销售量为均匀或固定不变，并且到货间隔期可预知，那么该公式为成立。但是企业经济活动经常会出现一些不可预测性，如每天耗用货物量和到货间隔期出现变化，在这种情况下，往往就要考虑安全库存这一概念，所谓安全库存就是为了预防临时用量增大或到货间隔期延长而多储备库存量。其计算公式如下：

安全库存=(统计每天最大耗用量-平均每天正常耗用量)×到货间隔期

根据考虑安全库存这一因素，对订货点公式进行修正，其修正后的订货点计算公式如下：
订货点=到货间隔期×平均每天耗用量+安全库存=预计每天最大耗用量×到货间隔期

确定了订货点后，就必须考虑订货量，订货量的确定可参照经济订货批量来进行。

3. 定期订货制度

企业由于受到经营目标的影响，或市场因素的影响，往往在先前确定订货时间，这样在一个经营周期内基本确定订货数量，从而形成相对稳定的订货间隔期。所谓定期订货制定是指按预先确定的相对不变的订货间隔期进行订货补充库存量的一种库存管理制度。其特点是：订货间隔期不变，订购货物量不定。

一般认为，库存货物耗用至某一预先指定的订货时间(不发生任何缺货损失，保证生产或经营的连续性)，便开始订货并发出订货单，直到进货。待到下一期订货时间，循环往复，始终保持订货间隔期不变。订购货物量的计算公式如下：

订货量=最高库存量-现有库存量-订货未到量+顾客延迟购买量

一般认为，A类货物宜采用定期订货制，B类和C类货物可采用定量订货制。

案例 7-3

中美上海施贵宝制药有限公司的内部控制制度

1. 内部控制制度的目标

保护资产的安全；准确反映企业财务状况，给决策提供可靠保证；保证政策与法规被遵守；提高管理效率。

2. 内部控制的基本原则

(1) 不相容职务相分离的原则。所谓不相容职务，是指那些如果由一个人担任，既可能弄虚作假，又能够掩盖其错误行为的职务。不相容职务分离就是要求把不相容职务由不同的人担任。该公司的内部控制制度正是通过对授权、签发、核准、执行、记录5个环节合理的分工，实现了不相容职务的分离，保证了内部控制作用的发挥。

(2) 合理的授权制度。授权制度指企业在处理经济业务时,经过授权批准进行控制,即规定每一类经济业务的审批程序,以便按程序办理审批,避免越级审批和违规审批的情况发生。

(3) 适当的信息记录。记录企业内部控制的重要方面信息。信息记录可分为管理文件和会计记录。

(4) 可靠的资产安全。其主要内容有:限制接近、定购盘点、记录保护、财产保险盒财产记录监控。

(5) 健全的内部审计。

3. 内部控制流程设计

1) 收入循环

(1) 订单处理。该公司在发展新客户时,采取了非常严格的考核制度,如要求新客户证照齐全,同时还需要进行其他方面的考察。此外,订单必须顺序编号,如有缺号,必须查明原因。

(2) 信用和退货控制。该公司根据自身实际经营状况、市场竞争的激烈程度与客户信誉情况等制定信用标准,并按规定向客户授予一定的信用额度。此外,该公司还严格控制销售质量,以减少退货损失。

(3) 开票与发货。开票与发货职务相分离。开票以有关票据为依据,如客户的购货订单、发货通知单等。发货通知单要编号,以保证所有发出货物均开票。发票和发货单须经有关主管部门和人员审批。

(4) 应收账款管理。定期检查应收账款明细账余额并进行账龄分析。定期与客户对账,及时催收、回笼资金。确保收到的款项按时入账,并按事件顺序销账。

2) 生产循环

(1) 生产循环职责分离。生产计划的编制与复核、审批相分离;产成品的验收与产品制造相分离;存货的审批、发放、保管与记账相分离等。

(2) 存货保管责任与实物安全控制。该公司建立了严格的存货保管制度,以保证实物财产的安全。同时,对存货规定合理的储存定额,定期考核,积极处理超储积压的存货,加速资金周转。

(3) 定期对存货进行盘点,做到账实、账卡、账表、账账相符,并购买足额保险。

3) 付款循环

(1) 采购。原材料的采购、验收、付款、记账必须由不同的人员担任。采购员只能在批准的采购计划内就货物名称、规格、数量进行采购,不得擅自改变采购价格与内容。

(2) 验收。只有经过验货后方可执行付款的审批手续(预付款业务除外),此举旨在保证货物的价格、质量、规格等符合标准。验收部门则严格按合同规定的品种、数量、质量进行验收。

(3) 付款。发票价格、运输费、税款等必须与合同复核无误,凭证齐全后方可办理结算,支付货款,且货款必须通过银行办理转账。定期核对应付账款明细账与总分类账。

4) 信息管理

(1) 凭证连续编号。凭证的使用必须按编号次序依次使用。领用空白凭证必须经过登记备案。

(2) 建立定期复核制度,定期对凭证的填制、记账、过账和编制报表工作进行复核。

(3) 建立总分类账和明细分类账,总分类账和日记账的核对制度。

(4) 业务经办人员在处理有关业务后必须签名、盖章,以备日后追溯责任。

(5) 建立完善的凭证传递程序。

(6) 执行定期的会计信息分析制度,以便及时发现信息失误。

在内部控制过程中,应该注意:一是要求成本效益分析;二是注意例外控制;三是防止内部控制执行人员渎职;四是防止管理层授权随意。

本 章 小 结

管理控制和计划密不可分。控制是指监视各项活动以保证它们按计划进行并纠正各种重要偏差的过程,它是管理的一项基本职能。管理控制的根本目的在于保证组织活动过程和绩效与计划目标和内容相一致,以促进组织目标的实现。

组织环境复杂多变、管理工作复杂多样、管理失误不可避免和管理分工协作等都需要管理者实施组织管理控制。管理控制的过程一般由4个阶段组成，即确立标准、衡量工作绩效、分析偏差原因和纠正偏差。

管理控制可按照不同标准进行分类。直接控制、自我控制和间接控制；事前控制、实时控制和事后控制；因素控制和功能控制；集中控制、分散控制和系统控制，这些都是常见的控制类型。

管理者都希望能够对组织进行有效的控制，但要实现有效的管理控制，管理者一般应该做到使控制的目的明确、重点突出，使控制具有预见性和及时性，考虑控制的经济性，使控制具有弹性，做好控制制度的建设工作，注意控制的客观性。

预算控制是指通过事先编制各项业务活动的预算，达到控制组织活动的目的。预算控制是组织管理的有效手段，预算一般划分为业务预算、财务预算和专门预算三大类。传统的预算方法一般都属于刚性预算，它不能适应千变万化的外部环境，而弹性预算、滚动预算和零基预算是常见的几种新型预算控制方法。为了使预算控制有效地实施，需要采取一些措施，如提高组织成员对预算的认同感、建立标准成本系统、实行责任中心制等。常见的非预算控制法主要有程序化控制、检查与监督、统计报告法、实地调查法和管理咨询与评价法。

管理控制领域出现了新的发展方向。全面质量管理是一种科学的质量控制模式，它通过建立一套质量管理的工作体系及组织全体员工的共同努力，开发、生产和销售用户需要的高质量的产品。田口方法是从事设计质量控制的理想方法，统计过程控制是确保产品生产过程质量稳定的重要方法，品管圈是企业不断进行产品质量改进的常用方法，实施能够实现自我控制的零缺陷管理是全面质量管理发展的较高阶段。信息技术的发展为企业提供了新的发展契机，利用信息系统高效地处理大量数据并提供有用的信息。库存控制技术保证了企业的商品存量维持在合理的水平。

麦当劳公司的控制系统

麦当劳公司以经营快餐闻名遐迩。1955年，克洛克在美国创办了第一家麦当劳餐厅，其菜单上的品种不多，但食品质量高，价格廉，供应迅速，就餐环境优美。连锁店迅速发展到每个州。至1983年，美国国内分店已超过6 000多家。1967年，麦当劳在加拿大开办了首家国外分店，其后国外业务发展很快。到1985年，国外销售额约占它的销售总额的1/5。在40多个国家里，每天都有1 800多万人光顾麦当劳。

麦当劳公司金色的拱门允诺：每个餐厅的菜单基本相同，而且"质量超群，服务优良，清洁卫生，货真价实"。它的产品、加工和烹制程序乃至厨房布置，都是标准化的，严格控制的。它撤销了在法国的第一批特许经营权，因为它们尽管盈利可观，但未能达到在快速服务和清洁方面的标准。

麦当劳的各分店都由当地人所有和经营管理。在快餐饮食业中，维持产品质量和服务水平是其经营成功的关键。因此，麦当劳公司在采取特许连锁经营这种战略开辟分店和实现地域扩张的同时，就特别注意对各连锁店的管理控制。

如果管理控制不当，使顾客吃到不对味的汉堡包或受到不友善的接待，其后果就不仅是这家分店将失去这批顾客光顾的问题，还会影响到其他分店的生意，乃至损害整个公司的信誉。为此，麦当劳公司制订了一套全面、周密的控制办法。

麦当劳公司主要是通过授予特许权的方式来开辟连锁分店。其考虑之一，就是使购买特许经营权的人在成为分店经理人员的同时也成为该分店的所有者，从而在直接分享利润的激励机制中把分店经营得更出色。特许经营使麦当劳公司在独特的激励机制中形成了对其扩展中的业务的强有力控制。麦当劳公司在出售其特许经营权时非常慎重，总是通过各方面调查了解后挑选那些具有卓越经营管理才能的人作为店主，而且事后如发现其能力不符合要求则撤回这一授权。

麦当劳公司还通过详细的程序、规则和条例规定，使分布在世界各地的所有麦当劳分店的经营者和员工们都遵循一种标准化、规范化的作业。麦当劳公司对制作汉堡包、炸土豆条、招待顾客和清理餐桌等工作都事先进行翔实的动作研究，确定各项工作开展的最好方式，然后再编成书面的规定，用以指导各分店管理人员和一般员工的行为。公司在芝加哥开办了专门的培训中心——汉堡包大学，要求所有的特许经营者在开业之前都接受为期一个月的强化培训。回去之后，他们还被要求对所有的工作人员进行培训，确保公司的规章条例得到准确的理解和贯彻执行。

为了确保所有特许经营分店都能按统一的要求开展活动，麦当劳公司总部的管理人员还经常走访、巡视世界各地的经营店，进行直接的监督和控制。例如，有一次巡视中发现某家分店自行主张，在店厅里摆放电视机和其他物品以吸引顾客，这种做法因与麦当劳的风格不一致，立即得到了纠正。除了直接控制外，麦当劳公司还定期对各分店的经营业绩进行考评。为此，各分店要及时提供有关营业额和经营成本、利润等方面的信息，这样总部管理人员就能把握各分店经营的动态和出现的问题，以便商讨和采取改进的对策。

麦当劳公司的再一个控制手段，是在所有经营分店中塑造公司独特的组织文化，这就是大家熟知的"质量超群，服务优良，清洁卫生，货真价实"口号所体现的文化价值观。麦当劳公司的共享价值观建设，不仅在世界各地的分店，在上上下下的员工中进行，而且还将公司的一个主要利益团体——顾客也包括进这支建设队伍中。麦当劳的顾客虽然被要求自我服务，但公司特别重视满足顾客的要求，如为他们的孩子们开设游戏场所，提供快乐餐和组织生日聚会等，以形成家庭式的氛围，这样既吸引了孩子们，也增强了成年人对公司的忠诚感。

【讨论题】

1．麦当劳公司采用了哪些控制技术与方法？
2．麦当劳是如何制定标准来约束管理人员和一般员工的行为？
3．"麦当劳公司总部的管理人员还经常走访、巡视世界各地的经营店"，请问这是哪一种控制方法？其优点是什么？

自我检测题

一、单项选择题

1．亡羊补牢，这属于(　　)。
   A．预先控制　　　B．现场控制　　　C．事后控制　　　D．直接控制
2．实施控制的关键性步骤是(　　)。
   A．拟定标准点　　　　　　　　B．选择关键控制点
   C．选择控制技术　　　　　　　D．建立控制系统

3. 下列指标中的哪一项是用于衡量组织整体绩效的？（ ）
   A. 生产率   B. 利润   C. 员工士气   D. A、B、C 都是
4. 中医经典上提出的"不治已病治未病"，根据这一说法，哪种控制方式最重要？（ ）
   A. 前馈控制   B. 现场控制   C. 反馈控制   D. 直接控制
5. 控制过程的起点是(   )。
   A. 进行预测   B. 科学决策   C. 分析判断   D. 确定标准
6. 统计分析表明，"关键的事总是少数，一般的事常是多数"，这意味着控制工作最应重视(   )。
   A. 突出重点，强调例外   B. 灵活、及时和适度
   C. 客观、精确和具体   D. 协调计划和组织工作
7. 世界上首例实验性远程手术已经在 1999 年成功地进行。医生根据传来的现场影像来进行手术操作，其一举一动可转化为数字信息传递至远程患者处，控制当地的医疗器械的动作。这属于(   )。
   A. 事前控制   B. 实时控制   C. 事后控制   D. 分散控制
8. 制定多种应付环境变化的替代方案，这属于控制的(   )。
   A. 及时性   B. 经济性
   C. 弹性   D. 重点突出性

二、简答题

1. 什么是控制？有效控制的要求有哪些？
2. 管理控制的基本过程分为哪些阶段？
3. 常用的控制方法主要有哪些？
4. 什么是事前控制与事后控制？
5. 常见的预算控制和非预算控制的方法有哪些？

三、论述题

1. 试述推动品管圈的步骤，以及每步骤所产生的效果。
2. 结合课中案例，试论为什么零缺陷管理是一种自我控制方式。

【信息管理与信息系统】

第 8 章

管理创新

学习目的

- 了解创新和管理创新的概念
- 掌握管理创新的特征
- 理解管理创新的内容体系
- 理解和掌握管理创新应具备的基本条件
- 掌握管理创新的基本过程
- 理解管理创新的思维方法

新型智能键盘

许多人在用电脑写东西时，不得不一边在键盘上键入文字，一边盯着显示器看，时间一久，颈部便会又酸又痛。以色列电子设备厂商 keyview 推出一款新型智能键盘，试图解决这一难题。

这款智能键盘名为 keytype，它最大的特点是内置了一个小屏幕，既可以用来保存应用，还能提升键入体验。当我们在用 keytype 键盘写东西时，小屏幕会显示我们正在输入的内容，这样，我们就不必时不时地抬头看显示器，这不仅能使颈部得到更多的休息，还有助于我们专心从事手头的工作。

当我们不写东西时，键盘上的小屏幕也可以用来浏览各类应用的信息，如显示 Twitter 或 Facebook 状态更新的信息，甚至还能让你监测 PC 的运行情况。

思考：1. 新型智能键盘的启示是什么？
2. 我们身边有哪些用品可以改进或创新？

8.1 创新和管理创新

8.1.1 创新的概念

【名人简介】

早在 1912 年，著名经济学家约瑟夫·熊彼特在他的名著《经济发展理论》一书中给出了创新的定义，他指出：创新是企业家对生产要素的新的组合，就是建立一种新的生产函数，实现生产要素和生产条件的一种从未有过的新组合(A New Combination)。这种企业创新组合如图 8.1 所示。

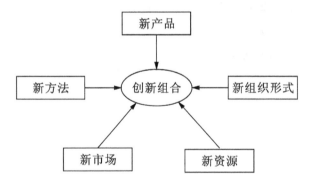

图 8.1 企业创新组合

1. 创新 5 要素含义

熊彼特在经济发展理论中提出的创新概念包含 5 个要素的组合。
(1) 新产品。是指消费者不熟悉的产品或一种产品的一种新特性。
(2) 新方法。是指尚未通过有关制造部门检验的产品制造方法或一种产品的处理方式。
(3) 新市场。是指制造部门从未进入的市场。
(4) 新资源。是指掠取或控制原材料和半成品的新的供应源。

(5) 新组织形式。是指这种组织形式造成了一种垄断地位，或打破了一种垄断地位。

熊彼特对创新概念的内涵做了扩展性的阐释，但其实质是把整个经济发展过程界定为不断的技术创新和观念更新，促使资源组合方式方法的更新，导致资源配置趋向最优化的过程。

继熊彼特之后，对创新的含义的阐述首推科斯教授及其追随者。罗纳德·科斯于1937年发表了《论企业性质》的新制度经济学奠基之作。科斯认为，市场交易是有成本的，这一成本称为交易费用。这一交易费用的概念为人们提供了观察企业组织产生、发展及创新的新视角。科斯教授的追随者威廉姆森发展了科斯的思想，他认为，组织创新可以节约交易费用。对创新本质的认识应理解为组织创新就是有效配置资源，节约交易费用，实现企业的目标。

著名管理学家彼得·德鲁克对创新做了深刻的阐述，他指出："创新的行动就是赋予资源以新的创造财富的能力的行为。"他的这一名言告诉人们，创新的价值就在于创造财富，创新的目标就是赋予资源以新的创造财富的能力。德鲁克还指出："它有两种不同的创新：一种是技术创新，它在自然界中为某种自然物找到新的应用并赋予经济价值；另一种是制度创新，它在经济与社会中创造出一种新的管理机构、管理方式或管理手段，从而在资源配置中取得了很大的经济价值和社会价值。"

从熊彼特和德鲁克对创新概念的论述中可以看出，创新不只是一个技术创新，而且是包括广泛意义的经济概念，其中组织管理的变革与创新占有十分重要的地位。我国学者如徐肇翔等研究西方创新理论后提出了有见地的创新概念，有3点内容是可取的。

(1) 创新是以新的且更好的产品、生产工艺、组织和管理方法，产生更好的经济效益。
(2) 创新是从一个新概念出发直至形成生产力并成功进入市场的过程。
(3) 创新是创造性的萌发、积累、发挥和实现的过程。

归纳上述对创新内涵的分析，可以认为创新是指形成一种新的构想或创意，并通过实践使这种构想或创意转变为某种变革和取得效益的过程。

2. 创新的特性

为进一步理解创新的定义，需要把握创新的以下特征。
(1) 创造性。新的构想或创意是创造性思维的成果。
(2) 广泛性。创新涉及社会学、经济学等各种领域。
(3) 收益性。创新的目的是获取高收益，增加价值创造。
(4) 风险性。创新的高投入加上信息的不确定性和不完全性，成功的概率很低，而带来高风险性。
(5) 综合性。创新的过程是多种因素和众多人员参与的创造过程，是一种协同综合作用的结果。
(6) 时机性。及时抓住机遇才能创新成功，这是许多创新成功的共同特点。

8.1.2 管理创新的概念

在上述创新内涵的阐述中，包含了管理创新的内容，如制度创新中创造一种管理机构、管理方式和管理手段就是管理创新内容的一部分。

对管理创新的内涵要从管理的内涵和创新的内涵及其有机结合上去把握。我国有不少学者对管理创新有各种不同的表述，具有代表性的是下列学者的论述。

芮明杰教授在《现代企业管理创新》中指出："管理创新是指创造一种新的、更有效的资源整合范式,这种范式既可以是新的有效整合资源以达到企业目标和责任的全过程式管理,也可以是新的具体资源整合及目标制定等方面的细节管理。"

邢以群、张大亮在《存亡之道——管理创新论》中写道,管理创新是指:"为了更有效地运用资源以实现目标而进行的创新活动或过程,或者说是一个新的管理思想从提出到首次付诸实施并取得预期效益的非连续性创新过程。"

周景勤在《管理创新二十三讲》中指出:"管理创新是一种有目的的能动性实践活动,是管理者根据内外环境的变化而采用的一种新的、更有效的资源整合和协调范式,以促进企业管理系统综合效率和效益目标实现的过程。"

1. 管理创新的定义

吸取上述学者对管理创新本质的认识,可以给予管理创新的定义:管理创新是指为实现组织目标,管理者根据内外环境的变化,对组织管理的思想、体制、模式、方法和手段进行改革、创建,以创造出一种更有效的资源整合范式的一系列活动过程。

2. 管理创新的内涵

理解管理创新这一定义的内涵为3个方面。

(1) 管理创新是为实现组织目标的有目的实践活动,而不是自发的可有可无的。

(2) 管理者必须根据组织内外环境的变化,有计划、有步骤地开展管理创新活动。通过对环境变化的快速反应和正确对策,更好地提高组织整体效率和效益。

(3) 管理创新的实质是创造一种更有效的资源整合范式,包括创建或改革新的管理思想、体制、模式,采用一种新的管理方法,运用一种新的管理手段等。

在此值得指出的是,管理创新是对国内外先进管理经验、思想、理论的学习和创新,是对行之有效的传统管理思想和方法的继承和发展。管理创新成果要以提高组织工作效率和效益作为检验的标准。

8.1.3 管理创新的特征

管理创新具有创新的一般特征,又具有本身的特点,综合起来,管理创新具有以下主要特征。

1. 管理创新的系统性

根据管理的系统原理,任何组织的管理系统都是由人、财、物、时间、信息等要素组成的。要有效地实现组织的目标,必须整合组织的各种资源,实现系统的整体优化。管理创新贯穿组织管理活动的整个过程,目的是创造一种更有效的资源整合范式,因此,管理创新是一个系统工程。在管理创新过程中,不仅要注意局部的管理方式、方法的创新,更要注重局部与局部、局部与全局的整体配合与协调。管理创新正是为了实现组织系统的整体优化,使之发挥整体功能。

2. 管理创新的有效性

管理创新是为了使管理取得预期的效率和效益,这是毫无疑问的。管理创新的有效性就是指组织资源使用的效率和效益得到明显改进和提高。企业效率的提高可以在众多指标上得到印证,如资金周转速度加快、资源消耗系数减少、劳动生产率提高等,但效率并不等于效益,实现效益的条件和手段是效率,企业获得经济效益才是企业管理创新应该达到的目的。

管理创新一方面要提高经济效益,另一方面要注重社会效益;不仅要顾及眼前效益,而且要考虑长远效益。要实现企业的持续发展,如果管理创新仅仅是提高经济效益,不关心或损害全社会的利益,那是不可取的。同样,进行生产组织优化和管理方法创新,能提高当前效益;如果不进行战略创新、理念创新和模式创新,就不能获得长远效益。总之,提高企业的核心竞争力是管理创新的首要任务。

3. 管理创新的风险性

管理创新追求高效益是管理创新的价值取向,同时,影响管理创新的因素诸多,过程和结果的不确定性很强,因此管理创新存在明显的风险性。

管理创新的风险性主要体现在以下3个方面。

(1) 管理创新内容的复杂性。管理创新涉及组织生产力和处理生产关系的双重内容,必然涉及技术创新和制度创新两大领域,包括管理思想、体制、模式、方法和手段等多方面的创新,这种复杂性就意味着创新的成效难以把握。

(2) 管理创新投入回报的不确定性。管理创新中需要培训人员、制定制度、建立或调整组织机构和配备人员,都需大量投入;这些投入能否在创新后得到补偿,受到来自市场、社会、政治、文化等多种因素的影响,其影响范围和程度往往是不确定的,其价值补偿也是不确定的。

(3) 管理创新效果难以度量。管理创新是管理者用脑力或体力的支出,通过人的行为而产生的效果,这样产生的效果存在间接性和模糊性;管理创新产生效果有一个过程,不是立竿见影的,因此其效果带有滞后性。管理创新效果的间接性、模糊性和滞后性预示着风险性。

4. 管理创新的破坏性

组织创新可能会使企业现有的资源、能力和知识难以满足市场的需要,或使企业能力和知识失去作用;企业对生产要素的重新组合没有带来产出的质和量的增长,反而导致下降,使企业的能力和资源遭到损失,如此等等,管理创新有时会带来破坏效应。有的学者把管理学家熊彼特所指出的"创造性破坏"视为经济发展的推进器。人们常说的"洗牌效应"就是"创造性破坏"重铸竞争优势,创造出一个新的产业,或者毁掉一个现有的产业。因此要尽力避免这种破坏性或有效利用这种破坏性。

5. 管理创新的动态性

现代社会组织是一个不断与外界环境进行物质、能量、信息交换的开放系统。这种有输入和输出的管理系统是动态的,管理的创新活动也必然是动态的。管理系统的内外环境变化使得管理创新只能在这种变化中进行。在给管理创新所下的定义中已明确指出管理创新的能动性创造的特点。因此,应把"不断创新"作为管理的重要原则。

案例 8-1

企业成功奥秘——管理创新

腾讯是互联网领域最成功的公司之一,其人力资源如何支持企业战略?腾 HR 的 3 大卓越实践:高层导师制、最简化测评工具、灵活匹配高级人才需求。这使腾讯打造了自己无形的核心竞争优势。为什么新浪微博能取得了目前的领先地位?这是因为新浪采用了"微博媒体+在线社交"的模式,在没有偏离自身作为在线媒体核心能力的情况下,向社交媒体延伸、扩展自己的核心能力,打造微博盈利模式也率先从广告运营去突破。中国经济已经到了不能只靠"房地产"短期拉动经济增长的时刻,未来靠什么才能赢得向新兴产业的转型?答案只一个:依靠管理创新,包括依靠正确的人、正确的战略、正确的商业模式,还有支持战略与商业模式的卓越运营系统。

流血转型:离不开管理创新

阿里巴巴 B2B 业务因业绩不佳,退市!淘宝集市成为假货横行集散地,京东商城欲取而代之!苏宁电器受到电子商务冲击,以股票质押举债数十亿打造电商!国美电器首度亏损!美的电器股票大跌!李宁经营下滑 CEO 下课!华为向"云—管—端"战略转型!2012 年,对中国企业而言,经营形势比 2008 年金融危机,更严峻!一边利润下降,主业不保;一边被迫转型,但新产业发展缓慢。这,就是中国企业的基本处境。我们称之为"流血转型"。转型要成功,靠什么?离不开管理创新!

类似的控股模式,为什么联想控股成了,宗申集团不成?

2002 年开始,左宗申认为摩托车行业的高速发展不会长久,开始多元化之路,先后进入汽车、房地产、生物、担保、矿业等多领域。然而,效果如何?宗申集团最近这几年一直徘徊不前,摩托车销售开始疲软,多元化也收效甚微,甚至不得不退出汽车、矿业及生物等板块。

反观联想,从 PC 组装销售起步,进入 IT 分销、软件服务、地产、VC、PE,最终使联想控股成为多元化投资控股集团。为什么采用类似的投资控股模式,结果却有如此巨大的差别?根本原因在于宗申集团的能力达不到!能力的载体是人,是人才,是人才成长机制!朱立南、杨元庆、郭为、赵令欢、陈绍鹏、陈国栋,联想系具有帅才辈出的培养体系,这些人皆具有较强的创新思维。反观宗申集团,缺乏的是产业领军人物的成长机制、成长土壤、成长文化!

8.2 管理创新的内容体系

我国管理学界不少学者对管理创新的内容做了大同小异的归纳,比较有代表性的有芮明杰教授在他的《管理学(现代的观点)》一书中提出了 5 个方面:①提出一种新的发展思路并加以有效实施;②创设一个新的组织机构并使之有效运转;③提出一个新的管理方式方法;④设计一种新的管理模式;⑤进行一项制度的创新。

综合国内外学者管理创新的研究成果,结合我国管理创新的实践,可以认为,<u>管理创新的内容体系应完全包括新的有效整合资源以达到组织目标和责任的全部活动内容,同时也包括每个管理环节上的创新</u>。管理创新的内容体系主要由管理观念创新、管理组织创新、管理目标创新、管理方式方法创新、管理模式创新和管理环境创新 6 个方面。

8.2.1 管理观念创新

管理创新的发展史表明,管理创新常常发源于某种创意和灵感,这种创意和灵感是管理创新最难得,也是最可贵的开端。要想获得管理创新的创意和灵感,首先应进行管理观念的变革,因为"观念是行为的先导,它驱动、支配并制约着行为"。管理目标、管理组织、管理方式方法和管理模式创新都会受到观念的支配和制约,观念不创新,其他任何创新都是不可实现的,因此说观念创新是各种创新的灵魂,是管理创新的先导。

所谓<u>管理观念创新</u>,是指能够更好地顺应环境变化且更有效地整合资源的新思想、新概念或新构想的创新活动。对企业管理而言,管理创新包括:新的经营方针及经营战略、新的管理思想、新的经营管理策略、新的经营理念等。

【知识链接】

管理观念创新是管理者遵循客观环境变化规律,主动应对环境的变化而产生的新的思想意识,因此,管理观念创新必须是能动的、超前的,绝对不可被动和落后。为了不增加创新的成本,不产生创新的阻力,一些学者提出了适度超前的建议也是有道理的。

人类的新思想、新观念是在长期学习积累过程中产生的;思想观念的形成和发展往往受到旧的思维模式的影响和制约。因此,要实现管理观念的创新,首先要做到以下3点。

(1) 要勇于否定自我。要敢于放弃落后观念,突破旧的思维定式。根据组织环境的实际变化,善于学习和运用先进的管理思想和理论。

(2) 要接受新事物、学习新知识。世界上新的、正在萌芽的东西,只要是促进社会发展的,都是值得关注和学习的新知识。通过学习新知识,促使新的观念的形成。

(3) 要敢想敢为,不要墨守成规;要积极探索,不要怕挫折和打击。<u>新的观念</u>往往是在与陈旧观念的抗争中诞生的。

【相关案例】

8.2.2 管理组织创新

在此阐述的组织创新包括组织机构创新和管理制度创新。管理的组织创新包含的这两方面的内容是基于组织的两种含义:一是指由若干个人为了一个共同的目标,按照一定的规则组成的群体,在这个群体内有明确的分工和相应的职权关系。有一定的组织机构和信息沟通网络,它们构成了群体成员活动有序化的支持体系;二是指通过分工协作对组织资源进行有效整合,以便更好地实现组织目标,为了使群体内的个人更好地分工协作,制定出若干规则和程序,使组织内形成一定的秩序。

 **案例 8-2**

春兰的创新型矩阵管理

在"第八届中国机械行业企业管理现代化创新成果奖"大会上,"春兰创新型矩阵管理"夺得新中国成立以来我国企业管理领域评选的唯一一个特等奖。

春兰的创新型矩阵管理有一个"16字方针",主要内容是"横向立法、纵向运行、资源共享、合成作战"。前8个字重点解决集团和产业公司集权与分权的矛盾,力求放而不乱,提高运行效率。所谓"纵向运行",指保留"扁平化"按产业公司运行的特点,以产业为纵向;"横向立法",是指针对原来管理有所失控的问题,将集团的法律、人力、投资、财务、信息等部门划为横向部门,负责制定运行的规则,并依据规则对纵向运行部门实施监管。这样一来,横向部门"立法"并监管,纵向部门依然大权在握,能充分发挥主观能动性和积极性,不过是在"法"定的圈子里,要依"法"运行。"16字方针"中的后8个字,重点解决原来资源不能共享的问题。把横向职能部门划分为A系列和B系列,制定运行规则,"立法"的是横向中的A系列;B系列则负责实现对春兰内部资源的共享,为产业公司提供专家支持和优质服务。例如,春兰的整个法律事务,在公司总部设一名法律副总裁,分管法律事务工作,对首席执行官负责;集团下设法务处,在法律副总裁的领导下,具体实施对集团所属各子公司法务工作的指导和管理;集团所属子公司根据工作需要设立法务部门,在子公司负责人领导下开展本单位的法务工作,业务上接受集团公司法务处的指导和管理。按照原先的运行制度,48个部门都需要律师。而根据矩阵管理模式现在只设立一个法律顾问组,为集团所有部门使用,大大节约了管理成本,而且,容易规范化。

春兰的不断发展,不断进入新的产品领域和竞争领域,同时也可能退出一些经营不好的领域。公司需要一种易于扩展的组织模式,以避免每次随经营范围调整而引致的结构调整使企业伤筋动骨。矩阵结构可以很容易、迅速地以产品事业部的形式扩充新的建制,也容易退出经营不好的领域,而不必对整体架构作出调整。

8.2.3 管理目标创新

管理创新的目的是为了有效地实现组织的目标。组织目标在充分体现组织成员利益的情况下,当变成组织成员共同追求的利益时,最能激发组织成员的工作热情、献身精神和创造力,在组织内产生巨大的凝聚力和奋发向上的团队精神。同时,目标为个人和组织指明了方向,因此组织目标创新在管理创新中占有头等重要的地位,对管理工作取得成效具有十分重要的作用,目标在管理工作中的作用如图8.2所示。

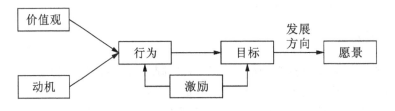

图 8.2 目标在管理中的作用

确立组织的目标是计划和决策的首要工作,由于人们获得的信息不完全或对组织内部条件和管理者的能力估计不足,所以确立的组织目标难以体现先进性和可行性。只有既先进又可行的目标,即人们称为"跳起来够得着的目标"才能起到目标应起的作用。为体现组织目标的先进性、客观性、层次性、多样性和时间性,必须依据组织内外环境的状况及其变化进行有效的目标创新。例如,企业在一定的经济环境中从事经营活动,特定的环境要求企业提供特定的产品;企业的环境产生变化,要求企业的生产方向、经营目标以及生产过程要与其他社会经济组织的关系进行相应的调整;在新的经济背景下,企业必须通过满足社会需要来获取利润。企业目标的制定和调整,都是根据市场环境和消费者需求的特点及变化趋势加以整合的,这就是目标创新。

8.2.4 管理方式创新

管理方式的理论和实践价值就在于最终实现管理理念和管理模式。从我国目前企业管理的状况来看，企业要想以更加自主的形态走向市场，必须提高管理方式的有效性，才能增强企业的内部凝聚力和外部适应能力，因此<u>管理方式方法的创新</u>是十分重要的。

【相关案例】

管理方式可以解释为管理方法和管理形式的结合。就企业管理而言，在资源整合过程中所使用的工具、方式方法，直接影响企业资源的有效配置。管理方式方法创新可以是单一性的创新，如库存管理法、设备目视管理法、网络计划技术、ABC 管理法、5S 管理、物料需求计划(MRP)等；也可以是综合性的，如制造资源计划(MRP Ⅱ)、全面质量管理(TQC)、标准化生产方式(JIT)、计算机集成制造系统(CIMS)、企业资源计划(ERP)等。归纳以上两类形式的管理方式方法，创新应包括：①采用一种新的管理手段；②实行一种新的管理方式；③提出一种新的资源利用措施；④采用一种更有效的业务流程；⑤创设一种新的工作方式等。

从管理方式方法创新的历史可以发现，传统的管理方式的创新是以生产和机器为中心，侧重于理性分析和定量计算，其目的是谋求最高的生产效率；现代的管理方式创新是以市场和人为中心，侧重于管理过程的精密化和人性化，目的是实现企业对顾客需求的快速响应。现代管理方式中以人为中心的管理方式，如人本管理、人性管理、伦理管理等；以顾客为中心的管理方式，如顾客关系管理、CS 战略等；以精密化为中心的管理，如准时化生产方式、精益生产方式、敏捷制造、CIMS 等；以物流为中心的管理方式，如物流管理、供应链管理等。

8.2.5 管理模式创新

人们常称的管理模式应该是一整套相互联系的观念、制度和管理方式方法的整合体的总称，例如，在企业层次上产生的管理模式，如集成管理、危机管理、企业再造等；在企业内的某个领域形成的管理模式，如生产管理模式、财务管理模式、人事管理模式等。管理模式可以是国家级的宏观管理模式，也可以是某一领域的微观管理模式。不管是哪一种管理模式，都必须是观念、制度和管理方式方法有机结合的整体，并且具有综合性、可操作性和示范性。

管理模式创新就是创立一种新的管理模式，例如，企业管理的综合性模式创新；企业某一管理领域中的综合性模式创新，管理方式、方法和管理手段的综合性模式创新。管理模式是创新的结果，同时是进一步进行管理创新的条件。

现代企业面临社会经济、科学技术、市场等复杂的环境及其变化，为适应这种状况，许多企业在长期的实践基础上，进行了成功的管理模式创新，这其中影响较大且有代表性的管理新模式有集成管理、企业再造、知识管理、网络管理、柔性管理等。我国企业在管理模式创新中取得了不少积极的成果，如果善于学习和借鉴国外先进的管理模式及创新的经验，一定会创立更多更好的新管理模式。我国企业创新成功的管理模式见表 8-1。

表 8-1　我国企业创新成功的管理模式

模　式	所 处 行 业	主 要 内 容
宝钢模式	钢铁行业	确定"集中指挥、统一经营、一贯负责、主要管理权集中在公司"的原则，建立"集中一贯"的公司体制，形成大型钢铁企业的现代组织管理体系
深圳石化模式	石油化工行业	以资产为纽带、以市场为导向、以计划目标为龙头、以经济效益为检验尺度的决策—执行—监督管理系统
海尔模式	家电行业	以组织文化、精细化管理支撑市场战略等的全方位优化管理
兖矿模式	煤炭行业	紧密结合行业特点，以强化专业管理(安全、生产、效益)为基础的全面协同控制模式
邯钢模式	钢铁行业	以成本否决、抓住制约竞争的主要因素而建立的针对传统型组织的企业管理模式
嘉陵模式	军转民企业	以经营环境为依托，以经营目标为导向，以经营能力为保证，正确处理三者间辩证关系的综合性管理方法
上汽模式	汽车行业	按集约原则，形成与先进技术相适应的质量管理、风险生产、人才开发、信息管理等相融合并同步集约发展的经营模式
华为模式	通信行业	构建组织文化、善借外脑而迅速成长的模式
联想模式	高科技行业	以国有民营为经营机制，形成企业产品、组织、市场战略等不断创新的舰队管理模式

8.2.6　管理环境创新

【相关案例】

环境是企业经营的土壤，同时也是企业经营的重要制约因素。企业对环境的管理，一方面要去适应经济和社会的宏观环境，另一方面要严管与经营密切相关的任务环境，还必须改进内部环境。不管是哪一方面的环境管理都需要创新。特别重要的是遵循客观规律，去引导和改造客观环境，使之朝着有利于企业经营的方向变化，例如，通过企业的公关活动，影响政府政策的制定；通过技术创新，影响技术进步等。企业的管理环境创新主要是市场创新。

1. 市场创新的概念和作用

广义的市场概念不仅包括进行商品交换的场所，还应包括对某种商品或劳务具有需求、支付能力和希望进行某种交易的人或组织，即是指商品交换关系的总和。构成市场的三要素是客户、购买能力和购买欲望。

从广义的市场概念出发，市场创新是建立新型的商品交换关系的活动。从市场组成出发，市场创新就是影响和改变市场诸要素的活动。构成市场的三要素可细分为若干项，如图 8.3 所示。

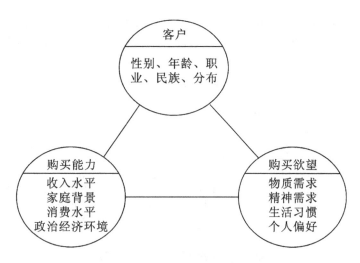

图 8.3　市场组成要素构成及细分

2．市场创新组合

市场创新是一项关系企业发展全局的系统工程，包括市场创新元素、市场创新机制和市场创新策略 3 个部分。

(1) 市场创新元素。市场创新的着眼点是激活市场的购买欲望。市场创新元素，如技术、产品、顾客、渠道、服务等都可能引发市场的创新。技术创新是市场创新中的首要元素，要跟踪前沿技术动向，捕捉新技术带来的市场商机，推动自主创新，是企业的市场创新必须加强的工作。产品创新是市场创新中最活跃的元素，产品包括物质形态和服务两种。产品性能和功能的改进，产品定位、产品品牌和产品形象的改变，质量的改进都是产品的创新点。顾客创新是一种顾客主导型的市场创新活动，对已有的顾客群进行产品上的创新，以不同的产品培育不同的顾客群。渠道创新是指产品从生产、流通向消费者转移途径的创新，有直接渠道无中间商，有中间商的为间接渠道。创新和建立何种渠道视企业的具体条件和发展状况而定。服务创新已成为不可或缺的元素，客户在选择和购买商品时已更加注重服务。不少企业已经开展全天候服务、零距离服务、套餐式服务、一站式服务、主动服务、自助服务等多种服务创新，带来了市场创新的新景象。

对市场要素的任何改变都会引起市场的变化，企业通过技术创新、产品创新、机制创新、营销策略创新等与市场相关的创新活动，使市场充满活力，免于消亡。

市场创新对企业的发展具有决定性影响。其一，市场创新能改变企业的利润曲线。企业的产品利润曲线和产品的生命周期一样有一个周期变化，通过市场创新，不断推出新产品和新的服务，企业可以避免利润曲线随单一产品寿命周期而下降的趋势，如我国的彩电行业就是如此。其二，重塑企业价值。从企业到客户的价值链在市场创新中重塑，防止老化、生锈和中断。价值链的主节点，如产品设计、生产、分销、服务等的创新都会提升企业价值。其三，延长企业生命周期。企业的市场创新是通过对原有的市场要素的重新组合和补充，使趋于衰退的市场重新焕发活力；通过对企业原有资源的重新组合，使其重新获得盈利。

(2) 市场创新机制。市场创新机制是依据市场发展变化的规律进行的市场健康发展的制度创新，它是企业所有创新中的核心。市场创新机制有 3 个支点，如图 8.4 所示。

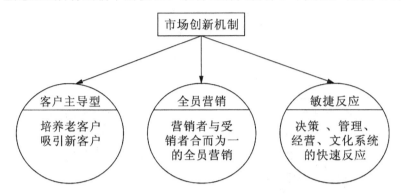

图 8.4　市场创新机制的 3 个支点

(3) 市场创新策略。这里介绍几种市场营销策略的创新。事件营销是指利用社会上发生的某个有影响力的事件开展产品营销活动。文化营销是指客户对文化产品的需求越来越广泛，因此文化营销的价值越来越大。互动营销是指客户参与，提升客户满意度。网络营销是指撤除挡在企业与顾客之间的墙，提高营销效率，降低营销成本。关系营销是因为良好的关系是营销成功的基本条件。绿色营销是指从环境保护的角度出发，实现客户价值、企业价值和社会价值的均衡。整合营销，综合企业所有营销手段，统筹运作企业所有营销渠道，统一调配企业营销资源，使企业内部形成一致的目标、一致的企业形象和顺畅的企业营销流程。

8.3　管理创新的基本条件和基本过程

8.3.1　管理创新的基本条件

管理创新不是组织自发产生的随机现象，而是一种有目的、有计划的创造性实践活动，要使管理创新获得成功，必须具备一些基本条件。对于企业管理的创新，为使创新得以展开，应该具备下列必要条件。

1. 创新意识

创新意识与创新愿望紧密相连，只有具有强烈的创新愿望才能自觉地思考创新、主动地关注创新、积极地追求创新。没有创新愿望的企业和个人是不可能产生创新意识的，因此，创新愿望是产生创新意识的基础。

创新意识往往存在于远见卓识、敢于开拓的管理者身上，这样的管理者能够敏锐地觉察和判断组织环境的变化和组织管理发展趋势，在现实问题中找到关键突破点，并能分析问题产生的深层原因，结合本组织的特点，提出解决问题的有价值的创意。那些责任感差、目光短浅、概念技能弱和保守的管理者很难有创新意识，甚至阻碍和反对创新。经研究发现，管理者的创新意识与价值观、文化素质和业务水平有关。

2. 创新能力

要想将创新意识转化为创新成果，没有一定的创新能力是不可能的。创新能力直接影响管理创新的规模、程度和方向。创新的主体可以是个人，也可以是一个群体。对于个人而言，创新能力与智商有密切关系。作为创新主体的个人应具备的创新能力大致有以下几种。

(1) 创新思维能力。创新思维能力是创新能力的核心。创新思维是指突破人们惯有的常规思维模式，以积极的探索精神来观察和分析事物，让思维在宽度、广度、深度的三维空间中驰骋，通过丰富的想象撞击出智慧的火花。创新思维是创新思维能力的来源。创新思维能力包括批判继承能力、标新立异能力、多维与超越能力、想象与联想能力、学习与借鉴能力等。

(2) 应变能力。应变能力是创新能力的重要组成部分。应变能力是管理创新主体的一种"快速反应能力"，是创新主体创新能力的集中表现。应变能力包括在应变中产生的应变创意和应变策略的能力；审时度势，随机应变能力；在应变中辨明方向，持之以恒的能力；敏锐的洞察力也是不可或缺的。为提高应变能力，必须建立准确、可靠的信息反馈系统；正确判断环境变化的性质和程度；对可能发生的变化要未雨绸缪，果断处置。

(3) 人际关系能力。人际关系能力是各层次管理者具备的重要能力。在管理创新过程中正确处理各种人际关系是取得创新成效的保障，因此管理者应该处理好与上级的关系，取得上级的理解、信任和支持；处理好与同级的关系，得到同级的积极参与和配合；处理好与下级的关系，让下级全力以赴完成创新分配的工作。

(4) 转化能力。转化能力是一种将创意转化为可操作的具体工作方案的能力，包括综合能力、移植能力、改造能力、重组能力等。

3. 创新氛围

管理创新往往受到环境的重要影响。一般情况下，人的安全和求稳意识、雇佣意识和服从意识都比较普遍，创新的风险性和艰难程度往往让人退缩，要让人们的创新愿望得到表达和创新能力得到释放，首先必须有一个宽松的人际关系环境，同时还应该营造一种人人思创新、人人敢创新、人人为创新的良好氛围，只有这样才能使创新成为组织中的新气象。决策中的"头脑风暴法"的核心在于营造一种自由讨论、不定框框、不予批判、畅所欲言的良好氛围，让专家们能充分展示自己的创新见解和思想。

良好的创新氛围的形成，有赖于创新体制和机制的建立和不断完善，还有赖于管理者自身素质的提高，更有赖于正确的领导方法和作风的形成。只有创造良好的创新氛围，创新才能顺利开展。

4. 创新目标

目标是行动的指南。创新目标是创新活动所要达到的目的和结果。没有创新目标，创新活动是盲目的，难以取得创新成果。

创新目标是控制创新过程的重要依据，也是激励人们不断创新的主要手段。通过对创新目标的控制和考核，能够发现创新目标在制定和实施过程中存在的薄弱环节和问题，为调整目标和消除薄弱环节提供依据。不仅如此，目标的实现还能够给创新主体带来成就感，并会进一步激发创新主体的创新动机。

创新目标是衡量创新主体创新业绩的主要依据，通过对创新绩效的客观、公正的评价，有助于进行合理的分配和有效的激励，并促进创新机制的优化。

【相关案例】

8.3.2 管理创新的基本过程

管理创新行为是在组织环境发生变化的情况下为实现组织的目标而产生的。管理创新行为模式是从创新愿望开始，在创新原则和条件的允许下，在创新目标的导向下，进行创意和方案的选择与形成，进一步采取创新行动，最后对创新成果进行总结和评价。根据这一行为模式，管理创新的过程就比较清晰了。管理创新的基本过程是：发现问题，抓住机遇，激发创新愿望；提出创新构想，产生创意；形成创新方案；初步实施创新方案；巩固和深化创新成果；创新的总结与评价。

1. 发现问题、抓住机遇、激发创新愿望

管理创新是针对组织管理和发展中存在的不协调的问题而采取的解决问题的创造性行为，如企业面临市场份额下降、战略偏差或实施不力、资源短缺、金融危机、管理不善等问题，或企业需要加快发展以适应社会大环境的要求时，管理创新的问题就摆在了管理者面前。管理者如果不能及时发现这些问题，作出敏捷的反应，并且抓住机遇，产生强烈的创新愿望，创新的行动就不可能发生。创新愿望的产生存在 5 种动力和 3 种阻力。

企业管理创新的 5 种动力：①人们生活水平的提高和买方市场的出现，由市场需求而产生的拉动力；②市场竞争威胁所产生的压力；③企业对创新利润的追求所形成的内在驱动力；④科学技术的迅猛发展和科技与经济联系日益紧密带来的推动力；⑤政府采取鼓励创新政策带来的激励力。

企业管理创新同时也存在 3 种阻力：①是由于个人因循守旧的习惯、过分追求安全感、害怕经济收入下降、惧怕承担工作中的风险等原因而产生个体方面的阻力；②是由于组织结构的惯性和群体的惯性，不愿打破旧秩序而抵制创新，部门的本位主义和管理者的官僚主义极大地阻碍了创新，这些都是来自组织方面的阻力；③是物质、技术条件的不足，使管理创新缺少投入，也是一种重要的阻力。在管理创新中，要充分利用动力，努力克服阻力，才能激发创新愿望，产生创意，付诸行动，取得创新成果。

2. 提出创新构想，产生创意

通过发现问题，知晓管理的现实与理想之间的差距，激发了创新愿望，接下来要系统地分析组织在运行中出现问题的性质、范围、影响程度和产生的原因，并分析和预测这些问题的变化趋势,估计它们可能给组织带来的影响。在此基础上,利用环境给人们的机遇,采用头脑风暴法、德尔菲法、畅谈会法提出各种解决问题的创新构想,并由此产生创意。

3. 形成创新方案

在创新条件的约束下和创新目标的指引下,对创意进行比较、筛选、综合及可行性分析,以建立创新的基准点,由此形成一个比较具体的、清晰的、切实可行的、能使管理工作走上新台阶的创新方案。

4. 初步实施创新方案

管理创新不能停留在创意和方案上,纸上谈兵是不能产生创新成果的,因此要迅速行动,把创新方案付诸实施。通过合理授权有关部门和个人,加快实施步伐,争取尽快见效,用以提高创新的可信度和成就感,增强组织成员对创新的信心。

5. 巩固和深化创新成果

初步实施创新方案后,要及时将获得的成效加以巩固,并继续密切关注创新的进程,及时解决方案实施中存在的问题,给予有力的协调和控制,进一步扩大创新成果,防止倒退和虎头蛇尾,要不怕挫折和失败,坚持就是成功。

6. 创新的总结与评价

及时总结创新的经验和教训是推进创新的有力措施;要客观、公正地评价创新成果。只有这样才能使管理者和组织成员得到激励,推动更高层次的创新;也只有这样才能向更大范围内推广创新成果,才能扩大管理创新的社会效益。

我国的改革开放已进入一个关键的历史时期,加快改革步伐,加强管理创新,已经成为推动我国经济社会发展的必由之路、制胜之路。<u>推进管理创新</u>是管理者不可推卸的重任。

【相关案例】

8.4 管理创新思维

管理创新的内容体系中的每一项都离不开思维活动,特别是管理创新过程中问题的发现、创意的产生、创新方案的形成更离不开<u>创造性的思维活动</u>。对于每一个管理者,不管是高层的,还是中层的或基层的,如果没有创造性思维就不能做好管理工作,没有创造性思维活动,管理创新是不可能实现的。本节将阐述管理创新思维的特征、形成的过程和基本方法。

【知识链接】

8.4.1 管理创新思维的特征

据《现代汉语词典》解释,思维是指人的大脑在表象、概念的基础上进行分析、综合、判断、推理等认识活动的过程;而管理创新思维应是指管理者在管理创新过程中的创造性地思考或思索的能动认识活动的过程。关于管理创新思维的这一定义，可以从分析管理创新的思维特征中得到更深刻的理解。管理创新的思维特征基本包括对管理问题的敏锐性、对解决管理问题的思路开阔性和能动性、管理创新思维的独特性和递进性。

1. 管理创新思维对管理问题的敏锐性

创新始于问题。管理创新从预测、决策开始，首先要从发现问题、辨识问题、界定问题着手。管理中出现的问题就是矛盾、差距、不完善，影响组织目标有效实现的各种因素的不协调。发现问题是解决问题的前提和基础，发现问题的关键在创新思维，也就是要靠对管理问题的敏锐性。只有那些有责任心、事业心和善于思考、反应敏捷的人才能对管理问题有敏锐性。

对企业管理而言，管理者必须具有强烈的问题意识，在任何时候、任何情况下，都要保持对问题的敏锐性，主动积极地寻找问题，头脑中经常想问题，并善于分析问题的症结所在，才能找到解决问题的办法。例如，美国企业家斯隆受命担任通用汽车公司总裁后，他全力寻找落后于福特汽车公司的问题和原因，在经过认真调查和分析之后，他认为通用汽车公司要想在竞争中取胜，必须对管理体制、组织机构大动手术。他首创事业部制、实行统一经营、统一决策和分散管理、分散生产。使高层管理者脱离日常业务管理，而把主要精力用于谋划和决策等全局性管理工作，使通用汽车公司在几年后就超过福特，雄踞世界汽车行业之首。

一个有创新思维的管理者善于发现问题、界定问题，必须具有对管理问题的敏锐性。

2. 管理创新思维有对解决管理问题的思路开阔性和能动性

由于组织处于不断变化的环境之中，设计决策方案时难以收集全部信息，在解决管理中的问题时可能存在多种解决办法。这些都要求管理者开动脑筋，积极思考，尽可能多地想出解决问题的方案和办法。

高层管理者面对复杂多变的环境，要选择一个比较满意的方案，不仅要善于利用专家、参谋人员的头脑来设计出解决问题的可行方案，而且要充分发挥自己的创造性思维，充分展现管理创新思维的开阔性和能动性，只有克服思想僵化，思路狭窄、自我束缚等障碍，才能找到解决问题的良策。

3. 管理创新思维的独特性

管理者要面对各种不同组织管理中的独特问题，这些问题往往是前人没有遇到的或未解决的。要解决这些问题，必须有独特的办法。管理者应该追求思维成果的独特性。一般来说，独特的设想，与众不同的方案实施起来难度较大，成功的可能性较小，但有胆识的管理者往往能独辟蹊径，获得常人看来难以想象的成果。例如，20 世纪 20 年代初，新生的苏维埃政权外受孤立、内有战乱、粮食奇缺、物价飞涨，世界各国商人不愿冒风险同苏联做生意，而美国人阿曼德·哈默访问莫斯科以后，用美国过剩的粮食交换苏联生产的皮毛、白金和绿宝石。列宁赞许哈默的易货贸易，并委任他为苏联对美贸易的代理商。有一天，哈默在莫斯科的一家商店花 26 美分买了一支铅笔，这个价格是美国铅笔价格的 10 倍。他意识到这是一个难得的商机，立即申请生产许可证，到德国寻找技术人员、设备和原材料，在莫斯科生产铅笔。没有几年，他的工厂能年产铅笔 1 亿多支，成为当时世界上最大的铅笔厂之一。

追求思维成果的独特性，要求管理者不断地突破思维定势，克服思维惰性。如果时时、处处受到思维定势的钳制或满足于原有思维框架中的活动，就不会产生创意，管理创新也就无从谈起。

4. 管理创新思维的随机递进性

1915 年，美国企业家托马斯·沃森接手濒临破产的计算制表记录公司(CTR)并担任经理。他以争取贷款、实施新的经营策略为突破口，在改进产品的基础上刻意营造优异的企业文化，提出"为用户提供更好的服务"的经营理念。几年后，公司销售额翻了两番。1924 年，公司更名为国际商用机器公司(IBM)。1946 年，托马斯·沃森的长子小沃森，在参观宾夕法尼亚大学刚成功研制的数字计算机"埃尼阿克"的几周后，向老沃森建议研制生产"电子乘法器"。第二年，IBM 604 型作为真正具有实用价值的计算机全面推向市场，使原本只涉足机械行业的 IBM 成为全世界计算机产业的开路先锋。

从以上案例可以看出，管理创新是一个不断推陈出新的过程，经济社会的发展，环境的变化不容许人们满足于已有的创新成果，要不断总结经验、不断创新、不断前进，管理工作才能紧跟时代的步伐，因此管理者的创新思维必须具备随机递进性。

8.4.2 管理创新思维形成的过程

创新思维是人的一种十分复杂的心理活动过程。经有关学者研究，管理创新思维的形成过程大致分为准备、探索、顿悟和验证 4 个阶段。

1. 准备阶段

创新思维从产生创新动机、收集有关信息和进行各项准备工作开始。首先要明确创新的目的，界定问题，收集必要的信息并掌握必要的技能。

(1) 产生动机。创新动机的产生来源于敏锐地发现组织中存在的问题，并有解决问题的责任心和欲望。激发人们进行管理创新的强烈动机不是突然产生和形成的，而是一个触发、蓄积和逐步强化的过程。实践证明，用命令和物质刺激等手段产生的创新动机，不会强烈和持久，而工作本身的挑战性、职务上的责任感、工作上的成就欲和创造性工作的吸引力让管理者产生创新的动机，往往更强烈和持久。

(2) 界定问题。发现问题、产生创新动机后，真正启动创新思维的是界定问题，即把组织存在的问题的性质、范围、影响程度弄清楚。如企业中的老产品的销售增长率和市场占有率明显下降，必须进行老产品的改造。如何改造老产品，必须搞清用户对同类产品的需求以及老产品的成本、功能、质量、型号存在的差距，如此清晰地界定问题，才能形成正确改造老产品的创新思维。

(3) 充实补充有关知识。具有所研究的问题的广博知识是创新的基础。任何一个创造性构想都不是现有的东西，知识是创新构想的原材料，因此在创新过程中要不断学习和积累所需要的知识，特别是补充自己缺乏的新知识。

(4) 收集信息。收集各种与要解决的问题有关的信息，这是创新思维过程中必做的准备工作。信息是大脑思维的材料，没有足够的信息不可能形成完整的创新构想。不仅要重视收集信息的范围和数量，更要重视收集一次信息(原始信息)及信息的质量。

2. 探索阶段

探索阶段是创新思维的关键性阶段。要充分发散思维，即充分展现想象与联想、逆向与侧向等思维方法，转移或借鉴别人的经验，进行大胆的探索，才能诞生创新构想。

首先对收集的信息进行逻辑加工。收集来的信息是创新思维的材料和基础，通过对已有信息的逻辑加工，常常会产生解决问题的新构想，采用分析、综合、分类、排列、对比、组合等方法进行逻辑推理和判断。

通过对收集信息的逻辑加工，还难以产生有价值的创新构想，往往要靠心理活动的非推理因素来探索事物之间的未知联系。发散思维能够从那些似乎与问题没有关联的因素和领域找到未知关联和相似之处，从而形成解决问题的创造性构想。

探索阶段是创新思维形成的"酝酿阶段"。

3. 顿悟阶段

管理者可以用直觉、灵感、想象等非逻辑思维产生创新构想。

经过探索阶段对收集信息的逻辑加工和发散思维的酝酿，如果这时解决问题的创新构想还未形成不必再苦苦思索下去，而是让大脑休息，这样有助于脑中各种信息的重新组合。

用直觉和想象，加上灵感，豁然顿悟可以产生创新构想。要产生有实用价值的构想，必须先有一定数量的设想。有人通过调查和计算证实，一个人在相同的时间内提出比别人多两倍的设想就会产生比别人高 10 倍的有实用价值的构想。

4. 验证阶段

经过上述 3 个阶段，产生创新构想要进行评价、检验和修正，才能成为用于创新的构想。

新的构想雏形可能是一种猜测，包含一些不合理、不具体、不充实的因素，必须进行补充和调整，然后，还需对最后形成的创新构想进行验证和评价。评价它的正确性、新颖性、独特性、价值性和可行性，由此决定是否付诸实现。

8.4.3 管理创新思维的基本方法

思维方法是指人们思考问题的方式和路径。思维方法对于思维成果的创造性有着直接的影响。方法正确，则结论合理；方法高超，则结论新颖。管理者通常运用多种思维方法进行管理创新，其中比较常用的是发散思维方法、联想思维方法、逻辑思维方法、系统思维方法和形象思维方法等。

1. 发散思维方法

发散思维又称多向思维，是指人们在思维过程中，不拘泥一点或一条线索，而是从仅有的信息中尽可能向多方向扩展，而不受已确定的方式、方法、规则和范围的约束，从而获得多种设想的思维。发散思维的概念最早由武德沃斯于1918年提出。美国心理学家吉尔福特在"智力结构的三维模式"中已明确提出了发散思维，并于20世纪50年代后，进一步提出了发散性思维的3个维度，即流畅度(指发散量)、变通度(指发散的灵活性)和独创度(指发散的新奇成分)。据此，可以总结发散思维的特点是：①流畅，在短时间内能迅速获得较多的思维结果；②变通，即思路开阔、机智灵活、随机应变、触类旁通；③独特，即分析解决问题的答案新颖不俗、有差异。

发散思维依照发散方向的不同分为逆向思维和侧向思维。逆向思维又称反向思维。从事物都包括对立的相互依存的两个方面，逆向思维从正常思路的反面想问题，便能得出一些创新的设想。例如，20世纪50年代，世界各国都在研究制造晶体管的原料——锗，为此必须提炼高纯度的锗，日本的江崎与助手在提炼锗的操作过程中，发现总是有一些杂质混入，提纯很难，他们从反向操作，有意掺入少量杂质，了解半导体的性能变化，经反复实验，当掺入的杂质达到与锗等量时，形成了一种极为优异的半导体。逆向思维在管理创新中同样会发挥重要作用。

侧向思维又称横向思维，即改变思维的逻辑顺序，从另一个角度思考问题的一种思维方法。"他山之石，可以攻玉"，创新过程中的"拿来主义"和借鉴学习别人的经验就是侧向思维。侧向思维分为：侧向移入，将注意力转移至更广阔的领域；侧向转换，将问题转换成侧面的其他问题；侧向移出，将现有的设想外推到其他意想不到的领域或对象上。

人的多向思维能力是可以通过训练而提高的。其一，遇到要处理的问题，要大胆地敞开思路。考虑的可能性越多，也就越容易找到真正的诀窍。其二，要坚持思维的独特性，往往能提高多向思维的质量。其三，管理者应当善于利用他人的头脑，集思广益，通过智力整合和互相激发来发挥发散思维的作用。

与发散思维相对应的是收敛思维。在管理工作中，为解决某一问题从多个方案中找出一个满意方案，采用收敛思维。在管理创新中，通常将发散思维与收敛思维有机结合，为解决一个问题，先用发散思维找出尽可能多的可供选择方案，然后用收敛思维去分析对比各种方案，集中寻找最满意的方案。

2. 联想思维方法

联想思维是指由某一事物联想到另一事物而产生认识的心理过程。由于有些事物、概念或现象往往在时空中伴随出现，或在某些方面表现出某种对应关系，由于联想，人的大脑以特定的记忆表象结构存储，一旦再遇到其中的一种事物、概念或现象时，能马上联想不在现场或眼前发生的另外一些事物、概念或现象。联想是正常人普遍具有的思维。

联想思维的特点：一是连续性，即联想活动由此及彼、迂回曲折且连绵不断，一瞬间可能形成联想链，首尾相连的事物可能毫无共同之处；二是形象性，即联想的主要素材是形象，大脑中留下的印象是一幅幅画面；三是概括性，联想能整体把握事物，具有较强的概括性。

在管理创新的过程中，对管理系统之间的联想，如人们从自然界的生态平衡想到了企业生存环境，创造性地提出了供应链和经营生态链的管理方法和理念；又如由人的生命周期联想到企业的生命周期，研究企业发展的特点，形成企业管理创新的思维。

3. 逻辑思维方法

管理创新的逻辑思维是指按思维的基本逻辑顺序，把思维对象概括成概念，由概念构成判断，判断再经过逻辑联系构成推理体系的思维过程，逻辑思维强调的是管理的科学性，非逻辑思维强调的是管理的艺术性，两者有机结合成统一体，管理创新才能取得有效的成果。

逻辑思维对管理创新有重要作用。其一，它可以直接产生创新性的思维成果，如泰勒根据提高劳动生产率的要求，创立了科学管理原理。同样，梅奥为探索影响工人劳动积极性的因素提出了人际关系理论。其二，它具有过滤和消减创新风险的作用。管理创新中的新设想、新方案存在着不确定性，通过逻辑思维的分析才能确认其有效性，以此降低创新的风险。其三，它是解决程序化问题的最常用的方法。要解决管理中的问题，首先要分析问题产生的原因，才能找到解决问题的办法。

逻辑思维常用的有归纳推理法、演绎推理法和类比推理法等 3 种方法。归纳推理法是由典型到一般的推理方法，而演绎推理法是一般到特殊的推理方法。类比推理法是指通过已知事物和未知事物的比较分析，从它们的相似性和差异性推断未知事物属性的方法。

4. 系统思维方法

在管理创新的系统性和管理的系统原理中，已较详细地阐述了系统思维方法。在学习和形成管理创新思维时，要着重树立系统整体性思维、相关性思维、有序性思维、动态性思维和目的性思维，把管理创新作为一个系统工程来运作。防止简单、静止、片面地认识和处理问题。

5. 形象思维方法

管理创新的形象思维是指对管理活动中已有的知识、信息进行加工、改造或重组的思维活动，而想象是一种更积极、更活跃、更生动的思维活动。按形象思维产生创新的程度，可将形象思维分为再造性形象思维和创新性形象思维。按形象思维受主体支配的程度，将形象思维分为有意形象思维和无意形象思维。

(1) 再造性形象思维是对现实中存在的而本人未亲身经历的，凭经验再造的文字、声音、动作或图画所揭示的形象的思维方法，具有一定的创新性。

(2) 创新性形象思维是指不依据现象描述而独立创造原本没有的新颖、独特的新形象，幻想是创新性形象思维的极端形式。幻想往往是宝贵财富。

(3) 有意形象思维是一种有目的、有计划的自觉控制的思维活动。无意形象思维是一种无目的、无计划的，不受人们意志控制的思维活动。梦是典型的无意形象思维活动。无意形象思维可以让潜意识活跃起来，能导致灵感、直觉或顿悟的形成，对创新活动有巨大的作用。

以上对管理创新思维的特征、过程和基本方法做了较为详细的叙述，为管理者开展管理创新提供了一些基础知识，但管理者要形成有自己特色的创新思维，必须

【相关案例】

不断去学习、实践和培育。一要积累丰富的知识，二要坚持独立思考，三要冲破习惯束缚，四要提高联想能力，五要把握直觉与灵感。值得一提的是，在把握直觉与灵感时，要及时掌握信息，记录思想火花，善于激活潜意识，要看重直觉和灵感的价值性，让创新活动开花结果。

本 章 小 结

创新是指形成一种新的构想或创意，并通过实践使这种构想或创意转变为某种变革和取得效益的过程。管理创新是指为实现组织目标，管理者根据内外环境的变化，对组织管理的思想、体制、模式、方法和手段进行创建、改革，以创造出一种更有效的资源整合范式的一系列活动过程。

管理创新具有系统性、有效性、风险性、破坏性、动态性等特征。

管理创新的内容体系包括：管理观念创新、管理目标创新、管理组织创新、管理方式方法创新、管理模式创新和管理环境创新6个方面。对企业而言，市场创新是建立新型的商品交换关系的活动。市场创新包括市场创新元素、市场创新机制和市场创新策略。

管理创新应具备的基本条件包括创新意识、创新能力、创新氛围、创新目标等。

管理创新的基本过程包括发现问题、抓住机遇、激发创新愿望；提出构想，产生创意；形成创新方案；初步实施创新方案；巩固和深化创新成果；创新的总结与评价等步骤。

管理创新思维包括对问题的敏锐性、思路的开阔性和能动性、独特性、随机递进性。管理创新思维形成的过程分准备阶段、探索阶段、顿悟阶段和验证阶段。管理创新思维的方法有发散思维、联想思维、逻辑思维、系统思维和形象思维等。

案例讨论

案例一　联想分拆，二少帅分掌事业空间

2001年3月，联想集团宣布联想电脑、神州数码战略分拆进入资本分拆的最后阶段。

同年6月，神州数码在香港上市。

分拆之后，联想电脑由杨元庆接过帅旗，继承自有品牌，主攻PC、硬件生产销售；神州数码则由郭为领军，另创品牌，主营系统集成、代理产品分销、网络产品制造。

至此，联想接班人问题以喜剧方式尘埃落定，不负众望的双少帅一个握有联想现在，一个开往联想未来。曾经长期困扰中国企业的接班人问题，在联想老帅柳传志的世事洞明的眼光下，一笑而过。

案例二　二教授心系学员，创立好赖网

2007年3月29日中午13时许，郝新军教授和赖伟民教授于北京大学资源大厦一楼上岛咖啡厅坐而论道。席间，赖教授感叹：最近承担的教学任务太多，难有时间进行课题研究，更难有时间深入企业实地调研。郝教授曰：同感！同感！尤甚者，无法一一解答全国学员的学习疑问和管理问题，甚憾！郝教授进而设想：我俩的全国学员以企业高管者居多，数量近十万。可否合办一个学员联谊会之类的组织，集中解

答学员问题，促进学员交流联谊。此语一出，赖教授拍案而起：好主意！莫不如利用网络技术，办一个网站，不仅服务学员，还能成为现代管理领域的学习、研讨、交流平台。郝教授亦两眼放光：太好了！就以我俩的姓氏"郝""赖"为名，叫"好赖网"吧！

于是，"好赖网"——www.okbad.org 诞生了！

案例三　希望集团卖鹌鹑而做饲料，再做金融投资

刘氏兄弟的发展轨迹就是脱壳、再脱壳的过程。

20世纪80年代初，刘氏兄弟以1 000元人民币起家，回村孵鸡、孵鹌鹑。随后数年，刘氏兄弟成为全国的鹌鹑大王，但刘氏兄弟在鹌鹑养殖事业顶峰时看到了危机。于是，把鹌鹑宰杀或送人，成功地开发出希望牌高档猪饲料，并很快占领了成都市场。

1998年，刘氏兄弟在饲料行业达到顶峰，随后进行资产重组，分别成立了大陆希望集团、东方希望集团、新希望集团、华西希望集团，各自在相关领域发展。东方希望移居上海后，刘永行开始频频出手参股金融机构，目前，东方希望在光大银行、民生银行、民生保险、深圳海达保险经纪人公司和上海光明乳业等项目上都持有一定股份，总投资超过2亿元。

案例四　蒙牛号召向伊利学习

1998年年底，原伊利副总牛根生出走伊利，创办蒙牛。对中国乳业来说，伊利就是一所黄埔军校。伊利把牛根生从一个刷奶瓶的小工培养成一个呼风唤雨的人物，伊利依托公司连基地、基地连农户的生产经营模式也被蒙牛当仁不让地拿来，并且做得更到位、更彻底。牛根生还别出心裁地在产品包装盒上印上为民族工业争气，向伊利学习的口号，蒙牛的第一块广告牌也非常乖巧地写着做内蒙古第二品牌，但正是因为这种学习中竞争的模式，伊利和蒙牛的发展速度都非常惊人。尤其是蒙牛，创造了中国企业史无前例的1 947.31%的成长速度，由名不见经传飙升到现在的前五之列，而牛根生充满玄机的伊利和蒙牛迟早要走在一起的言语，给了伊利一个什么样的信号呢？

【讨论题】

1. 柳传志是如何将企业发展战略与培养接班人结合起来的？
2. 郝、赖两位教授的管理培训与咨询的创新之举有何作用？
3. 刘氏兄弟的创业发展轨迹说明了什么？
4. 蒙牛老总牛根生的经营模式创新有何特点？

自我检测题

一、单项选择题

1. 最早提出创新概念的学者是(　　)。
   A. 德鲁克　　　B. 科斯　　　C. 熊彼特　　　D. 西蒙
2. 管理创新的有效性最终体现在(　　)。
   A. 提高效率　　B. 取得效果　　C. 增加效益　　D. 作出方案

3．产生管理创新行为最主要的是(　　)的激励。
   A．目标　　　　B．奖金　　　　C．升职　　　　D．加薪
4．市场组成的要素是(　　)。
   A．产品　　　　B．客户　　　　C．购买能力　　D．购买欲望
5．现代企业管理方式创新是以(　　)为中心的。
   A．市场　　　　B．人　　　　　C．人和市场　　D．资金
6．逆向思维属于(　　)。
   A．联想思维　　B．系统思维　　C．形象思维　　D．发散思维
7．以下不是管理创新的风险性的是(　　)。
   A．创新内容的复杂性　　　　　B．创新投入回报的确定性
   C．创新效果的难以度量性　　　D．创新的动态性
8．作为创新主体的个人应具备的创新能力有哪几种？(　　)
   A．创新思维能力　　　　　　　B．应变能力
   C．人际关系能力　　　　　　　D．坚持到底的能力

二、简答题

1．熊彼特提出的创新组合的内容是什么？
2．管理创新的内涵是什么？
3．何谓管理模式创新？
4．市场创新的3个支点是什么？
5．企业管理创新有何动力？
6．管理创新思维的特征是什么？

三、论述题

1．试述管理创新的基本特征。
2．结合课中案例，论述管理创新的基本过程。
3．以现实社会中成功人士为例，论述管理者应具备的创新能力。

知识拓展

【互联网+】

【现代物流管理】

模拟试题

模拟试题一

一、单项选择题(共10小题,每题2分,共计20分)

1. 中外学者对管理的定义不胜枚举,提出"管理是由计划、组织、指挥、协调和控制这五项要素所组成的过程"的是(   )。
   A. 西蒙　　　　B. 德鲁克　　　　C. 法约尔　　　　D. 周三多

2. 要确保"事有人做,人有事做;事得其人,人得其事",需做好管理中的(   )。
   A. 计划　　　　B. 组织　　　　C. 领导　　　　D. 控制

3. 管理者对某一情况进行分析,从而提出行动方案。因此,他需要做以下工作:(1)分析评价各方案;(2)确定决策目标;(3)选择满意方案并实施;(4)认识和分析问题;(5)拟定备选行动方案。正确的分析思路应该是(   )。
   A. (5)→(3)→(4)→(1)→(2)　　　　B. (4)→(2)→(5)→(1)→(3)
   C. (5)→(4)→(2)→(1)→(3)　　　　D. (4)→(5)→(1)→(2)→(3)

4. 某公司总经理认为公司中存在派系不利于组织目标的实现,派系是非正式组织,所以非正式组织对公司是完全不利的。他的推断是(   )。
   A. 正确　　　　B. 不正确　　　　C. 不能判断　　　　D. 虽片面,但正确

5. 在组织规模一定的情况下,管理层次与管理幅度之间(   )。
   A. 成正比关系　　B. 成反比关系　　C. 互不相关　　　D. 曲线相关

6. 没有反映出管理专业化分工的组织结构为(   )。
   A. 职能型结构　　　　　　　　B. 直线制结构
   C. 事业部制型结构　　　　　　D. 矩阵型结构

7. 某顾客准备在银行办理一期固定存款业务,在可供选择的三家银行中,一年期利率分别是3.15%、2.98%、3.21%。该顾客面临的决策就是选择哪家银行。这种决策属于什么类型的决策?如果这三家银行都存在倒闭的可能,但不知道倒闭的概率,则这种决策又属于何种类型的决策?(   )
   A. 确定型决策,非确定型决策　　　B. 非确定型决策,风险型决策
   C. 确定型决策,风险型决策　　　　D. 风险型决策,非确定型决策

8. 某厂有严格的上、下班制度并一直遵照执行。一天深夜突降大雪,给交通带来极大不便,次日早晨便有许多人上班迟到了,厂长决定对当日的迟到者免于惩罚。对此,企业内部职工议论纷纷。在下列议论中,你认为哪种说法最有道理?(   )
   A. 厂长滥用职权
   B. 厂长执行管理制度应先征询大部分职工的意见

C. 厂长无权变动制度

D. 规章制度应有一定的灵活性，特殊情况可以特殊处理

9. 某企业采用直线职能制的组织结构，企业中共有管理人员44人，其中厂长1人，车间主任4人，班组长20人，职能科长4人，科员15人。每一岗位均不设副职。厂长的管理幅度为(   )。

　　A. 4　　　　　　B. 8　　　　　　C. 24　　　　　　D. 28

10. 某公司总经理安排其助手去洽谈一个重要的工程项目合同，结果由于助手工作中的考虑欠周全，致使合同最终被另一家公司接走。由于此合同对公司经营关系重大，董事会讨论其中失误的责任时，存在以下几种说法，你认为哪一种说法最为合理？(   )

A. 总经理至少应该承担领导用人不当与督促检查失职的责任

B. 总经理的助手既然承接了该谈判的任务，就应对谈判承担完全的责任

C. 若总经理助手又进一步将任务委托给其下属，则也可不必承担谈判的责任

D. 公司总经理以将此事委托给助手，所以，对谈判的失败完全没有责任

二、多项选择题(共5小题，每题3分，共计15分，多选、少选、错选均不得分)

1. 某企业在推行目标管理中，提出了如下的目标："质量上台阶，管理上水平，效益创一流，人人争上游。"以下说法中，正确的有(   )。

A. 目标表述模糊　　　　　　　　B. 此目标太过宽泛

C. 此目标难以进行量化考核　　　D. 目标设定得太高

2. 管理的责任原理强调职责、权限、利益和能力的协调和统一，以下描述正确的是(   )。

A. 责、权、利组成等边三角形三边，表明责、权、利要对等

B. 能力是等边三角形的高，表明能力以小于职责为宜，有利于挖掘潜能

C. 责任和利益必须对等，但权力则是根据能力大小来确定的

D. 明确了职责，就应该授予履行职责的权力并通过给予相应的利益来体现对完成工作任务和创造业绩的补偿

3. 下列适宜采用双向沟通的有(   )。

A. 时间比较充裕，问题比较棘手

B. 下属能对解决问题提供有价值的信息和建议

C. 时间较紧，问题简单

D. 对下属解决问题的接受程度至关重要

4. 下列控制中属于前馈控制的是(   )。

A. 猎人为了射中飞禽，总是把枪瞄准飞禽飞行的前方

B. 足球运动员将球传向正在跑动的队友的前方

C. 为了控制流行病而服用预防药物

D. 税务机关对某公司的账目进行清查

5. 父亲为了鼓励孩子用功学习，向孩子提出：如果在下学期每门功课都考95分以上，就给买一架遥控直升机模型。下述什么情况下，孩子比较有可能受到激励而用功学习？(   )

A. 小孩平时成绩还不错，对自己也比较有信心

B. 小孩想要一架遥控直升机模型已经很长时间了
C. 父亲说话从来都是算数的
D. 父亲许诺星期天带小孩去公园玩看遥控直升飞机比赛

三、简答题(共4小题，每题5分，共计20分)

1. 人际关系学说的主要观点是什么？
2. 简述直线职能制结构的优、缺点。
3. 熊彼特提出的创新组合的内容是什么？
4. 沟通的含义及作用。

四、论述题(共2小题，每题15分，共计30分)

1. 试述组织变革的阻力有哪些？如何消除？
2. 试论期望理论给我们的启示是什么？

五、案例分析题(共1小题，每题15分，共计15分)

请结合以下案例，回答如下问题：
(1) 什么是集权？过度集权的弊病是什么？(6分)
(2) 你认为公司总裁应该采取何种措施解决会计部的问题？(9分)

【案例】王林生是公司的会计部主管。20年前，他刚刚加入公司时，公司会计部就他一个人，要承担整个公司的会计工作，而现在会计部里已经有了8名雇员。他对公司忠心耿耿，努力肯干，事必躬亲，什么事情都自己动手去做，而不愿将更多的职责分派给他的下属。然而最近几年，许多基层主管对会计部的抱怨越来越多，会计部的工作似乎陷入僵局。一些部门要获取最新数据时，常常延误，尽管提了意见，但这种情况没有改善。

公司总裁意识到会计部中问题，督促王林生向下属分派职责，多向下属授权。但是王林生却不以为然，也没有采取任何改进措施。会计部的工作越来越糟糕。公司总裁考虑该不该解雇他呢？

模拟试题二

一、单项选择题(共10小题，每题2分，共计20分)

1. 首先提出企业中存在"非正式组织"的管理理论是( )。
   A. 科学管理理论　　　　　　　B. 行为科学理论
   C. 古典组织理论　　　　　　　D. 行政组织理论
2. 公平理论是由( )提出的。
   A. 马斯洛　　　　　　　　　　B. 赫茨伯格
   C. 明茨伯格　　　　　　　　　D. 亚当斯

3. 决策应该遵循的原则是(　　)。
   A．容易　　　　B．最优　　　　C．满意　　　　D．一劳永逸
4. 下列是法约尔的著作的是(　　)。
   A．《工业管理与一般管理》　　　B．《第五项修炼》
   C．《工业的领导》　　　　　　　D．《科学管理原理》
5. 古典决策理论是基于(　　)假设提出来的。
   A．社会人　　　B．能动人　　　C．理性人　　　D．经济人
6. 下列(　　)不属于管理的特性。
   A．综合性　　　B．应用性　　　C．精确性　　　D．艺术性
7. 要确保"事有人做，人有事做；事得其人，人得其事"，需做好管理中的哪种工作？(　　)
   A．计划　　　　B．组织　　　　C．领导　　　　D．控制
8. 某大企业人才济济、设备精良，长期以来以管理正规有序而自诩。但近来该企业业绩不佳，尤其是干群士气低落，管理人员和技术人员的流失率逐年升高。从管理职能分析，该企业最有可能是(　　)工作存在问题。
   A．计划职能　　B．组织职能　　C．领导职能　　D．控制职能
9. 某研究所的一位管理人员告诉自己的好朋友，说他在单位的主要职责是给软件开发人员分派具体的工作任务，并指挥和监督各项具体工作任务的完成。由此可推断，这位管理人员是(　　)。
   A．高层管理人员　B．中层管理人员　C．基层管理人员　D．无法推断
10. 某公司总经理认为公司中存在派系不利于组织目标的实现，派系是非正式组织，所以非正式组织对公司是不利的。他的推断是(　　)。
    A．完全正确　　　　　　　　　B．不正确
    C．不能判断　　　　　　　　　D．没有什么正确与不正确

二、判断题(共10小题，每题1分，共计10分)

1. 任何组织的管理都是为了追求效率，因此，效率和对效率的追求成为管理活动的永恒主题。　　　　　　　　　　　　　　　　　　　　　　　　　　　　　　(　　)
2. 亚当·斯密在《国富论》中提出劳动分工是增进生产率的重要因素，并提出了"社会人"观点。　　　　　　　　　　　　　　　　　　　　　　　　　　　　　(　　)
3. 不确定型决策是指具有多种未来状态和相应后果，但是只能确定各状态发生的概率而难以获得充分可靠信息的决策问题。　　　　　　　　　　　　　　　　　(　　)
4. 非正式的群众领袖具有巨大的感召性权力，但他们对人们的影响力是不可能超过拥有正式职位的领导者。　　　　　　　　　　　　　　　　　　　　　　　(　　)
5. 外部招聘管理人员会打击组织内部员工的积极性，这些人员和组织也相互缺乏了解，因此组织在决定是否采用管理人员的外部选聘时都十分谨慎。　　　　　(　　)
6. 若下属从事的工作内容和性质相差甚远或下属对工作目的和要求比较模糊，都可以考虑较宽的管理幅度。　　　　　　　　　　　　　　　　　　　　　　　(　　)
7. 只要控制工作做得好，完全可以防止管理失误。　　　　　　　　　　(　　)

8．外科实习医生在第一次做手术时需要有经验丰富的医生在手术过程中对其进行指导，这是一种预先控制。（　　）

9．苛特·勒温的组织变革"三阶段模式"为"变革→冻结→强化"。（　　）

10．双因素理论认为，消除人们工作中的不满意因素，就会使工作结果令人满意。
（　　）

三、简答题(共 4 小题，每题 5 分，共计 20 分)

1．简述泰勒科学管理原理的主要内容。

2．企业的社会责任是什么？

3．判断右图属哪种正式沟通网络的类型，并简述此沟通网络的优、缺点。

4．管理控制的基本过程有哪几个阶段组成。

四、论述题(共 1 小题，每题 20 分，共计 20 分)

论述领导者权力的来源，结合实际谈谈你的理解。

五、案例分析(共 2 小题，每题 15 分，共计 30 分)

1．请结合下面案例分析：

(1) 案例中存在哪些沟通障碍。(6 分)

(2) 你认为该如何克服这些障碍。(9 分)

【案例】 小王下午下班之前必须交一份报告，急需在一个英文数据库下载资料，他突然想起大学时的朋友小李有这个数据库的账号。但考虑到自己毕业后很少和小李联系，而且账号是小李自己花钱买的，所以不好意思给小李打电话，就用手机发了条短信："嘿，好久没联系了，你现在工作怎么样啊？我最近在写文章搜集资料，还要你多多帮忙。"等了很久，小李回信息："你好。我现在很忙。能帮的一定帮。"小王回信息："好的。你忙你的。我就是写文章需要××数据库的英文资料。"又等了很久，小李没有回信，眼看着快到下班时间了，小王只能硬着头皮把报告交了上去。

谁知刚下班，小李就打来电话："我今天忙得不可开交，这下班了才闲下来。说吧，你要我帮你在××数据库上下载什么资料？"小王哭笑不得，说了事情原委，小李埋怨："那你怎么不早说清楚啊，再说了，直接说借账号就行了啊，打个电话不用一分钟就说清了啊，怎么拐弯抹角的啊。"

2．阅读以下案例，回答如下问题：

(1) 马明为什么跳槽？45 万元的年薪为何都没能留住马明？(7 分)

(2) 王总给员工加薪没收到明显效果的主要原因有哪些？(8 分)

【案例】马明是营销部经理，虽然年薪只有 28 万元，低于业内平均水平，但作为公司创立时就入职的"老人"，对公司感情深厚，工作认真。公司进入国际市场多年，一直是帮其他企业代工生产产品后贴别人的品牌销售。如今，公司国内业务发展的很好，马明认为公司完全有能力创立和推广自有国际品牌，他的梦想就是将中国人的品牌变成世界品牌。他精心编制了国际品牌推广计划书去找王总商量，结果不但计划书没能引起重视，反而王总认为马明好高骛远批评了他："公司国内市场份额近期有所下降，这是你应该关心的问题，不要忘了你拿那么多薪酬，自己的工作做好了吗？"马明为公司很可能永远沦为国外企业的廉价加工厂而沮丧，也因自己的付出没能得到肯定和尊重而心酸。马明想到了多次邀请自己跳槽的竞争对手公司的陈经理，曾表示希望与其共同奋斗，将产品和品牌推向国际。马明递交了辞呈，王总经理极力挽留，许诺马明年薪提高到45万元，但马明最终到了陈经理的公司做营销总监，年薪37万元。

王总认为马明跳槽主要是因没有给予涨薪引起不满，所以决定给各个部门领导每年加薪1万元，普通职员每年加薪2 000。但涨薪后员工们的工作积极性却没多大变化。王总正郁闷无意中听到两个职员的闲谈：甲说"咱部门领导，本来年薪就20多万，现在涨1万，他们也不在乎。我们每天这么辛苦，一年才给涨2000，涨完后年薪还是没有××公司的人高啊！我们干吗拼命干啊。"乙说"是啊，要是给我一年涨1万元，我拼命干都开心。"

模拟试题三

一、单项选择题(共15小题，每题2分，共计30分)

1. 能够为管理提供依据，为控制提出标准的管理基本职能是(　　)。
   A．计划　　　　　　B．组织　　　　　　C．领导　　　　　　D．控制
2. 梅奥通过霍桑试验，提出了哪种人性假设？(　　)
   A．经济人　　　　　B．社会人　　　　　C．理性人　　　　　D．复杂人
3. 对于管理人员的技能而言，以下哪种说法是正确的？(　　)
   A．处于企业不同层次的管理人员的技能要求是基本相同的
   B．对高层管理者人际技能的要求是明显强于基层管理者的
   C．高层管理者需要有较高的概念技能，而对中层管理者和基层管理者而言，基本不需要其拥有概念技能
   D．对基层管理者而言，技术技能的要求是较高的，概念技能的要求则相对较低
4. 人们常常会感到："计划赶不上变化"，有人甚至怀疑制订计划是否还有必要，对此应当采取的正确措施是(　　)。
   A．无论如何变化，都要坚持计划并执行已经制订出来的计划
   B．"计划赶不上变化"不以人的意志为转移，应当经常修改计划
   C．如果形势变化快，可选择只制订短期计划，不要长期计划
   D．变化的环境，可以更倾向于制订指导性计划和短期计划
5. 勒温描述的组织变革的三步骤为(　　)。
   A．识别—分析选择-承诺　　　　　B．强化—惩罚—漠视
   C．问题—选择—行动　　　　　　　D．解冻—变革—再冻结
6. 非权力性影响力不包括(　　)。
   A．领导者的品格　　　　　　　　　B．领导者的知识
   C．领导者的才能　　　　　　　　　D．领导者的职位权力

7. 对公司中存在的非正式小团体，管理者的态度应是( )。
   A. 立即宣布这些小团体为非法，应以取缔
   B. 深入调查，找出小团体的领导人，向他们提出警告，不要再搞小团体
   C. 正视小团体的客观存在性，允许乃至鼓励其存在，对其行为加以积极引导
   D. 只要小团体的存在不影响公司的正常运行，可以对其不闻不问，听之任之

8. "士为知己者死"这一说法反映了领导者应该( )。
   A. 重视与下级都成为朋友   B. 为下属设定崇高的目标
   C. 为下属的利益不惜牺牲自己   D. 了解下属的欲望和需要

9. 头脑风暴是一种常用的群体决策方法，请问以下哪一项是属于错误做法？( )
   A. 建议越多越好
   B. 可以补充和完善已有的建议，使它更具说服力
   C. 鼓励每一个人独立思考，广开思路
   D. 鼓励参与者评价和讨论别人的建议

10. 一个老板强调企业员工应"有福共享，有难同当"，当企业的收入高时，便发很多的奖金给大家；企业产品销售状况不好就少发甚至不发奖金。结果却发现大家只愿意有福共享，不愿有难同当，而且不发奖金时员工怨声载道。由此，你认为原因最可能是( )。
    A. 这位老板奖金发的太少了   B. 员工们的目标效价被无形中抬高了
    C. 激励因素被转化成了保健因素   D. 该老板是集权型领导

11. 某企业目标是追求尽可能大的长期利润，下列最可能削弱这一目标的是( )。
    A. 资助教育事业
    B. 对销售人员采用极具刺激性的激励政策，即大幅度提高销售人员的销售回扣提成比例，以便迅速提高企业的销售量
    C. 调整组织结构，使之适应管理信息系统的建立
    D. 增加职工工资和福利待遇

12. 有人希望有正规化的组织与规章条例来要求自己的工作，而不愿参与问题的决策，这种人欢迎以下( )指导管理工作。
    A. X理论   B. Y理论   C. 超Y理论   D. Z理论

13. 某公司总经理安排其助手代表其去洽谈一个重要的工程项目合同，结果由于助手工作中的考虑欠周全，致使合同最终被另一家公司接走。由于此合同对公司经营关系重大，董事会在讨论其中失误的责任时，存在以下几种说法，你认为哪一种说法最为合理？( )
    A. 总经理已将此事委托给助手，因此对谈判的失败无须承担责任
    B. 总经理的助手既然承接了该谈判的任务，就应对谈判承担完全责任
    C. 总经理应该承担领导用人不当与督促检查失职的责任
    D. 总经理助手是代表总经理去谈判，因此应与总经理承担同样的责任

14. 通过市场调查发现，保健品市场的兴起是由于人们观念变化引起的，这一因素属于外部环境因素中的( )。
    A. 经济因素   B. 技术因素   C. 社会因素   D. 政治因素

15. 产生管理创新行为最主要的激励是( )。
    A. 目标   B. 奖金   C. 升职   D. 加薪

二、简答题(共 4 小题，每题 5 分，共计 20 分)

1．什么是正式沟通网络？它有哪几种类型？
2．简述管理幅度的影响因素及其适用性？
3．常用的控制方法主要有哪些？
4．为什么说管理既是一门科学，又是一门艺术？

三、计算题(共 1 小题，每题 10 分，共计 10 分)

一家公司正策划扩大生产能力，面临 4 个选择：A 不建厂；B 建一个小型厂；C 建一个中型厂；D 建一个大型厂。在市场有利和不利情况下可能的利润或损失如下表。最近的市场研究表明市场有利的概率是 0.4，市场不利的概率是 0.6。请用决策树法帮助企业制定决策。

方　案	市　场　情　况	
	有利(0.4)	不利(0.6)
A 不建厂	0	0
B 建小型厂	40 000	−50 000
C 建中型厂	60 000	−10 000
D 建大型厂	100 000	−90 000

四、论述题(共 1 小题，每题 20 分，共计 20 分)

以现实社会中成功人士为例，论述管理者应具备的创新能力。

五、案例分析题(共 1 小题，每题 20 分，共计 20 分)

阅读以下案例，回答如下问题：
(1) 马斯洛需要层次论包括哪几个层次？(3 分)
(2) 罗工的主导需要是何种需要？(2 分)
(3) 根据需要层次论分析罗工程师为何要辞职？(10 分)
(4) 罗工辞职，原因在谁？(5 分)

【案例】助理工程师罗大佑，一个名牌大学高才生，毕业后工作已八年，于四年前应聘调到一家大厂工程部负责技术工作，工作勤恳负责，技术力强，很快就成为厂里有口皆碑的"四大金刚"之一。

贾厂长经常引用孙中山先生"人能尽其才，物能尽其用，货能畅其流" 名言，这句话在各种公开场合不知被他引述了多少遍。四年前，罗大佑调来报到时，门口用红纸写的"热烈欢迎罗大佑工程师到我厂工作"几个不凡的颜体大字，是贾厂长亲自吩咐人事部主任落实的，并且交代要把"助理工程师"的"助理"两字去掉。这确实使罗大佑当时春风不少，工作很卖劲。两年前，厂里有指标申报工程师，罗大佑属有条件申报之列，但名额却让给一个没有文凭、工作平平的老同志。他想问一下厂长，厂长却先来找他了："罗工，你年轻，机会有的是。"他还照样积极工作。去年，他想反映一下工资问题，这问题确实重要，来这里其中一个目的不就是想提高点工资，提高一下生活待遇吗，但是几次想开口，都没有勇气讲出来。因为厂长不仅在生产会上大夸他的成绩，而且，有几次外地人来取经，贾厂长当着客人的面赞扬他："罗工是我们厂的技术骨干，是一个有创新的……"厂长哪怕再忙，路上相见时，总会拍拍罗工的肩膀说两句，诸如"罗工，干得不错"，"罗工，你很有前途"。前段时间，贾厂长又把一项开发新产品的重任交给他呢，这的确让罗大佑兴奋，工作更加努力。

最近，厂里新建好了一批职工宿舍，罗大佑决心要反映一下住房问题，谁知这次贾厂长又先找他，还是像以前一样，笑着拍拍他的肩膀："罗工，厂里有意培养你入党，我当你的介绍人。"他又不好开口了。四年过去了，罗大佑工资同仓库管理人员不相上下，孩子已大一家三口还住在来时分的那间平房，妻子工作厂里也没能解决，日子过得很艰难。对此，他心中渐渐有些不平。

深夜，罗大佑对着一张报纸招聘栏出神。第二天一早，贾厂长办公桌上有一张纸条：贾厂长，您是一个好领导，我十分敬佩您，感谢您一直对我的信任，但我实在无法继续现在这样的日子了，我决定辞职！

【自我检测题参考答案】

【模拟试题参考答案】

参 考 文 献

[1] [美]斯蒂芬·P. 罗宾斯, 玛丽·库尔特. 管理学[M]. 北京：中国人民大学出版社, 2012.
[2] [美]斯蒂芬·P. 罗宾斯, 德森佐, 库尔. 管理学：原理与实践[M]. 毛蕴诗, 译. 北京：机械工业出版社, 2013.
[3] 周三多, 陈传明, 贾良定. 管理学：原理与方法[M]. 上海：复旦大学出版社, 2014.
[4] [美]韦里克, 孔茨, 坎尼斯. Management(管理学影印版) [M]. 北京：经济科学出版社, 2011.
[5] [美]兰杰·古拉蒂, 梅奥, 诺里亚. 管理学[M]. 杨斌等, 译. 北京：机械工业出版社, 2014.
[6] [英]迈克·史密斯. 管理学原理[M]. 刘杰, 徐峰, 代锐, 译. 北京：清华大学出版社, 2015.
[7] [美]达夫特. 管理学原理[M]. 高增安, 等译. 北京：机械工业出版社, 2012.
[8] 陈传明, 周小虎. 管理学原理[M]. 北京：机械工业出版社, 2012.
[9] 芮明杰. 管理学：现代的观点[M]. 北京：格致出版社, 2013.
[10] 邢以群. 管理学[M]. 杭州：浙江大学出版社, 2013.
[11] 王凤彬, 李东. 管理学[M]. 北京：中国人民大学出版社, 2016.
[12] [美]理查德·L·达夫特, 多萝西·马西克. *Management: The New Workplace*(Six Edition)[M]. 北京：机械工业出版社, 2010.
[13] [美]弗雷德里克·泰勒. 科学管理原理[M]. 北京：机械工业出版社, 2013.
[14] [美]莱斯利·W·鲁, 劳埃德·L·拜厄斯. 管理学：技能与应用[M]. 刘松柏, 译. 北京：北京大学出版社, 2014.
[15] 王建民. 管理学原理[M]. 北京：北京大学出版社, 2015.
[16] 周丹. 管理学实训教程[M]. 北京：电子工业出版社, 2012.
[17] 姜杰. 管理思想史[M]. 北京：北京大学出版社, 2014.
[18] [美]罗伯特·N·卢西. 管理学基础：概念、应用与技能提高(英文影印版) [M]. 北京：北京大学出版社, 2010.
[19] 何志毅. 管理的中国韵[M]. 北京：北京大学出版社, 2011.
[20] 李垣. 管理学[M]. 北京：高等教育出版社, 2015.
[21] [美]哈罗德·孔茨. 管理学[M]. 张晓君, 译. 北京：经济科学出版社, 1998.
[22] [美]赫伯特·A·西蒙. 诺贝尔经济学奖获奖者著作丛书：管理行为——管理组织决策过程的研究[M]. 北京：北京经济学院出版社, 1988.
[23] 龚荒, 杨政军. 管理学[M]. 徐州：中国矿业大学出版社, 2006.
[24] 彭建良, 周敏. 管理学[M]. 徐州：中国矿业大学出版社, 2002.
[25] 芮明杰. 现代企业管理创新[M]. 太原：山西经济出版社, 1998.
[26] 宋福根. 现代企业决策支持系统原理与仿真[M]. 北京：科学出版社, 2005.
[27] 徐光华, 管理学——原理与应用[M]. 北京：清华大学出版社, 2004.
[28] 张明玉. 管理学[M]. 北京：科学出版社, 2005.
[29] 赵继新, 吴永林. 管理学[M]. 北京：清华大学出版社, 2006.
[30] 周景勤. 管理创新二十三讲[M]. 北京：北京大学出版社, 2005.
[31] Niall, Ferguson. *The Great Degeneration*. Penguin Books Press, 2014.
[32] Nonaka, Ikujirō. *The knowledge-creating company*. Oxford University Press, 1995.